本書經政大出版社思源人文社會科學博士論文獎評選委員會審查
獲「第三屆思源人文社會科學博士論文獎哲學學門首獎」

日本江戶時代
儒家《易》學研究

I-Ching and Japanese Confucianism in the Edo Period

政大出版社
Chengchi University Press

陳威瑨 —— 著

國家圖書館出版品預行編目(CIP)資料

日本江戶時代儒家《易》學研究 / 陳威瑨著. -- 初版. --
臺北市 : 政大出版社出版 : 政大發行, 2015.06
　面；　公分
ISBN　978-986-6475-70-2（平裝）

1. 易學　2. 日本儒學　3. 研究考訂　4. 江戶時代

121.17　　　　　　　　　　　　　　　104011082

日本江戶時代儒家《易》學研究

著　　者｜陳威瑨

發 行 人　周行一
發 行 所　國立政治大學
出 版 者　政大出版社
執行編輯　朱星芸
地　　址　11605臺北市文山區指南路二段64號
電　　話　886-2-29393091#80626
傳　　真　886-2-29387546
網　　址　http://nccupress.nccu.edu.tw

經　　銷　元照出版公司
地　　址　10047臺北市中正區館前路18號5樓
網　　址　http://www.angle.com.tw
電　　話　886-2-23756688
傳　　真　886-2-23318496
郵撥帳號　19246890
戶　　名　元照出版有限公司

法律顧問　黃旭田律師
電　　話　886-2-23913808

封面設計　萬亞雰
排　　版　弘道實業有限公司
印　　製　祥新印刷股份有限公司
初版一刷　2015年6月
定　　價　500元
I S B N　9789866475702
G P N　1010401012

政府出版品展售處
• 國家書店松江門市：104臺北市松江路209號1樓
　電話：886-2-25180207
• 五南文化廣場臺中總店：400臺中市中山路6號
　電話：886-4-22260330

目　次

賴序

「《易》道坦坦直方大，德川洋洋虎豹文」
——賀威瑨仁棣博士論文深造圓成獲獎出版

　　人生世間有許多神奇奧妙的偶然因緣，終究成為生命進程中的必然究竟。筆者與威瑨仁棣的師生情緣，說起來就有著這種隨緣順時的美好際遇與結果，如今「卻顧所來徑，蒼蒼橫翠微」（〔唐〕李白〈下終南山過斛斯山人宿置酒〉詩句），令人無比喜悅、十分欣慰。

　　威瑨自國立中正大學哲學系畢業後，順利考取國立臺灣師範大學國文學系碩士班，選修筆者所開設的《易》學研討課程，又因非本科系畢業，回修大學部相關必修課程；三年期間，又擔任日本儒學讀書會兼任助理，師生教學相長，彼此惕厲奮勉，並在筆者指導下如期完成碩士學位論文——《周易》卦爻辭同文現象研究，學志不泯，精進不息，應屆考上博士班，持續深造，五年之內，完成博士學位論文——日本江戶時代儒家《易》學研究，毅力信心，成就奠立了威瑨如今學術研究深厚遠流的基礎。尤其，難能可貴的是威瑨研習日文，突飛猛晉，成功申請國家科學委員會（今改制為「科技部」）「千里馬」獎助移地研究計畫，沈潛涵泳於京都大學一年，在眾多師友的關顧協助之下，獲得了圓滿豐實的研究成果，順利於101學年度在口試委員的肯定指教之下，通過博士學位論文口考，並取得博士學位。嗣經修訂增補之後，「日本江戶時代儒家《易》學研究」博士論文，渥蒙審查委員青睞，榮獲國立政治大學「第三屆思源人文社會科學博士論文獎」哲學學門首獎，並於2014年5月10日假臺北晶華飯店舉辦頒獎典禮，筆者應邀出席盛會，後生可畏，青出於藍而勝於藍，不僅與有榮焉，益增薪火相傳之感動！

　　本論文正文六章，除序論與結論外，威瑨以深入考察的研究文獻，首先探討江戶時代（1603-1867）儒家《易》學的時代背景，為本論文開展宏觀的歷史時空視域；續以江戶時代儒學的《周易》註釋特色比較，分別解讀分析了伊藤東涯與《周易經翼通解》、太宰春臺與《周易反正》、中井履軒與《周易逢原》、皆川淇園與《周易繹解》、佐藤一齋與《周易欄外書》、大田錦城與《九經談》六位代表名家的《易》學特色面向，「辨章學術，考鏡源流」，切中肯綮，可謂功不唐捐；其次，析論江戶時代儒者思想中的《易》學哲學開展，分別以理氣論觀點、陽明學者的神秘性道德論，以及皆川淇園獨樹一幟的「開物學」為主軸，充分體現了江戶時代《易》學哲學開展的時代性意義與價值，實為本論文的要著核心；最後，則以江戶時代儒學論爭議題中的《周易》發論，揭示崎門弟子破門事件——《文言傳》「敬內義外」詮釋論爭，以及反徂徠與《周易》——「欲斥性理，必自《周易》始焉」，從正反議論之不同向度中，對比見出江戶時代儒家《易》學研究縱橫議論的多元性與歧異性，深具觀照鑑證的學術蘊涵，值得參考省思。

　　因此，總體而言，威瑨本論文成功之處，筆者簡略歸納為三點看法：首先，在於充分掌握研究文獻，遠赴京都親履實勘，「上窮碧落下黃泉，動手動腳找東西（材料）」（傅斯年孟真先生治學名言），並能歸納分析、研判材料，斟酌損益，去取汲引，非常精準而練達。其次，能以中西哲學本科的嚴謹邏輯思想訓練，傳統國學證實運虛的細緻嚴整工夫，人物時代並重，正論爭議相較，宏觀微觀兼具，敏銳而清明條達的詮釋課題、臧否得失。其三，廣搜約取，勤學善叩，博習親師，切磋請益，「未及前賢更勿疑，遞相祖述復先誰？偽學別體親風雅，轉益多師是汝師」（〔唐〕杜甫〈戲為六絕句〉第六首），若非「好學深思，心知其意」（〔西漢〕司馬遷《史記‧五帝本紀》「太史公曰」）之士，焉能體道入微？威瑨仁棣讀書融釋，升入德之門；講學縝密，兌自得之樂，可謂入乎其內，而出乎其外。本書既已匡補闕遺，修訂蕆事付梓，相信出版發行之後，當與吳偉明《易學對德川日本的影響》（香港：中文大學

出版社，2009年）、王鑫《日本近世易學研究》（吹田：關西大學文化交涉學教育研究中心博士論文，2012年），互為齊驅比肩，頡頏上下了。學海無涯，志業不盡，期許威瑨能更上層樓，貢獻學能，發光傳熱，不負平生。

本序題聯為「《易》道坦坦直方大，德川洋洋虎豹文」，多典引自《易經》，以為威瑨及學者、讀者取資觀善之源頭活水。上句「《易》道坦坦」截用〈履・九二〉爻辭：「履道坦坦，幽人貞吉。」「直方大」則為〈坤・六二〉爻辭：「直方大，不習无不利。」〈文言傳〉詮釋曰：「直，其正也；方，其義也。君子敬以直內，義以方外，敬義立而德不孤。『直方大，不習无不利』，則不疑其所行也。」〈履・九二〉陽爻居中不當位而貞吉，體現孔聖儒家以〈履〉卦為自我實現的坦坦大道；〈坤・六二〉居中當位，德位兼備，則彰顯開張儒家誠敬之教──「涵養須用敬，進學則在致知」（〔北宋〕程頤《二程全書・遺書第十八・伊川先生語四》），欒栝此二卦爻辭，以寓「一陰一陽之謂道」涵義。下句「德川洋洋」，乃比喻江戶時代（又稱德川時代，指日本歷史中在江戶德川幕府統治下的時期）人才之濟濟，並與上句相協互對，期以符應契合「志於道，據於德，依於仁，游於藝」（《論語・述而第七》）天道人德、下學上達之妙詣；「虎豹文」則分別襲引〈革・九五〉爻辭：「大人虎變，未占有孚。」〈小象傳〉曰：「大人虎變，其文炳也。」〈革・上六〉爻辭：「君子豹變，小人革面，征凶，居貞吉。」〈小象傳〉曰：「君子豹變，其文蔚也；小人革面，順以從君也。」《周易・雜卦傳》曰：「〈革〉，去故也；〈鼎〉，取新也。」故以〈革〉故〈鼎〉新之意，期許威瑨能溫故知新，「舊學商量加邃密，新知培養轉深沈」（〔南宋〕朱熹〈鵝湖寺和陸子壽〉），虎豹時變，炳蔚其文，生生永續，代代不絕，是為本賀贈序文之悃悃至誠與殷殷薪嚮。

賴貴三　2014年8月28日（星期四）雲澹風輕近午天
謹識於臺灣師大國文系「屯仁學易咫進齋」

自序

　　本書《日本江戶時代儒家《易》學研究》，係以我的博士論文為基礎，加以修訂而成。這份研究的核心關懷在於，儒學發展達到興盛期的日本江戶時代中，在《易》學方面的面貌為何？與中國《易》學可相對話之處為何？基於此問題意識，筆者試圖透過這樣的研究，作出些許回答，面對相關探討不多的現況，貢獻一己綿薄之力。

　　而這些問題意識事實上通往一個更大的領域：東亞研究。

　　東亞研究涵蓋諸多複雜的子領域與目的，包括政治、經濟、歷史、文化、思想、文藝等等，可著力的課題之多，紙墨難以道盡。臺灣位於東亞，而又為多元文化沖激之地，實在可以說具有東亞研究方面的優勢與義務。而從身為中文研究社群一分子的角度來看，目前中文系參與東亞研究的切入點，自然是集中於思想與文藝方面，特別是十九世紀以前的部分。對我而言，這種研究的目的，在於透過對這些題材的探討，跨出中國地域，觀察漢文化傳播之後的發展情形，尋找與中國的同異之處，進而更明瞭所謂「東方文化」的實相。

　　中文系作為現代學術分科意義下的研究社群，且又處於二十世紀以來的現代社會中，不諱言地存在著異化的危機，但也擁有來自新方法、新視野的契機。我自己的學習起點始於英美分析哲學，而又落腳於中國哲學。一路走來至今，對於這種危機與契機感受甚深，也因此懷抱著對東亞研究之價值的肯定。隨著學思歷程發展，我開始認為，我們不宜用太過本質論的方式去看待一國之文化，因為在歷史進程中必定含有來自他國的滲入痕跡。考慮到這一點，便已無法接受過於粗糙的兩國或是東

西文化比較論述。惟有透過對跨地域的歷史進行更全面的掌握，才能了解文化內涵的實相，這是涉及文化的價值判斷得以有效的前提。在此，具有一個更大視野的研究就有存在的必要，那就是東亞研究。

相較於如此龐大的課題，本書內容的渺小程度，即便連滄海一粟都難以稱得上，甚至可能會讓人懷疑：這麼冷僻的題目能產生什麼作用？但我相信：所有的學術研究都有賴於前人從基本文獻的探討開始，一層一層地慢慢堆砌。我曾受惠於許多像這樣的，前人寂寞而又堅實的工程，因此也希望自己的作品能成為其他人腳下的磚瓦，讓大家爬得更高更遠。此外，本書所探討之對象，多屬分殊之例，我完全深知箇中的組織性、整體性與宏觀敘述方面實可再加強。這固然與我尚未具備總攝一時代之眼力與氣魄有關，但主要原因也在於我揀選論述對象時，力求其異，以陳列更多的當時學派與治《易》路數，藉此擴展觀察的範圍，或許也能提供其他人更多的後續參與空間。

使我鼓起勇氣，不揣淺陋的最根本動力，仍然是本研究題目的隱含潛力。在眾多東亞文化所能開展出的切入面向中，《周易》作為仍活躍於今日東亞社會的典籍，相關問題之探討價值沒有理由遜於其他部分。更何況這個子領域尚未有多人探討，雖有先行研究但數量稀少，亟待開拓，且未嘗不能成為通往其他問題的橋樑。本書可以算得上是我對於上述關懷，到目前為止的一個努力嘗試。

這份嘗試在進行過程中，得到國科會（今更名為科技部）「補助博士生赴國外研究」計畫之資助，否則我實難前往日本閱覽必要的貴重原典，並享受到京都大學的豐富資源。博士論文完成後，又獲第三屆「思源人文社會科學博士論文獎」，乃有本書之出版。我必須對相關的所有審查委員以及政大出版社鄭重致上謝意。最需要感謝的，是賴貴三老師、藤井倫明老師、張崑將老師、佐藤將之老師、辻本雅史老師等等眾多在我學習歷程中給予諸多指點與不可或缺之提攜照顧的師長們，這份尚不成熟的研究成果如果能帶來任何榮耀，應獻給他們。求學過程的同學與朋友使我有力氣持續面對孤寂的學術之路，我深愛與深愛我的親

人、伴侶賜給我包容和滋潤，期盼來自學位的小小成就能發揮回報之用。

　　論文修改過程中，許多畫面隨著一字一句浮上心頭。初抵京都，拉著行李箱踏在夜晚街頭上的茫然、在租屋處附近發現養正小學校門口直接寫著《周易》文句時的驚訝（那塊小小的標識讓我知道我的研究絕非毫無意義）、穿梭圖書館上下各樓層的忙碌、頂著豔陽與飛雪，為柴米油鹽醬醋茶奔走的疲憊、在研究室及住所中與文獻搏鬥的寂寥、暫時放下論文工作，走入校園參加祭典的自在，以及縱橫市內，尋訪各寺社與古蹟，並小憩於鴨川河畔的感動……這一切的一切，最後想要附帶感謝的人是我自己。謝謝自己的堅持與忍受，才有播種後的收割，擁有這段生命中值得細品回味的一年。往後更長遠、更艱辛的道路，也希望自己同樣能堅持下去。

陳威瑨　2014.08.19

Chapter 1

第一章
序論

第一節　研究動機

　　中國思想史的開展，離不開「經典詮釋」的面向。縱觀中國思想的長河，以儒釋道三教為主流，彼此各有不同的學術性格、哲學立場及流傳場域。其中時有融會與論爭，其生命力共同綿延至今，在臺灣亦以學術研究、日常禮俗或宗教活動等多彩多姿的形態存在。而三教發展在歷史上共同的特色是對於經典的尊崇，以經典詮釋作為自身表述的一大途徑。我們可以在三教中找到許多教中之經典，並看到它們如何佔據中心地位，讓後人浸淫其中。單以儒學來看，我們絕不可能想像不透過六經（乃至後來的十三經）、略過古典文獻作者所處的語境來接觸儒學的可行性，而儒學史上也絕無哪一位被視為極具原創性和代表性的大家不藉由詮釋經典來開展自身思想。

　　而在這之中，我們恐怕不得不首先對被尊為「群經之首」的《周易》加以注目。《漢書‧藝文志》云：「六藝之文，《樂》以和神，仁之表也；《詩》以正言，義之用也；《禮》以明體，明者著見，故無訓也；《書》以廣聽，知之術也；《春秋》以斷事，信之符也。五者，蓋五常之道，相須而備，而《易》為之原。故曰『《易》不可見，則乾坤或幾乎息矣』，言與天地為終始也。」此中大有於群經中特尊《周易》之

1　班固（32-92）：《漢書‧藝文志》，據楊家駱主編：《新校本漢書并附編二種》（臺北：鼎文書局，1991 年），頁 1723。

意。最能充分表述《周易》在中國思想史上之重要性者，可以《四庫全書總目提要‧經部‧易類》這一段話為代表：

> 易道廣大，無所不包，旁及天文、地理、樂律、兵法、韻學、算術，以逮於方外之爐火，皆可以援《易》以為說，而好異者又援以入《易》，故《易》說愈繁。[2]

固然提要撰作者的立場在於這些援《易》立說所衍生的產物皆非《周易》本來面目，但也道盡了《周易》如何因人們援之以立說而深入各種領域，成為中國思想史，乃至中國傳統文化中根深柢固的存在。當然，會演變成這種態勢，自然和《周易》被儒道兩家當作經典有關。在儒家，《周易》進入六經之列，為《禮記‧經解》盛讚「絜靜精微，《易》教也」，在西漢又有施、孟、梁丘、京四家立為學官，從義理和政治上取得了權威性；在道家，有魏伯陽《周易參同契》以《易》說丹，以及王弼（226-249）援道入儒，以玄解《易》，又強化了《周易》在後世道家、道教中的地位。[3]

　　我們可以推測，正因為《周易》在儒道這兩家大宗的傳統文化脈絡中取得了相應於經典性質的影響力，使得後來人們有極高的企圖去援《易》立說。然而我們還可以從更古老的脈絡來觀察，從《左傳》、《國語》中《易》占之例顯現的《周易》之占筮基本功能及道德義理發揮，

---

[2]　永瑢（1744-1790）等：《四庫全書總目提要》，據王雲五編：《國學基本叢書四百種》第四冊（臺北：臺灣商務印書館，1968 年），頁 2。

[3]　我們亦可以說魏伯陽和王弼之所以選擇援《易》立說的原因，有可能是漢代經學作為干祿之學的情況下，儒家在政治力上賦予《周易》權威性，進而促成《周易》的正典性，使他們也含有正典意識，處在一種有必要以此建立自身學說的氛圍中。但毋須光憑現實政治權威使然的角度來衡量他們對《易》學的投入。《周易》自身所內含的，天道與人事之詮釋方向的豐富性更值得注意，這一點不應因《周易》享有干祿地位之資本而被忽視抹殺。以王弼為例，關於其選擇《周易》作為開展其自身玄學系統之思想性分析，可見湯用彤（1893-1964）：〈王弼之周易論語新義〉，收入湯用彤：《魏晉玄學論稿》，據里仁書局編：《魏晉思想乙編三種》（臺北：里仁書局，1995 年），頁 87-106。

以及在各家諸子相摩激盪的戰國時代至漢初年間，所形成之融合儒道，
堪稱當時中國思想集大成之《易傳》來看，我們也可以說《周易》之所
以在當時被各家學者所重視，正是因為他們看到了其中所蘊藏的，得以
推天道以明人事的內在力量，讓他們貫通自然秩序與人事秩序，感受
到「《易》與天地準，故能彌綸天地之道」（《周易・繫辭上》語）。《周
易》的這個特點，不僅是其成為經典的條件，在群經之中恐怕也無有能
出其右者。姑且不論「《易》道廣大，無所不包」的衡定，在《四庫全
書》所收經部書籍中，《易》類所佔數目最多，亦足以說明其影響力。
換言之，就質與量而言，《周易》為群經之首，當之無愧。中國思想史
的發展上，亦隨處可見《周易》的痕跡。若我們能認知經典詮釋其實就
是中國思想賴以發展的途徑，則當能明白這些痕跡之所由。

　　隨著漢籍的域外傳播，包含《周易》在內的各種經典傳至日本，
落地生根，在儒學、神道、占筮及其他各種領域逐漸發揮影響力，正
如其在中國所佔有的地位一般。以儒學來看，日本漢學家服部宇之吉
（1867-1939）曾言道：

> 儒教東漸，夙與吾固有之皇道融會，成渾然一道，即日本儒教
> 是也。德川氏偃武修文，文教鬱然而起，諸派儒學駢鑣併馳，
> 曰南學，曰京學，曰水戶學，曰王學，曰古學，曰折衷學，而
> 德川氏以程朱學統制。明此等諸派儒學之由來特色乃成日本之
> 儒學史，即儒學於日本之歷史。[4]

4　服部宇之吉：〈序〉，安井小太郎（1858-1938）：《日本儒學史》（東京：富山房，
　　1939 年），頁 1。原文：「儒教東漸，夙に吾か固有の　皇道と融會し，渾然一道
　　を成せり，即ち日本儒教是れ。德川氏武を偃せ文を修むるや，文教鬱然として
　　起れり，諸派の儒學鑣を駢へ併せ馳す，曰く南學，曰く京學，曰く水戶學，曰
　　く王學，曰く古學，曰く折衷學，而して德川氏程朱學を以て之を統制す。此等
　　諸派の儒學につき其の由來特色等を明らかにするものを日本の儒學史と為す，
　　即ち日本に於ける儒學の歷史たり。」本書凡引用之文獻為日文者，均由筆者翻
　　譯為中文，並於註腳處附上原文以供讀者參考。下仿此例。

誠如此處服部宇之吉所指出的，德川時代（江戶時代，1600-1867）乃
是日本儒學蔚然大興的時代。其綿延至今，亦擁有其生命力，而成為日
本文化的一部分。當代學者湯淺邦弘亦曾說：

> 中國思想，特別是儒教，對東亞造成了巨大的影響。日本亦不
> 例外，從江戶時代到近代的日本學術，乃以漢學為第一學問。
> 中國思想史並非在中國世界中完結，而是作為朝鮮儒教、日本
> 漢學等，在變形的同時又進行擴大。因此，中國思想研究並非
> 單單只是關於中國的古典解讀，而是在對我們日本人的歷史、
> 學術、文化的闡明上也成為了重要角色。[5]

於是也可以說，研究日式的中國文化元素，明瞭它們從自中國傳入一直
到日本邁入近代化之前這段時間的表現情形，其實也是通往「何謂日本
這個國家」問題的途徑之一。它們所產生的主要歷史背景，並不是現
代，而是所謂的古代、中世、近世，也就是上古中日交流之始乃至江戶
時代這段時間的傳統日本，恰與明治維新後亟欲藉西學而脫亞、邁向世
界強國之林的日本相對比。[6]

5　湯淺邦弘編：《概說中国思想史》（京都：ミネルヴァ書房，2010 年）序章〈中国
　思想史への招待〉，頁 3。原文：「中国の思想、特に儒教は、東アジア圏に大き
　な影響を与えた。日本もその例外でなく、江戸時代から近代までの日本の学問
　は、漢学こそ第一の学問であった。中国思想史は、中国世界において完結して
　いたわけではない。朝鮮儒教、日本漢学などとして、形を変えながら拡大して
　いった。したがって、中国思想の研究は、単に中国の古典読解についてだけで
　なく、われわれ日本人の歴史、学術、文化の解明についても大きな役割を果た
　していくのである。」值得注意的是這裡的「變形」一詞，充分表達了中國儒學
　與日本儒學的異質性，這種異質性正是其不容忽視之處。可以說在儒學的平台
　上，中日具有相對等之地位，而非宗主與附庸之關係以及古代夷夏觀的複製結
　果。誠如當代學者孫歌所說的：「如果以儒學為視角建立東亞論述同時又以直觀的
　態度把東亞各國的儒學視為同一個東西，這樣的東亞視角將會由於缺少歷史和現
　實性格而變成一紙空論。」見孫歌：〈東亞視角的認識論意義〉，收入孫歌：《把握
　進入歷史的瞬間》（臺北：人間出版社，2010 年 12 月），頁 6。
6　以漢學角度為例，明治維新後的日本，在西學的影響下，掀起了漢學、漢字是否

　　而如今的日本，早已在東亞史上寫下了第一個邁向近代化國家的歷史成就，並在今日令人聯想到亞洲國家中高度現代化之國的印象。[7]但並不代表這些傳統元素是應當被束之高閣的故紙堆，因為除了前面所說的，在現今的日本仍可以找到其相關現象，它們早已深刻地成為了日本內在的血肉，還有另一種可能是：其中仍然多有滄海遺珠，蘊含著尚未被人關注而有待開拓的對話面向，或是為眾人習焉而不察的生活成分。因此，年代較舊的課題不等於過時，我們可能在其中找到日本文化的探索空間，同時也找到中國文化更多元的可能性，正如同「古代文化面貌的復原與闡述」這樣的工作，至今在學術研究上的重要性仍不亞於抉發傳統素材之現代意義一般。儘管此時所開展出來的中國文化因屬日式而不屬於中國，但若是將這些典籍、宗教、藝術形式等視為更具開放性、更獨立的對象而非中國的私有財的話，則本身之豐富性當不失為一種值得重視的價值。了解日本與了解我們自身，在此成為一體兩面。這也是日本儒學研究課題的價值所在。

　　而以日本儒學研究來說，關於其所具備的朱子學、陽明學、古學等各種學派，以及其中展現的四書等經典之詮釋，已是此領域為人耳熟能詳的探討進路。既然如此，以《周易》的角度切入來探討其面貌，當是值得採取的作法。事實上，作為儒家經典的《周易》也在日本一般生活場域中留下了影響的痕跡，現代日本語中存有「豹變」、「一陽來復」等出典於《周易》的詞彙即為一例，更可見此進路所隱含的探討空間。然而這方面的論著甚少（詳下〈文獻探討〉），仍有許多可供探索之處。筆者深知，以一本書的分量，不可能將此問題開發殆盡，而這問題相對於所有日本相關研究的宇集，又宛如一幅拼圖中極其微小的一片而已。

　　作為落後的象徵應當被拋棄的論爭。詳參何群雄：《漢字在日本》（香港：商務印書館，2001 年）。

7　此處「近代化」、「現代化」云云，雖不免牽涉到更為複雜的問題，但姑且採取較為直觀的定義，即指涉吸收並採取法國大革命、工業革命以降，以歐洲為中心而產生的生產技術與模式以及政治體制和相關價值觀。

但就「完成圖像」的目標而言，恆河沙數的每一片拼圖都具備同樣的價值與必要性。故筆者不揣淺陋，以日本江戶時代儒家《易》學為題進行研究，期能拋磚引玉，提供一個認識日本思想的角度，藉此研究觀察日本江戶時代儒者對《周易》的注解、詮釋以及衍生出的《易》學觀點，並探討其《易》學與儒者之思想體系乃至文化環境之間具有何種互動情形，以明《易》學在東亞作為知識體系之一環的開展面貌，以及日本文化史中相關成分之一端。

另外有兩點需附帶說明：一，雖然《周易》本帶有卜筮之書的性質，不論是在中國抑或日本文化中，用作卜筮架構的面向從未消失過，儒者與卜筮者的身分也未必涇渭分明。然本研究基於學力與時間考量，擬將主題集中於傳統儒學中的經學與儒家義理面向，來探討《周易》於日本儒學中的地位。卜筮《易》學之相關問題則留待來日。二，正如同中國儒學的發展中不可避免地與佛道等其他思想有所交涉，日本儒學中也可看到神道等非儒家的成分，此為歷史發展的必然現象。由於本研究之主軸在於儒家脈絡下的《易》學，故仍將以屬於儒家傳統詮釋方式與本懷的思想表現為主要探討對象。在必要時將會提及該思想與儒家以外元素之間的關係，然仍將以最低限度為之。

第二節　文獻探討

以江戶時代儒學與《周易》之關係為主題的論著，大致上可分為兩類，一類是以個別儒者思想中涉及《周易》的部分，或是個別儒者的《易》學解釋為主要探討對象，另一類則是不以單一儒者為單位，試圖將範圍放到整個江戶時代儒學，來觀察與《周易》相關的表現。

一、針對個別儒者之研究

針對江戶時代個別儒者與《周易》之關係為主題的論著，皆為單篇

文章，或為期刊論文，或為專書所集結文章中之一篇。而其中所處理的問題，又可分為兩類：第一類為有關該儒者的《易》學著作，以及《周易》文本詮釋的表現。近三十年左右，這方面的論著包括土田健次郎〈伊藤仁齋的易學〉[8]、花崎隆一郎〈東涯「卦變考」箚記—其「通解」との比較において〉[9]、前田勉〈仁斎學の継承—伊藤東涯の「易」解釈〉[10]、村上雅孝〈近世易学受容史における鶯峰点易經本義の意義〉[11]、濱久雄〈伊藤東涯の易学〉[12]、〈荻生徂徠の易学思想〉[13]、〈太宰春台の易学思想〉[14]、伊東倫厚（1943-2007）〈伊藤東涯の《周易》十翼批判〉[15]、田中佩刀：《《周易》四德に関する佐藤一斎の解釈》。[16] 第二類為該儒者與《易》學相關的運用，包括近藤啟吾〈易学と山崎闇斎〉[17]、濱田秀〈皆川淇園論—「九籌」概念を中心に—〉[18]、佐田智明

8　土田健次郎：〈伊藤仁齋的易學〉，鄭萬耕編：《中國傳統哲學新論——朱伯崑教授七十五壽辰紀念文集》（北京：九州圖書出版社，1999 年）。

9　花崎隆一郎〈東涯「卦變考」箚記—その「通解」との比較において〉，大阪大學中國哲學研究室編：《中国研究集刊》來 19（1997 年 1 月），頁 1662-1685。

10　前田勉：〈仁斎学の前田勉：〈仁斎学の継承—伊藤東涯の「易」解釈〉，《文芸研究》第 108 集（1985 年 1 月），頁 28-38。

11　村上雅孝：〈近世易学受容史における鶯峰点易經本義の意義〉，《文芸研究》第 100 集（1982 年 5 月），頁 79-88。

12　濱久雄：〈伊藤東涯の易学〉，《東洋研究》第 90 集（1989 年 1 月），頁 1-31。

13　濱久雄：〈荻生徂徠の易学思想〉，《東洋研究》第 161 集（2006 年 11 月），頁 53-79。

14　濱久雄：〈太宰春台の易学思想〉，《東洋研究》第 175 集（2010 年 1 月），頁 1-22。

15　伊東倫厚：〈伊藤東涯の《周易》十翼批判〉，《日本中國學會報》第 55 集（2003 年），頁 276-287。

16　田中佩刀：《《周易》四德に関する佐藤一斎の解釈〉，《大倉山論集》第 33、36 集（1993 年 3 月、1994 年 12 月），頁 1-25、47-70。

17　近藤啟吾：〈易学と山崎闇斎〉，收入近藤啟吾：《山崎闇斎の研究》（京都：神道史学会，1986 年）。

18　濱田秀：〈皆川淇園論—「九籌」概念を中心に—〉，《山辺道》第 44、46 集（2000 年 3 月、2002 年 3 月），頁 1-15、25-51。

〈皆川淇園の九籌說について〉[19]、〈皆川淇園の語分析の方法―「易学開物」を中心に―〉[20]、野口武彥〈開物と声象―皆川淇園の「怪物学」解読のこころみ―〉[21]、肱岡泰典〈皆川淇園の開物学〉[22] 等。

　　這些論著已經為江戶時代儒家《易》學的研究揭示了些許方向，可作為後人的研究基礎。然以三十年的時間幅度來說，這樣的研究成果仍屬稀少，且所被關注到的儒者雖然確實重要，但在單篇文章篇幅有限的情況下，就單一儒者本身相關的問題而言，還留下許多有待開發的空間。可以看到這些文章係針對該儒者《易》學中的某一主題展開論述，而濱久雄的三篇著作，雖試圖全面性地說明該儒者的所有《易》著，但相對而言在深度上就不免受到限制，而較偏重於題解式的開展。就此類研究成果的總集合來說，尚有許多未被觸及到的儒者。而以個別儒者為研究議題的方式，相當於研究領域整體的基礎性工作，不可謂不重要。但相對的就比較不容易更具脈絡性地看待《周易》與江戶時代儒學的關係。總而言之，從這些論著中可以看到近三十年來已有些許關於江戶時代儒者之《易》學的探討，然相對於其他日本儒學的研究進路來說，仍然是較為少見的。

二、針對時代性的研究

　　另一種研究論著以不只一位儒者為探討對象，而試圖就一個時代面去把握《周易》與江戶時代儒學的關係。此類論著涵蓋單篇文章與專

19　佐田智明：〈皆川淇園の九籌說について〉，《熊本大学教育学部紀要・人文科学》第 38 號（1989 年 9 月），頁 314-324。
20　佐田智明：〈皆川淇園の語分析の方法―「易学開物」を中心に―〉，《福岡大学人文論叢》第 24 卷第 2 號（1992 年 10 月），頁 409-461。
21　野口武彥：〈開物と声象―皆川淇園の「怪物学」解読のこころみ―〉，收入野口武彥：《江戶思想史の地形》（東京：ペリカン社，1993 年），頁 215-248。
22　肱岡泰典：〈皆川淇園の開物学〉，大阪大學中國哲學研究室編：《中國研究集刊》寒 18（1996 年 5 月），頁 1538-1572。

書各兩種，然數量亦十分稀少。在單篇文章方面，有山中浩之〈日本人
と易〉[23] 為早期的代表。該文從文化史的角度來觀察日本文化中的《周
易》作用，包括《周易》對武將的現實決策意識、天皇的天命掌握意
圖、儒者與庶民的生活疑難依賴等等各處的影響，勾勒出《周易》作為
卜筮之書而為日本所重視的文化史鳥瞰圖。對於《周易》與日本文化
關係之課題，本文有入門簡介之功。然另一方面，或許是受限於篇幅所
致，本文仍只是點到為止的描述，並不全面。由於討論核心放在《周
易》作為卜筮之書的功能，其經學、哲學方面的性質極少觸及，而江戶
時代儒者對《周易》的註釋、發揮等學術活動亦不見於此。雖然該文反
映了日本對《周易》現實功能的需求，但《周易》的內涵亦不免在此被
縮限。另外較為深入的單篇文章為子安宣邦〈日本祭政一致的國家理
念與其成立過程──以《易・觀・象辭》「聖人以神道設教」為主的討
論〉。[24] 該文以水戶學派的會澤正志齋（1782-1863）所著之《新論》中
「天祖以神道設教」一句作為出發點，指出其轉換自觀卦《象傳》的
「聖人以神道設教」，並主張這種將國體與祭祀結合的思想，可上溯至
荻生徂徠的鬼神論，而使得徂徠學派與水戶學派可循此線索相連結。嚴
格來說，子安宣邦此文並非以儒學為主，而是屬於政治與神道方面的討
論。然其中畢竟涉及到儒者思想與《周易》對江戶時代之影響，故仍可
算是先行研究之一部分。該文也等於從儒學以外的角度證成了《周易》
在江戶時代作為思想元素來源的地位。

　　另一篇單篇文章為楊宏聲（1952-2013）《本土與域外──超越的周
易文化》中的其中一篇〈易經在古代日本的傳播與日本傳統易學〉。[25]

23　山中浩之：〈日本人と易〉，收入加地伸行編：《易の世界》（東京：中央公論社，
　　1994 年），頁 66-88。

24　子安宣邦著，陳瑋芬譯：〈日本祭政一致的國家理念與其成立過程──以《易・
　　觀・象辭》「聖人以神道設教」為主的討論〉，《清華學報》第 33 卷第 2 期（2003
　　年 12 月），頁 365-376。

25　楊宏聲：《本土與域外──超越的周易文化》（上海：上海社會科學院出版
　　社，1995 年），第三編第三章〈易經在古代日本的傳播與日本傳統易學〉，頁

該書探討《易》學在近代以降的海峽兩岸、東亞與歐美的研究概況，而此篇文章則就江戶時代以前的《易》學而論，包括傳播過程以及代表性表現等等。作者介紹了江戶時代以前的《周易》流傳與《易》學發展情形，接著將江戶時代儒家《易》學稱為「日本傳統《易》學」，舉出了朱子學派、古學派、陽明學派等幾位儒者。整體而言，該篇有入門接引之用，能幫助讀者大致了解此領域有哪些可注意之處。雖然因屬於鳥瞰，而且篇幅比例上其實偏重於江戶時代以前，導致對於江戶儒者的描述寥寥無幾，但至少也提點出些許研究方向。

　　只不過，該文有一些較為嚴重而無法忽視的缺陷，例如作者將江戶時代儒學分為三階段，說：「第一階段（公元 1603-1735 年）為朱子學勃興的時期；第二階段（公元 1736-1778 年），為古學派崛起與諸子學相抗衡的時期；第三時期（公元 1789-1867 年），是陰陽學隆盛與朱子學相對立的時期。」[26]，這種論斷不見其根據，更不合乎學界對江戶時代的認識。此外，作者所說的「從仁齋創建古義堂的以後 244 年中，學堂即是伊藤家族的教育中心，也是日本從事漢學研究的中心」[27]、「徂徠以為《論語》和《孟子》並非唯一中心，還應熟習包括《易經》在內的六經」[28]，都有語病且不精確；說「仁藤一齋……有多部《易》著：《易》、《易學啟蒙》，並在許多論文中闡釋《易經》的思想」[29]，讀來不知所云。楊氏又說「折衷派……其初追隨荻生徂徠由六經探求古道的學風，徂徠死後，則以批判徂徠學的面目而表現其學術立場」[30]、「皆川淇園……的主要著作《名疇》，是對《易》和《周書‧洪範篇》中主要概念的考證性解說」[31]，皆大悖於歷史事實。類似錯誤不暇一一列舉，凡

　　147-161。

26　同上註，頁 156。引文中「陰陽學」一詞，應為「陽明學」之誤。

27　同上註，頁 158。

28　同上註，頁 159。

29　同上註，頁 160。引文中「仁藤」實為「佐藤」之誤。

30　同上註。

31　同上註，頁 161。

此種種，使得該文參考價值不高，若盡信之，恐受誤導。

目前為止，若是提到這方面較為重要的專書著作，則可首推吳偉明《易學對德川日本的影響》。[32] 其前身為作者於哥倫比亞大學完成的博士論文[33]，進行修改後以中文出版而成此書。該書全面吸收了前述山中浩之的介紹性論著，並將探討領域大幅擴充，貢獻極大。當代學者黑住真評論道：

> 吳是首個真正探討日本《易》學的學者。這題目在日本及西方學界都是前無古人的創舉。基於大量原始史料，他從社會文化、思想及比較角度探討《易經》對日本的影響。此作有助重新認識德川歷史。[34]

黑住真此語，足以彰顯此書在東亞研究的框架下，關於江戶時代《周易》經典詮釋研究的學術貢獻，也點出了此領域實有待更多人參與開拓的狀況。該書共十一章，分為「歷史背景」、「思想衝擊」、「文化影響」三部分，並附有江戶時代學者的《易》學著作與此時中國輸入日本的《易》學相關書籍目錄。

在「歷史背景」部分，作者敘述《周易》自傳入到江戶時代之前，為日本所接觸、學習的歷程，分別談論了禪僧、朝廷博士家、足利學校等研究《周易》的概況以及從漢注到宋注的勢力消長。此外又統計了江戶時代輸入、重刻或標點中國《易》著以及出版《易》學專著的數量，並概述當時各領域知識分子及《易》占者大致的《易》學論著特徵及應用情形。接著在「思想衝擊」部分，作者從政治、經濟、神道、佛教四方面，舉出知識分子們在陳述自身思想或建構理論系統時，所反映出的來自《周易》之影響痕跡。另外在「文化影響」部分，則以自然科學、

32　吳偉明：《易學對德川日本的影響》（香港：中文大學出版社，2009 年）。

33　Wai-ming Ng: *The I Ching in Tokugawa Thought and Culture* (Honolulu: University of Hawai'i Press, 2000).

34　見吳偉明：《易學對德川日本的影響》封底。

醫學、軍事、文藝四領域為探討對象，舉出《易》理為江戶時人應用之例證，尤其是其中自然科學與醫學的部分，由於涉及西學東漸後，與傳統文化之間產生的衝突，因此等於提供了一個以《周易》為切入點，透過學者們試圖調和東西兩方理論系統之嘗試，而對西學融入日本的過程所作的觀察，此乃重要的成果。

最後，作者總結指出，《周易》深深影響了日本江戶時代的思想與文化，並滲透到各種不同的領域，在本土思想之形成中佔有重要地位，且使得陰陽五行等相關之中國概念文化在日本普及，同時又被用來將西方科學合理化、融入固有思想框架之中。這些現象也反映了日本江戶《易》學本土化與重實用的特色。

作者認為，《周易》雖被儒家尊為經典，但並不為儒家所獨有，而是被各種思想和宗教所吸納，在中國如此，在日本亦然。而該書涵蓋層面甚廣，亦可說是表現了作者對於《周易》地位的理解。作者試圖以此研究進路填補江戶思想史研究之空白處，以新的課題探討中日文化交流互動之面向，成果可以說十分優秀。在此之前，該領域並無以此為題的專書進行探討，這說明了作者於此實有開山之功。該書之貢獻至少有以下三點：第一，作者仔細地統計了江戶時期《易》學著作、重印和輸入的中國《易》學書籍，大幅補充前人的統計結果。書中附錄有這些統計的一覽表，為後續的延伸研究提供方向，功不可沒；第二，以《周易》角度切入江戶時代的文化，等於是開發一種新的研究角度。以中日交流史的觀點去補充日本研究的元素，但又不會過度強調中國主體性，使日本淪為被動的他者，而是同時也強調日本主動加以改造運用的情形，這絕對有助於後續的江戶思想文化史研究；第三，東亞經典詮釋的研究，對於原本以中國為範圍的經典研究而言，可以提供更加多元性的經典涵義。不同民族基於不同目的而對經典作的詮釋，都是在發掘經典的面貌。該書對江戶《易》學作了一個初步的考察，可以說是未來中日《易》學史與《易》學發展進行對話的基礎。

然該書亦有不足之處，如作者自承，研究結果只能對江戶《易》學

作出基本輪廓的描繪，未能對書中所有牽涉到的領域作更深入的探討。
此外，還有不少領域，如儒家思想中所包含的形上學、倫理學等領域，
在書中所佔篇幅寥寥無幾，談論儒者們的《易》學時，僅有簡介，而無
深入的思想結構分析。作者以令人讚嘆的領域廣度進行鋪陳，相對的在
深度方面就無法全盤顧及。不過該書乃後續相關研究的根基及必讀著
作，這是無庸置疑的。[35]

　　最新的論著則是王鑫《日本近世易學研究》[36]，乃作者的博士論
文。該書主要由個別期刊論文組成，該書共分五章，每章討論不同對
象，分別說明了山崎闇齋、伊藤仁齋、伊藤東涯、太宰春臺四人的
《易》學，最後並透過大阪地區儒者藤澤東畡（1795-1865）及藤澤
南岳（1842-1920）所編的《周易輯疏》，來探討藤澤東畡於文政八年
（1825）所創立之「泊園書院」的學術。作者於前四章介紹該儒者重
要的《易》學著作，以及其中可見之《易》學思想重要特徵，其後並說
明該儒者之思想體系中與《周易》相關之部分，諸如山崎闇齋的神道概
念、伊藤仁齋的古學派形上學、伊藤東涯的古學派心性與工夫論，以及
太宰春臺的政治論述與《周易》之間的關係。在《周易輯疏》方面，則
介紹了該書的體例及版本，並附帶討論了其中展現出的，承襲自徂徠學
派之政治思想，以作為對泊園書院性質的觀察。

　　最後，作者歸納出探討過程中所得出的一些共同特色：首先，朱子
學《易》學在當時的影響十分龐大，乃不能迴避的對象。朱子學以外的
學派亦必須透過與朱熹《易》學對話的方式來展開其論述。也因此，朱
熹透過《易》學所揭示的「理一」概念，也成為各家思想中需要面對的
問題。另外，正因為朱熹《易》學具有相當的影響力，故也使得《周易
本義》的版本問題為人所關注。蓋傳入日本的《大全》本《周易本義》

35　筆者曾對此書撰寫過書評，可以參考。詳見拙著：〈評吳偉明《易學對德川日本的
　　影響》〉，香港浸會大學《人文中國學報》第 17 期（2011 年 9 月），頁 699-706。

36　王鑫：《日本近世易學研究》（吹田：關西大學文化交涉學教育研究中心博士論
　　文，2012 年）。

乃改動後的版本，使日本並未認識到朱熹所欲依循之古《易》，直到山崎闇齋才恢復朱熹真正所採用之編排方式。這種對正確版本的需求，也是當時《周易本義》影響力的表現。除此之外，江戶時代《易》學者亦努力吸收中國《易》學中象數或義理的研究成果，並有所回應，且運用於建構自身之思想體系上，中國《易》學的一些主要特點都體現在江戶時代《易》學中。

王鑫的研究鎖定在儒學上，而不若吳偉明廣涉諸多領域，但相對的在儒學問題上，也較吳書深入。王書的研究方式為著重《周易》在儒學中展現的經學史脈絡與哲學史脈絡，並採取類似於朱伯崑（1923-2007）《易學哲學史》的體例，兼顧儒者的《周易》詮釋特色以及與《易》學相關的個人思想展現。因此在章節安排上，也依循朱伯崑的處理方式，選取《易》學史上的代表人物，以人物為單位來作為章節之構成。王書所處理的歷時面幅度與對象數目都不如吳書，但相對於吳書的文化史進路，王書的進行方式更接近於儒學思想研究，對於個別儒者的探討，也較為立體，同樣也是江戶時代儒家《易》學研究這一塊領域中，值得參考的著作。

然而該書亦有其研究架構所導致的缺陷。作者在其中選取四位儒者及一本集解性質的《周易輯疏》，分屬朱子學派、古學派及古文辭學派，作者又說「從時間上來說，山崎闇齋與伊藤仁齋屬於江戶早期，伊藤東涯與太宰春臺屬於江戶中期，而藤澤東畡、南岳則屬於江戶末期」[37]，可見其試圖以此五章來分屬江戶時代的不同時期。這些探討對象，雖然不能說不重要，但欲以之來代表江戶時代，而將題目定為「日本近世易學」，則代表性實嫌不足，忽略了更多值得一提的儒者。雖然思想史研究本就需有所取捨，不可能窮盡所有著述，而是必須以一套史觀來揀擇探討對象。然如此的架構安排，密度過低，很難撐起該題目所應有的幅度。此外，正如作者所自承的，在該書中並未提到陽明學派、

37　王鑫：《日本近世易學研究》，頁 12。

折衷學派、不屬於特定學派的儒者，乃至朱子學和古學的其他儒者[38]，終不免有遺珠之憾。然而無論如何，該書試圖繼承朱伯崑研究方式，並投入日本《易》學研究的作法，也如同吳偉明的研究成果一樣，成為此領域少數專書之一，而留下貢獻。

目前有關江戶時代儒家《易》學的研究，數量稀少，且可開拓之空間仍大。以至今為止的研究成果來看，尚有兩點發展方向：一、將所關注的儒者範圍擴大，並更深入地加以探討；二、關注儒者之間的聯繫，以呈現共時與歷時面的《周易》影響力，以及相應的江戶儒學史史觀。在以其他經典或學派為切入點來研究江戶儒學的研究已頗為豐碩的情況下，以《周易》為核心的研究，實有待更多人投入，以擴充《易》學和東亞儒學的面向。

第三節　研究進路與架構

《周易》既是儒家十三經之一，又是具有豐富哲學思維，而能為各家所用的典籍，故同時具有經學史脈絡與哲學史脈絡。而兩種脈絡又各自開展出不同的問題意識與研究方法，也會有不同的關注焦點，這兩種歷史也是彼此並行不悖的。朱伯崑曾於《易學哲學史》的〈前言〉中說：

> 關於《易》學史的研究，過去屬於經學史的領域。經學史所研究的是儒家尊奉的典籍演變和傳授的歷史，其內容包括傳授的世系，不同時代和學派解經的傾向，經典注疏的概況和成就，典籍的辨偽和文字訓詁的考證等。其對《易》學史的研究也大體是這些內容……歷代的《易》學家也研究《周易》中的義理，特別是哲學家們依據其對義理的解釋建立和闡發自己的

38　同上註，頁151。

哲學體系。他們對《周易》義理的解釋和對其理論思維的探討，涉及到宇宙、人生的根本問題，包括哲學基本問題和事物發展的一般規律。這部分內容，可以稱之為《易》學哲學……《易》學哲學有自己的特點，其哲學是依據《易》學自身的術語、範疇和命題而展開的。而這些範疇和命題又出於對《周易》占筮體例、卦爻象的變化以及卦爻辭的解釋，從而形成了一套獨特的理論思維形式……探討這些問題就是《易》學哲學史的任務。這是一個新的研究課題，其內容既不同於作為經學史的《易》學史，也不同於一般的哲學史。這同佛教史、佛學史和佛學哲學史一樣，既有聯繫，又有區別，各有自己的特殊任務。[39]

雖然朱伯崑該著作以「《易》學哲學」之領域為重點，然正如此處所言，經學和哲學脈絡下的《周易》，既有聯繫，又有區別，各有其重要性。而在其鉅著《易學哲學史》中，也未嘗完全忽略經學史的面向。《周易》兼含此兩種性質與研究進路，正是由於其同時有儒家經書以及哲學典籍兩種定位。然而完整的《易》學研究，未可輕易拋棄任何一邊，必須顧及兩者，才能呈現《周易》在歷史上的全盤作用。所謂的經學史的《周易》、哲學史的《周易》，與其說自古以來即有此研究進路，不如說是現代學術分科下的結果。古代學者們所實際生活的學術場域中，並未有如此分科意識，只有面對經典與學問的全盤工作而已。好比朱熹探討古本《周易》應有的面貌，此可稱為經學史的工作；而同時又試圖賦予《周易》理氣二元論的內涵，此可稱為哲學史的工作。若是研究朱熹《易》學，則不能僅針對《周易本義》等直接以《周易》詮釋為主題的著作，尚需透過《朱子語類》、《朱文公文集》等文獻，把握朱熹思想的其他重要部分，從不同的哲學問題切入，才能發現《易》學在整

39　朱伯崑：《易學哲學史》第一卷（臺北：藍燈文化事業股份有限公司，1991 年），〈前言〉，頁 1-3。

套朱熹思想中的全幅地位。也就是說，後世的《易》學研究者必須同時面對此兩種進路，及其所相應的各類領域，方能完整地回歸到古代學者的思想工作中，確實地面對《周易》在中國學術上產生的作用。而日本儒學縱然再怎麼基於本土化需求而產生與中國儒學不同的面貌，其本質仍為儒學，也就是以儒家經典為學術核心所開展的學問，達到修身治國之實踐。而在研究儒學的過程，也必定會透過研讀傳入日本的中國儒者著作來累積自身學思。因此中國儒者面對經典的全盤工作，也體現在日本儒者身上。透過《周易》來觀察江戶時代儒學史時，也就因此同樣以兼顧經學史脈絡與哲學史脈絡為宜。

以經學史脈絡看待《周易》，乃涉及到《周易》的傳播、代表性註解、解經特色等問題；以哲學史脈絡看待《周易》，則著重於學者們利用《周易》元素建構出的思想體系內容，並以哲學分析的方式進行論述。因此，筆者依此兩種進路，將本研究之架構設定如下：

第一章為〈序論〉，說明研究動機、文獻探討、研究進路與架構，以作為本研究之先行背景交待。

第二章為〈江戶時代儒家《易》學之歷史背景〉，說明《周易》傳入日本，以及在古代、中世經典化和傳播的過程，並介紹此時的《易》學發展概況。另外，由於本研究著重於江戶時代儒學，故擬於此章探討江戶初期儒學興盛之契機，作為此時儒家《易》學背景之一環。另外也將從教育史的角度，說明《周易》在各階層儒學教育機構中的傳授情形。

第三章為〈江戶時代儒者的《周易》註釋特色比較〉，係針對江戶時代的《周易》註釋情況進行觀察。在此從各學派中揀選具有代表性，於《易》學方面有所成就，又留下重要《周易》註釋作品的儒者，針對其《周易》註釋內容進行析論，呈現其解經特色，以作為江戶時代儒者《易》學成就之一端。

第四章為〈江戶時代儒者思想中的《易》學哲學開展〉，「《易》學哲學」一詞，係依據前述朱伯崑指出的，「《易》學」所包含的哲學史面

向而定，涉及到《周易》元素在其他思想問題上的展現。在此章將選取江戶時代儒學中，與《周易》相關的重要思想表現，針對其中展現的思想體系結構進行析論。而所選取的思想議題，亦企圖包含不同的學派，以呈現更多元的《周易》利用面向，以及江戶時代儒學表現中的《周易》作用。

第五章為〈江戶時代儒學論爭議題中的《周易》〉，從「論爭活動」的角度，談論江戶時代儒學中有關《周易》的另一個面向。此章選取在江戶時代儒學史上具有代表性，而又涉及《周易》的論爭表現，就雙方之論點及爭議之產生加以探討，作為透過《周易》來觀察動態的思想史活動之途徑。

第六章為〈結論〉，綜合上述之探討，於此章進行整理，作為本研究之總結，並說明未來可能延續的研究方向。

在此架構中，第二、第三章可說是屬於經學史進路，重點在《周易》的流傳與相關解釋；第四、第五章則屬於哲學史進路，目標在於對儒者思想中牽涉到《易》學的部分進行說明，觀察其援用《周易》元素以申述個人思想的表現。另外，有兩點必須先在此說明：一、本研究並不代表江戶時代儒家《易》學活動盡在於此，亦不認為透過《易》學即可充分解釋江戶儒學史之表現。受限於時間與學力，只能先揀選較具代表性的儒者及其表現，就江戶時代儒家《易》學之犖犖大者，進行深入的分析；二、本研究的第三至第五章之主題分別為對《周易》的解釋、有關《易》學元素的儒者思想以及涉及到《周易》的論爭活動。其實就儒學史而言，此三者未必可截然劃開，勢必有重疊的部分，例如儒者的《周易》解釋中，事實上已然顯露其個人哲學觀點；儒者們對《周易》解釋的看法不同，也將導致論爭，諸如此類，即為重疊的部分。本研究在論述時，將扣緊各章所設定的方向。遇及其中的重疊部分，縱有必要提及，亦將控制其深度，以避免失焦。

第二章
江戶時代儒家《易》學之歷史背景

　　《周易》傳入日本之情形為何？如何在官方或民間之儒家社群中成為必備知識之一環？凡此有關江戶時代儒家《易》學之歷史背景問題，乃本章欲探討之部分。以下從學術史與教育史的觀點，對《周易》在日本儒學中經典化的情形作一概述，並說明儒者接觸、學習《周易》之過程，以明江戶時代《周易》影響力之一端。

第一節　《周易》與江戶時代以前之儒學

一、古代

　　最早與《周易》相關之日本文獻記載，一般公認是《日本書紀》（成書於 720 年）中的這一則：

> （繼體天皇）七年夏六月，百濟遣姐彌文貴將軍、洲利即爾將
> 軍，副穗積臣押山，貢五經博士段揚爾。[1]

繼體七年相當於西元 513 年。繼體六年（512）時，日本派遣穗積臣押山出使朝鮮半島上的百濟國，並應其要求將朝鮮半島上屬於日本領土中的四個縣讓與百濟。隔年即有五經博士段揚爾來日之事。日本藉由贈送領土，從百濟獲得了五經方面的人才。段揚爾是否係百濟「進貢」與日

1　舍人親王（676-735）編：《日本書紀》卷十七，收入《國史大系》第一卷（東京：經濟雜誌社，1897 年），頁 289-290。

本？此事固可再商，然至少可以肯定，日本接觸《周易》，大致始於此時。接著在繼體十年時有另一則文獻：

> 秋九月，百濟遣州利即次將軍，副物部連來，謝賜己汶之地，別貢五經博士漢高安茂，請代博士段陽（按：當作揚）爾。[2]

百濟派遣另一位五經博士高安茂來輪替段揚爾，這似乎在之後開啟了日本對於相關知識的強烈渴求。欽明天皇十四年（547 年），日本主動要求百濟派遣醫博士、《易》博士、七曆博士[3]，隔年百濟遣日的技術性人才中即有五經博士王柳貴、《易》博士王道良等人。[4]縱然此時日本對《易》學的需求可能還是偏重於卜筮等實際的功能，但不可否認的是作為儒家經典的《周易》，確實是從這段時間開始在日本生根，加之遣隋使進入中國，帶回儒學知識，在一些象徵日本人吸收儒家知識之成果的場域中展現了些許痕跡。例如聖德太子（574-622）於推古十二年（604年）頒布的《憲法十七條》，其中第三條說：

> 承詔必謹。君則天之。臣則地之。天覆地載。四時順行，萬氣得通。地欲覆天，則致壞耳。是以君言臣承，上行下靡。故承詔必慎。不謹自敗。[5]

在這則對於君臣上下關係之強調的主張中，可以看到對於《周易》「地道也，妻道也，臣道也」（《坤卦・文言傳》）、「天尊地卑，乾坤定矣」（《繫辭傳上・第一章》）等文句之轉化運用。[6]又例如《日本書紀》記

2　同上註，頁 293。

3　舍人親王編：《日本書紀》卷十九，頁 333。

4　同上註，頁 336。

5　據家永三郎（1913-2002）、築島裕（1925-2011）校注：《憲法十七條》，收入家永三郎、藤枝晃（1911-1998）、早島鏡正（1922-2000）、築島裕校注：《聖德太子集》，《日本思想大系》第二卷（東京：岩波書店，1982 年），頁 12-14。

6　吳偉明認為此段文獻乃對於《易經》之直接引用，見氏著：《易學對德川日本的影響》，頁 3。然而既言之為「直接引用」，則對於引用與否的判準必須為嚴格地吻

載，第一代天皇神武天皇決定立都於橿原時，下詔曰：

> 自我東征，於茲六年矣，賴以皇天之威，凶徒就戮。雖邊土未
> 清，餘妖尚梗，而中洲之地，無復風塵，誠宜恢廓皇都，規摹
> 大壯。而今運屬屯蒙，民心朴素，巢捿穴住，習俗惟常。夫大
> 人立制，義必隨時。苟有利民，何妨聖造。且當披拂山林，經
> 營宮室，而恭臨寶位，以鎮元元。上則答乾靈授國之德，下則
> 弘皇孫養正之心，然後兼六合以開都，掩八紘而為宇，不亦可
> 乎？7

《日本書紀》中凡關於神武天皇之事皆屬後人所撰，並非信史。但重點
在於此處之「大壯」、「運屬屯蒙」、「乾靈」等處皆引用卦名卦義，至少
可以反映《日本書紀》編者利用《周易》資源進行撰述之事實。以較可
靠的記載為範圍的話，另有孝德天皇（596-654，645 年即位）曾在詔
書中引用《周易》之紀錄：

> 《易》曰：「損上益下，節以制度，不傷財害民。」方今百姓
> 猶乏，而有勢者分割水路以為私地，賣與百姓，年索其價。從
> 今以後不得賣地，勿妄作主兼併劣弱。8

此處雖與《周易‧節卦‧彖傳》原文有些許出入，但比起前例，可謂較
完整而直接的引用。這也表示，作為儒家經典的《周易》，在此除了具

合原典字句。而縱觀《周易》，並無可稱之為該則文獻直接引用之處。家永三郎在
註解此處用典時，指出係來自《管子‧明法解》之「君臣相與，高下之處也，如
天之與地也。」見《聖德太子集》，頁 14。然而文字儘管如此接近，仍稱不上是
直接引用。因此不管是對於《周易》還是對於《管子》，都只能算是一種轉化運
用。而筆者認為，《周易》與《管子》在非成於一人一時之手的情形下，不能輕易
判斷何者為該思想之源頭，不如說此兩者皆反映出一種時代整體性的思想資源。
就此意義下，「《憲法十七條》第三條與《周易》相關」的說法仍能成立。

7　舍人親王編：《日本書紀》卷三，頁 91。
8　舍人親王編：《日本書紀》卷二十五，頁 431。

有用作正式文書引用對象的技術性功能，其思想也發揮著影響力。

從諸如此類的記載所看出的蛛絲馬跡畢竟十分零碎，因此關注的重點應該放在《周易》在國家制度下的儒學傳授活動中之定位。日本於大寶元年（701年）完成了律令制國家型態，該年八月頒布《大寶律令》，乃較為完備之成文法。其後於養老二年（718年）又頒布其修正版《養老律令》，而《大寶律令》今已不傳。天長十年（833年），政府公布《令義解》，乃《養老律令》的官方註釋書籍。我們可從《令義解》窺知當時的儒學教育政策。

《養老律令》中負責儒學教育之機關為「大學寮」，其首長「大學頭」官至從五位。據《令義解・職員令》記載，大學寮之組織職掌如下：

> 頭一人，掌簡試學生及釋奠事。助一人，大允一人，少允一人，大屬一人，少屬一人。博士一人，掌教授經業、課試學生。助教二人，掌同博士。學生四百人，掌分受經業。音博士二人，掌教音。書博士二人，掌教書。算博士二人，掌教算術。算生卅人，掌習算術。使部廿人，直丁二人。[9]

大學寮在此設有明經與算術兩科，所收之學生為十三至十六歲、位階五位以上之貴族子弟，八位以上之子弟凡有意願者亦可入學，其教育目標為培養中下階級政府官員。學習儒學經典之學生，首先須跟隨音博士與書博士學習漢文之讀寫，其後再跟隨博士習經。根據《令義解・學令》，儒家經典部分之學習內容如下：

> 凡經，《周易》、《尚書》、《周禮》、《儀禮》、《禮記》、《毛詩》、《春秋左氏傳》，各為一經；《孝經》、《論語》，學者兼習之。
> 凡教授正業，《周易》：鄭玄、王弼注（《令義解》注：謂非是

9　清原夏野（782-837）編：《令義解》卷一，收入《國史大系》第十二卷（東京：經濟雜誌社，1900年），頁37。

一人兼習二家。或鄭或王，習其一注。若有兼通者，既是為
博達也）；《尚書》：孔安國、鄭玄注；《三禮》、《毛詩》：鄭玄
注；《左傳》：服虔、杜預注；《孝經》：孔安國、鄭玄注；《論
語》：鄭玄、何晏注。

凡《禮記》、《左傳》，各為大經；《毛詩》、《周禮》、《儀禮》，
各為中經；《周易》、《尚書》，各為小經。通二經者，大經內
通一經，小經內通一經。若中經，即併通兩經。其通三經者，
大經中經小經各通一經。通五經者，大經並通，《孝經》、《論
語》須兼通。[10]

學生在學習過程中需要熟讀經文並明瞭經中大義，以此為考試依據。由
上述規定可以看出：一、由於《養老律令》受唐制影響，故此處儒學傳
授之相關規定亦依循唐代之經學。[11]《周易》一科須習鄭王注，亦反映
六朝至唐初的傳統；二、《周易》地位不算突出，遠不如被規定為必修
之《論語》與《孝經》。此通經之規定亦模仿唐制。[12] 相對於屬中央學
校的大學寮，亦有地方性的學校，稱為「國學」，以培養地方官吏為目
標。其制度則與大學寮大致相同，悉見於《令義解・學令》。

　　另外在私人性質的非官方教育體制中，其中一個主力社群是僧人。
日本真言宗的開山祖師空海（774-835）為古代日本最著名的僧人之
一，曾前往唐朝研究佛法，亦為書法名家。他所創立的「綜藝種智院」
堪稱日本最早的庶民學校，提倡儒釋道三教一致，不過年代久遠，現已
難以窺知空海如何在此場域中提及《周易》。另外，此時的漢學者亦會
開設自己的私塾，例如博士家之一菅原家的「菅家廊下」即為代表。在
以上的非官方儒學教育中，應可推測此亦為《周易》的傳播管道之一。

10　清原夏野編：《令義解》卷三，頁 120。
11　關於《養老律令》之學制與唐制之異同，可參高明士：《日本古代學制與唐制的比
　　較研究》（臺北：學海出版社，1986 年）。
12　見高明士：《日本古代學制與唐制的比較研究》，頁 101。

　　十世紀時，日本進行了一波對於律令制的改革。其中一個成果是
《延喜式》的編纂，此亦可視作平安時代（794-1192）代表性的一個
法令。延喜五年（905 年），醍醐天皇（885-930，897 年即位）命左大
臣藤原忠平（880-949）編纂此書，於延長五年（927 年）完成。《延喜
式》內大學寮的法令中，關於《周易》的部分不多，僅規定修習日數為
三百一十日。[13] 在九經之中，《周易》的修習日數並不算長，遜於《禮
記》、《左傳》的七百七十日、《周禮》、《儀禮》及《毛詩》的四百八十
日，這當然與經書字數有關，但也表示《周易》地位不甚突出，情況與
《養老律令》大致相同。

　　平安時代末期，律令制崩壞，博士家《易》學趨於僵化。如上所
述，大學寮中的《易》學傳授重點在於鄭、王注，也就是依循漢唐注疏
傳統。而學生徒以背誦章句為務以求通過考試，自不可能有所創發。[14]
此外，十世紀末之後，博士官變為世襲，明經博士由清原、中原兩家所
掌握，而文章博士（於八世紀時增設，研習漢文文學與中國史學）則有
菅原、藤原、日野等數家。當儒學變為家學，意味著博士官繼任者不見
得需有高度之才學，而學術也成為少數人壟斷的技藝，如此一來勢必僵
化。當時朝廷中亦有精通儒學，而在《易》學上用力甚深，已觸及宋學
者，如公卿藤原賴長（1120-1156），然終為少數。[15] 另外，此時中央冗

13　藤原忠平編：《延喜式》卷二十，收入《國史大系》第十三卷（東京：經濟雜誌
　　社，1900 年），頁 648。
14　足利衍述（1878-1930）曾指出，明經博士設立後，經義上墨守唐制，又立家法，
　　連訓點都視為自家之秘法而不外傳，且實用性質不高，此乃當時日本儒學衰頹之
　　一大原因。他甚至認為明經博士只是守舊之蠹蟲而不足論（原文：明經博士は守
　　舊の蠹のみ，言ふに足らず）。見足利衍述：《鎌倉室町時代之儒教》（東京：日本
　　古典全集刊行會，1932 年），〈序論〉，頁 5。
15　藤原賴長年紀輕輕即開始習《易》，然當時日本基於《論語‧述而》的「五十以學
　　《易》」一句，認為五十歲以前不可讀《易》。藤原賴長打破此禁忌，然最終卻因
　　發動政變失敗，於戰亂（保元之亂）中身受重傷身亡，得年三十六歲。山中浩之
　　於〈日本人と易〉中表示此事件使《周易》蒙上「不吉之書」的印象（頁 70）。
　　若如此，或許可以說藤原賴長的習《易》反而對《易》學傳播造成了阻礙。

員過多，財政惡化，人民不堪沉重賦稅而紛紛棄田逃離，已無法徹底地執行土地公有，兼併之事時有所聞，終至改行土地私有化，動搖了傳統的律令制，政權的中心從朝廷貴族逐漸移往各地方掌握土地與軍隊的武士，種種因素使得與傳統封建任官體制密切相關的大學寮儒學系統也失去了重要性，乃至走向衰落。

二、中世

官拜征夷大將軍的源賴朝（1147-1199）設立鎌倉幕府的 1192 年，一直到 1603 年，德川家康（1542-1616）設立江戶幕府以前的這段時間稱為中世。吳偉明認為，中世時《易》學趨於發達之原因有四：一、宋學於日本興起；二、中世日本禪僧熱心鑽研《易》理；三、《周易》變化哲理對中世的政治家與武士們予以啟發；四、《易》理易於被日本本土思想及習俗吸收。[16] 另外，吳偉明也歸納出中世《易》學七大特色：一、缺乏獨立性，附屬於佛學、神道等思想下；二、宋學新注成為主流；三、逐漸成為日本在地化的學問；四、有實用主義傾向；五、並未有高度的創意與水準，而以標點評注為主；六、重視占卜；七、不斷地滲入民間，《周易》學習隨之平民化。[17]

這些趨勢的成形，事實上與上述平安時代律令制的崩壞以及博士家《易》學僵化等因素大有關係。而發生於中世後半葉，因室町幕府內部權力繼承問題而引發的「應仁之亂」（1467-1477），將京都一帶捲入戰火之中，學者們不得不逃至各地避難，更是讓原本的官方儒學系統受到趨近毀滅性的打擊。縱觀中世，京都的博士家們由於上述問題之故，在學術上受到種種限制。是故此時在儒學上具有領導能力而極為活躍，進而成為中世《易》學代表的地位，就落到了禪僧手上。尤其是鎌倉（1192-1333）與室町時代（1336-1573），幕府皆對禪寺友善，更創造

16　吳偉明：《易學對德川日本的影響》，頁 5。
17　同上註，頁 14-15。

了有利於禪寺成為學術中心的條件。

（一）禪僧的《易》學

扮演中世《易》學要角的禪僧分為兩種：第一種是前往中國後返日或是在日本研習儒學者，第二種是由中赴日者。這兩類禪僧皆是當時中國學術傳入日本的主要管道，也是宋學（以朱子學為代表）及其脈絡下的《易》學得以在日本生根的推手。如前所述，在此之前的日本儒學以背誦漢唐章句訓詁為務，而宋學作為漢唐之學的反動[18]，此面向使日本得以接觸到全新面貌的儒學，逐漸蔚為風尚。宋學本身即已有向佛學汲取資源之傾向，許多宋代思想家在早年都有一段出入佛老的過程，其後轉化在心性之學的深研上。[19] 禪僧在接觸宋學後，利用此性質宣揚「禪儒一致」甚至儒釋道三教一致，以儒學為助道，在鞏固自身學術地位的同時也投入儒學之研究與推廣。

自俊芿（1166-1227）、圓爾（1202-1280）等禪僧攜帶大量儒學書籍返日後，便開啟了宋學在日本的普及契機。[20] 自宋至明，中日貿易交

---

18   關於從漢唐到宋之間的學術形式轉換之意義，可參陳逢源：〈從五經到四書：儒學「典範」的轉移與改易〉，收入陳逢源：《朱熹與四書章句集注》（臺北：里仁書局，2006 年），頁 1-60。

19   這方面的具體表現，如道南學派注重靜坐工夫，實與禪學影響大有關係，即為一例。而此宋學脈絡下的《易》學也隨之受到佛學影響。例如朱伯崑即曾指出程頤（1033-1107）的「體用一源，顯微無間」思想來自他的華嚴學背景。見朱伯崑：《易學哲學史》第二卷，頁 245-246。

20   日本另有一朱熹（1130-1200）《中庸章句》版本，稱為「正治奧書本」，上題有「正治二年三月四日　大江宗光」字樣。正治二年為西元 1200 年，這或許表示宋學書籍在俊芿以前即已傳入日本。王家驊在說明宋學進入日本之時間時附有此史料，見王家驊：《儒家思想與日本文化》（臺北：淑馨出版社，1994 年），頁 54。然足利衍述已指出從字體上可確認非大江宗光本人所寫，故有爭議性。見氏著：《鎌倉室町時代之儒教》，頁 25-29。另外，俊芿所攜回之書目已不傳，因此雖然足利衍述、西村天囚（1865-1924）與芳賀幸四郎（1908-1996）皆以俊芿為宋學傳來之始，亦有持保留意見者如和島芳男（1905-1983），以圓爾為可確定之傳來者。關於這些說法可分別參照《鎌倉室町時代之儒教》，頁 29-31、西村天囚：《日本宋學史》（大阪：杉本梁江堂，1909 年），頁 23-24、芳賀幸四郎：《中世禪林の学問および文学に関する研究》（東京：日本学術振興会，1956 年），頁

通興盛，同時亦有不少日本禪僧前來中國。其中圓爾在宋期間，師事北礀（1163-1246）、癡絕（1163-1245），二僧皆通儒學，著作中頗有引用《周易》文句之處，足利衍述稱其為具有深厚朱子學造詣之雙璧[21]，他們的學術也隨著圓爾而流傳至日本。此外，處於儒佛會通的氛圍，本身具備儒學素養的中國禪僧之中，亦有赴日而歸化者。例如受元朝命令而東渡日本，最後留在當地的臨濟宗禪僧一山一寧（1247-1317），博學淹通，對於中國學術與文化在日本的傳播發揮了重大作用。

宋學儒者如周張程朱諸子皆將自身學問之精華寄託於《周易》詮釋上，外加禪宗內部早已出現與《周易》相關之發展，例如曹洞宗的洞山良价（807-869）即是。在此背景下，禪僧具備作為儒家學術之一環的《易》學素養，乃理所當然。久須本文雄（1908-1995）整理二十位中世時期代表性的禪僧，並將其著作予以分類，其中即有十四位擁有《易》學著作。[22]此比例之高顯示了禪僧於《易》學上的活躍程度。他們透過宋學，得以鑽研有別於傳統漢唐注疏的《易程傳》、《周易本義》等重要之宋學《易》著作，將日本對《易》學的接受帶入一個新的時代，也連帶地影響到博士家等等其他的學術社群。一山之弟子虎關師鍊（1728-1346）、與虎關相往來的中巖圓月（1300-1375）、無德至孝（1283-1363），以及中巖之友義堂周信（1325-1388）、義堂之弟子岐陽方秀（1360-1424）、岐陽之弟子雲章一慶（1385-1463）、翶之慧鳳（1414-?），另外還有桃源瑞仙（1433-1489）、桂庵玄樹（1427-1508）、文之玄昌（1555-1620）等，均為精通來自中國之儒道

54、和島芳男：《中世の儒学》（東京：吉川弘文館，1996年），頁66-67。筆者認為，俊芿所攜之書目雖不存，然以其活動年代而言，謂其攜有宋學書目之猜測仍算合理。木宮泰彥（1887-1969）亦認為，俊芿回國之年恰逢朱熹《四書章句集注》出版，因此當攜回不少宋學書籍。見木宮泰彥著，胡錫年譯：《日中文化交流史》（北京：商務印書館，1980年），頁353。

21　足利衍述：《鎌倉室町時代之儒教》，頁38。

22　該分類結果見久須本文雄：《日本中世禪林の儒学》（東京：山喜房佛書林，1992年），頁279-280。

兩家、史籍文學等外典，在《周易》上用力甚深之禪僧。

　　在此先以被足利衍述評為鎌倉、室町時代中《易》學第一的中巖圓月為例[23]，略窺中世禪僧所達到的《易》學高度。中巖甚為早慧，文采與學問皆為當世所重。反映其《易》學思想之代表著作為三十五歲時所寫之《中正子》。中巖本人即號曰「中正子」，而「中正」為《易傳》之術語，足見其甚喜《周易》。該書以中正子與其他人問答之形式寫成，甚至其中還出現以「月」自稱之處，實際上就是中巖以自己為主角之寓言體。《中正子》分內篇與外篇，外篇在前，以儒為主；內篇在後，闡述禪理。此順序安排取由外入內之意[24]，可見其禪儒一致的主張背後仍以釋家為最終依歸。外篇部分含〈敘篇〉、〈仁義篇〉、〈方圓篇〉、〈經權篇〉、〈革解篇〉、〈治歷篇〉；內篇部分含〈性情篇〉、〈死生篇〉、〈戒定慧篇〉、〈問禪篇〉等。全書多引用包括《周易》在內的中國外典文句，從〈方圓篇〉中大量引用《中庸》內容這一點來看，可知其以宋學為自身儒學思想之主幹。特別的是在〈經權篇〉、〈革解篇〉等處還寄託了中巖自身的政治理想。在禪學方面，常以宋學詞彙解釋禪法，在以釋家為依歸的前提下肯定儒家之作用。[25] 此外，中巖在此書中亦對先秦諸子與

23　足利衍述：《鎌倉室町時代之儒教》，頁268。原文：「中巖は實に鎌倉以降室町時代を通じて第一の易學者たり。」

24　中巖圓月：《中正子・敘篇卷之一　外篇一》：「中正子以釋內焉，以儒外焉。是以為其書也，外篇在前，而內篇在後，蓋取自外歸內之義也。」據入矢義高（1910-1998）校注：《中正子》，收入市川白弦（1902-1986）、入矢義高、柳田聖山（1922-2006）校注：《中世禪家の思想》，《日本思想大系》第十六卷（東京：岩波書店，1982年），頁171-172。

25　中巖圓月：《中正子・性情篇卷之四　內篇一》：「東漢之前，佛法未行諸中國。故儒者之言性，或不能辨也，宜矣。然其不稽孔子、子思之教則失也。佛法既來，凡蘊靈知之士，咸歸吾也。當知孔氏之道與佛相為表裡，而性情之論，如合雙璧然。然世之儒生，猶不欲同焉。則無它，以其欲異於釋氏故也，是非君子之道也。……性之本靜而已。孟子以善為性，非也；荀子以惡為性，非也；揚子以善惡混為性，亦非也。之三子者，不見正於佛教，故誤也宜也。」（頁179-180）以「靜」理解人性本質，是吸收佛老元素，再借用《禮記・樂記》之詞彙的宋學之特徵，代表者為周敦頤（1017-1073）。此亦與禪宗對佛性的闡發相關而提供「禪

唐宋文學家進行思想和文學上的判教，不僅可見其廣博，亦可見其將自身拉抬到可與中國學術對話之高度的氣魄。

　　《中正子》書中與《易》學較密切相關者為〈革解篇〉與〈治歷篇〉，分別從義理與曆數方面闡述革卦之涵義。在〈革解篇〉中，引用《易傳》文字後，常以「中正子曰」申述己見。全篇主旨在於：

> 改革之道，不可疾行也……人心未信之之時，不可改也。人心已信之之日，可以革之者也。……是以天下國家行制令之新者，則蚩蚩庸庸無知之民，不習熟故，以難辛不便之患，以致偶語於朝廷，流言於天下。……是故庚革之道，不宜速疾。必逮其事畢已之日，則彼無知之民，漸之熟之，而后信之，反為便利，以自行之。[26]

這裡或許與朱熹詮釋革卦時說的「變革之初，人未之信，故必已日而後信」[27]有關，乃立足於朱熹詮釋之上而更進一步闡發。前人已指出中巖此處用意在於批判建武新政[28]，可見其對政治實踐之關懷，而非純然出世。中巖以《易》理來討論變革之價值，固然其中仍有解經上流於附會之處[29]，但整體來說代表一種對前人註解的吸收與再創造，象徵了中世《易》學的成就。

　　至於〈治歷篇〉乃根據《大象傳》「君子以治歷明時」一句來發揮。由乾至革共四十九卦，此篇乃說明四十九之數所具備的曆數意義。其實全篇無涉思想義理，毋寧說是一種數字遊戲。但其中可窺見中巖

儒一致」、「儒為助道」的其中一個著力點。

26　中巖圓月：《中正子・革解篇卷之三　外篇五》，頁175。

27　朱熹：《周易本義》，據大安出版社編：《周易二種》（臺北：大安出版社，1999年），頁184。

28　詳參芳賀幸四郎：《中世禪林の学問および文学に関する研究》，頁73-74。

29　例如他在討論革卦內外卦之意義時說：「離之於時，夏也。於日為丙，丙者炳也。兌之於時，秋也。於日為庚，庚者更也。」（頁175）乃漢代象數之基礎上再以字音附會而成，並無根據。

在推步之術上的造詣，亦代表著對中國曆學與《易》數關係的鑽研。而另外一個意義在於：這種數字遊戲，不論從哪一卦出發，只要發明體例夠多，皆可自圓其說。因此與其說重點在於曆數造詣，不如說是中巖選擇革卦作為論述基點之用意。不過這可以讓我們聯想到章學誠（1738-1801）於《文史通義‧易教中》高舉曆象地位，兩者的核心關懷可謂相近。再考慮到《中正子》以《易》學為主題的兩篇皆針對革卦，便可見〈革解篇〉所申之政治義理，實乃《中正子》全書《易》學內涵之綱領。

　　中巖雖具宋學素養，在《易》學上卻不盲從之。其著有〈辨朱文公易傳重剛之說〉一文，反對朱熹《周易本義》對乾卦《文言傳》「重剛」一詞的闡釋，批評其「以己之惑之，而嫌聖人之言，以為衍也。朱之為儒，補罅苴漏，鉤深闡微，可以繼周紹孔者也，而未稽之何耶」[30]，其說甚為允當，充分展現中巖的獨立思考能力，可與中國《易》學相對話。

　　另外值得一提的是桃源瑞仙。桃源為中世後期通儒學之禪僧的代表之一，其《易》學著作《百衲襖》乃是對《周易》進行講授的內容，成書於文明九年（1477）。[31] 足利衍述評此書為桃源在儒學上的全幅功績所在。[32] 目前所見《百衲襖》抄本中，以京都大學附屬圖書館所藏之二十三卷本較為齊全[33]，內容包含對《周易》、《易學啟蒙》、《周易命期經》等書的解說，並參酌王、孔、程、朱之注疏以及董楷《周易傳義附

30　轉引自足利衍述：《鎌倉室町時代之儒教》，頁 267。
31　現可見《百衲襖》抄本之末尾處書有「文明九年歲舍丁酉季春谷雨日　亦庵村僧（按：桃源之號）書于點易亭」。本文所據之《百衲襖》，係京都大學附屬圖書館所藏之二十三卷本，封面題名為《易抄》。全書已拍照存檔並置於京大附圖網站，不再開放借閱。網址：http://edb.kulib.kyoto-u.ac.jp/exhibit/kichosearch/src/seike89.html。
32　足利衍述：《鎌倉室町時代之儒教》，頁 403。
33　關於《百衲襖》之版本整理，見大塚光信：〈史記抄について〉，收入岡見正雄、大塚光信編：《抄物資料集成》（大阪：清文堂，1976 年），頁 11-12。

錄》、胡方平《易學啟蒙通釋》、胡一桂（1247-?）《易學啟蒙翼傳》而成。然而桃源本人未能親眼得見《周易本義》，其對朱注之掌握係來自《周易傳義附錄》。

　　足利衍述對於《百衲襖》內容的分析大致有以下幾點：一、折衷新古二注而以宋學為本；二、重朱熹之古《易》，批評董楷《周易傳義附錄》依王弼本編排；三、提出關於「六」「九」之新解，即九為天數之極，故代表陽，取以陽為尊之義；「六」為地數之中，故代表陰，取進退得其中之義；四、對於乾坤以外，卦辭有「元亨利貞」，而《彖傳》並未言「利」字之現象，提出「利」包於其他德之中之解；五、認為履、同人兩卦之卦辭句首，卦名應與其他字斷開；六、王弼注本以十個卦分一卷，卷首題有「乾傳第一」、「泰傳第二」等。桃源認為乃是由於乾卦至履卦等十個卦，象徵陰陽之氣循環一周，而泰卦係乾坤二卦相交而成，有周而復始之義；七、重視《說卦傳》，尤其是第十一章的八卦象徵部分；八、主張三教一致。[34] 由這些特色可以看出，桃源除了基於禪僧身分而藉由《周易》提倡三教一致之外，努力吸取各家學說並提出己見，正是其作品《百衲襖》能夠在中世《易》學史上留名的原因。

　　除了對於諸家詮釋的解說以及三教一致主張之外，《百衲襖》另一表現桃源個人想法之處在於第九卷。《百衲襖》第九卷開始為對《周易》上下經之解釋，在此之前則是一些關於《周易》在中日兩國傳承之說明。其對中國《易》學源流之理解，係來自《史記》。另外還有較出色的〈五十以前不讀易有其說哉〉短文。上文曾提及，日本曾有五十歲以前不可讀《易》的禁忌。對此桃源大加批判，說：

　　商瞿者，孔子之弟子。孔子卒時，商瞿年四十四歲也。若言
　　五十以前不可讀《易》，則商瞿何人哉？《論語》皇侃疏「孔
　　子自幼少誦《易》」云云，然則蚤年讀《易》，雖有先規，當時

34　詳見足利衍述：《鎌倉室町時代之儒教》，頁403-408。

> 初學之輩，可子細思量者手？世人多以《論語》「加數年五十
> 而讀《易》者可元（按：疑當作「无」）大過」之義，而畏
> 五十已前讀《易》，於理甚不可。又孔子晚而好《易》云云，
> 仍以為晚年之學。孔穎達疏釋之以為四十七歲時辭，但授《史
> 記・孔子世家》，在七十已後之事，王朗說以為自幼讀《易》，
> 亦何速之？有不在禁內者也。[35]

桃源利用其來自《史記》的素養，充分論述五十歲前不可學《易》於史
不合處，抨擊迷信思想，以當時風氣而言甚有價值。

　　《百衲襖》此卷的另一必須注意之處，在於桃源也記載了許多關
於讀《易》、習《易》和卜筮的儀式，儘管桃源身分為禪僧，卻兼具這
些儀式的知識，相關內容也可見道教的影子，例如儀式中的「行事式」
說：「靜心寧慮，思忖道義，專念救苦天尊、大（按：疑當作「太」）
乙神人、拋卦童子、示卦童郎、六爻神將、飛伏之神、世應兩將，皆在
于前。北斗北辰，亦宜念之。」[36] 此外，桃源在述說日本的《周易》流
傳時，專門就卜筮技術方面言，而非儒家脈絡下的傳統經學授受。這
些現象表明了桃源對《周易》的卜筮性質十分重視，除了依循朱熹將
《周易》之本來面目定為卜筮之書的路線之外，也由於桃源師承多端，
包括足利學校的柏舟宗趙以及博士家的清原業忠（詳後述），特別是以
《易》占技術聞名的足利學校，對桃源學術之影響當可輕易看出。日本
的《易》占與吸收中國道教並融合於日本陰陽道、神道的陰陽寮密切相
關，而一路傳承下來。《百衲襖》此部分正是其表現之一。不只如此，
從該書包含唐代李淳風（602-670）所著之《周易命期經》這一點[37]，就
可知桃源對《易》占的看重。

　　總而言之，桃源的《百衲襖》正如同其書名一般，乃是吸收前人

35　桃源瑞仙：《百衲襖》第九卷，京大附圖所藏抄本相片第 5 張。

36　同上註，京大附圖所藏抄本相片第 2 張。

37　桃源瑞仙：《百衲襖》第八卷。

說法補綴折衷而成。其中兼具《易》占術數與宋學成分，並提倡三教一致，參酌眾說再提出己見，象徵中世《易》學的一個發展成果。桃源的說法或許不免有過於牽強之處，但其對《易》學的致力投入確可說是有目共睹。

（二）博士家的《易》學

接著來看博士家。前面提到，博士家學術有僵化之危機，故在創新程度上不如禪僧活躍。但在漢籍訓點上，博士家亦有其功，且隨著時代風尚而接觸到宋學。和島芳男曾經指出，儒學對禪僧而言終究是一種方便法門，禪僧研習宋學目的在於與禪學觀念進行哲學上的融合，對古註未必有深入認識。相對的，博士家則有機會在具備古註素養的基礎上攝取新學。[38] 這說明了博士家縱然在中世儒學成就上不是最具代表性的社群，但亦有值得認識之處。

隨著後醍醐天皇（1288-1339，1318 年即位）提倡朱子學以鞏固忠君概念，暗中培養討幕勢力，宋學也能在朝廷公卿以及博士家中逐漸佔有一席之地。另外，就中世儒學史而言，博士家與禪僧這兩個團體亦有互動，在學術發展上並非各自孤立。博士家透過與禪僧的往來而接觸到宋註，其中固然有堅守漢唐古註者，但同時也不乏吸收宋學新解，以古註為主再以宋學新註為輔之人。反過來也有些禪僧在學《易》過程中受到博士家影響，例如桃源瑞仙的師承來源之一便是清原家的清原業忠（1409-1467），曾聽其講解朱熹《易學啟蒙》。[39]

屬於文章博士的菅原家，以經學研究而地位崇高，同樣也習新註。例如曾經應室町幕府第三代將軍足利義滿（1358-1408）之聘，為其講解四書五經的菅原秀長（1337-1411），即曾據朱熹、楊萬里（1127-1206）之解，質疑術數讖緯之可信度，就當時而言實為一突破，更可一窺其運用宋學素養來對含有災異讖緯思想的漢唐古註進行反

38　和島芳男：《中世の儒學》，頁 91。
39　詳見足利衍述：《鎌倉室町時代之儒教》，頁 468-469。

動的情形。[40] 重視宋學的另一例為菅原長淳（1505-1548），曾建議後奈良天皇（1497-1557，1526年即位）改年號為「享祿」，即根據《易程傳》大畜卦卦辭處所註「既道德充積於內，宜在上位以享天祿，施為於天下」。[41] 菅原家治《易》之成果，表現在漢籍訓讀標點及註解上，其訓讀法為當時之權威，甚至為清原家所採。根據足利衍述的說法，菅原家所著的經書標點本中，僅《周易》有數種留存，其他經書現已都不復見，可知菅原家於《易》用力之深。[42] 其中有些版本甚至與中國通行之版本不同，例如內閣文庫所藏之菅原家《周易》傳本，於豐卦六二爻《小象傳》處曰「有孚發若吉，信以發志也」，較中國之通行本多一「吉」字，可作為校勘之參考。[43]

　　而屬於明經博士的清原家，由上述清原業忠講解《易學啟蒙》之事可知，古註新註並習之舉在清原家中已可得見。其中，清原宣賢（1475-1550）為清原家學術的另一重要代表人物。宣賢曾點讀王弼的《周易注》和《周易略例》，又曾作《易啟蒙通釋抄》，可見其兼參古註與新學。其所作《周易抄》於大有卦初九「无交害」處並引《周易正義》和《周易本義》之解，亦為一證。[44] 另外，受到朱熹影響，他也會在詮釋其他儒家典籍時運用《周易》文句並說明儒佛之比較。例如他在註解《論語・為政》的「攻乎異端」時，說「佛教之寂為寂而滅，儒教之寂為寂而感。《易》『寂然不動』，所謂寂也；『感而道（按：疑為「遂」字之訛）通天下之故』，所謂感也」。[45] 所說巧妙與否姑且不論，此處反映了其對《周易》思想之應用，以及博士家在中世風潮下，需要

40　同上註，頁 198-199。
41　同上註，頁 537。
42　同上註，頁 533。
43　同上註，頁 534。
44　轉引自足利衍述：《鎌倉室町時代之儒教》，頁 491。
45　轉引自足利衍述：《鎌倉室町時代之儒教》，頁 479。原文：「佛教ノ寂ハ、寂ニシテ滅ス，儒教ノ寂ハ、寂ニシテ感ス，易ニ寂然不動ト云ハ，イハユル寂也，感而道通天下之故ト云ハ，イハユル感也。」

運用宋學素養與佛教對話的儒學環境。[46]

　　整體來說，博士家亦受到禪僧帶來的宋學影響，而有新古折衷之現象。尤其是對中國《易》著的標點方面累積了一定的工作成果，再加上在《易》學授受過程中與禪僧有所互動，而使其與禪僧共同為後世儒家《易》學打下基礎。江戶時代初期的朱子學代表人物林羅山（1583-1657），其學問之基礎奠定於禪林中，乃禪僧出身，但其師承可上溯至出身清原家的學者船橋秀賢（1574-1614）[47]，即為一例。應仁之亂時，博士家學者至地方避難，對於將包括《易》學在內之學術傳播至民間的進程也發揮了一定的作用。

（三）金澤文庫與足利學校的《易》學

　　在教育機構方面，與《周易》乃至儒學具關聯者有金澤文庫與足利學校，此二者乃是中世時期最有代表性的藏書地與教育場所，分別為鎌倉時代與室町時代的學術重鎮所在。當時的武家有建立私人性質藏書機構的現象，其中鎌倉時代規模最大的金澤文庫，由幕府武將北條實時（1224-1276）奠基，並由其子孫擴充而成。北條氏乃鎌倉幕府將軍源氏之外戚，享有一定之政經資源。愛好學術的北條實時自 1275 年

46　此處與佛教「寂滅」對比之作法，充滿宋學脈絡下之心性論意味，蘊涵對「性」「情」動靜之性質安排。將《繫辭傳》原本贊卜筮功能的「寂然不動，感而遂通天下之故」轉化為心性之體用義，乃宋學之表現。朱熹即曾指出：「『寂然不動，感而遂通天下之故』，與『窮理盡性，以致於命』，朱是說《易》，不是說人。諸家皆是借來就人上說，亦通。」見黎靖德編：《朱子語類》（北京：中華書局，2011年），卷 71，頁 1922。程頤曰：「心一也，有指體而言者，寂然不動是也；有指用而言者，感而遂通天下之故是也。」（見《河南程氏粹言・論道篇》，收入《二程集》（北京：中華書局，2011 年），頁 1183）、陳淳（1159-1223）曰：「寂然不動是性，感而遂通是情。」（見陳淳：《北溪字義》（北京：中華書局，2011 年），卷上，頁 14）等皆屬此。

47　傳統說法中，林羅山因私設私塾講儒學而遭秀賢告發，後蒙德川家康不予追究，從此開啟民間之儒學教育。此事始見於林羅山之子林鵞峰（1618-1680）所著之〈羅山先生年譜〉，而多為後世學者引用。足利衍述對此有所考證，力主鵞峰所記不可信，強調羅山之學與清原家一脈相承，並對秀賢多有敬意。見《鎌倉室町時代之儒教》，頁 483-485。

開始，於金澤（位於現今之神奈川縣橫濱市）建立藏書機構，陸續收集和漢典籍及佛書，供北條氏以及該族的寺廟稱名寺之僧人在此閱覽。在鎌倉幕府及北條氏滅亡後的南北朝（1336-1392）期間，金澤文庫由稱名寺寺僧維護，然終究因缺乏國家級之力量而漸趨衰微。其後，經由室町幕府足利氏予以復興，又稱「金澤學校」，然最後隨著政局動盪而敗壞，至昭和五年（1930）方始再度受到日本政府妥善保護。金澤文庫藏書中有《周易正義》抄本，然具體狀況已不明。[48]

　　相對於此，足利學校（位於現今之栃木縣足利市）則是中世《易》學活動的要角之一。關於足利學校起源之說法，大致有三種：一、乃平安時代律令制下的國學之遺制；二、由平安時代之公卿小野篁（802-852）創立；三、由室町幕府初代將軍足利尊氏（1305-1358）的七世祖足利義兼（?-1199）創立。此三者皆非定論，而其中又以第三者較為有力，足利衍述、和島芳男、山中浩之等人皆從之。[49]在中世初期的足利學校，乃一與禪宗五山文學系統相關的學術之地。其後比較能確定的部分是室町時代，擔任關東管領的上杉憲實（1411-1466）自永享十一年（1439）以後，將衰微的學校予以復興，於該處存放貴重書籍，並招募禪僧快元（?-1469）為第一任庠主。在上杉憲實的規劃下，訂下學規，其中言道：「三註、四書、六經、《列》、《莊》、《老》、《史記》、《文選》外，於學校不可講之段，為舊規之者，今更不及禁之。」[50]確立了足利學校以漢學為主的學術方針。該校在室町幕府的羽翼以及歷代禪僧庠主的主持下，加上離應仁之亂戰火遙遠，逐漸成為關東地區之文教中心。

48　見足利衍述：《鎌倉室町時代之儒教》，頁 669-674 所列之金澤文庫藏書種類說明。

49　見《鎌倉室町時代之儒教》，頁 590、《中世の儒学》，頁 226-229、〈易と日本人〉，頁 74。

50　轉引自史跡足利学校事務所、足利市立美術館編：《足利学校》（足利：足利市教育委員會，2004 年），頁 22。「三註」為胡曾《詠史詩注》、李暹《千字文注》和李瀚《蒙求注》。

　　《易》學為足利學校之代表成就。該校之《易》學傳授分為正傳與別傳兩種，正傳為傳統經學與儒家哲理研究，這方面足利學校大體上採新古兩說之折衷，參照博士家之點本，沒有突破性的特色。而其真正活躍之處係在於別傳，也就是占筮方面。[51] 室町時代中期乃至安土桃山時代（1568-1603），政局動盪，秩序敗壞，武將以下犯上而成為大名的「下剋上」之事所在多有，群雄紛紛崛起競逐天下。在戰亂頻仍的時代背景下，產生了配合戰爭之占筮的需求，足利學校就此成為培養相關人才的場所。出身足利學校，具備《易》占、兵學、醫學等技能的軍師會被武家延攬，為其實際需要而服務。而周遭的武家也會對足利學校予以援助，以便持續吸納該處之學者，兩者達成了互惠關係。而在天下已經統一、失去戰爭占筮需求的江戶時代中，足利學校的地位亦不若以往，並被收編於德川幕府體制之下。儘管如此，該校依舊肩負著每年替將軍家進行《易》占的任務，稱為「年筮」，年筮紀錄現今亦保存於學校中。[52] 大正十年（1921），足利學校被指定為國家史蹟，如今以江戶時

51　和島芳男即曾說明，足利學校在為了回應時代需求，而以占筮為主的情況下，不需要有深奧的《周易》性理學之鑽研，懂得《太極圖說》的程度即已足夠。見《中世の儒学》，頁 260。

52　年筮儀式中的一個必要環節是撰寫〈祭八卦文〉。根據《足利學校》於頁 72 所刊之照片，其內容如下：「夫神者，妙萬物而通變化者也。立天道謂之陰陽，立地道謂之柔剛，立人道謂之仁義，兼三才而兩之，故六畫成一卦。天地定位，山澤通氣，雷風相薄，水火不相射，八卦相錯，推往知來者神也。乾之曰奎，坎之曰斗，震之曰房，巽之曰角，離之曰星，坤之曰井，兌之曰昴。天地吉凶，无非神知。故八菜八菓，珍花異香，旨酒耳（？）肴，陳褕祭，仰冀傳《易》諸人等福壽增長，快樂安定，心中希願成就，急急如律令。　筮祝　南瞻部州大日本國野州足利部（？）學校住持　元泉　今月今日欲筮以決猶豫，仍一心奉請天神地祇，日月五星，北斗七星，二十八宿，十二宮神世應兩將及諸眷屬等，日本國內一切神祇當方旺化各各靈神，山林河海守護百靈等，伏犧、大禹、文王、周公、孔子、鄭玄、王弼、晦菴，及上來（？）傳《易》諸先生等一切尊靈等，仰冀光降道場，脩垂證明，急急如律令。　筮咒　《易》出天門，參駕九龍，上定三光，下定四時。上以天子除患，下以小人除凶，吉則言吉，凶則言凶，急急如律令。」其中的元泉乃足利學校第十七代庠主千溪元泉（1721-1795）。這則以《說卦傳》文句為骨幹，又頗似道教疏文的文獻，反映了日本陰陽道神秘儀式與日本

代的面貌被維護著。

足利學校以其文教地位，得以廣收天下好學者前來向學。先學四書、三註，再學五經。歷來庠主中，例如初代的快元、七代的九華（1499-1578）、九代的閑室（1547-1612）、十代的龍派（1548-1636）等皆尤為喜《易》，閑室又另以替德川家康進行占筮而聞名。此外，足利學校《易》學代表人物還有禪僧柏舟宗趙（1415-1495）。柏舟從快元學《易》，並曾授其學予桃源瑞仙，著有《周易抄》，為其講授《周易》之內容記載。柏舟《易》學除了吸納周敦頤《太極圖說》與朱熹《易學啟蒙》之成分外，也因其禪僧身分而以禪理釋之。他在《周易抄》中的幾處表明了這種思想：

> 《易》為我等所宗者，乃人人具足具足（按：後一「具足」應為羨文）圓成之易。人人一念不生之先處為太極。一念起後，分兩儀四象。曹洞宗亦云五位君臣重離六爻。……達磨大師亦說直指一心，若不明太極之理則說得辛苦。

> 太極為佛者之法身，報應乃活動，即儒者所謂兩儀四象。三教一致之理皆在此。一心者存乎人人之上，皆同物也。老子云「道可為道非道，名可為名非名」，儒者云太極。

> 艮其背者，乃停止一切造念惡念。[53]

筮儀結合的現象。此外，將中國《易》學史相關人物一併神格化，乃至祈願請其降臨，更或多或少表現出日本吸納中國元素後，認為可為我所用的想法，方能相信可透過此儀式召喚非日本本土之神靈，甚至是自行「封神」。前述桃源瑞仙《百衲襖》中關於《周易》儀式的部分，也是此傳統的表現之一。

[53] 轉引自足利衍述：《鎌倉室町時代之儒教》，頁 635-636。原文：「我等力宗ニモ易カアル，人々又具足具圓成ノ易ソ。人々一念不生ノ先ニアルヲ太極ト云ソ。一念起テ後二兩儀四象力分ソ。曹洞宗ナントニモ五位君臣重離六爻ト云モ。……達磨大師モ直指一心ト說ハ，太極ノ理ヲ明サウト辛苦シテ說ソ。」「太極ハ佛者ノ法身ソ，報應ハ動テ儒者ノ兩儀四象ソ。三教一致ノ理ハ皆ココソ。一心ハ人々ノ上ニアルハ皆同シ物ソ。老子ハ道ト云，道可為道非道，名可為名非名ト

固然太極與兩儀四象的關係，原本是用在世界觀的陳述上，和佛教之心性論述是不同範疇的問題。但箇中關鍵在於，「太極—兩儀四象」與「心—果」兩者似乎同樣具有「本源—作用化生」這樣的關係結構，而使柏舟利用此同構性來進行論述。其將太極連接至禪宗所言之心、利用艮卦的靜止義說明定止工夫，也是以禪解《易》詮釋進路的典型作法。而他透過《周易》所表現的三教一致言論，也為桃源所繼承。

　　足利學校《易》學活動的另一必須注目之處，在於其對中國之影響。在上杉憲實以及歷代庠主的努力下，該校除了進行《周易》經傳講授以及筮法研究，也具有收藏珍本以及刊刻書籍之功能。以《易》類書籍來說，足利學校所藏之最古書籍的其中一本便是《周易傳》，乃根據宋刊本，於應安五年（1372）抄寫而成，被視作重要文化財。此外，還有上杉憲實之子憲忠（1432-1454）所寄贈之《周易注疏》，係南宋時代端平元年（1234）之刊本。足利學校收藏了諸如此類的《周易》注疏以及宋元《易》著書籍，這些古本或抄本皆十分貴重。校方據此自行刊刻之和刻版本稱為「足利本」，對中國的校勘工作有所幫助。例如江戶時代學者山井鼎所撰之《七經孟子考文》，以及荻生觀（1670-1754）加以增補而成之《七經孟子考文補遺》，即是根據足利本進行校考，進而傳入中國，乃至被收入《四庫全書》中。另外，阮元在編輯《十三經注疏校勘記》時，亦頗引用於此。[54]

　　正如同中世儒學是往後江戶時代儒學的基礎一般，禪僧、博士家等儒學研究者對《周易》的投入，雖然在相關之儒學哲理上沒有重大新貌，且為禪學服務之成分較多，但同樣也對其後的儒家《易》學發揮了

云ソ，儒者太極卜云ソ。」「艮其背卜ハ，一切造念惡念ヲヤメテイタカ、トトムルチヤソ。」

54　阮元於〈周易注疏校勘記序〉所列之引據各本目錄中，列「古本」、「足利本」兩種，並言「巳（按：當作「以」）下二本據七經孟子考文補遺」。見清・阮元校勘：《重刊宋本十三經注疏附校勘記》第一冊《周易正義》（臺北：藝文印書館，2001年），頁25。

決定性的影響。諸如大體上完成了標點工作、讓宋學《易》在日本抬頭、保存古本以供後世考證學者進行校勘、令非貴族公卿的平民階層有更多習《易》機會等等,皆為中世階段儒家《易》學發展的成果。

第二節　《周易》在江戶時代儒學環境下的流傳

德川家康於江戶開設幕府的 1603 年,以迄德川幕府第十五代將軍德川慶喜(1837-1913)「大政奉還」,結束幕府政權的 1867 年,稱之為江戶時代,又稱德川時代,在日本史分期上屬於近世。如同今井宇三郎(1911-2005)所說的:「江戶時代在幕府的儒教政策支持下,於《易》學、《易》筮方面亦呈現出前所未有的盛況。」[55] 這也表示,在介紹《周易》於江戶時代儒學環境下的流傳之前,必須先觸及日本儒學傳播在江戶時代的進展。

一、江戶時代初期的儒學發展契機

吳偉明認為,江戶時代《易》學發達的原因有二:一、中世《易》學在標點、注解、出版等方面已打下穩固基礎,而為近世所繼承;二、《周易》在朱子學中的地位,影響了幕府的文教政策和文人態度。其他因素還有幕府和諸藩支持、中韓學者影響、《易》者的職業化與平民化、《周易》的實用性與可塑性等等。[56] 此兩大原因的後者,即與日本儒學在江戶時代之進展有關,然此中亦有可繼續探討之處。

較諸過往,江戶時代的儒學確實呈現出高度發展的態勢。前述所引服部宇之吉之言,曾經提到「德川氏偃武修文」,表示儒學在此

55　今井宇三郎:〈易經解題〉,收入今井宇三郎注釋:《易經》上卷(東京:明治書院,1987 年),頁 76。原文:「江戶時代は幕府の儒教政策に支えられて、易学・易筮に於いても未曾有の盛況を呈するに至っている。」

56　吳偉明:《易學對德川日本的影響》,頁 17。

時得到來自幕府的支持。一般而言，儒學史皆以 1600 年，藤原惺窩
（1561-1619）拋棄禪僧身分，為儒者取得獨立地位之始的象徵事件。[57]
惺窩弟子林羅山更是受到幕府重用，歷任四代將軍之文膽，掌管制定禮
儀、起草文書、對外交涉等事項，亦為江戶時代初期朱子學之代表。此
外，地方上也有一些大名對儒學抱持興趣，邀請具儒學素養者前往該
藩，從而發揮一定的文教作用，例如水戶藩主德川光圀（1628-1700）
迎朱舜水（1600-1682）即是。但儘管如此，尚不能說儒學自江戶時代
初期即已取得全國性的思想核心地位。歷來不乏相關研究說明這一點，
時代較早也最極端者為津田左右吉（1873-1961），在其所著之《シナ思
想と日本》一書中極力否定所謂儒教與日本文化發展之間的關係。[58]津
田思想受其時代氛圍影響，姑不詳論。然當代學者中，渡邊浩在《近世
日本社会と宋学》中亦指出：

> 至少在德川時代初期，大概十七世紀末之前，朱子學、宋學不
> 論是作為其原本的全人修養和教養體系，還是其中某一方面
> 的有關倫理和政治的教義、教說，抑或是涵蓋自然、社會、
> 人類的看法，都無法認定其廣泛地遍及當時的日本社會，或是
> 已深入浸透其中、被接受而普及。即便就武士身分來說也是如
> 此。[59]

57　例如原念齋（1774-1820）在《先哲叢談》中說：「惺窩初年削髮入釋，名薜，號
　　妙壽院。後悟其非，遂歸於儒。時海內喪亂，日尋干戈，文教掃地，而卓然獨唱
　　道于其間，為後世文學之祖。自非豪傑之士，豈得如此乎？」見原念齋：《先哲叢
　　談》（東京：有朋堂書店，1929 年），頁 2。

58　詳見津田左右吉：《シナ思想と日本》，《津田左右吉全集》第二十卷（東京：岩波
　　書店，1965 年）。相關論點主要見於書中〈シナ思想概觀〉、〈シナ思想のうけ入
　　れかた〉、〈日本人の生活とシナ思想〉、〈結語〉等章。

59　渡邊浩：《近世日本社会と宋学》（東京：東京大学出版会，2010 年）第一章〈德
　　川前期における宋学の位置〉，頁 7。原文：「少なくとも德川時代初期、概ね
　　十七世紀の終り頃まで、朱子学・宋学が、本来そうであった所の全人的な修養
　　と教養の体系としても、その一面である、倫理と政治に関わる教義・教説とし
　　ても、また自然・社会・人間を包括する物の見方・考え方としても、当時の日

上述狀態中，大多數乃出身自浪人、醫生、禪僧等身分或自這些身分轉行的專門儒者們，即便受雇於大名等，通常也被當作「讀書和尚」，和醫生一樣，擔任和正經的武士位階不同的特殊技能者。事實上他們往往要剃髮，或是像醫生一樣留著被稱作「孔子頭」的總髮。60

　　對於渡邊浩這種有關儒學在江戶時代初期勢力的判斷，吳偉明提出了回應：「這看法用之於分析儒者與幕府的關係最為恰當，但用於考察儒學在德川思想的影響則幫助不大。諷刺的是當儒學在寬政年間（1789-1800）建立類似國學地位時，儒學的活力及創意反而不及德川初期。」61、「一般而言儒學有足夠的可塑性，在經過一番本地化功夫後多已融進德川日本。」62 言下之意似乎認為，不能因為否定江戶時代初期來自官方的儒學勢力，就跟著推翻儒學乃至《易》學對日本社會的影響。此外，在這段並無強力官方奧援的時期，才是日本儒學之精華時段。

　　這樣的回應方式固然有其道理，但既然儒者與幕府的關係在江戶時代初期確實沒有十分緊密，那麼此一問題至少也告訴我們，當我們從江戶時代初期，也就是吳偉明所謂的儒學活力及創意較盛的時期開始觀察時，就不能太快地將江戶時代儒家《易》學奠基的原因與幕府儒教政策連在一起。

　　本社会を広く被って、あるいはそれに深く浸透して、受容され普及していたなどと解することはできない。侍の身分に限っても同じである。」

60　同上註，頁 23。原文：「以上のような状態の中で、多くは浪人・医者・禅僧等から出身あるいは転身した専門の儒者達は、大名等に雇われたとしても、『物読み坊主』として、医者等と同じく、まともな武士とは格の違う特殊技能者として扱われるのが通例だった。事実、彼等は往々頭を丸め、あるいは医者と似た孔子頭と呼ばれる総髪をしていた。」按：總髮意指前面不剃成半月形，後方將頭髮紮成一束的髮型。

61　吳偉明：《易學對德川日本的影響》，頁 223。

62　同上註，頁 53。

　　事實上，另外還有一些論點的主旨未必與渡邊之說相同，但可與之呼應。例如辻本雅史從教育史的觀點指出：「幕府在政策上自覺於武士和民眾的教育，正式上是開始於寬政期。不過，享保期將軍德川吉宗的政治改革裡可以看到其先驅的意識和政策。在此之前的幕府，至少作為政策的教育不得不說是缺乏的。」[63] 此外，黑住真在〈儒學與近世日本社會〉中說明這段時期的儒學與日本社會之關係時，也從儒學與儒者的社會地位角度說明其並非處於政治權力核心。黑住氏之說法可撮要如下：

　　一、德川家康在治國之道的需求下，曾大力推闡儒學，但也基於同樣的理由而廣泛吸收其他學問；二、江戶時代之始的儒學流通範圍不大，儒學是在戰亂所導致的舊有文化體制崩潰，進而形成的思想自由市場中崛起。與此同時，儒學也必須面臨與其他思想相互競爭的局面，亦須做出某種妥協。例如林羅山雖已受德川家四任將軍之用，進行起草文書等等任務，但仍需剃髮，取法名為「道春」；三、與儒學本家的中國以及朝鮮相比，在當時的日本，漢文並不具備實用性質以上的特權。身懷經學素養的儒者能解讀漢籍，而這被視為一種市井技藝。到了寬政期，儒學教育政策較為普及時，儒者的需求程度才大幅提高；四、日本並無中國那樣的科舉制度，而國家祭祀也不採行儒家禮儀。因此儒者無法透過此管道取得政治權力，除非受到當權者拔擢。相對的便具有多元性的學術嘗試空間，表現的結果是儒者往往身兼其他領域之專業，以儒學內部來說，學派分化互相競爭的情形也所在多有。[64] 此外，以社會氛圍來說，儒者相較之下較無利可圖，若有志於儒學者，也可能受到不友

63　辻本雅史著，張崑將、田世民譯：《日本德川時代的教育思想與媒體》（臺北：國立臺灣大學出版中心，2005 年）第七章〈德川幕府的民眾教化與媒體政策〉，頁149。享保元年為 1716 年，寬政元年為 1789 年，乃江戶時代中後期。

64　詳細論點見黑住真著，藍弘岳譯：〈儒學與近世日本社會〉，收入張寶三、徐興慶編：《德川時代日本儒學史論集》（臺北：國立臺灣大學出版中心，2004 年），頁41-98。

善的對待。65

　　也就是說，儒者在此時的日本並不像中國儒者那般享有「士」之階級，也較難進入權力核心。像中國那樣，儒學隨著科舉任官制度而取得某種獨佔性的現象，不適合照搬來解釋江戶時代初期的儒學史。固然中世已經為日本的儒家《易》學累積了一些基礎，但由於「專門性技藝」的性質，也不足以光憑儒學內部的研究程度就可使《周易》有突破性的普及。而儒學脈絡下的道德感召呢？固然我們可以看到此時期的一些儒者由道德面來疾呼自身正當性並抨擊其他思想，例如藤原惺窩、林羅山、山崎闇齋（1618-1682）等江戶時代初期儒者皆有站在護衛人倫的立場來排佛的言論。66 但考量到上述有關儒學並未佔據社會思想核心的現象，儒者排佛的思想史事件較應解讀為儒者意圖擺脫過往附屬於佛教之地位，並對佛教之興盛進行的反抗，而非已然代表當時日本社會的整體趨勢。如此一來，如果要在江戶時代初期的儒學環境中談論《周易》普及的現象時，我們不妨再從幕府提倡朱子學、以及儒學此思想系統本身這兩種角度以外的外緣因素出發，來尋找同樣可支持儒家經典意義下的《周易》大幅度流傳的力量。

　　辻本雅史提出了江戶時代是「文字社會」的說法，認為十七世紀時，日本達到了文字社會的階段。主要的因素是此時在兵農分離政策下，統治農民的武士與藩主居於城市中，透過文書對位於城市以外的村莊下達命令，農民、漁民、山區居民等等都必須具備閱讀法令文書的

65　例如江戶時代初期的重要儒者伊藤仁齋（1627-1705）便曾自承：「今之俗皆知貴醫而不知貴儒，其知為學者，亦皆為醫之計而已。吾嘗十五六歲時好學，始有志于古先聖賢之道。然而親戚朋友以儒之不售，皆曰『為醫利矣』，然吾耳若不聞而不應。諫之者不止，攻之者不衰。……愛我愈深者，攻我愈力，其苦楚之狀，猶囚徒之就訊也。」見伊藤仁齋：《古學先生文集》卷之一〈送片岡宗純還柳川序〉，據三宅正彥編：《古学先生詩文集》，《近世儒家文集集成》第一卷（東京：ペリカン社，1985年），頁20。

66　相關整理見今井淳、小澤富夫編：《日本思想論爭史》（東京：ペリカン社，2006年），頁149-154。

能力，一切公共行為也需透過文字進行。此外隨著城市興起，「町人」
（居住在城市中的工商業者等等）階級抬頭，商業行為增加，文字的使
用對貿易雙方都不可或缺。因此社會成員若不識字，將陷入極度不利的
狀況。文字既為社會之普遍所需，自然成為基礎教育的一環。最基層之
教育機構為「寺子屋」，兒童在此習得書寫、算術等能力。此時的印刷
術也有所進展，活字印刷，乃至適合大量複印的整版印刷等技術，較諸
以往的抄寫模式，使書籍出版更為容易，也因此對文字社會造成巨大影
響。以出版為職業的書肆在京都激增，進而擴展到其他大城市，也使得
各種類型的文化均能透過書籍而大眾化。中日兩國古典書籍的出版機會
增多，儒者傳播自身言論的空間也變廣了。[67]

　　當閱讀與出版變得更為容易，也會激發人們的求知慾。正如田尻
祐一郎描述江戶時代的求知趨勢時說：「為了世俗生活充實而追求的知
識之總量有飛躍性的膨脹，被整理之後以書籍的形式流通。」[68] 不論是
出於個人興趣或是實際需求，社會上的各種階級都需要吸收實用性學問
以及教養。儒學作為眾多學問之一，便可藉此更進一步參與日本文化的
形成，逐漸在江戶時代社會中站穩腳步。而從古至今，漢文向來與知識
的表徵脫不了關係。出版規模的擴大也代表著漢文閱讀人口的增加。日
野龍夫（1940-2003）即認為，此時期的漢學應放在這種追求文化、知
識、教養的風潮中來理解。[69]

　　另外，加藤徹將依此而生的江戶時代漢文風潮特徵歸納為五點：
一、漢文訓讀的技術公開化；二、漢籍出版的風潮達到史上空前的程
度；三、武士以及上層的百姓町人等中產階級都學習漢文；四、俳句、

67　詳見辻本雅史：《日本德川時代的教育思想與媒體》，頁 127-148。

68　田尻祐一郎：《江戶の思想史》（東京：中央公論新社，2011 年）序章〈江戶思想
　　の底流〉，頁 14。原文：「世俗生活の充実のために求められる知識の総量は飛躍
　　的に膨らみ、それらが整理され、書物という形をとって流通していった。」

69　見日野龍夫：〈漢学〉，收入日野龍夫：《江戶の儒學》，《日野龍夫著作集第一卷》
　　（東京：ペリカン社，2005 年），頁 46。

小說、落語、戲劇等文化也受到漢文的大幅影響；五、漢文成為了「作為生產財的教養」。[70] 準此，可以肯定漢文能力是眾多學問的基礎，同時也使得人們得以跨越各地方言差異的藩籬來進行溝通。而儒家典籍事實上提供了漢文學習的管道及基礎，且自古以來即是高等學術的內容，因此成為教養的一部分，也隨之大量出版。當然，這與學習者是否真對儒學有所愛好，或是有志於成為儒者等等是兩回事，但儒學畢竟是在這段過程中取得學問基礎的地位，作為儒家經典的《周易》也取得了更為普及的契機。隨著時代進入江戶中期以降，幕府開始大規模地推行儒學文教政策，社會對儒者和經書的需求便更為興盛，正如辻本雅史所說的：

> 在江戶時代，若無任何形容詞而單純只言「學問」的話，指的便是儒學。那意味著儒學處於必當學習之正統學問的地位。將來不管從事何種專門學問（例如醫學、本草學、佛教、蘭學等），學者必先學習儒學。簡言之，儒學為近世的學問及知識份子們所據以立足的共通基礎教養。[71]

學習儒學的方式，自然是透過經書。此外也會旁及其他史書文集乃至子學，構成整體性的漢文素養，以作為其他學問的基本能力。於是乎作為儒家經典的《周易》也成為知識分子的必讀之書了。

　　儘管江戶時代有儒學素養的知識分子並不能說佔了全體社會的大多數，有儒學素養的人也未必是儒學者，對他們而言儒學只是學習過程的階段，偏重實用工具性質。但至此我們可以肯定：文字社會的成形與印刷術發達造就的書籍出版規模，刺激了各種階級的人們對於知識或是教養的需求，也讓學問不再像過去一樣被掌握在少數族群的手中。這些要素是儒學得以自江戶時代初期開始，從勢單力薄到逐漸紮根的原因。也

70　詳見加藤徹：《漢文の素養—誰が日本文化をつくったのか？》（東京：光文社，2006 年），頁 185-226。

71　辻本雅史：《日本德川時代的教育思想與媒體》，頁 198。

正因為如此，儒家《易》學才有機會在社會中更行普及，進而參與文化與學術的建構。

二、江戶時代的《周易》流傳

　　作為儒家經典的《周易》在江戶時代的學術規模擴大之環境下，得以廣為流傳。而其在儒家以外的卜筮實用性質等等也有助於其受到重視。有關《周易》流傳的情形，吳偉明從出版、重版、標點、輸入四方面統計了相關結果。[72]

　　江戶時代學者出版《易》學著作的情形，反映了《周易》受重視的程度以及《易》學發展的成果。此時的《易》學著作共有 1,082 種，包含 413 名作者。吳偉明將這些著作分為義理（含詮釋、注疏、考證三方面）、象數、占卜、應用四類，其所佔之百分比分別為 60.3%、13.5%、21.1%、5.1%。至於作者則分為儒學類（含朱子學、古學、陽明學、折衷學、《易》占學）、非儒學類（含國學、蘭學、神道、佛學等）以及應用類（醫學、兵學、文藝等），所佔之百分比分別為 85%、9.7%、5.3%。吳偉明表示，此一統計結果反映了儒者是《易》學的主力，而且《周易》研究與應用乃是知識分子的共同文化事業。[73] 這種解讀結果亦充分呼應了前述儒學經典被江戶時代知識分子閱讀的歷史脈絡。知識分子在學習過程中，勢必對儒家經典之一的《周易》有所觸及，乃至內化成自身知識系統的一部分。儒者對《周易》勤於鑽研，自不待言；儒學以外的學者亦會運用《周易》概念以旁通其他學問。

　　重版方面，中國《易》學著作的和刻本有 69 種、162 版，多經

72　統計結果詳見吳偉明：《易學對德川日本的影響》第二章〈《易經》在德川日本的普及〉，頁 17-28、附錄一〈德川時代易著作者及著作目錄〉，頁 159-197、附錄二〈德川時代重印中國易著目錄〉，頁 199-207、附錄三〈德川時代輸入中國易著目錄〉，頁 209-216。

73　吳偉明：《易學對德川日本的影響》，頁 21。

過日本儒者的標點與編排，亦有在中國已佚者。[74] 其中漢代至隋唐的《易》著佔 15.9%，宋代至清代《易》著佔 73.9%，其餘為年代不明者。這些《易》著被用作一般閱讀或學術教育之用，最受重視者為王、程、朱之注本。[75] 這些重版現象顯示重要的中國《易》著（尤其是宋學新註作品）亦在日本儒學界深深紮根。

輸入方面，透過於長崎登陸之商船等管道而進入日本的中國《易》著有 209 種。吳偉明指出了幾個特徵：一、輸入之中國《易》著以清代新著為主，且多不太有名；二、其中大多數為清代版本，無明代以前之善本；三、中國《易》學名著已在日本被重印，被輸入之《易》著多作為私人或官方收藏用，並非針對大眾，且因明亡之後，部分學者認為儒學文明已東移日本，對清代學術評價不高。這些因素導致輸入之《易》著影響程度多半不大。[76]

標點方面，吳偉明統計出十八位儒者為十四種中國《易》著作出二十六回標點的情形。[77] 十八位儒者中有十五位為朱子學者，其餘屬折衷學。而其中處於十七世紀者有十位，皆屬朱子學。重要《易》學著作的標點工作在中世的禪僧與博士家手上建立規模，於江戶時代初期完成。這些標點成果提供儒者收入，也使《易學啟蒙》、《周易傳義》等宋學代表性《易》著自江戶時代初期便能佔有一席之地，也被用作教材。

74　吳偉明：《易學對德川日本的影響》，頁 21。

75　根據吳偉明統計而成的〈德川時代重印中國易著目錄〉，重版數目最多者為王韓注（19 種），其次為合程朱注而成的董楷《周易傳義》（15 種）。

76　詳見吳偉明：《易學對德川日本的影響》，頁 24-25。然而藍弘岳曾指出，江戶時代初期的儒學基礎，與中國明代本身的出版盛況，以及透過中日貿易或是朝鮮而輸入的明版漢籍之間有不容忽視的關係，詳見藍弘岳：〈「武國」的儒學——「文」在江戶前期的形象變化與其發展〉，《漢學研究》第三十卷第一期（2012 年 3 月），頁 239-269。以此來看，很難想像這種情形與《周易》無涉。吳偉明的此番說明，應當理解為至少是江戶中期才開始形成的現象。

77　統計表見吳偉明：《易學對德川日本的影響》，頁 26。

三、江戶時代教育機構與《周易》

透過上述吳偉明所做的統計，已可窺知《周易》在江戶時代的流傳程度。而此四方面除了輸入係為少數人服務之外，其他三者皆為《周易》被廣泛閱讀與研究的關鍵，亦含有作為教科書的需求。因此，在觀察江戶時代《周易》流傳環境時，與教育機構及政策相關的面向也是值得納入的，這同時也牽涉到儒者在自身學習過程中如何接觸並理解《周易》。在此擬探討江戶時代具有儒學性質的教育機構活動與《周易》之間的關係。

（一）儒學相關之教育機構

《周易》作為五經之一，而在研讀儒學經典的過程中成為教材以及文化資源。與讀儒經較為相關的教育機構，依上下階層可大概分成幕府所轄學校、藩校、鄉學以及私塾和寺子屋。其中寺子屋屬於童蒙教育，雖亦有可能讀儒經，但主要任務為學習識字與書寫而非經義，故此處只說明前四者。

首先在幕府所轄學校方面，代表者為昌平黌。昌平黌前身為林羅山所設之私塾及孔廟，其後五代將軍德川綱吉（1646-1709）將林家私塾移址擴建，而稱為昌平黌，孔廟則成為湯島聖堂。綱吉愛好儒學，尤其喜《易》，曾多次主持「御前講釋」，親自對幕臣與儒者們講解《周易》。[78]而昌平黌作為林家之學校，乃江戶朱子學中心，入學者包括幕臣、武士與庶民。八代將軍德川吉宗（1684-1751）鼓勵幕臣、武士與庶民前往昌平黌聽儒者講經，此乃基於儒學的文教政策。而昌平黌出身的學者也多被延攬為各藩的儒官。其後，寬政二年（1790）時，來自

78　由成島司直（1778-1862）所編纂之《德川實紀·常憲院殿御實紀》乃綱吉在位期間之實錄。其中於元祿六年（1694）四月二十一日處記載：「二十一日有《周易》御講，自此恆例每月進行六回。」見成島司直：《德川實紀》第四冊（東京：經濟雜誌社，1903年），頁435。原文：「廿一日周易の御開講あり。これより每月六回常例とせられ。」

幕府老中松平定信（1759-1829）的「異學之禁」，更直接地規定了昌平
黌以朱子學為正學的教育內容。寬政九年（1797）時，昌平黌亦改名
為「昌平坂學問所」，其作為幕府直轄之最高學問所之性格於焉達到極
盛，可說是江戶時代官方儒學教育機構的中心，亦兼有出版與藏書的功
能。[79] 諸藩家臣在此學習經史詩文等漢學典籍，同時影響到全國藩校。

　　接著，藩校與鄉學是一藩之內的官方機構，大致上鄉學可視作藩校
的分支。戰亂結束，天下一統的和平時期，不管是全國還是各藩都需要
文官。[80] 藩校乃該藩為家臣、武士子弟而設，目標在於培養文武兼備的
藩政人才。藩校名稱多出典自儒家經書，亦可見其文化教育內容與儒學
之關係。[81] 在幕府正式推行全國性文教政策之前，已有一些藩主基於對
學問的愛好或是統治的構想，在藩內成立教育機構或是延聘儒者前來。
而藩校真正大規模地設立，則是與幕府的文教政策有關。以藩校設立年
代來看，在十八世紀後半開始，藩校數量成長速度激增[82]，可以說是德
川吉宗獎勵學問所打下的基礎，以及後來幕府更大規模地推行統一的教

79　根據《日本教育史資料》，在《周易》方面，昌平坂學問所曾出版《周易本義
　　通釋》、《周易本義附錄纂註》、《周易本義啟蒙通釋》。由於官版所藏地曾發生火
　　災，燒失不少木版及書物，故實際目錄當不只如此。另，林家藏書中尚有三十種
　　《易》類方面之書籍。相關資料詳見文部省總務局編：《日本教育史資料》第八冊
　　（東京：文部省總務局，1891 年），頁 466-470。

80　不只是和平的江戶時代前中期，即便是在後期，德川幕府體制崩壞，整體局勢動
　　盪不安，藩校仍然因肩負著培養人才的功能而成為藩政關鍵所在。相關說明可見
　　鈴木博雄：《近世藩校に関する研究》（東京：振學出版，1995 年），頁 396-398。

81　例如大田原藩藩校名為「時習館」、嚴原藩藩校名為「日新館」等等。其中當然
　　有取自《周易》者，如篠山藩「振德堂」、麻田藩「直方堂」、福本藩「乾乾館」、
　　村松藩「自強館」、重原藩「養正館」、下館藩「蒙養館」、佐野藩「觀光館」等皆
　　是，此七例皆使用《周易》文句中特與道德修養或教育手段相關之處。關於各藩
　　藩校名稱、創立年代、教授科目一覽，可見石川謙（1891-1969）：《日本庶民教育
　　史》（東京：玉川大学出版部，1998 年），頁 327-358。

82　關於藩校在江戶時代不同時期的設立數目統計，可參考笠井助治（1906-1985）：
　　《近世藩校の綜合的研究》（東京：吉川弘文館，1982 年），頁 2、內山克巳、熊
　　谷忠泰、增田史郎亮：《近世日本教育文化史》（東京：学芸図書株式会社，1982
　　年），頁 55。

育，以「異學之禁」的手段透過學術規定而強化自身體制等事件使然，儒學也擺脫了江戶時代伊始在傳播與社會地位上的窘境。另外，江戶時代中期以降，幕府及各藩財政逐漸窘迫，體制開始動搖。在日益嚴峻的情勢下，更感到培養人才的重要性，也是藩校成長的原因之一。藩校的教育科目以及教學方式，隨著各藩學統以及時代變遷而有所差異，但漢學在各藩各時都是必備科目，也有不少藩校開版印製儒家經典或重要注疏本。漢籍學習，自素讀開始；素讀之文本則大抵以四書、五經為基礎，之後再到《左傳》、《國語》、《史記》、《漢書》等，培養基本讀書能力。[83] 由此可知《周易》在內的儒家經書是藩校學問之核心。

至於鄉學，主要入學者為庶民。隨著時空環境不同，庶民進入藩校、武家階級進入鄉學者的情況亦有之，但大體而言仍然有針對對象的差異。相較於藩校，鄉學的授業內容也較近於初等教育，有些鄉學甚至因為平常由民間有志者主持，也稍微多了一點地方團體自治的色彩。鄉學的本質仍然屬於公立，受到官方有意的扶植以達成庶民教化功能，因此同樣地含有儒學經書教育。但由於對象畢竟以庶民居多，因此未必每所學校都有漢學科，其儒學經書教育深度也不若藩校。儘管如此，仍然和藩校儒經教育之間有一定的相似性。由岡山藩主池田光政（1609-1682）在藩內設立，於元祿十五年（1702）正式完成的閑谷學校，乃江戶時代鄉學中的代表之一。閑谷學校學規中即規定，諸生素讀《孝經》、《小學》、四書、五經、《左》《國》《史》《漢》[84]，是為鄉學採用《周易》作為儒家教化政策脈絡下教育內容之一的範例。

在私塾方面，江戶時代的私塾涵蓋多種領域，以漢籍為教育內容者為漢學塾，本文所針對之私塾係指此。私塾主持者，有些為身具公職的儒者在閒暇時於自宅開設（如林家之私塾），大部分則為民間學者自

83　關於此一江戶時代儒學，特別是藩校內課程的學習起始之探討，可見武田勘治：《近世日本学習方法の研究》（東京：講談社，1969 年），頁 19-36。

84　詳見閑谷学校史編さん委員会編：《閑谷学校史》（岡山：閑谷学校史刊行会，1971 年），頁 97。

行設立。江戶時代最早的私塾是慶安元年（1648），藤原惺窩弟子松永尺五（1592-1657）於京都開設的講習堂。早在幕府大規模提倡全國性文教政策之前，私塾即已在民間逐漸紮根。相對於昌平坂學問所、藩校鄉學等等官方教育機構，私塾由於是私人性質，無疑地具備了更大的彈性。私塾之開設與弟子入學皆屬個人自由，因此其中成員對於學問的熱情也較高。在私塾中得以突破江戶時代社會封建階級的限制，讓來自全國各地的公卿、武家、庶民等一同問學，達成平等的教育。

此外，私塾對江戶儒學之重大影響有二：第一，私塾授課者絕大多數為民間學者，所處的社會位置與前述「文字社會」所引發的追求知識風潮更為相即。他們的學問思想未必與直接受到幕府援助的林家朱子學一致，也由此造就了多采多姿的各種學派，同時開啟了論爭。[85] 林家以外的朱子學派，在京都有山崎闇齋於堀川開設私塾，形成活躍於江戶時代的崎門朱子學派，對日本朱子學有莫大影響。其他學派方面，與山崎闇齋私塾僅一江之隔的是伊藤仁齋開設的堀川塾（古義堂）、於江戶開設蘐園塾的荻生徂徠（1666-1728），乃所謂古學派之代表人物。[86] 中江藤樹（1608-1648）在近江的藤樹學院具有陽明學派色彩，另外還有大阪的町人們聯合出資成立的懷德堂等，這些都是江戶儒學史上不可忽視的私塾，也正是由於其存在，才開拓了日本儒學史更為豐富的面向。

85　例如原念齋於《先哲叢談》中記載：「中江藤樹奉王陽明，山崎闇齋信程朱，皆與春齋同世。春齋〈贈石川丈山書〉曰：『近歲有蠹頑者，借名於王守仁而唱其邪教，以惑蚩蚩之氓，延及士林，誠是當世之一蔽事，而我輩之所憂也，不可不禁遏焉，不可不芟除焉。』蓋是指藤樹也。又《西風淚路編》曰：『近年聞高談性理，以為程朱再出；而擲文字，以博識稱有妨，而指余輩為俗儒者亦有之。彼為彼，我為我，道不同則不相為謀，余為守家業而已。』蓋是指闇齋也。」（頁26-27）此處之春齋，即林羅山之子林鵞峰。

86　雖然以「古學派」統稱仁齋與徂徠之學的作法始自井上哲次郎（1856-1944）《日本古學派之哲學》，但在江戶時代也可找到一點痕跡，例如考證學派儒者大田錦城（1765-1825）在略述江戶時代學術史時說：「我邦唱古學者，以伊藤仁齋先生為祖師矣。……繼仁齋唱古學者，為物徂徠先生。」見大田錦城：《九經談》，收入關儀一郎編：《日本儒林叢書》第六冊（東京：鳳出版，1978年），頁16。

前述所引吳偉明的觀點中，提到「諷刺的是當儒學在寬政年間建立類似國學地位時，儒學的活力及創意反而不及德川初期」，事實上正呼應著：日本江戶時代儒學的活力所在，正是初期時代便已形成並在史上佔有一席之地的私塾。此外，即便是在儒學逐漸在社會上取得勢力，藩校普及，私塾影響力減弱的江戶時代中後期，仍然有些著名的重要私塾存在，例如廣瀨淡窗（1782-1856）的咸宜園、吉田松陰（1830-1859）的松下村塾即是。

　　第二，與私塾相關的民間儒者，亦有機會對官方的公共教育體系發揮影響力。藩校普及之前，全國各地的重要儒學教育機構乃是私塾。在各藩擔任儒官的學者，會提倡各自所屬之學派。追溯其學統，則與私塾學習大有關係。笠井助治在《近世藩校に於ける学統学派の研究》一書中，針對陽明學派、闇齋學派、仁齋學派、徂徠學派、折衷學派、林家朱子學與昌平學派，整理了全國藩校的學派歸屬。[87] 這些學派除了昌平學派來自幕府直轄學校昌平坂學問所，其餘皆發端於私塾。林家朱子學之起源林羅山雖為幕府儒官，但其學問傳授卻是在家塾中，同樣帶有私塾性質。而寬政時期，幕府加強對昌平黌的控制時，該校從林家家塾性質轉變為幕府直接管轄，卻也帶入了不同於傳統林家的朱子學。例如於此時受到幕府拔擢而進入昌平坂學問所擔任儒官，被稱作「寬政三博士」之一的古賀精里（1750-1817），其學統可上溯至闇齋高足淺見絅齋（1652-1711），與私塾並非全無關係。此外，不論是哪一學派，其培養出的學生，日後成為藩內儒員者皆不限於某一地，而是遍布各處，也就是說私塾對儒學傳授的影響是全國性的，例如山崎闇齋、伊藤仁齋、荻生徂徠等人的學問傳播規模皆盛極一時，影響尤為重大。[88] 而這種現象

87　詳見笠井助治：《近世藩校に於ける学統学派の研究》（東京：吉川弘文館，1994年），頁1959-2084。

88　原念齋：《先哲叢談》即言：「闇齋學大行于世，前後執贄者者六千餘人。」（頁119）、「仁齋實為一代儒宗，天下學者四面來歸之。東涯《盍簪錄》曰：『先人教授生徒四十餘年，諸州之人，無國不至，為飛彈（按：今作飛驒）、佐渡、壹岐

也意味著，私塾授課者所偏好的《周易》注疏本以及《易》學詮釋，亦會對藩校相關走向產生影響。

綜上所述，筆者認為，從儒學傳播的觀點來看，私塾雖不是直接受到官方奧援的教育機構，但實際上可以說是江戶時代儒學教育的核心也不為過。它們的存在，也呼應了前述江戶時代各個階層對知識、漢籍渴求的現象。民間儒者們對《周易》及《易》學漢籍的詮釋、訓點等工作，是與其《易》學教育一體兩面的部分，而成為此時《周易》傳播的推手。

（二）作為儒經之《周易》的學習

作為儒家經典的《周易》，從上述教育機構的走向來看，是居於近乎知識素養之基礎核心位置的。儒家意義下的《周易》學習，也等於儒家經書的學習。而經書的學習活動，自然隨著學派與地點的差異而有所不同，但大體而言仍有幾種基本型態。在此先從教科書看起。

《周易》傳授時的教科書，一開始是經過訓點的素讀用經書，通常是只含經文或是省略特別難的部分之後的剩餘內容。[89] 在《易》學註釋書方面，最基礎的註解本就是自平安時代便被用作教科書的王弼《周易注》，林羅山、山崎闇齋等大儒皆對其施加過訓點。其他的則大致可分成古註與新註兩類，視學派的不同而有採用與否之異。例如受到朱子學派影響的會津藩藩校日新館，在其授業內容安排中，初學者讀《周易》

三州人不及門，執謁之士以千數。」」（頁187）廣瀨淡窗曾說：「徂徠為吾邦古今第一人也。當時日本文學大開，此人居功為多。其流佈天下之毒亦甚多。或評之為功首罪魁，實然也。」（原文：徂徠ハ吾邦ニテ古今一人ナリ、當時日本ノ文學大ニ開ケシハ、此人ノ功多キニ居レリ、其毒ヲ天下ニ流スコトモ亦甚多シ。或人ノ評ニ、功首罪魁ト云ヘリ、實ニ然ルコトナルベシ。）見廣瀨淡窗：《儒林評》，收入關儀一郎編：《日本儒林叢書》第三冊（東京：鳳出版，1978年），頁5。

89　關於江戶時代漢籍學習教科書的這種性質，可見武田勘治：《近世日本学習方法の研究》，頁18。

經文，五百石階級之長男另需讀《周易本義》。[90] 幕府政策規定下的各地學問所必備書目中，則有《五經大全》、《周易本義》、《周易附錄纂注》、《周易本義通釋》、《周易蒙引》等，反映了官方朱子學色彩。[91] 而其他與朱子學派不同者，則未必讀新註。

　　學習方式的基本型態，大致分為素讀、講義、輪講等。隨著場所、學派等等，名稱跟具體實施方式或許有異，但大體上仍有這樣的型態。素讀是對於經文的直接閱讀，學習如何根據訓讀（以日語來閱讀訓點過後的漢籍）方式來誦讀經文。在這過程中，學習者打下了對文本內容掌握的基礎，以能夠順利地掌握漢文技術以及背誦經書為目標。依據辻本雅史的說法，此可稱為「文本的身體化」，也就是反覆練習以達到文字融入身體內部的境地，並在將來的具體實踐情境中體會之。[92] 關於素讀的具體進行，其中一個可參考的文獻是江戶時代初期儒者貝原益軒（1630-1714）的《和俗童子訓》。該書為益軒所著之十本通俗教育性質著作（合稱「益軒十訓」）之一，內容為童蒙教育相關之思想。《和俗童子訓》反映了當時江戶社會中一般的讀書法內容。根據書中安排，六歲開始學習事物，十歲開始讀儒家經書，包括《小學》、四書、五經。[93] 在具體的讀書方面，他說：

> 凡讀書不可匆讀速讀，須詳緩讀之，字字句句分明，不可誤一字。必心到、眼到、口到。此三到之中，心到為先。……只專心誦讀多遍，自然熟記，久而不忘。計算遍數而熟讀之，一書

90　轉引自笠井助治：《近世藩校の綜合的研究》，頁248。附帶一提，該階級學生另需讀《四書章句集注》、《近思錄》、《二程治教錄》、《伊洛三子傳心錄》、《玉山講義附錄》等，乃朱子學教化方式的特徵。

91　詳見文部省總務局編：《日本教育史資料》第八冊（東京：文部省總務局，1891年），頁27。此相關規定執筆者為江戶時代晚期儒者佐藤一齋（1772-1859），後任昌平坂學問所儒官。

92　辻本雅史：《日本德川時代的教育思想與媒體》，頁200-202。

93　見貝原益軒：《和俗童子訓》卷之三〈隨年教法〉，據益軒會編：《益軒全集》第三卷（東京：益軒全集刊行會，1910年），頁196。

　　熟後又讀一書。聖經賢傳有益書之外，不可讀雜書。[94]

依照此方式，在十歲開始便透過這種嚴格規定身體行動的讀書法，以求能背誦經書文字。

　　「講義」是學習者學習經書之涵義的階段，由教師講解章句注疏，再讓學生發問。其中教師利用注疏本統一向學生們講解經書的型態稱為「講釋」，個別講解的型態稱為「講授」，在此階段的學生多已擁有自力素讀經書的能力。講義之安排亦有許多差異，有些藩校會取法平安時代大學寮的作法，例如熊本藩時習館，即依據〈延喜式〉規定，以《周易》為小經，講解時日訂為三百一十日。[95] 另也有特重《周易》者，例如藩校方面，金澤藩明倫堂，在針對一般庶民的講釋中，曾有一段時期，除了配合庶民階層的《論語集註》、《孟子集註》、《孝經》，也加入了《周易本義》。這是因為初代學頭新井白蛾（1715-1792）重視《周易》的緣故[96]；私塾方面，重視《周易》的講釋者可首推山崎闇齋。其行狀〈山崎闇齋行實〉記載：「明曆元年乙未開席講授，先之以《小學》，次《近思錄》，次四書，終之以程子《易傳》。及明年冬十二月而罷，信者眾矣。」[97] 此進程安排於五經中獨取《周易》置於最終，而採用《易程傳》，可見其重《易》之程度。

　　接著，由學生自己進行集體學習的方式稱作「會業」。會業又分為「會讀」和「輪講」，由於會讀對象並非儒家經書，故此處只針對輪講而論。在中國，「輪講」一詞原本是用在對皇帝講經的經筵進講上，由

94　同上註，頁 198-199。原文：「凡書をよむには、いそがはしくはやくよむべからず。詳緩に讀之て、字々句々分明なるべし。一字をも誤るべからず。必心到、眼到、口到るべし。此三到の中、心到を先とす。……只心をとめて多く遍數を誦すれば、自然に覺えて、久しく忘れず。遍數を計へて、熟讀すべし。一書熟して後、又一書をよむべし。聖經賢傳の有益書の外、雜書を見るべからず。」

95　詳見武田勘治：《近世日本學習方法の研究》，頁 200-201。

96　同上註，頁 219-220。

97　收入文部省總務局編：《日本教育史資料》第九冊（東京：文部省總務局，1891年），頁 467。

於係輪流讓不同講官講授，故有「輪講」一詞產生。[98] 但是在江戶時代教育史上的「輪講」，是一種學習方式。輪講的進行類似讀書會，由參與者經過預習後輪流開講並進行討論，彼此切磋以求更進一步的理解。許多學校或私塾都含有此學習方式。例如豐浦藩敬業館設有「討論」，每月六次，集合校內學生或校外有志人士一同參加，彼此研討四書、五經、《左》《國》《史》《漢》之類。[99] 雖然名為「討論」，然究其實，係與輪講類似。私塾方面，以《日本教育史資料》所收之十家私塾（含漢學塾以外之私塾）學則來看，即有廣瀨建（即廣瀨淡窗）私塾（即咸宜園，成立於 1817 年）明確規定輪講之事，並以學生在輪講中的表現當作評分之一部分。[100]

---

98 此詞見於與宋代相關之史料，例如周必大（1126-1204）：《玉堂雜記》卷下云：「隆興初上，用真宗故事，輪講筵學士院官直宿禁林，每多兩員，以備宣引咨訪，往往賜酒留款。」據紀昀（1724-1805）等編：《景印文淵閣四庫全書》（臺北：臺灣商務印書館，1983-1986 年）第 595 冊，頁 568、范祖禹（1041-1098）：〈又薦講官箚子〉：「臣聞先朝舊置講官四員。今孫覺在寬假，臣與顏復輪講，委是闕官。」收入楊士奇（1364-1444）等編：《歷代名臣奏議》卷 139，據《景印文淵閣四庫全書》第 436 冊，頁 835、《河南程氏文集》卷七〈論禮部看詳狀〉：「新制，博士減去二員，又令一人專講一經，無輪講法。」據《二程集》，頁 574。另外，《宋史‧列傳第一百六十三‧孫逢吉》記載：「劉光祖與逢吉同在講筵，吏請曰：『今日某侍郎輪講，以疾告。孫侍郎居次，請代之。』」見脫脫（1314-1355）：《宋史》（臺北：鼎文書局，1991 年），頁 12225。此詞此義至明清時亦被沿用，如李東陽（1447-1516）：《懷麓堂集》卷 39：「近臣於五月二十二日經筵輪講《孟子》，兩年之內，輪侍日講，亦用此書。」據《景印文淵閣四庫全書》，第 1250 冊，頁 421、秦蕙田（1702-1764）：《五禮通考》卷 172：「英宗正統元年春二月，始開經筵……先四書，東經西史，先期輪講官撰四書經或史講章各一篇，預置于冊內。」據《景印文淵閣四庫全書》，第 139 冊，頁 153-154、邁柱（?-1728）等監修：《湖廣通志》卷 51：「廖道南，分省人物考，字鳴吾，漢之子，正德辛未進士……歷侍講學士，經筵輪講，多直言日食，陳〈洪範〉天變四事。」據《景印文淵閣四庫全書》，第 533 冊，頁 139-140。

99 詳見武田勘治：《近世日本学習方法の研究》，頁 356-357。

100 詳見文部省總務局編：《日本教育史資料》第九冊，頁 413。咸宜園之學生評判標準為區分為十級，第一級為無級，其餘九級又各分上下兩段，總共十九段。四級上以下者為「下等生」，即為輪講之參與者。咸宜園僅以塾內表現來衡量學生，而不以學生之年齡、身分、入學前學力來考慮，此稱之為「三奪法」。

　　另外一個私塾與輪講之密切關係的例子，是伊藤仁齋於自宅開設的「同志會」。同志會活動始於寬文元年（1661），隔年仁齋即於堀川旁設私塾，兩者皆為其學術生涯中的重要活動。同志會係仁齋集合志同道合者而成，訂有嚴密的禮儀與討論規則，同樣也是參與者輪流開講並進行討論的方式。[101] 在《古學先生文集》中有四十八條〈同志會筆記〉，第十條即與《周易》相關，內容為提出程頤邵雍兩人對於重卦說的不同，並主張程頤所說為是。[102] 換言之，《易》學問題在此亦為被討論的對象，此為透過輪講而習《易》之例。

　　以上的素讀、講義跟輪講，是江戶時代儒學教育過程中的學習方式，儒家脈絡下的《周易》在這樣的環境下為學習者所吸收。當然，以上過程只是學習階段，在此之後的研讀則視個人而定。不過，上述吳偉明的統計已顯示出江戶社會中，要讀到中國傳來的《易》著或是本地儒者們的相關作品並不困難，無論何種階級，有心者當可獲取大量資源。

　　然而另一個必須注意的地方是，對於這樣的教育過程，亦有反對者存在。荻生徂徠可謂不認同上述素讀與講釋之方式的代表人物。首先在

---

101 詳細情形可見伊藤仁齋：〈同志會籍申約并序〉、〈同志會式〉，《古學先生文集》卷之六，頁115-117。

102 伊藤仁齋：〈同志會筆記四十八條〉，《古學先生文集》卷之五，頁108。他說：「《周易》重卦之說，程邵二子其說不同。程子以為聖人始畫八卦，三才之道備矣，因而重之，故六畫而成卦。邵子之言曰：『一分為二，二分為四，四分為八，八分為十六，十六分為三十二，三十二分為六十四，猶根之有幹，幹之有枝，愈分愈少，愈細愈繁。』至於朱子著《本義》，專主邵子而不取程子。愚竊有疑：若程子之說，本出於《繫辭》，而理最明白，無可疑焉。《繫辭》曰『太極生兩儀，兩儀生四象，四象生八卦』，蓋一畫曰儀，二畫曰象，三畫曰卦，四爻五爻皆無主名，而至於六畫，亦名之曰卦。觀其因三畫之名而不改焉，則可知其因三畫重之，而不逐爻加倍也。夫三畫既成，則三才之道備矣，八卦之象著矣，無復可言。而於其上又加一畫，則是畫蛇添足也，此何所取義耶？若無意義而強添畫，不必止六畫，積而至於十百千萬亦可，豈有了期乎？故知聖人至三畫而止，不復於其上加畫矣。又曰『八卦成列，象在其中矣，因而重之，爻在其中矣』，又曰『兼三才而兩之，故六』。觀其曰『因而重之』，又曰『兼三才』，則聖人重卦之旨，益瞭然矣。」

素讀方面，素讀時依據的是訓讀法，以日文讀經，這是日本自古以來的方式，而事實上是一種翻譯過後的結果。因此徂徠在《譯文筌蹄・譯筌初編》說：

> 此方學者，以方言讀書，號曰和訓，取諸訓詁之義，其實譯
> 也，而人不知其為譯也。……若此方讀法，必移中華文字，以
> 就方言者，一讀便解，不解不可讀，信乎？和訓之名為當，而
> 學者宜或易於為力也。但此方自有此方言語，中華自有中華言
> 語，體質本殊，由何胳合？是以和訓迴環之讀，雖若可通，實
> 為牽強。[103]

一般培養漢文閱讀能力的基礎在於以訓讀法進行的素讀，而徂徠認為兩種語言完全地進行翻譯，是不可能達到的。兩國思維的差異，會導致翻譯時不自覺地偏差，因此本質上屬於中翻日的訓讀法就是錯誤的方式。此外，他也反對教師對學生解釋章句訓詁的這種講釋，提出十點理由力陳講釋之害。其中第七點理由頗能呼應訓讀之弊：

> 講說之間，業已不能廢和訓。故其說字義，且依傍和訓，趁勢
> 成義。聽者但見其說之可通，便謂本然，而不知其離本義已
> 遠，其害七也。[104]

這裡道出了上述一般學習方式的問題：建立在傳統訓讀法上的閱讀方式既然有乖離中國經書本義的可能性，那麼以之為基礎的後續學習，皆不能免於此疑慮，而對學習者們的理解產生負面影響。因此，他主張直接以中文讀書：

> 故予嘗為蒙生定學習之法：先為崎陽之學，教以俗語，誦以華

---

103 荻生徂徠：《譯文筌蹄》，收入今中寬司、奈良本辰也（1913-2001）編：《荻生徂徠全集》第五卷（東京：河出書房新社，1977 年），頁 16-17。

104 同上註，頁 19。

音，譯以此方俚語，絕不作和訓迴環之讀。始以零細者，二字
三字為句，後使讀成書者。崎陽之學既成，乃使得為中華人，
而後稍稍讀經子史集四部書，勢如破竹，是最上乘也。然崎陽
之學，世未甚流布，故又為寒鄉無緣者，定為第二等法：先隨
例授以四書、《小學》、《孝經》、五經、《文選》類，教以此方
讀法，時時間擇其中極易解者一二語，隨分俚言解說，使其自
得。一日間不過一二次，切勿說章旨，及道德性命之理。……
比五經皆畢，既自得力，乃授以《史》《漢》有和訓者，使其
自讀，副以字書，備其考索。……《史》《漢》各二三遍後，
其聰明者，於有和訓者皆莫有不可讀。至此時，便禁其一有和
訓者不得經目，授以溫公《資治通鑑》類無和訓者，讀之一
遍，何書不可讀，然後始得為中華諸生。[105]

「崎陽之學」即為華語，因長崎地區為與中國人通商處，因應商業需求
而有「唐通事」，通華語者眾多而以此為名。既然徹底的翻譯是不可能
的事，那麼理想的做法就是讓自己成為「中華人」、「中華諸生」，以中
國人的頭腦、思維來閱讀漢籍。因此他又說：

中華人多言「讀書讀書」，予便謂讀書不如看書。此緣中華此
方語音不同，故此方耳口二者，皆不得力。唯一雙眼，合三千
世界人，總莫有殊。一涉讀誦，便有和訓，迴還顛倒，若或從
頭直下，如浮屠念經，亦非此方生來語音，必煩思維。思維纏
生，緣何自然感發於中心乎？……譯以為筌，為是故也。然譯
之真正者，必須眼光透紙背者始得。[106]

不信任調換語序、以日語翻譯而成的訓讀，自然也就不信任以之為基礎
的素讀和講釋。因此他只相信「眼光透紙背」的「心眼」，乃透過學習

---

105 同上註，頁 19-20。
106 同上註，頁 21。

華語，而跨越語言藩籬，直契漢籍本義內的中國人思維方式。如此方能
保障其閱讀結果不乖離本義。而徂徠為了配合學習崎陽之學的資源門檻
而提出的折衷方案裡，儘管仍有訓讀成分，但最終是要禁止的。當然，
五經在此依然是入門書目，也就是說《周易》的地位在此未見動搖。

　　徂徠的此番主張並未徹底扭轉江戶時代的學習型態，但至少為我
們揭示了一點：根源於日本思維的訓讀法，如同一副有色眼鏡，影響
著日本人對儒家經書的理解。江戶時代中期的朱子學派儒者雨森芳洲
（1668-1755）曾說：「以我國言語讀漢人之書，其難百倍於漢人焉。漢
人且不善讀，何況日本人乎？」[107] 似乎也道出了日本人面對漢籍時偏離
原意的可能性。

　　另外，徂徠反對章句訓詁式講釋的理由還有以下較為重要者：

> 中華所謂講者，此方浮屠家說法為稍近之。其大要，不規規於
> 章句文字，但務揄揚道德，闡明仁義，曲鬮旁引，飽厭人意，
> 能使聞者易於感發，不能自已是已。是可以施於王公大人，及
> 武弁不學者之前，而非所以造就髦士者。此方之講，則異於是
> 焉。字詁句意，章旨篇法，正義旁義，註家同異以及故事佳
> 話，文字來歷，凡有關係于本文者，叢然竝集，臚列如開肆，
> 連續如貫珠。一物不備，則嫌於己之恥；一語間歇，則慮於聽
> 者之倦。務美生氣，以悅人耳。甚者，時間笑話，警醒坐睡。
> 動有靳秘，責加束脩。師傷其仁，弟子傷智。流風一成，滔滔
> 弗反。假使其所說，精確詳明，一無差錯，初學乍聽，於其叢
> 然竝集者，安能一一識別其何為字詁，何為句意，何章旨，何
> 篇法，某為正義，某為旁義云云者，明白無謬哉？勢之所必認
> 比誤此，其害一也。[108]

---

107 雨森芳洲：《橘窗茶話》卷上，收入井上哲次郎、蟹江義丸（1872-1904）編：《日
　　本倫理彙編七　朱子學派之部上》（東京：臨川書店，1970年），頁316。
108 荻生徂徠：《譯文筌蹄》，頁18-19。

侍坐日久，耳根旋開，得益漸多，遂謂先生真聖人。試一閉戶
讀書，累日所獲，終不如一日所聞，坐收眾美，由是漸生卑劣
心，貴耳賤目，廢讀務聽。與其劼劼自攻，寧終身講席。此心
一生，前途遂盡。吾未嘗見講帷下出名士，緣此之故，其害三
也。109

根據黑住真的考證，《譯筌初編》形成於其四十六歲時110，也就是約
1710 年前後。此段言論可說反映了當時講釋活動之流弊。徂徠認為，
講釋應是針對字詞解釋以外的書中涵義進行闡發，達成教化功能。但日
本當時儒學教育環境中的講釋，務求以章句注疏釋經，且引用恣肆，橫
生枝蔓，對聆聽者造成阻礙，因此只會造成反效果。另外，講釋也有可
能造成學生好逸惡勞，僅以單方面吸收講釋內容自足，因循師說，喪失
獨自面對書本的能力，流於單純對教師的崇拜。

　　徂徠的這種不信任講釋章句注疏的想法，可以說是他提出「切勿說
章旨」的原因。武田勘治指出，徂徠學派儒者龜井南冥（1743-1814）
在訂定福岡藩甘棠館學規時，即體現了徂徠相關思想。學規中關於講
釋的部分說：「講說者，教授先生或訓導師，口陳古籍，詳辨章句訓
詁，使學者集聽受其義也。但官人君子先經禮事業，庶人幼學先義訓德
行。蓋大學『官先事，士先志』之意也。」111南冥在此將分別針對官人
君子和庶人幼學的各自適宜內容置於章句訓詁之上，即遵循徂徠提出的
「講」之「不規規於章句文字，但務揄揚道德，闡明仁義，曲關旁引，
飽厭人意，能使聞者易於感發」之意。112「官先事，士先志」出自《禮

---

109 同上註，頁 19。
110 詳見黑住真：〈訳文筌蹄をめぐって〉，《近世日本社会と儒教》（東京：ペリカン
　　社，2003 年），頁 554-556。
111 見文部省總務局編：《日本教育史資料》第三冊（東京：文部省總務局，1890
　　年），頁 16。
112 詳見武田勘治：《近世日本学習方法の研究》，頁 201-202。武田並指出此例雖為
　　講說，但應為「講談」，意指針對一般大眾的經書解釋。

記·學記》，原指為官者須先學職務之事，士人須先立志。到了南冥這裡，稍微轉化出另一種涵義，也就是將實際政治秩序相關的教育內容看得較重，可以說事實上除了「不規規於章句文字」，也反映徂徠將儒者任務定為實踐安天下的禮樂刑政之道的看法。

　　綜上所述，我們已可看到包括《周易》在內的儒家經書在一般的教育過程中可能產生的問題：一、傳統訓讀法所導致的理解變化；二、教師的講授可能對學生而言並未有良好吸收效果，且容易讓學生心生怠惰而治學不勤，亦有可能因為墨守師說而流於複製錯誤的理解。但無論如何，我們同樣也可以看到：在各種教育機構及不同的教學手段中，凡是以儒學教育為核心的，必會在基礎必備素養中安排《周易》，甚至也有特重《周易》的範例。不論何種階級，都可在相應的學校中習得相關資源，並在出版發達的社會中尋得所需書籍，包括日本重版中國《易》著的和刻本，以及一般儒者的著作。他們透過著名儒者們訓點過的漢籍來接觸原典與入門詮釋，並擁有與他人切磋討論的機會。作為儒家經典的《周易》，便是在這樣的環境下為學習者們接觸並深入研討。

第三節　小結

　　本章針對作為儒家經典的《周易》在古代、中世的傳入、影響及相關學術成果進行了簡介，並說明近世，也就是江戶時代中《周易》在儒學環境下的傳播與相關教育情形。古代由於受唐制影響，以鄭玄、王弼注為習《易》門徑。中世時禪僧成為掌握學術的大宗階級，凌駕於博士家之上。他們帶來了宋學的新註，一時成為風尚，也在相當程度上決定了江戶時代的《易》學面貌。而博士家雖然在此時不如禪僧活躍，然在融合古註與新學上亦有其功。另外，金澤文庫和足利學校的藏書，也說明了此時《周易》的傳播情形，尤其是以培養占筮人才為目的的足利學校，與禪僧們的學術有密切關係，更代表了中世《易》學的鼎盛程度。

　　江戶時代產生了所謂的「文字社會」，儒學在此取得了大量傳播的

契機，人們的識字率與閱讀量達到前所未及的幅度。作為儒家經典的《周易》也在此環境下，更為深入地進入日本文化中。社會上的各階層皆可在相對應的儒學教育機構中按部就班地學習《周易》，人們也能較以往更輕易地讀到傳來的《易》學漢籍，以及日本儒者的《易》學著作。經過古代、中世打下的基礎，《周易》在江戶時代已能有更完善的訓點，也在不同派別的儒者手上展現了相當的傳播力量。

　　在進行完基本的歷史背景說明後，下一章開始將實際進入江戶時代儒學內部，從《周易》註釋的角度來觀察儒者們的代表性《易》學成果。

第三章
江戶時代儒學的《周易》註釋特色比較

　　儒者《易》學思想的最具體表現，在於對《周易》的註釋上。本章以江戶時代儒者所著之《周易》註釋書籍為考察對象，探討其中的解經作法、看待《周易》的基本態度等等。江戶時代儒者註《易》之作品繁多，無法一一介紹窮盡。在此只能選擇較具代表性者作為探討範圍。揀選的原則是針對《周易》本身進行文字註釋之作，且作者為江戶時代儒學史中分屬不同學派的重要人物者，以盡量突顯出解《易》風格之差異，並明瞭江戶時代這些重要儒者的相關思想。經由此探討，擬略窺江戶時代《周易》註釋活動中展現出的儒家《易》學面貌。根據此揀選原則，本章所探討之對象為伊藤東涯《周易經翼通解》、太宰春臺《周易反正》、中井履軒《周易逢原》、皆川淇園《周易繹解》，以及佐藤一齋《周易欄外書》。

　　另外，在江戶時代後期，承繼了以往古學派鑽研字詞古義的研究方法，又接觸到中國清代學術成果的傳入，於是考證學派乃應運而生，其中頗有可與中國學界對話者。故本章亦揀選考證學派與《周易》相關的著作進行說明，所選之對象為大田錦城《九經談》。

第一節　伊藤東涯與《周易經翼通解》

　　伊藤東涯，名長胤，字源藏，號東涯，諡紹述先生。寬文十年（1670）生於京都，乃江戶時代古學派儒學代表人物伊藤仁齋之長子。東涯自幼秉承家學，浸淫於中國典籍中，打下深厚的儒學素養基礎，其

後乃繼其父而成為古學派的發揚者，以京都為活動中心，而與江戶的荻生徂徠之蘐園學派並為當時日本東西兩方的儒學重鎮。

東涯的成就主要可分為兩方面：第一為整理、出版其父仁齋的著作並繼承古義堂。仁齋的《論語古義》、《童子問》、《古學先生文集》、《古學先生詩集》、《古學先生和歌集》、《仁齋日記》、《易經古義》、《大象解》等，都是在去世後由東涯刊行，特別是文集、詩集等，中間的編輯工作，實賴東涯之力。儘管亦有質疑者[1]，然而就仁齋學之發揚來說，確實功不可沒。而東涯繼仁齋之後，繼續主持古義堂春風化雨事業，使古學一脈維繫不墜，居功厥偉。第二，東涯以其博學之力，留下許多經史方面著作，除了繼承仁齋思想之外，亦拓展古學派之版圖。就中較重要者，有敘述中國儒學史中關鍵詞演變情形的《古今學變》、對《周易》的註釋作品《周易經翼通解》、《易》學作品《周易傳義考異》、《讀易私說》、發揚家說的《辨疑錄》、《古學指要》、關於經史的研究文集《經史博論》、說明中國制度史以明對日本之影響的《制度通》、討論《太極圖說》相關問題的《太極圖說管見》、《太極圖說十論》、有關漢語語法的《操觚字訣》、《用字格》等。就中可見東涯治學之勤，同時也是理解古學派學風與思想內容的重要材料。其他則有《紹述先生文

---

[1]　原念齋：《先哲叢談》記載：「東涯門人高養浩（按：即高志泉溟）者，叛師門奉宋儒……客曰：『敢問東涯先生之為人如何？』曰：『溫厚之長者也，博識洽聞，不減徂徠，惜哉性過謙讓，而智乏施設……其於父師之說也……可謂有大勳勞矣。《童子問》、《語孟字義》之二書，既已刊行，《論孟古義》坯樸略具，而成說未完。老生與門人校讎討論，予亦忝在末席。以今思之，《論語》一書，章章句句，說修為者多，故仁齋之旨符合矣。抑至孟子論心性，則窒礙不通者過半矣。故今所刊行《孟子古義》，其實成于東涯削鑢之手者也。由此言之，則東涯之學識，未必無異議於其家說。』」（頁199-200）另外，江戶時代考證學派學者大田錦城評東涯曰：「東涯先生，博雅多識，當時無比。其所著作，皆有用之書也。經義辨駁宋學，十得七八。唯其推衍家學者，多不醇正。然要之學問之博，著述之富，為我邦儒先之第一矣。」見《九經談》，頁16。其中附有豬飼敬所（1761-1845）評註曰：「東涯之為人，溫厚不與物競，博學多識，其見亦不固陋。但惜有意於攻宋儒張家學，故區區爭堅白，往往有小辨破義者，是其所以受不醇正之謗也。」

集》、《紹述先生遺稿》等。於元文元年（1736）去世。

東涯博學多聞，著作等身，名震一時。藤原常雅所撰之〈紹述先生伊藤君碣銘〉載：

> 資稟甚異，三四歲能知字，長而博學強記，最善屬文，為世所稱。孳矻種學，淳濬涵浸，人莫能測。沉靜寡默，恭儉謹慎，口不言人過，不事表襮，不設防畛。終身不仕，講學於家。剖析經義，蠶絲牛毛，然未嘗強以語人，而就問者日眾，遠近尊之。無他嗜好，祈寒暑雨，未嘗手釋卷。[2]

另外，《先哲叢談》謂其「經術湛深，行誼方正，粹然古君子也」[3]。與東涯同時的荻生徂徠，乃開創日本儒學中古文辭學派之人物，晚年將歿時曾說：「吾下世後，遺文必將行，然海內無實知我。知我者惟有東涯耳。」[4]另外，徂徠弟子太宰春臺（1680-1747）在評論徂徠不及仁齋之處時，說：「仁齋者不可及者三焉：不由師傳，一也；不仕，二也；有子東涯，三也。物先生不有一於此。」[5]凡此亦道盡了徂徠春臺對東涯的認可，並間接顯示出東涯在當時儒林中的地位。東涯早年失恃，其下四弟為仁齋第二任妻所生。仁齋五子皆有所成，就中長子東涯與么子蘭嵎（1694-1778，名長堅，字才藏）最為知名，合稱「首尾藏」。仁齋去世時蘭嵎尚幼，其撫養與教育工作皆由東涯擔任。東涯有三子，前二人早夭，第三子伊藤東所（1730-1804）出生不久後東涯過世，乃由蘭嵎撫養之，終能繼承古義堂與東涯之學。

從上文提到的東涯著作來看，他確實對《易》學有相當的研

2　藤原常雅：〈紹述先生伊藤君碣銘〉，據三宅正彥編：《紹述先生文集》，《近世儒家文集集成》第四卷（東京：ペリカン社，1988年），頁8。
3　原念齋：《先哲叢談》，頁190。
4　同上註，頁344。
5　太宰春臺：《紫芝園漫筆》，據崇文院編：《崇文叢書》第四十五輯（東京：崇文院，1926年），卷四，頁1。

究成果。就中，對《周易》經傳文本直接進行註釋的《周易經翼通解》，堪稱可代表東涯《易》學思想的作品。明治時代漢學家星野恆（1839-1917）評論此書曰：「本邦諸儒註釋（按：指《周易》註釋）者頗多，如伊藤東涯之《經翼通解》，所說穩當親切，可謂魁楚。」[6]近代日本中國學研究之重要學者武內義雄（1886-1966），在《易と中庸の研究》中自述其就讀京都大學時之學《易》過程，也說讀《易程傳》和《周易本義》時感到茫然自失，直到讀了《周易經翼通解》後才彷彿獲得一線光明，更自言其對《周易》的認識乃是結合仁齋東涯《易》學與其師內藤湖南（1866-1934）見解而成[7]，亦可見《周易經翼通解》之易曉程度及影響力。如依此，便可說《周易經翼通解》不僅是研究東涯思想時可供參考的著作，同時也是了解江戶時代《易》學史時，不可錯過的註釋書。

　　《周易經翼通解》全書依循王注本的編排方式，並附加己注於王弼（226-249）、韓康伯注之後而成。儘管東涯並不贊成王弼援《老》入《易》的作法（詳後述），但王注本在日本流傳已近千年，早已是《周易》基本的入門教科書之一，或許此為東涯仍以附加於王韓注的方式撰作此書的原因。正文之前的〈周易經翼通解釋例〉（以下簡稱〈釋例〉）為全書總綱領，內容包含對《周易》基本性質的介紹、《易》學自古代至宋的傳承說明、對乘承比應、當位與否等《易》例之解說、剛柔往來、六九等術語之釋義，以及撰書之宗旨。全書共十八卷，一至八卷為上經，九至十六卷為下經註。十七、十八卷為《繫辭傳》、《說》《序》《雜》三傳之註。以下分就其解經特徵進行說明。

6　星野恆：〈周易解題〉，據服部宇之吉編：《漢文大系》第十六卷（臺北：新文豐出版公司，1978 年），頁 15。本文所據之《周易經翼通解》，亦採此版本，下不另注。原文：「本邦ノ諸儒モ注釈ヲ着ハスモノ頗ル多シ。伊藤東涯ノ經翼通解ノ如キハ、所說穩当親切ニシテ、魁楚トスベシ。」

7　詳見武內義雄：《易と中庸の研究》（東京：岩波書店，1944 年），頁 2-3。

一、對仁齋之學全面繼承

　　歷來有關東涯《易》學的先行研究，皆將重點置於其繼承仁齋的部分[8]，這確實是《周易經翼通解》的一大本質，決定了東涯對《周易》性質的一些衡定，以及其中的解經模式。《周易經翼通解》的撰作動機，也正由此而發。伊藤東所於〈周易經翼通解序〉云：

> 吾祖考晚年將注《易》，已解乾坤及《大象》，名以古義。先考自凡歲深好《易》，考《傳義》之異同，題之上幀，苦心盡力，剖別甚精。祖考嘗稱曰「殆不讓古人好《易》者」。祖考見背，古義亦未成。故本過庭之大意，考索傳義，以為注述，名曰《經翼通解》。[9]

東涯於〈釋例〉也說：

> 先子……研覃鄒魯二書，兼治《周易》。然《易》唯解乾坤二卦，務明大義，不要瑣究，不如治二書之專且精也。胤不肖，紹述遺志，敘之舊聞，僭為此解。但「《易》主義理不主卜筮」，曰「《十翼》非夫子之所作」，曰「《易》言氣而不言理」，曰「古《易》有卜筮義理兩端」。凡此大義數條，皆本于

8　包括前田勉：〈仁斎学の継承—伊藤東涯の「易」解釈〉、濱久雄：〈伊藤東涯の易学〉、伊東倫厚：〈伊藤東涯の《周易》十翼批判〉，以及王鑫：《日本近世易學研究》第三章〈後世談理，率祖乎易〉——伊藤東涯的易學研究〉，頁72-97。前田氏之文專就東涯承襲仁齋立場這一點而論，包括〈釋例〉中提到的一些主張，以及對老子的批判。濱氏之文屬於題解性著作，而在介紹東涯《易》著前也先專闢一節談論仁齋，伊東氏則圍繞著東涯承繼仁齋態度而批判《十翼》這一點來展開。王鑫的研究分為兩部分，前半部探討《周易經翼通解》的解經特徵，後半部討論東涯《易》學中的心性論。但縱觀後半部，不僅未涉及《周易經翼通解》，事實上也與《易》學未有明顯關聯，恐似蛇足。而真正重要的前半部，則亦將對仁齋的繼承列為探討課題。總而言之，這部分是有關東涯《易》學研究的定說所在。

9　伊藤東所：〈周易經翼通解序〉，《漢文大系》第十六卷，頁3。

先子之緜蕞。[10]

也就是說，《周易經翼通解》的撰作意圖，很明顯地就是在繼承仁齋未完成的《易》學工作。仁齋的《易經古義》僅註解乾坤二卦部分，東涯擴而充之，將《周易》全書註解完成，此乃其首要貢獻。也就是說，若提到江戶時代古學派治《易》之代表作，則當推《周易經翼通解》。

如前所述，此繼承態度決定了東涯表現出的《周易》性質衡定以及解經模式。所謂的性質衡定，也就是〈釋例〉中的「凡此大義數條」部分。東涯在〈釋例〉中，花費不少篇幅申述其義。其中「《易》言氣而不言理」，將在下一章進行討論，而其他三者，在先行研究中，特別是前田勉與伊東倫厚的論著裡已有詳細說明。要言之，仁齋與東涯基於古學派的基本性格，以義理《易》為重，主張此符合孔孟思想，而不重卜筮。之所以認定《十翼》非孔子所作，最重要的原因也是由於其中雜有許多卜筮家者言，非純粹之孔門之教，進而使其試圖提出歷史資料（如指出《十翼》出於孔子之說僅憑《史記》而無其他證據）[11]與文章風格（如各篇文體不類）方面的分析進行佐證。換言之，這些性質衡定，皆可與古學派主張回歸孔孟的想法貫串起來。以現在的角度而言，認定《十翼》作者非孔子，儘管在當時顯得較為前衛，但確實合乎歷史事實。此外，將《十翼》內容判定為義理與卜筮家者言相雜而成，亦屬合理。

接著，筆者擬進一步討論《周易經翼通解》中，由繼承仁齋學而決定的解經模式。依循仁齋而以義理《易》為重的主張，使東涯在解經作

10　伊藤東涯：〈周易經翼通解釋例〉，頁 12。

11　另外，東涯在這方面也沿襲仁齋之說。有關仁齋對此問題的推論，見伊藤仁齋：《易經古義・論象象之作在孔子之前》，收入關儀一郎編：《日本儒林叢書》第五冊（東京：鳳出版，1978 年），頁 4。要言之，仁齋據《左傳・昭公二年》所言之韓宣子使魯而見《易象》之事，認為此時孔子尚年幼，韓宣子所見之《易象》當形成於孔子之前。此處不稱「爻辭」而稱「象」，故仁齋不從杜預之說，而認定此「象」應指大小《象傳》。

法上偏向《易程傳》。仁齋曾言「區區象數之學，皆旁蹊邪出，袪之可矣。惟程《易》為庶幾焉耳」[12]，又說：

> 古者《易》學自有二家。《彖》《象》二篇，儒家之《易》也，《文言》亦然，蓋專述《彖》《象》之義，皆論陰陽消長之理，而推之人事，無一及卜筮者。《繫辭》《說卦》等篇，專主卜筮而言，歐陽子以為筮師之書，是也。蓋義之與卜筮相反，言義則不須言卜筮，從卜筮則不能不捨義。故《論》《孟》二書，不言卜筮者，以此也。《程傳》雖從《繫辭》，其實與《彖》《象》之理合，當從之。[13]

因此仁齋雖不滿宋儒，但於《周易》方面卻認同《易程傳》，此乃《易程傳》以義理解《易》之故。故東涯於〈釋例〉中，陳述了依循程頤的想法：

> 《易》本卜筮之書，《本義》之趣，固得其原旨者也。然萬世學者，遵夫子之道以為學，則當從《程傳》以義理觀《易》。先子講《易》，大意從程子，義趣時依《本義》。此解述家庭所聞，出入二傳，閒附管見云。[14]

可以看到，東涯於仁齋處受學時，即已受《易程傳》之義理解《易》模式影響。仁齋推崇《易程傳》的作法，而在《易經古義》中以義理《易》方式解乾坤二卦。東涯則延續之，將此原則貫串於《周易經翼通解》中。

12　伊藤仁齋：《易經古義・論讀易之法》，頁 6。

13　伊藤仁齋：《童子問》，卷之下收入家永三郎、清水茂（1925-2008）、大久保正（1919-1980）、小高敏郎（1922-1966）、石濱純太郎（1888-1968）、尾藤正英（1923-2013）校注：《近世思想家文集》，《日本古典文學大系》第九十七卷（東京：岩波書店，1966 年），頁 243。

14　伊藤東涯：〈周易經翼通解釋例〉，頁 8。

　　《論語・子路》中，孔子對恆卦九三爻辭「不恆其德，或承之羞」的「不占而已矣」之斷章取義詮釋，已然隱隱開啟義理《易》之契機。而後世所謂的義理解《易》，大致的模式是將爻位人格化以比擬當下所處之境況，再依循《彖》《象》解釋爻辭吉凶之所由的《易》例，來當作人事應對所導致之結果的譬喻，從而達到《繫辭傳》所說的「觀其象而玩其辭」的啟發功能，以為立身處世之戒。儘管當位與否、二五居中為正等《易》例都不是能貫串全經毫無矛盾的詮釋方式，但精簡的文字更開啟了巨大的詮釋空間，終能使義理解《易》之進路在遠離漢代滋漫的象數《易》之前提下，以回歸《易傳》的作法進行解經，並致力於人事之用，此亦為儒家解《易》之傳統風格所在。而義理解《易》的一大代表王弼，雖以援《老》入《易》而聞名，然其《周易注》中的一大關鍵字便是「正」，仍然具有濃厚的儒家名教倫理傾向。[15] 及至《易程傳》，更是粹然以儒家義理解《易》之典範，而這也是仁齋東涯偏重於此的緣故。

　　具體來說，東涯繼承仁齋，或是進一步說依循程頤的作法有二：其一為以人事、史事說經，其二為對王弼以玄解《易》的排斥。首先關於第一點，朱伯崑已指出程頤發揚王弼以人事解《易》的風格，而借卦爻象、爻位說明人事得失之理，又引史事以證，將歷史視作吉凶消長的體現，以為君、臣、民關係之教。[16] 東涯於《周易經翼通解》中同樣以人事為重，而形成星野恆所謂的「穩當親切」風格，這便是「當從《程傳》以義理觀《易》」的具體實踐。東涯解《易》，於詮釋完辭義與吉凶所由後，每以一「蓋」字起頭，陳述人事上的道理發揮，使讀者易於明瞭其應用，而又間以中國史事為證，使其宣揚孔門之教的立場得以落

15　關於此方面的分析，可見湯用彤：〈王弼之周易論語新義〉，前揭書。另外，王弼《周易注》亦展現出其他儒家性格，可參考金春峰：〈從王弼《周易注》看詮釋中的儒道互動〉，收入鄭吉雄、林永勝編：《易詮釋中的儒道互動》（臺北：國立臺灣大學出版中心，2012 年），頁 171-199。

16　見朱伯崑：《易學哲學史》第二卷，頁 236-238。

實。以乾卦九五爻辭為例，東涯解曰：

> 大人者指九二而言。此爻在乾之時，而剛健中正，進居天位，
> 德化大行，而下與九二同德相應，故其象為飛龍在天，而利
> 見大德之臣，以輔其治也。蓋自古有臣而無君時有矣，未有有
> 君而無臣時也。上有堯舜之君，則下有稷契之臣；上有湯武之
> 君，則下有伊呂之臣。英主誼辟之興，必有佐命元勳，翼戴夾
> 輔，以致太平，何者？天下之廣，無時無才，為明主能知而用
> 之，用而盡其才。此九五之所以利見大人也。[17]

根據九二與九五的上下相應關係，引君臣史事說明「利見大人」一辭的
涵義，提供明確的例證，這也可以說是對《易程傳》乾卦九五爻處的
擴充。而書中也可見東涯從與程頤不同的另一角度立說，而彼此相發
明之處。例如師卦卦辭「貞，丈人吉，无咎」處，程頤以司馬穰苴和韓
信（?- 前 196）之事，說明具備威嚴使人服從的重要性，來詮釋「丈人
吉」。[18] 相對於此，東涯則引申說：

> 蓋古用兵之道二，有名與任將而已矣。誅暴平亂，為民除害
> 者，用兵之本，而先王之所以服天下也。閫外之事，不可遙
> 制，擇任良將，便宜從事者，用兵之要，而先王之所以戰必克
> 也。故師出有名，將得其人，則以正天下而有餘矣。苟貪其土
> 地，肆之窮黷，登用庸才，授之將權，則師徒撓敗，國受其
> 禍。唐代宗時，九節度使之師，潰于相州，正犯此戒。此師之
> 所以戒「貞，丈人吉」也。[19]

在此他將重點轉為知人善任之重要性，當然與《易程傳》之方向有所不

17　伊藤東涯：《周易經翼通解》卷一，頁 4。

18　程頤：《易程傳》，《二程集》，頁 733。

19　伊藤東涯：《周易經翼通解》卷三，頁 1。

同。但這並不與程頤之言衝突，而是讓讀者看到了更多卦辭義理可供發揮的面向，一方面也展現了東涯的史學素養。而這種義理解《易》方式，貫徹了其《易》學觀點中，「萬世學者，遵夫子之道以為學」的要求，也是《周易經翼通解》以其平正風格而值得肯定之處。[20]

至於第二點，也就是對王弼以玄解《易》的駁斥，焦點則在復卦《象傳》處。歷來對王弼援《老》入《易》的判定依據，除了《周易略例》之哲學涵義外，以《周易》經傳註解本身來看，最重要的代表便是復卦《象傳》處的「寂然至无，是其本矣」云云，多為學者引用來談論王弼之道家《易》傾向。以繼承儒家思想為己任的程頤，也正是在此明確地採取與王弼對反的立場，說：「一陽復於下，乃天地生物之心也。先儒皆以靜為見天地之心，蓋不知動之端乃天地之心也，非知道者，孰能識之？」[21]仁齋甚為推崇此解，在《童子問》中他說：

> 問，以先儒何語，最為至極？曰：伊川復卦《象傳》曰：「一陽動於下，乃天地生物之心也。先儒皆以靜為見天地之心，蓋不知動之端乃天地之心也，非知道者，孰能識之？」又《經說》曰：「動靜無端，陰陽無始。非知道者，孰能識之？」二章總一意，實《象》《象》以來之名言。在道理，當為古今極至之道理。在議論，當為古今極至之議論，至矣。[22]

20　關於以史事解《易》之作法，一般而言係以楊萬里為代表，且日本於中世時即已可見其人之說。因此東涯以史事說《易》的表現，是否可能來自楊萬里？對此筆者認為，將東涯此舉之來源，歸於程頤仍然較為妥當，原因有二：一、史事之解確實是東涯採取的作法，但並未成為貫串全書的原則，而是作為人事說解之例來呈現，屬於輔翼之用，其密度不若《誠齋易傳》來得高。這樣的安排確實較近似《易程傳》而非《誠齋易傳》，兩者精神相通，而面貌有別；二、東涯乃至仁齋，在提到重視的中國《易》學時，包含程頤之名。但兩人論著中皆不見涉及楊萬里《易》學之處。儘管可以設想東涯或許讀過《誠齋易傳》，但目前為止並無明顯證據表示楊萬里影響了《周易經翼通解》，故筆者採取較保守的作法，將程頤作為主要影響來源。

21　程頤：《易程傳》，頁819。

22　伊藤仁齋：《童子問》卷之中，頁239-240。

而程頤與仁齋的想法，亦為東涯所繼承。在此處，他並列王程之說後，
指出：

> 輔嗣之說，蓋出于老子守靜篤之旨，非程子之斥之，孰識其乖
> 聖人之旨？至周濂溪則云無欲主靜，乃云元亨誠之通也，利貞
> 誠之復也。此與王氏之旨不異，而程子之所深斥者也。至朱子
> 解經，調停二說，無所可否。而考其所道者，則宗周子二書，
> 以靜為聖人之本，吾不能無疑也。今夫觀天地萬物之象，凡其
> 功用之粲然可見者，則可驗之於動。而至於靜，則萬物歸一，
> 無復所見。……王氏之說，較諸《象》之本旨，其相差迄，豈
> 止冰炭黑白之異已哉？此乃學問之大關鍵，邪正純駁之所由而
> 判。於是一差，凡百修行，皆隨乖張，不可不辨焉。[23]

東涯以如此悍然態度力駁王弼主靜之說，也蘊涵了對周敦頤和朱熹的排
斥，對於內藏道家成分的兩人絲毫不肯妥協。當然，周敦頤談的「靜」
與王弼談的「靜」不會是同一回事，我們也不宜忽略周敦頤的儒家認
同，故東涯基於反宋學態度而作的此等描述，可再商榷。不過重點在
於，程頤以「動」為天地萬物創生之象徵，在東涯而言則為「學問之
大關鍵」，也就是儒家義理解《易》的本質所在。這不僅是對仁齋學說
的繼承，也是對程頤儒家《易》學的貫徹。此外，對《周易》此處詮釋
的相關思想，也涉及仁齋東涯的古學派形上學，對此將於下一章另作探
討。

　　總而言之，東涯《易》學的首要性質是對仁齋之學的繼承，這一
點無庸置疑。而所謂對仁齋的繼承，在解經方法上，又可擴充為對程頤
《易程傳》義理解《易》模式的延續。究其背後緣由，無非是為了貫徹
孔孟之儒學，而著眼於平易親切的人事之教，專注於人倫日用上，對於
思想推闡頗有助益。另一方面，不論是《易程傳》還是《易經古義》，

23　伊藤東涯：《周易經翼通解》卷七，頁 6-7。

皆未註解完《周易》全書，而這樣的工作則在東涯手上予以完成。也因此，《周易經翼通解》才會被視作古學派治《易》的代表之作，不僅總結了東涯個人的《易》學大要，也體現了古學派的儒學立場，而成為江戶時代的代表《易》註之一。

二、對象數研究有所顧及

在上述的探討中，從仁齋的「區區象數之學，皆旁蹊邪出，袪之可矣」這句話，可以看到他貶抑象數的態度，也正因如此，才使其只取《易程傳》這本儒家義理《易》之代表。而程頤也確實表現出不以象數為重的想法，例如他曾說：

> 謂義起於數則非也。有理而後有象，有象而後有數。《易》因象以明理，由象而知數。得其義，則象數在其中矣。必欲窮象之隱微，盡數之毫忽，乃尋流逐末，術家之所尚，非儒者之所務也。管輅、郭璞之徒是也。理無形也，故因象以明理。理既見乎辭矣，則可由辭以觀象。故曰：得其義，則象數在其中矣。[24]

眾所皆知，程頤所重視者，為卦爻辭背後之「理」，也就是「至微者理也，至著者象也。體用一源，顯微無間」[25] 中佔有本體地位的「理」。把握此理，則相關之象數自然明白，不需特地單以象數為研究對象，否則將有捨本逐末之嫌，這也是他貶抑管輅（209-256）與郭璞（276-324），而又說「術家之所尚，非儒者之所務」的原因。

東涯在《周易經翼通解》中，則仍然展現了有關象數的觸及。東所於該書序文中說：「卦變及正策、餘策，宋儒有說。先考特發明原旨，

24　程頤：〈答張閎中書〉，《河南程氏文集》卷九，收入《二程集》，頁 615。
25　程頤：《易程傳》，頁 689。

各詳本書。」[26] 確實東涯在書中，仍然針對卦變和筮法這些象數問題作出個人見解，而非完全不涉及之。

首先關於卦變說，此乃朱熹用以解釋《彖傳》中的「往」「來」之義而運用的《易》例。於《周易本義》所附的《卦變圖》中，謂一陰一陽之卦皆自復、姤而來，二陰二陽之卦皆自臨、遯而來，三陰三陽之卦皆自泰、否而來，四陰四陽之卦皆自大壯、觀而來，五陰五陽之卦皆自夬、剝而來。雖然他也說此「蓋《易》中之一義，非畫卦作《易》之本也」[27]，然儘管如此，關鍵在於其認為《彖傳》所講之「往」「來」即指卦變，並以之解經，則表示他肯定卦變概念為《彖傳》之本。而《彖傳》之「往」「來」亦有據卦辭之「往」「來」而發揮者，故終究與其認知的《易》之本義脫不了關係。但很明顯地可以看出，卦變說中決定由何卦擔任卦變來源的理由，實奠基於十二消息卦的理論，因此亦不免流於穿鑿，絕非《易傳》固有之《易》例。且一陰一陽與五陰五陽、二陰二陽與四陰四陽實屬於相同之卦形結構，謂其自不同卦而來，過於牽強，這些都是朱熹卦變說理論的缺陷。東涯即不採朱熹之解，而將「卦變」之義理解為：

> 程子謂六十四卦皆自乾坤而變，朱子謂六十四卦互相往來，以兩卦陰陽二爻換位而言，其說本李之才〈六十四卦生圖〉。元劉呆齋是程子說。予則嘗妄意：六十四卦之序，自乾至未濟，皆二卦反對相竝以敘。《彖》言卦變，皆兩卦反對中，自相往來耳。假如隨自蠱來，蠱自隨來；泰自否來，否自泰來。剛柔二爻，或自內往外，或自外來內，《彖》每由此取義。後閱明來知德《易》解，適與予說符，謂之卦綜，取錯綜之義也。嗣得曹學佺《可說》、鄒德溥《易會》，亦皆取來註。人之所見，

26 伊藤東所：〈周易經翼通解序〉，頁 3。
27 朱熹：《周易本義》，頁 22。

或偶相會，固不分古今彼此也。[28]

東涯認為二二相耦對反的卦序排列，即是往來之義，意指該爻自其反對卦而來。其後發現來知德（1526-1604）《周易集註》之相綜說與己不謀而合，便更具信心。換言之，即不採朱熹之卦變說。卦變之意，是否須以來知德與東涯之說為準，姑且不論，然而東涯與之相關的，對卦序的理解，實可呼應孔穎達（574-648）已指出的「二二相耦，非覆即變」規律，有其理據。

而在筮法問題上，東涯亦於〈釋例〉中說：

七八九六之數，本起于蓍策。大衍之數五十，其用四十九，左右平分，三變之後，四揲所得者，其別凡四，是為正策……其掛扐之策，少陽則二十一策，少陰則十七策，老陽則十三策，老陰則二十五策，是為餘策，《繫辭》所謂「歸餘於扐，以象閏者」是也……《本義》以掛扐為正策，而四揲為餘策。然《繫詞》以四揲比四時，掛扐為閏餘，且舉乾坤全策，亦計二老四揲之策，曰三百六十，則知古者以四揲為正策也。朱子蓋據《河圖》《洛書》，故不為七八九六之數，出于蓍策，唯當考《繫詞》取證焉。[29]

在註解《繫辭傳》「大衍之數」部分時，也強調：

古者之法，以今所謂過揲者為正策，而掛扐者為餘策也。而數乾坤二篇之策，亦據過揲之數而言，則益可證也。漢唐諸儒及邵康節亦因其法。《啟蒙》筮法則以掛扐為正策，而四揲為餘

28　伊藤東涯：〈周易經翼通解釋例〉，頁 10-11。另，屈萬里（1907-1979）亦從來知德之說，而謂《象傳》之「往」「來」係指反對卦而言。見屈萬里：《先秦漢魏易例述評》，收入《屈萬里先生全集》第八冊（臺北：聯經出版事業公司，1984年），頁 1-3。

29　伊藤東涯：〈周易經翼通解釋例〉，頁 11-12。

策，豈因以《河圖》《洛書》為倚數之原乎？[30]

縱觀朱熹於《周易本義》所言之〈筮儀〉部分，確實不談四揲（朱熹稱為過揲）與七、八、九、六之間的關係。東涯指出此乃朱熹宥於對《河圖》《洛書》之見，認為其數出於《河圖》之四方位，進而採取與朱熹相反的作法，主張應以四揲所得者為正策，除以四之後正為七、八、九、六。王鑫曾指出東涯此說係繼承漢唐以來之觀點，且與《繫辭傳》相符。[31]觀乎東涯所論，確實如此。

　　以上分別觀察了東涯於《周易經翼通解》中涉及的卦變說與正策、餘策說，可以看到他在這些問題上反對朱熹的論點，從而經過考證工作後提出己見。而比起其中所蘊涵的，與朱子學有異的古學派立場，更重要的是這些表現乃東涯對象數之學的投入。與仁齋所言之「區區象數之學，皆旁蹊邪出」合併觀之，則當如何理解此中之態度差異？

　　王鑫基於東涯的這些表現，形容其原因在於「崇義理而不廢卜筮」，有以此與斥卜筮的仁齋相對之意。而其之所以作出此論斷的緣故，另基於東涯於〈釋例〉中的如下之言：

> 《易》本卜筮之書，非教法之典。故諸爻每言吉凶利不利，使人就利而遠害，然亦非不問是非，而唯利是擇……所謂與人子言依於孝，與人弟言依於順，與人臣言依於忠之類耳，此《易》之道也。但上世典籍罕少，而教戒未詳，故當時之人，有事則卜以決嫌疑，無事則玩以習義理。夫子已前，從來有此二端……夫子曰「加我數年，五十以學《易》，可以無大過矣」，則以為義理之書，蓋從其可從云爾，非到夫子始移卜筮之書，以為教法之典也。[32]

30　伊藤東涯：《周易經翼通解》卷十七，頁20。

31　詳見王鑫：《日本近世易學研究》，頁86。

32　伊藤東涯：〈周易經翼通解釋例〉，頁1。

也就是說，東涯肯定卜筮原即《周易》之一部分，且仍含有義理上的價值，故可供人在有事詢問或無事涵養時參考。王鑫也據此說明此乃仁齋與東涯之異，以及東涯鑽研象數問題的原因。[33] 但筆者認為，是否可以如此論斷，尚有可繼續探討的空間。

關鍵在於東涯這段談論「《易》本卜筮之書，非教法之典」的文字，事實上正是在申述「古《易》有卜筮義理兩端」的道理，此思想係承自仁齋。從前面部分的引文中已可看到仁齋有關古《易》之兩端的想法，也就是區分屬於儒家者言，傳承孔門之教的《彖傳》、《象傳》、《文言傳》，以及雜有卜筮家者言的《繫辭傳》、《說卦傳》等部分。但是根據「《十翼》非孔子作」這個命題，則應當認為，仁齋所言之古《易》兩端之義理《易》，係產生於孔子立教以後。在這一問題上，東涯與仁齋之間的最大差異，在於他主張義理《易》在孔子之前即已存在。孔子並非義理《易》的開創者，而是確立其獨立於卜筮的詮釋者。順此，我們可以將東涯所指涉的義理《易》，理解為一種從卜筮結果，或是卦爻辭本身中能夠觀察到的先民智慧。其中未必有高深的理論架構或是嚴謹精確的詞語使用，但已足以讓人摸索出一套行事規律，體察其中的警戒義涵，並在平日閱讀時獲得啟示。而《周易》的這種性質，與其作為卜筮工具的地位並行，是為古《易》之兩端。

然而，是否可以據此斷定東涯不廢卜筮呢？必須注意的是，仁齋與東涯皆不否認《周易》在上古時原先乃作為卜筮之書而存在，東涯亦承認《周易本義》的相關論斷「得其原旨」。只不過這是基於歷史事實而論，不代表其中賦予了價值上的正面判準。而在上述東涯之言中，可以看到卜筮被解釋為教戒未詳的時代所應運而生的決策工具。而真正為其所重視者，仍是在卜筮之《易》中可得見的義理成分。東涯引《論語》之言，說明孔子之前，《周易》即已有義理元素，頗具說服力，這也才是該段引文之主旨。而另一方面，我們也不能忘記東涯所力陳的「萬世

33　見王鑫：《日本近世易學研究》，頁 78-79、81。

學者，遵夫子之道以為學，則當從《程傳》以義理觀《易》」，這正是最能代表其立場的表述。在仁齋與東涯的比較中，無法明顯地看到有關卜筮態度的不同。正如同仁齋一方面承認卜筮《易》的先在性，同時又予以排斥一般，我們也很難因為東涯的這種古《易》二端相關之言，便認為其不廢卜筮。而延續仁齋的態度，重義理輕卜筮，反而較能融貫於東涯的思想。

那麼，對於東涯的卜筮與象數研究，應當如何看待？這裡必須要考慮兩件事：第一，仁齋對象數的貶抑態度，東涯並未明確地提出相異意見；第二，《周易經翼通解》的解經模式，依然是依循《易程傳》，主義理不主象數。在此兩項前提之下，筆者認為，東涯顧及象數的原因，在於力圖對《周易》進行全方位的研究，基於《周易》乃理、象、辭、數等多種元素之結合，以及具有延續仁齋之學而完整地建構古學派之《易》學觀點的目標等等這些因素，而使其處理了這方面的議題。事實上，註解《周易》全書時，於《繫辭傳》中畢竟會遇到象數筮法相關部分。懷抱義理《易》立場的東涯對此有所探討，亦屬合理。總而言之，可以說東涯為了全面地顧及《易》學研究的各種面向，而留下對象數相關的看法。但就整體的學術性格來說，仍然可以說是重義理而輕象數、卜筮，這也可以說是古學派《易》學的基本立場。

三、對宋學元素予以批判

眾所皆知，古學派的一大特徵便是站在宋學的對立面開展其自身思想，主張回歸先秦時期的語境及孔孟原典，批判雜染佛老元素的宋學。仁齋雖推崇《易程傳》，但僅是著眼於其儒家義理《易》學的色彩，對於體用論之類的宋學重要元素則未予肯定。在東涯《周易經翼通解》中，自然也可看到這一面向。關於古學派在《易》學方面反對宋學的「理」概念，而提倡氣一元論的表現，將在下一章專門討論。這裡先就《周易經翼通解》中可見之批判宋學的重要部分作一介紹。

在〈釋例〉中，有一條言論是首先必須注意的：

> 稽《魯論》所載「子所雅言《詩》《書》」，乃曰「不學《詩》無以言」，又曰「人而不為《周南》《召南》，其猶正墻面而立也與」，其它言《詩》者最詳焉。至《易》則曰「加我數年」，則其事似緩……蓋古之《易》學，主是一經，猶漢儒專門之習。治《易》之至也，遂有見乎天地之閒，莫非斯《易》……猶《孝經》之主孝，《禮》家之專《禮》，各隨所見以立道……然則《易》之於聖人之教，特其一經耳。《詩》《書》且在其先，非可以此蔽聖人之全教也。況可於其上面駕無聲無臭之理，以為道之祖哉？[34]

即便東涯用心於治《易》，仍從經學史脈絡回歸古代學術環境，從而指出《周易》乃孔門之教的一部分，並非已窮盡所有儒家思想，甚至在《論語》中，《詩》《書》出現的比例也遠較《周易》為高。東涯強調這個來自經學史角度的《周易》定位，一方面是為了回到先秦時的傳統脈絡，另一方面則是為了反駁宋學高舉從《易》學中提煉出的「理」之概念，試圖統攝一切儒家之教的作法。在東涯看來，這不僅在形上學上無法令人接受，也不合孔門傳統。也就是說，即便《周易》可作為人事之教，仍不足以取代他經而概括一切規範，這也是東涯取消宋學之「理」的作法之一。

　　另外，《繫辭傳》中的「寂然不動，感而遂通天下之故」，在宋學中是本體論與心性論賴以發揮的重要思想依據。而東涯在此處的註解，正是其批判宋學的一大表現。首先，他註解曰：「蓍莢之未筮也，无思則无心矣，无為則无迹矣，故寂然不動，其宜若無所為。而及其既筮也，天下之事感而通之，各有所當，此至神之所為也。」[35] 這裡以《易》筮

34　伊藤東涯：〈周易經翼通解釋例〉，頁 4。
35　伊藤東涯：《周易經翼通解》卷十七，頁 22。

之功能來解釋，確實合乎《繫辭傳》原義，頗為得當。接著，他進一步
批判宋學說：

> 寂然感通之言，蓋言著之德至靜，而能告天下之吉凶。所謂
> 「易」者亦以著而言耳，非謂寂然不動之中，有一司契焉者，
> 能主感通之機也……後世以此狀人心之妙，以為體用之別，又
> 以談聖人之道，與佛氏之旨，較其得失，有寂感寂滅之論。考
> 《易》之本旨，則殊不然，學者須辨焉。[36]

面對宋學將「寂然不動，感而遂通」進行轉化性詮釋，進而建構其心性
論與形上學的作法，東涯批判其悖離《周易》原義，而又近於佛家者
言。當然，對於宋學近似佛學的論斷未必有效，但光以《周易》原文脈
絡來看，此處確實只以《易》筮本身為論述主軸。東涯藉由回歸經典原
義的方式，反對宋儒的解釋及思想發揮，以進行其批判宋學元素的工
作。這正是古學派的典型表現。

　　東涯另一批判宋學的重點，在於反對圖書之學。前面在談論東涯的
筮法論點時，已可見其不滿於朱熹據《河圖》而論筮數之說。他在註解
「河出圖，洛出書，聖人則之」時又如下言道：

> 所謂《河圖》《洛書》者，則漢唐註疏並不詳其為何物。今所
> 傳二圖，出于華山道士陳摶圖南，傳之邵子，而朱子用之以
> 解經。夫以今而視宋，則宋為古也。自羲、禹、周文之時而視
> 宋，則世之相後，不知幾千萬年。兩漢南北朝諸儒，俱不詳其
> 物，而晚出于唐宋之間，則固可疑也。考之於經，則周成王顧
> 命，《河圖》與天球列在東序，則其物儼在，尚傳當時，而夫
> 子與鳳鳥併言。此篇與《洛書》相敘，則知上世帝王首出之瑞
> 物，歷世寶傳，以鎮國家，如周鼎漢璽類耳。故夫子言之，

36　同上註，頁 23。

以寓聖王不興之嘆。此篇敘之，以應崇高富貴之語。《書》曰
「天乃錫禹洪範九疇，彝倫攸敘」，先儒以為《洛書》，不知
其實然否乎？吾意上世聖王之興，感蟲獸之靈異，象其文理，
因畫爻以教天下後世，神其事以為荷天之休命之所致，此篇所
敘是已。其所以則而象之者，後世不可得而詳也。學者當信其
信，而疑其疑，斯可矣。[37]

圖書之學作為象數《易》學發展的一種形式，在宋代影響至深，可以說
是宋代《易》學的主要特徵之一。東涯則指出，此為宋代時新出現的產
物，非自古相傳而於史有據者，不免流於附會。依東涯此言，則宋代
《易》學中的相關部分亦被予以否定。連帶的，採信圖書的朱熹《易》
學也在批判之列。此乃東涯透過《周易》而批判宋學的重要表現，蓋圖
書之學在清代，亦因非先秦儒家固有成分而受到攻擊，可以說東涯的此
番論點，實與之相呼應。

　　與圖書之學一同不為東涯所採的宋代《易》學元素，尚有邵雍
（1011-1077）的先天之說。在《周易經翼通解》註解《說卦傳》相關
段落時，對此多有所論：

凡卦有象有德，以準方位，以配四時，各系之辭，以斷吉凶。
此章取八卦之象，兩兩相對以為說耳，而不言方位何向，何以
知乾坤坎離之居四方，震巽艮兌之居四維，以為順逆耶？第六
章、第七章亦言八卦，兩兩相合為說，而其敘亦皆不同，且推
之卦爻象象之間，不見其有所成用，則知所謂先天圖者，據此
章構成方位，以推順逆，而非此章衍先天之圖以立說也。[38]

前章論八卦相錯之序，先儒以為先天之數。然此章承上章後天
卦位之後，而亦有其說，而其敘復不同。予故謂此唯論陰陽相

37　同上註，頁 27。
38　伊藤東涯：《周易經翼通解》卷十八，頁 29。

錯之義，隨意為序，不必符同，皆系後天之卦位，非言先天之數也。[39]

後世言八卦之序，必曰「乾兌離震巽坎艮坤」，云伏羲八卦之次，此自兩儀生四象，左陰而右陽，則積至三爻，其序自然如此，六十四卦亦然，即先天圖所列者也。此篇敍八卦，必曰「乾坤震巽坎離艮兌」，此以父母六子為敍，陰陽反對，兩兩相偶而言，先儒以為文王八卦之次。今觀六十四卦之序，始於乾坤而終於既濟未濟，亦皆反對相並。則八卦之敍，亦當以此為正。後世唯知有先天之敍，而不知有後天之敍，蓋亦自宋而下矣。[40]

此先天之學，乃邵雍個人之世界觀與數學派《易》學的具體表現，而所言之先天八卦方位，與《河圖》《洛書》一樣，皆為朱熹所接受，並列於《周易本義》之中。正由於此為邵雍所創，故東涯緊扣其與《說卦傳》後天八卦相異這一點，批判其無所根據，不合六十四卦之固有卦序規律。在東涯看來，這正是宋學帶給後世的負面影響之一，使得《周易》原有面貌受到掩蓋。站在古學派立場的東涯，自然認為有必要清除宋學這些於古無徵，徒使象數雜說滋蔓的成分，以還《周易》正宗之所在。

　　古學派不滿宋學之處，一般為人所熟知的，便是在理氣體用論[41]、心性工夫等疑參雜佛老之學的部分。而透過以上的觀察，可以看到一種古學派批判宋學的其他途徑，也就是反對圖書之學、先天之學這些宋

39　同上註，頁 31。

40　同上註，頁 33。

41　嚴格來說，「理氣論」與「體用論」並不完全等同，但若將體用論看作一種思維模式，則亦可說宋學使用體用論的架構來陳述其理氣觀，建立「然——所以然」之分，兩者具有同構性。可參考楊儒賓：《異議的意義——近世東亞的反理學思潮》（臺北：國立臺灣大學出版中心，2012 年），第二章〈從體用論到相偶論〉，頁 37-83。

《易》中重要元素的合理性。而這同樣也是東涯透過《周易經翼通解》之撰作，建立古學派《易》學完整規模工作的一部分。眾所皆知，朱熹《易》學乃兼含理、象、數、辭各方面的體系性探討，而正如其在《周易本義・周易五贊・原象》中所說的：「邵傳義畫，程演周經。象陳數列，言盡理得。」[42] 邵雍的先天之學與程頤的義理解經，乃至於圖書之學，共同構成朱熹思想的來源，而形成象、數、理彼此交織的結構。就此角度而言，東涯對宋《易》元素的批判，一方面是《周易》詮釋問題，另一方面則同時觸及到朱熹「理」之思想的結構，實與古學派的學術性格相呼應。

　　而縱觀《周易經翼通解》的這些表現，可以看到東涯立基於《易程傳》的義理《易》學性質進行解經，而又試圖站在經學史的脈絡下，深入《周易》之發展，以歷史還原的方式清除宋《易》元素，形成樸實而穩健的態度。這些作法使得《周易經翼通解》呈現出一種嚴正平順的風格。即便因繼承仁齋之學的目標使然，而限制了東涯的獨立性，但就全書整體表現來看，亦以此嚴正平順之風而不失參考價值，足以成為江戶時代《易》註代表之一，以及對古學派的重要研究材料。

第二節　太宰春臺與《周易反正》

　　太宰春臺，名純，字德夫，號春臺，又號紫芝園，延寶八年（1680）生於信濃國飯田藩（今長野縣飯田市）的武士家庭。九歲時因其父與人發生爭執，被剝奪武士階級，全家至江戶過浪人生活。春臺十五歲起仕於出石藩（今兵庫縣豐岡市），十七歲時，於江戶從中野撝謙（1667-1720）習朱子學。因決意致仕，得罪出石藩主，而於二十一歲後的十年間輾轉徙於京都、大阪一帶，不得仕於他藩。其後返回江戶，三十二歲時與荻生徂徠會面，並入其門下。徂徠後學分為詩學與

42　朱熹：《周易本義》，頁 3。

經學兩派，而以前者為大宗。詩學代表為服部南郭（1683-1759），經
學代表即為春臺。春臺於當時亦為一名儒，對徂徠學既有繼承亦有批
判。其後半生出仕時間極少，以普通學者的身分渡過餘生，於延享四年
（1747）去世。主要的著作有闡述其政治思想的《經濟錄》、表達儒學
思想的《聖學問答》、《辨道書》、批評當時日本儒者風尚的《斥非》。與
《易》學相關者有《易占要略》、《易道撥亂》、《周易反正》。其他經學
類著作則有《論語古訓》、《詩書古傳》、《朱子詩傳膏肓》、《古文孝經正
文》、《春秋三家異同》、《春秋擬釋例》、《春秋曆》等。另有文集《紫芝
園漫筆》、《紫芝園前稿》、《紫芝園後稿》等。

春臺個性剛毅嚴峻，《先哲叢談》載：

> 春臺善吹笛。當是時，東叡法王好音律，聞春臺妙于音，嘗遣
> 使召之。春臺辭曰：「余儒生也，若以儒被召則不俟駕。以其
> 私嗜末技，為王門伶人，余不欲也。」自此終不復吹笛。[43]

春臺以儒者自任，而不肯屈就而應召表演吹笛，甚至寧願終身放棄此一
興趣，可見其堅持。又批評徂徠門風曰：

> 蓋先生之志在進取，故其取人以才，不以德行，二三門生亦習
> 聞其說，不屑德行，唯文學是稱。是以徂徠之門，多跅弛之
> 士。及其成才也，特不過文人而已，其教然也。外人既以是譏
> 先生，純亦嘗竊不滿先生，此先生之所以難肋視純也。[44]

可知春臺在徂徠門中實為少數重德行之人。此剛毅之性與自我要求，與
其偏好經學的學術傾向，當有互為表裡的關係。或許可以說，春臺習儒
學，同時也是儒學道德的實踐者。儘管其門流在徂徠後學中屬於少數，
但實較能發揚儒學修己立人之價值。以下就《周易反正》的重要特徵進

43　原念齋：《先哲叢談》，頁 382。
44　同上註，頁 390-391。

行探討。

一、以經世之用的本質重論古《易》

　　《周易反正》成於延享二年（1745），全書共十二卷，前兩卷為上下經註釋，後十卷則分別註釋《十翼》,《繫辭傳》的分章排列方式依程朱所訂之版本。很明顯地，春臺將經傳分開的作法，表達了強烈的復古傾向。眾所周知，現今通行本《周易》的型態奠定於王弼《周易注》，在此之前，相傳歷經費直與鄭玄（127-200）將《彖傳》、《大象傳》、《小象傳》分附於各卦之下的過程，王弼、孔穎達、程頤等重要註釋者皆從之。至晁說之（1059-1129）則試圖恢復古本原貌，作《錄古周易》八卷，經一傳七。呂祖謙（1137-1181）則又將經文與《彖》、《象》、《繫辭》分上下，而成十二卷《古周易》，朱熹《周易本義》從之。春臺《周易反正》亦跟隨呂朱二人的作法，認為「《易》始復孔子之舊云」，又說：

> 夫《彖》《象》傳雖釋經，然各自成篇，不可分附每卦之下。
> 況《象傳》通六爻協韻，何可分附六爻經辭之下手？鄭玄之
> 妄，一至於此……然則晁呂二氏，於《易》有功，豈不大哉？
> 朱熹從之是也，故純今一從朱氏之本云。[45]

可知春臺認為應以古本看待《周易》。在此，「復孔子之舊」成為春臺一大目標。這表明了春臺對《周易》的基本態度，而又與《周易反正》之成書企圖有密切關係。春臺在其〈序〉中說：

> 自馬、鄭以下，註《易》者蓋數十家，要之皆未得仲尼之指，
> 唯王輔嗣較近之，而其病在好虛无。朱仲晦頗得之，而其病在

言理氣。旦其所著《啟蒙》者，牽合附會，大亂《易》道。
純為是嘗著《易道撥亂》……或曰：「既已撥亂，盍遂反諸
正？」予答曰：「然。」……自甲子之秋起，至乙丑之冬卒
業……前已撥亂，故因名之曰《周易反正》云爾。[46]

也就是說《周易反正》乃承春臺另一《易》著《易道撥亂》而成。故在
此須先介紹《易道撥亂》，以明春臺所欲撥亂反正者為何。

《易道撥亂》仿朱熹《易學啟蒙》，內含〈本圖書〉、〈原卦畫〉、
〈明蓍策〉、〈考變占〉四文，可見其係針對朱熹的象數看法。關於其重
視象數問題乃至於特地著書駁《周易啟蒙》的核心意圖，可見全書冒頭
處所言：

夫《易》之道在象數，明於象數，然後可以言《易》也。孔
子作《十翼》以贊《易》，其要在象數……東漢之末，諸儒輩
起，人自為說，而專門廢……而象數之學，僅存於卜筮家，則
如魏管公明、晉郭景純，得其遺法者也。[47]

這裡的主張與上述仁齋東涯之說完全相反，以《十翼》為孔子所作，而
又據之以重象數。關於所謂的《易》道，他又說：

夫《易》自有《易》之道，與他經異……晦菴乃常道視之，且
專以理氣心性說之，所以謬也。夫孔氏之《易》亡於漢，而後
世無傳。則其書雖存，一亂於晉人，再亂於宋人。其象數之
說，卜筮家所傳，往往附會以陰陽雜說，則亦非其正也。晦菴
在宋人之中，獨能究象數之原……惜也義理之學……駸駸馳騁
乎理氣心性之場，無有反期，天也奈何？[48]

46　太宰春臺：《周易反正·序》。
47　太宰春臺：《易道撥亂》，收入關儀一郎編：《日本儒林叢書》第五冊，頁1。
48　同上註，頁2。

也就是說，春臺認為《周易》的本來面貌在於象數，而後世的卜筮家附會許多雜說、晉代以《周易》為三玄之一、宋代以之談理學，皆非《周易》之道。他追尋的是經傳中的象數，主張回歸於此孔子之傳統。這也表示春臺所重之象數，不僅指漢人所習者，最主要是以經傳內容為主，並切合今已不傳的《左傳》、《國語》所見筮法之古代象數。[49]

　　春臺認為陰陽二元對立統一乃是世間之規律，《周易》之重要性在於揭示此陰陽之道，故其肯定含有天地之數、陰陽對稱涵義的《河圖》，而又認為其與屬於奇數，與《周易》數論相異的《洛書》為不同系統，批評朱熹將兩者相通，又附會於卦畫，乃是其個人一己私見。《易道撥亂》中的質疑之言，大抵針對《易學啟蒙》而發，僅認同其試圖復原古筮法。然春臺認為二、三、四爻變等情況下，應以象為占，於卦爻辭僅取其吉凶悔吝之斷辭，此是與朱熹不同處。其理由在於「晦菴欲專以卦爻辭為占。夫人事無窮，而辭有所局，何能盡人事之變」[50]，故又別立新解，以為此方為古法。

　　春臺所屬之徂徠學派，或曰古文辭學派，即以批判宋學為特徵，目的在恢復先王之古道。春臺認同《周易》本質為卜筮之書，以卜筮與象數的角度研究《周易》，方能得其本旨。而《易道撥亂》所欲撥之亂，乃春臺眼中不合古道的朱熹《易》學中的象數解釋。至於其他未如朱熹一般肯定《周易》卜筮本質者，更不足論。春臺以《周易》之最原始面貌為貴，這些態度也延續到《周易反正》中。對春臺而言，此《周易》古義之意義為：

予竊以為漢儒如焦延壽、張君明，皆以占卦著名……漢人所為

49　關於《易道撥亂》內容的進一步探討，可見王鑫：《日本近世易學研究》，頁108-111。

50　太宰春臺：《易道撥亂》，頁8。然朱熹對於有限之卦爻辭如何對應無限之情境，自有其「楷實待虛」之理論來說明。春臺此評是否真能成立，其筮法又是否較有根據，恐不無疑問。關於朱熹相關思想之分析，詳見朱伯崑：《易學哲學史》第二卷，頁487-497。

者，大抵占卦之術也可知矣。夫漢人所為既已如此，而漢人之
學傳自仲尼，則孔氏之《易》以占卦為其道也，亦可知矣。今
考之《大傳》、《繫辭》，言占卦之義；《說卦》言占卦之用，則
仲尼所傳，其要在斯亦明矣。夫《周官》太卜占人筮人所掌，
今固不可知其何事，然要之，不過使民信時日，敬鬼神，決嫌
疑，定猶豫也可知已。觀夫《左氏》所記，當時史氏，以《周
易》筮者斷其事之吉凶，皆非後事為《易》者所能知，則古人
為《易》，特以供占筮之用也，蓋可見矣。由此觀之，仲尼之
所授，商瞿之所受，以傳後人，而漢儒之所稱孔氏之《易》
者，唯是物也的矣。……後之學者，不復知《易》之所以列於
六藝，而為經世之用，此《易》道之一厄也。[51]

春臺意在追尋孔子所傳之《易》，也就是傳自上古的卜筮之《易》。「使
民信時日，敬鬼神，決嫌疑，定猶豫」，這些是卜筮的功能，也就是
「經世之用」。這裡顯示出其與仁齋、東涯的一大不同，事實上春臺也
曾因此批評仁齋之說。其作品《斥非》中附有數篇短文，他在其中的
〈讀仁齋易經古義〉中說：

原佐（按：指仁齋）云「學問主義，卜筮主利」，又云「有疑
則須卜筮，不疑則詎卜筮」。夫君子固當知義，小人豈知義而
不惑哉？君子動民使眾，己縱不疑，安可使眾心不懷疑哉？卜
筮者，君子之所以決嫌疑，定猶豫也，所以一眾心也。雖以原
佐之好義，果能使其家人子女奴婢，皆知義而不疑其所為乎？
此決不可能之事也，況行大事，役大眾乎？苟非奉鬼神、假龜
筮，而何以一眾心，使毋貳乎？……君子舉大事，焉得廢鬼神
卜筮哉？原佐之道，僅足獨善其身而已，何能治民？[52]

51　太宰春臺：《周易反正‧凡例》。
52　太宰春臺：《斥非‧附錄‧讀仁齋易經古義》，收入賴惟勤（1922-1999）校注：

也正因為春臺著眼於《周易》卜筮面向的經世之用，而使其對仁齋進行激烈抨擊。從這段話可以充分看出，春臺如何強調經世上實踐的可能性，以此來反對仁齋之學中，卜筮義理二分的《易》學架構。

　　然而重要的是，卜筮本身並非終極目的，通過卜筮來省察陰陽變化之規律，才是其價值所在。春臺認為：

> 蓋《易》是陰陽變化之道，聖人設卦爻以象之，繫辭以明其義。君子順之則吉，違之則凶。揲蓍以占，所以審違順之道也。卦爻之辭，特言《易》道而已，何言占哉？君子苟明象與辭，則雖不占而吉凶可知矣。……予今於卦爻，雖取《本義》，其言占者，敢犯僭妄之罪，削之改之，庶幾弗叛《易》道耳。53

儘管春臺認定《周易》本質與卜筮有關，但此關聯性並不代表卜筮即可窮盡所謂的《易》道。春臺多所強調「《易》是陰陽變化之道」，也就是天地間自然的規律。人們行事亦須以之為則。卜筮乃是為了「決嫌疑，定猶豫」，為了掌握《易》道而存在，而非本身為第一義。換言之，真正最為春臺所重視的，是卜筮背後與《易》道相關的「經世之用」，此亦為經書之價值所在，而這種想法顯現出承自徂徠思想的痕跡。春臺自述《周易反正》成書經過時說：

> 予自弱冠讀《易》，而服朱氏《本義》之精。後忽生疑，而求所以釋之者有年矣。及見徂徠先生，而問以所疑，且質以管見，則大有所發明焉。退而沉思，參伍考索，積疑漸釋。54

在陳述陰陽作為《周易》思想主軸時，又說：

《徂徠學派》，《日本思想大系》第三十七卷（東京：岩波書店，1972 年），頁425-426。

53　太宰春臺：《周易反正・凡例》。

54　太宰春臺：《周易反正・序》。

《易》之所謂道者，陰陽變化之道也。陰陽變化者，天地萬物
之消息盈虛，往來消長皆是也。故《繫辭》曰「一陰一陽之
謂道」。先王作禮樂以經天下，必取則於此。若違《易》道，
則小事尚不行，況天下國家之事乎？《易》之所以列於六藝，
而為經世之具，是之以也。自漢魏以來，儒者不知之，率以為
常行之道，《易》之所以不明也。此吾先師所發明，實度越古
人。學《易》之徒，不可不知也。[55]

此處說明陰陽為天地萬物之規律，先王制禮作樂時則之，故《周易》乃
經世之書，並強調此思想承自徂徠。

　　關於徂徠對六經的態度，他所說的「孔子之道，先王之道也。先
王之道，安天下之道也……六經即先王之道也」[56]，已然是眾所皆知的
代表言論。將六經以政治功能之定位來理解的作法，乃春臺思想之來
源。[57] 在卜筮價值方面，徂徠認為「凡天下之事，人力居其半，而天意
居其半焉。人力之所能，人能知之；而天意所在，則不能知之。不知則
疑，疑則怠而不勤。怠而不勤，則併其人力不用之，事之所以壞也。
故聖人作卜筮，以稽其疑，藉是而人得知夫天意所在」[58]，從此論點也

55　太宰春臺：《周易反正‧凡例》。
56　荻生徂徠：《辨道》，收入吉川幸次郎（1904-1980）、丸山真男（1914-1996）、西
　　田太一郎（1910-1982）、辻達也校注：《荻生徂徠》，《日本思想大系》第三十六卷
　　（東京：岩波書店，1973 年），頁 200。
57　王鑫在說明徂徠與春臺之繼承關係時，認為徂徠思想中，「古文辭成為了六經通向
　　聖人之道的一個不可忽略的環節」，而春臺肯定六經的政治性功能，則是「在某
　　種程度上越過了古文辭，使得六經與先王之道能夠直接相聯，不須經由古文辭而
　　發揮其平治天下的功用」，見《日本近世易學研究》，頁 115。然筆者認為，此見
　　解恐怕無法成立，箇中原由在於王鑫或許對「古文辭」在徂徠學中的定位有所誤
　　解，而在其引用的徂徠之言中，也看不出此推論的有效性。比較恰當的理解方式
　　是，六經在徂徠學中，正是先王之道的承載者，而古文辭則是六經的表現方式。
　　後人距離六經成立之時已遠，不識古文辭則無法正確解讀六經，這也是徂徠對之
　　加以提倡的原因。而就六經與先王之道之間的關係而言，徂徠與春臺的看法並無
　　差異，可以說春臺確實是在這方面完全繼承徂徠思想的。
58　荻生徂徠：《辨名》下，收入《荻生徂徠》，《日本思想大系》第三十六卷，頁

可看出春臺接受卜筮作為《周易》之用，係其來有自。徂徠雖無以《周易》為主題之著作，但絕不代表其在《易》學方面無所影響。春臺之《周易反正》便為其成果。也因此，《周易反正》正是代表古文辭學派解《易》觀點的重要材料。

而另一問題在於，春臺於《易》既已以古為貴，而重象數，卻又言「唯王輔嗣較近之」，不免啟人疑竇。事實上，春臺雖不滿王弼援《老》入《易》而亂孔門本旨，但又肯定王弼據以進行義理解《易》之《易》例，說「王氏《周易略例》，於《易》多所發明，學《易》者不可不讀也」[59]，這更說明了，春臺所謂之重象數，其目標不是如同漢代象數《易》一般的推象通辭而已，而是背後仍然有其義理關懷，也就是如何掌握《易》道，體察陰陽之變化以為人事之用。馬融、鄭玄以下之註皆未為春臺所接受，也表示春臺所重之學亦非李鼎祚《周易集解》的東漢末至魏晉之「康成之逸象」。所以言重象數，係由肯定六經之政治功能、認同《十翼》為孔子之作、以復古為是等前提交織而成。[60] 而肯定漢儒之《易》，也不過是因為其去古未遠而已。

在此，中國《易》學的象數義理兩派之分不全然適用。就春臺，或是說以徂徠為代表的古文辭學派而言，此時的象數，仍然是為了切合義理，但並非王弼的道家玄理與朱熹的心性之理，而是徂徠學中重視秩

234。

59　太宰春臺：《周易反正・凡例》。

60　相較於歐陽脩（1007-1072）與仁齋東涯父子舉出多項論證批判《十翼》出於孔子之說，春臺在《周易反正》中僅表示不同意，但未提出理據。而他在〈讀仁齋易經古義〉中則說：「《十翼》者，孔子所述。自漢以來，先儒所傳，無可議者也。歐陽永叔始立異見，以為非孔子所述，原佐依之。夫《易》自一道，與他經異，豈可概論哉？此則原佐所不知也。《傳》稱孔子贊《易》，《十翼》之謂也。若以《十翼》為非孔子所述，則所謂贊《易》者，果何物也哉？且《十翼》文辭，若非孔子為之，孰能為之者？豈除孔子外，別有聖人歟？何其人名泯滅而不傳乎？」見太宰春臺：《斥非・附錄・讀仁齋易經古義》，頁426。然縱觀其說，未有堅強理證，不得不說孔子作《十翼》這個說法對春臺而言已是獨斷的基本信念，故以之證成孔子傳象數《易》的作法也恐未見圓滿。

序穩定，遵循先王所定的禮樂刑政這樣的經世之理，也就是春臺所尊之古。真正的「古」，並非卜筮與象數本身，而是背後掌握陰陽變化自然規律而行的安天下之道。卜筮與象數的合法性，不僅是建立在時間發展序列的「古」上，更重要的是為了切合古文辭學派所認定的六經之政治本位。這也就是春臺何以會認為漢以下無人得孔子傳《易》之旨、晉人宋人皆亂《易》道的緣故。春臺的這些論證當然有在歷史上過於跳躍或是想當然耳之處，不過在此先將重點放在其身為古文辭學派經學大將而抱持的觀點上，從而認識《周易反正》對《周易》的基本態度。

二、以王弼、朱熹的模式解釋辭義

吳偉明對《周易反正》的說明是「重組漢注的野心之作……利用文字訓詁去恢復漢注的做法與清中葉考據學不謀而合」[61]，並將其與惠棟（1697-1758）等清人《易》學者之傾向相提並論。濱久雄也認為春臺將漢代象數《易》奉為金科玉律，展現在《周易反正》中。[62] 事實上此種判斷是否合乎該書性質，仍可繼續討論。

首先，經由上述探討，已知春臺真正所重者並非漢代象數《易》學中的推象通辭解經法。春臺心中自有以經傳為依據的復古傾向，與漢代《易》學仍有差距。雖然與惠棟等人之漢學同樣以古為重，但對待漢註的態度實有不同。春臺自言其解經方式曰：

> 要之《易》難知也，所以古今无明解也。純今著註義，專以《易》道解辭義。註疏及《本義》有可取者則取之，雖不失辭義，而其語有病者則不取，恐叛《易》道而誤學者也。其餘則錄純所聞於師，及千慮之一得而已。[63]

61　吳偉明：《易學對德川日本的影響》，頁33。

62　詳見濱久雄：〈太宰春台の易學思想〉，頁2。

63　太宰春臺：《周易反正・凡例》。

　　如前所述，所謂的《易》道指天地間陰陽變化之規律，透過卜筮與象數來掌握之，以為人事之則。此外，春臺解經時所參考的主要對象為王、孔、朱之註，以及徂徠之觀點。換言之，比起恢復漢註，不如說是綜合王、朱之解再稍作修正而成，終究是偏向義理解《易》的成分較多一些。在前一節中，已以乾卦九五爻辭為例而觀察東涯之解。現同樣來看春臺於此處所作之說明：

> 陽剛得尊位，飛龍在天之象。在人以聖人之德，在天子之位也。利見大人者，亦言時所利也。大人亦即指本爻而言，所謂聖人作而萬物覩者也。[64]

很明顯地，此處春臺之解與朱熹之詮釋風格並無太大差異，事實上與王弼注亦不相悖，而與《周易集解》、《易漢學》中可見之漢《易》解法反倒不太相關。又例如比卦上六爻辭「比之无首，凶」處，春臺引述王弼與朱熹註釋後，說：「王朱二說不同，而其義皆通。王說較勝。」[65] 在此春臺並未說明為何王弼之說較優，但重點是其此處之解經，乃單純表達對王弼的認同。另外也有認為朱勝於王之例，如大過卦九二爻辭「枯楊生稊」的「稊」字，王、朱二解不同。春臺曰：「王、朱二義不同，未詳孰是。竊以經文云『生稊』觀之，朱說近之。」[66] 類似例子常見於《周易反正》中，反映了春臺對王、朱解卦爻辭之說的依賴。

　　前面曾經提到，春臺大力推崇《周易略例》中所言之《易》例。而《周易反正》對經文以及《彖傳》、《大象傳》、《小象傳》的註釋中，時常羅列王弼、孔穎達、朱熹等前人之說，再提出綜合性之補充，頗有依循前說而發揮之意，甚至不乏只引述王、朱等人之解而不加己見的例子。更重要的是，春臺所引用之前人《易》說，屬於漢代者也只有

64　太宰春臺：《周易反正・卷一・乾卦九五爻》。
65　太宰春臺：《周易反正・卷一・比卦上六爻》。
66　太宰春臺：《周易反正・卷一・大過卦九二爻》。

馬融、鄭玄、虞翻（164-233）、宋衷而已，且未必贊同[67]，相對於引用王、朱之解的次數亦極少，此外也僅是為參考其文字訓詁而非使用其解《易》之法，更顯得春臺用意與恢復漢註無涉。以上述引文來看，春臺所尊之「象」，指的乃是卦爻位與陰陽屬性呈現出一種整體傾向，而以卦爻辭表現出來的意象。這也本來就是以王弼為代表，著重《彖》《象》的義理《易》學解經方法，亦與朱熹《周易本義》類似，而非指漢代推象通辭，《說卦傳》不足則援逸象、上下體不足則發明卦變、互體、半象、納甲等《易傳》以外新例之象數《易》。

至於所謂的「利用文字訓詁」，在《周易反正》中表現的是說明文字字義，或參考《經典釋文》、《玉篇》、《廣韻》、《韻會》、博士家古註等，標明某字之反切。[68]然而，訓詁作法與魏晉以下義理解《易》並不衝突，王弼註《易》時即已根據字義為解，朱熹《本義》亦然，春臺不過從之。雖偶爾使用《說文解字》來解釋字義，也不等於漢代《易》註之解。至於標明反切的作法，筆者認為可能之來源有二：第一，相傳朱熹之孫朱鑑於《周易本義》中加上反切而流傳於後世。春臺早歲習《易》時乃依《本義》，故循該書之例而標明反切；第二，徂徠注重以漢語讀音讀經書的學習方式，此於上一章已有相關說明。春臺附反切以明漢語讀音的作法，應為對其師說之實踐。要言之，皆非與漢註相關。

當然，春臺另有基於文字訓詁而反對王、朱說法的表現。例如大有九四爻辭「匪其彭，无咎」，春臺即云：「《詩》有『行人彭彭』、『出車彭彭』之語，皆有壯盛之意。王弼依子夏讀為旁，皆失其義。」[69]亦即依循《易程傳》與《周易本義》，認為「彭」字為壯盛，《周易注》將此字解為「旁」則誤。另外，差異最大之一例，乃對於「貞」字之解。

67　例如小畜卦六四爻「有孚，血去惕出，无咎」處，春臺說「馬融云血當作恤，憂也，未知是否」，此更顯得春臺未必以漢註為是。見太宰春臺：《周易反正·卷一·小畜卦六四爻》。

68　詳見太宰春臺：《周易反正·凡例》。

69　太宰春臺：《周易反正·卷一·大有卦九四爻》。

《彖傳》和《小象傳》中常見以「正」釋「貞」之處，王弼、朱熹依此訓「貞」為「正」，即固守正道之義。對於《文言傳》的「貞固足以幹事」一句，朱熹解為「知正之所在而固守之」，《周易本義》中對於「貞」字的詮釋也可以這句話來貫串，唯巽卦上九爻辭之「貞凶」，《小象傳》云「正乎凶也」，朱熹解為「正乎凶也，言必凶」。[70] 徂徠亦曾在《辨名》中釋此字，說：

> 貞者，存乎中者不變也……本在使人能勤其事不怠也……又如《傳》多訓「貞」為「正」者，本謂位當為正……然物與位不當，必至於失其性，失性則變，不得為貞，是訓「貞」為「正」之義也。志不挫則百事皆可成，故《文言》曰「貞固足以幹事」……貞或以為不變，或以為當位，是《易》之不可為典要，所以與他書殊也。然至於後世儒者傅會以天道，又以仁義禮智配之，則牽強遷就，不成文意，妄意甚哉。[71]

在此，他認為「貞」有不變與當位二義。固然其解與王、朱未必相同，更反對《周易本義》中以仁義禮智分配元亨利貞的作法。但既然「不變」旨在勸人不怠而有恆，則與王、朱之解同樣帶有價值性涵義。春臺之解則大異其趣，於《周易反正》之〈凡例〉處特地說：

> 貞者，不變之義也。予聞諸先師，此真卓識也。王弼訓以正，朱熹訓以正固，以是解利貞則可，至解貞吉、貞凶、貞厲、貞吝則不可。貞吉之貞，猶可訓正，貞凶、貞厲、貞吝之貞，豈可訓正乎？朱概訓正，正吉則可說矣，正而凶、正而危、正而吝，不可說也，非天道也。夫君子何守？守正而已。苟守正而凶而危，非君子所懼也。守正而吝，非君子所羞也。《易》豈以此為戒哉？是為不通矣。予以為貞猶定也，必也。貞凶、貞

70　朱熹：《周易本義》，頁211。
71　荻生徂徠：《辨名》，頁234-235。

屬、貞吝之貞，並當以此解之。貞凶之貞既為定必之義，則貞
吉亦當用此訓。此予沉思所得也，不識先儒已知之否。[72]

值得注意的是，春臺選擇批判王、朱之解的理由，背後自有其道德要
求，頗有義命對揚之韻味。而朱熹對於貞凶、貞屬、貞吝等卦爻辭，自
有配合卦象而作的「雖正而凶」之解，表示外在環境之影響。春臺對此
認為不應在意，故放棄「正」之訓而解為「定」、「必」，也就是必然之
意。此解當然可以說與「不變」意有關，但比起徂徠原有的價值涵義，
春臺此解反而顯得較被動，成為全然的現況描述。他緊扣著巽卦上九爻
《小象傳》處的朱熹之解，而認定《周易》其他處之「貞」也應以必然
義解之。[73] 只有頤卦卦辭「貞吉，觀頤，自求口實」處，說：

> 《象傳》（按：應為《彖傳》）云：「頤，貞吉」，養正則吉也。
> 「觀頤」，觀其所養也。「自求口實」，觀其自養也。經旨甚
> 明，言養物自養，皆得正則吉也。此「貞吉」義與他卦爻
> 異。[74]

由於此處《彖傳》已明白以「正」作解，故春臺從之。另外，渙卦卦辭
「亨，王假有廟，利涉大川，利貞」處，春臺曰「渙散之時，凡事不可
不正，故曰利貞也」[75]，此處不知何故，又訓之以「正」。在《文言傳》
「貞者事之幹也」處，似乎近於徂徠之意。[76] 除此之外，於經文中凡遇
「貞」字處，春臺幾乎皆以「定也，必也」解之。相較於王、朱依《易
傳》而作「正」解，春臺以「定」、「必」解，乃其個人之見，雖脫胎於

72　太宰春臺：《周易反正・凡例》。
73　太宰春臺：《周易反正・卷六・巽卦上九爻小象傳》：「純謂此釋經『貞凶』。凡言
　　貞凶者，可以例推。」
74　太宰春臺：《周易反正・卷一・頤卦卦辭》。
75　太宰春臺：《周易反正・卷二・渙卦卦辭》。
76　太宰春臺：《周易反正・卷九・文言傳》：「貞謂不變也。天下之事，非貞不成，是
　　貞為事之幹也。」

徂徠，然終與其師相異。而這種差異的意義在於，其中顯示出春臺思想中帶有的一種宿命觀，而同時又可見其試圖以正面涵義來面對之。

　　然而整體而言，對於卦爻辭的解釋方法上，春臺畢竟還是相近於王、朱的，亦不見其使用惠棟《易漢學》所列《易》例來解經。儘管彼此背後的核心思想大不相同，導致春臺抨擊王、朱為「病在好虛无」、「病在言理氣」，但仍可同歸屬於義理解《易》之進路。確立《周易反正》此一性質，也就能呼應其認同王、朱二人之解近於《易》道的想法。春臺既看重《周易》的經世本質，自然便賦予其強烈的人事應用色彩。春臺在其代表著作《經濟錄》中的〈易道〉篇裡，將《周易》之重要性描述如下：

> 先王之天下，及於末世，政弊亦生，人世間亂臣賊子出，危及國家，卒起禍亂而至滅亡。是則陰陽消息之理，物極則變，有天地常數之故也。是則《易》道也。不學《易》，不能知此理。《易經》盡此理者也。治國家之人若不知此理，臨事而疑惑起，亦有大過，故聖人書之於《易經》，以示後人也。[77]

　　《周易》在春臺之政治思想中佔有如何重要之地位，於此可見。其在《周易反正》的〈凡例〉中再三強調《易》道，也正是其代表古文辭學派經學觀的政治思想優位性之展現。既然人事應用乃春臺之關懷所在，那麼最能直接展現《周易》此種性質的解經法，自然就是以王弼、朱熹等人所代表的義理解《易》，而非漢代納甲、飛伏、卦氣等方式，且與清代傾向漢《易》之考據學者自是大不相同。固然春臺之解《易》

77　太宰春臺：《經濟錄·易道》，收入賴惟勤校注：《徂徠學派》，頁44。原文：「先王ノ天下モ、末世二及テハ政二弊生ジ、人間二乱臣賊子モ出デ、国家ヲ危フシテ、卒二ハ禍乱起リテ滅亡スルニ至ル。是則陰陽消息ノ理ニテ、物極リテハ変ズル天地ノ常数有ル故也。是則易道也。此理ハ、易ヲ学バザレバ知ルコト能ハズ。易経ハ、此理ヲ尽シタル者也。国家ヲ治ル人此理ヲ知ラザレバ、事二臨テ疑惑起リ、大ナル過失モ有ル故二、聖人是ヲ易経二書シテ、後人ニ示シ玉ヘル也。」

目標與王、朱有異，但同樣以《彖》《象》為主來解釋卦象代表之情境，以釋卦爻辭吉凶之所由，指引人事的這一點，當為《周易反正》解經表現的一大特徵。故筆者認為，《周易反正》之性質定位，乃是綜合王、朱的義理解《易》。其解經方式，主要係踏襲傳統之注疏與程朱新註。

三、以時、數、陰陽的要素貫串《周易》

經由上述探討，已明白春臺強調《周易》經世之用的企圖心以及在解經方法上肯定王弼與朱熹，而貫串這些特質的關鍵字便是春臺屢屢言及的「《易》道」。接著便需進一步探討《易》道更具體的內容以及春臺據以解經時所顯現的與王、朱不同處。

關於春臺對於《易》道的重要說明，乃見於《經濟錄》的〈易道〉篇。從前述引文中，已可見春臺強調《易》道乃治國之人所必知之理，而他又說「《易》道大綱有三，一時也，二數也，三陰陽也」[78]，此則為《易》道之具體內容。對於此三者，春臺分別說明：

> 國有治亂，家有安危，人主有明暗，事勢有可不可，此等之類曰「時」。治國家者，當分別今時為何時，以行適宜其時之政。若不知時而施政，縱堯舜三王之道，亦與時齟齬，決不能行。《易》之六十四卦三百八十四爻，使人知此之教也。「時」之一字為《易經》之眼目，此義也。[79]

---

78 同上註，頁 37。原文：「易道ノ大綱三有リ。一ツニハ時也、二ツニハ数也、三ツニハ陰陽也。」

79 同上註。原文：「国ニ治亂有リ。家ニ安危有リ。人主ニ明暗有リ。事勢ニ可不可有リ。此等ノ類ヲ時ト云。国家ヲ治ムル者ハ、只今ハ如何ナル時ゾト云コトヲ分別シテ、其時ニ宜キ政ヲ行フベシ。若時ヲ知ズシテ政ヲ施セバ、縱堯舜三王ノ道ニテモ、時ト齟齬シテハ、決シテ行ハレズ。易ノ六十四卦三百八十四爻ハ、是ヲ人ニ知ラシムル教也。時ノ一字ヲ易経ノ眼目トスルハ、此義也。」

《易》本起於數……天地之數合五十五也。伏羲因此數而作八卦，重八卦而為六十四卦，盡天地萬物之理。凡天地萬物，無無數之物。於人上說，自生至死，禍福升沉皆有數。於萬物，鳥獸魚鼈之生死，草木榮枯皆有數……是一物之上所具之數，天地萬物自然之數也。此數縱神聖之力，亦不能變移。[80]

《易經》千言萬語，只說陰陽之理者也。莊子曰「《易》以道陰陽」，真知《易》者也……凡天地間物，無一物無陰陽，又就一物一事上言，有消息盈虛，是陰陽也……若能達此理，則行事寡過。治其一身，亦不可不知此。況治天下國家之人，可不知此乎？孔子「五十以學《易》，可以無大過矣」，乃此義也。[81]

「時」指的是事物變化所產生的狀況差別，為政者須判斷當今時勢，審慎並彈性地施行切合當時的政策。「數」是事物所顯現出的時間限度，具有宿命論（fatalism）的色彩，也可以說是必然變化的趨勢，乃所謂的「定數」。「陰陽」則是泛指事物二元對立統一的世界結構，所有事物皆有其相反之存在，而彼此構成陰陽的相對屬性關係。事物本身會消長盈虛，也就是具有兩種相反的狀態，同樣也算是陰陽變化的表現。

80　同上註，頁 37-38。原文：「易ハ本数ヨリ起レリ……天地ノ数ヲ合セテ五十五也。伏羲此数ニ因テ八卦ヲ作リ、八卦ヲ重テ六十四卦トナシテ、天地萬物ノ理ヲ尽シ玉ヘリ。凡天地万物、何ニテモ数無キ物ハ無シ。人ノ上ニテ云ヘバ、生ルヨリ死スルマデ、禍福升沉皆数有リ。万物ヲ云ヘバ、鳥獸魚鼈ノ生死、草木ノ榮枯皆数有リ……是一物ノ上ニ具ハレル数ニテ、天地万物自然ノ数也。此数ハ神聖ノ力ニテモ変移スルコト能ハズ。」

81　同上註，頁 40-43。原文：「易経ハ、千言万語、只陰陽ノ理ヲ說ケル者也。莊子ガ『易以道陰陽』ト云ルハ、真ニ易ヲ知レル者也……凡天地ノ間ニアラユル物、一物モ陰陽無キハ有ラズ。又一物一事ノ上ニテ云ヘバ、消息盈虛有リ、是陰陽也……若能此理ニ達スレバ、事ヲ行フニ過チ少シ。一身ヲ治ルダモ、是ヲ知ラズ有ベカラズ。況ヤ天下国家ヲ治ル人、是ヲ知ラズシテ可ナランヤ。孔子ノ『五十以学易、可以無大過矣』トノ玉ヘルハ此義也。」

六十四卦由陰陽爻組成，象徵此兩種基本屬性彼此不斷地運行變化，而
構成不同的狀態與情境。而時與數是事物變化所形成的，變化係基於陰
陽，因此此三者事實上也可以統合化約成「陰陽」這個基本世界框架。
春臺言「《易經》千言萬語，只說陰陽之理者也」，即為此故。

　　春臺標舉此三者，並非橫空而出，事實上這正好說明了春臺解
《易》時扣合《易傳》的態度。《彖傳》解某卦時言其時、時義、時用
「大矣哉」者共十二例，可見其強調時機之重要性。春臺高舉時之義，
可說是對《彖傳》的繼承發揮。而「數」的提出，據此所言，與天地之
數有關。春臺於《繫辭傳》論天地之數之處曰「天地之數始於一而終於
十，所以為萬吏之紀也」[82]，正可說明其服膺「成變化而行鬼神」一句
的涵義。天地之數在《易》學史上雖對圖書之學的發展有重大影響，但
是就《繫辭傳》原本脈絡來看，論述分量甚少，且與其他部分無緊密結
合關係。此外，對於卜筮而言，宿命論當然是重要的理論根據。然而
由於《繫辭傳》本文中，並未對天地之數與卜筮之間的關係作出詳細
說明，在篇幅和筮法關聯程度上實不如大衍之數。因此從天地之數的
「數」概念引申到事物定數之上，不免有些許跳躍。但就春臺而言，天
地之數之概念出於孔子所作之《繫辭傳》，且如朱熹所指出的，奇偶相
對之結構代表陰陽關係，而為伏羲作八卦之根據，故可代表事物變化之
理，乃超乎人力之限定，亦即命運的概念，故特地提出。

　　至於陰陽，作為《易傳》思想之表徵，其重要性更是自不待言。
二元對立統一的架構，除了表現在二二相耦的卦形之外，更是《繫辭
傳》和《說》《序》《雜》三傳的論述重點。《繫辭傳》的「一陰一陽之
謂道」一句，此「道」對春臺而言即為《易》道。《易》道之價值在於
形成萬物，於「生生之謂易」一句處，其註曰「萬物生生，陰陽之為
也。《易》者，陰陽之道也」[83]，更說明了在春臺看來，陰陽概念不僅是

82　太宰春臺：《周易反正・卷七・繫辭上傳第九章》。
83　太宰春臺：《周易反正・卷七・繫辭上傳第五章》。

《周易》全書主旨所在，也是構成世界萬物的基本模式。舉此一者，即可明瞭春臺《易》學核心。王鑫在談論春臺所言之陰陽時，認為春臺思想中，「陰陽變化之道源於象數」。[84] 而筆者認為，依據此處春臺所言之架構來看，應當說象數源於陰陽較為恰當。

基於這樣的理解，使得春臺與王弼和朱熹之間不可避免地產生了距離。王弼以其解復卦《彖傳》時所說的「寂然至无，是其本也」一句，在解經上運用了一爻為主的理論來詮釋，認為「物无妄然，必由其理。統之有宗，會之有元，故繁而不亂，眾而不惑。故六爻相錯，可舉一以明也；剛柔相舉，可立主以定也。是故雜物撰德，辨是與非，則非其中爻，莫之備矣」[85]，來輔助其核心思想，也就是以一不動不變的「無」作為本體，而認為此乃萬物之依據，人事行動亦應以無為本，方能得福而免咎。這種在現象界之外尋找一超越而不變之根據的思想架構，主導了王弼解《易》的模式。[86] 固然王弼的一爻為主理論，與《彖傳》文字不無關聯，但仍應說是一種基於自身思想而作的創造詮釋。

而正如前所述，王弼以「無」為本的說法，受到程頤、仁齋、東涯等人在解《易》時的反對，而提出天地萬物以動為本的說法，將「活動」視為事物存在與運行的根據。最具根源性的活動者，也就是程頤所說的「天地生物之心」，可以說是世界所本有的創生力量，動而不息，與王弼所言之「動息地中」恰恰相反。至於春臺在這部分，則說：「天地活物，故言心也。此言觀於一陽來復之卦，有以見天地之動竟無息

84　王鑫：《日本近世易學研究》，頁 114。

85　王弼：《周易略例・明象》，據《周易二種》，頁 250。此段化用自《繫辭傳》下第九章，關於「中爻」，朱熹解為「卦中四爻」（《周易本義》，頁 263），春臺從之（《周易反正・卷八・繫辭下傳第九章》）。王弼在此基於一爻為主的想法，乃將之理解為二五爻。以《周易》原文而言，朱熹與春臺之解似較近之。

86　關於王弼玄學思想與其解《易》的詳細分析之論著已不勝枚舉，甚至可以說對王弼學說的研究不可能抽離其《易》學而進行。從《易》學出發而論且篇幅較完整者，可見朱伯崑：《易學哲學史》第一卷，頁 280-333。較晚近而兼含先行研究總括與個人創見者，有周芳敏：〈王弼「體用」義詮定〉，《臺灣東亞文明研究學刊》，第六卷第一期（2009 年 6 月），頁 161-201。

也」[87]，並且唯引朱熹《周易本義》之解而不提王弼之言，顯然對王注此處不予認同。如上所述，王弼此處的思想架構，乃是在現象界之外肯定一不動不變本體，因此若是反對這種思想，等於反對此上下兩層之存有論。當然，程朱思想中的形上學也包含了以「理」為核心所構成的兩層存有論[88]，但與王弼思想內涵大不相同，且並未與復卦《彖傳》的詮

87　太宰春臺：《周易反正・卷三・復卦彖傳》。

88　本文描述朱子學時使用的「兩層存有論」之語，係借自牟宗三（1909-1995）所言之概念。牟宗三吸收康德哲學，繼承「本體界」（noumenal world）與「現象界」（phenomenal world）的區分，以此安排價值、道德的超越性與實在性所在。另外，又依據中國哲學而主張人雖為有限之存在，卻具有無限心，可觸及本體界，以此想法來修正康德之說，且以兩層存有論為中國哲學儒釋道三家之特色，而談到：「如果人是決定的有限，則說他是創造的、無限的，自然不能有意義。但若『人雖有限而可無限』，則說他是創造的、無限的，這便有意義，而且可證成。在這裡，一個『本體界的存有論』對於他為必要……一個無限的存有，如上帝，自不須存有論，但『雖有限而可無限』的存有則需要一個『本體界的存有論』，因為正是一個本體界的本體（實體）才使他成為創造的、無限的……這是實有性之提升，真正的實有性，不是現象界的存有論中的實有性……我們依『人雖有限而可無限』，需要兩層存有論：本體界的存有論，此亦曰『無執的存有論』，以及現實界的存有論，此亦曰『執的存有論』。我們依德行底優先性與綜綱性來提挈宇宙以見人之本來面目與宇宙之本來面目。我們的感性與知性所攪擾而扭曲的人生與宇宙不是人生與宇宙之本來面目。這是人生與宇宙之僵滯。人限於此僵滯而認為是真實，忘其本來面目久矣！故需要本體界的存有論以鬆動而朗現之。」見牟宗三：《現象與物自身》，據聯合報系文化基金會編：《牟宗三先生全集》第二十一冊（臺北：聯經出版事業股份有限公司，2003 年），頁 30-31。而眾所皆知，在牟宗三建立的哲學系統下，朱熹的「理」被判定為「只存有而不活動」，見牟宗三：《心體與性體》第一冊，據聯合報系文化基金會編：《牟宗三先生全集》第五冊，頁 34。在這種衡定下，只存有而不活動的理無法使得本體界與現象界有所聯繫，無法開顯人的無限心，創造道德實踐動能。故牟宗三在說明儒家的「本體界的存有論」思想時，係以陽明學為代表（《現象與物自身》，頁 451），而不談朱子學。近來對於牟宗三體系下的朱子學性質分判，已有重新檢討的研究結果，可見杜保瑞：〈朱熹形上思想的創造意義與當代爭議的解消〉，《臺大哲學論評》第三十三期（2007 年 3 月），頁 15-89、楊祖漢：〈牟宗三先生的朱子學詮釋之反省〉，《鵝湖學誌》第四十九期（2012 年 12 月），頁 185-209、楊儒賓：〈悟與理學的動靜難題〉，《國文學報》第五十二期（2012 年 12 月），頁 1-32。準此，朱子學之「理」未必不能擔任兩層存有論意義下的本體界之本體，筆者仍選擇以此詞彙來呈現朱子學理氣體用論性格，突顯這套思想中有關「本體界」之向度。

釋有緊密的關係。以活動為萬物之本的思想脈絡下，此活動的過程亦表現在此現象界中，不需別立一超越的本體世界。

縱觀春臺《周易反正》中展現的世界觀，唯見以陰陽變化解釋事物之運行，並不關心萬物是否有現象界以外的超越性根據。就上述春臺關於陰陽的思想來看，陰陽可說是一種普遍存在於萬物的性質，使事物往某個方向發展，構成一個龐大的二元對立統一之系統，而非超越於此世界之外的本體，甚至也還稱不上是萬物之基本元素。也就是說，春臺《易》學中並無明顯的宇宙論論述，以及有關具體現象界以外的想法，而是純就具體事物而論。如此一來，王弼的論述在他看來，自然就只能是「其病在虛无」了。既然《繫辭傳》已明言「一陰一陽之謂道」，那麼在春臺而言，陰陽概念即可充分解釋世界之組成與規律，無需溢出經旨，乞靈於老氏，別於現象界之外求本體性的概念。於是乎，春臺對《周易略例》的吸收，僅在於其可與《易傳》原文相通的《易》例，而不在其背後所蘊涵的玄學思想。

至於朱熹《周易本義》讓春臺「後忽生疑」的地方，或許也包含了就《易傳》而論陰陽的部分。眾所皆知，朱熹的理氣二元論思想，使他在詮釋《繫辭傳》的「一陰一陽之謂道」一句時，作出不同於《易傳》原文字面的說法：「陰陽迭運者，氣也，其理則所謂道。」[89]詮釋「陰陽不測之謂神」時，則說：「此章言道之體用，不外乎陰陽。而其所以然者，則未嘗倚於陰陽也。」[90]也就是在陰陽之上尋求其所以然，將現象界的陰陽視為萬物基本元素的「氣」，而另立一獨立於陰陽的本體作為其根據，並將之歸於「道」，也就是所謂的理。此本體因陰陽而顯，故不外乎陰陽，但概念上與陰陽屬於不同位階，故未嘗倚於陰陽。這種思想和王弼之說在結構上類似，只是對於超越之本體為何物這個問題，有不同的答案而已，實際上同樣屬於兩層存有論。既然春臺不接受王弼在

89　朱熹：《周易本義》，頁 238。
90　同上註，頁 239。

陰陽之上別求他物的作法，自然也就不可能認同朱熹這種與王弼相似的形上學架構。

　　春臺於「一陰一陽之謂道」處僅簡單言：「一陰一陽者，以更迭往來者言之，如晝夜寒暑是也。道謂《易》道也。」[91] 在此不引朱熹之說，已然蘊涵著反對的態度。在春臺而言，將一陰一陽的更迭往來視同「道」本身，是《繫辭傳》此處文句的涵義，更是對於世界整體結構的最恰當描述。既然此道即為《易》道，那麼其背後便無進一步的根據，而是本身即為最終極之存在，亦別無屬於理的潔淨空闊世界。另一項表徵在於對「形而上者謂之道，形而下者謂之器」一句的詮釋。春臺說：「而上而下，猶言以上以下也。道謂《易》道也，器即制器之器，謂器用也。茂卿云：器未成形之前，唯有《易》道耳。及其成形，乃始有器，故曰形而上下。」[92] 此處提到了其師徂徠的說法，並秉承了《繫辭傳》中的觀象制器思想，而走向了取消兩層存有論的道路。以時代而言，徂徠與春臺並未讀過戴震（1724-1777）的《孟子字義疏證》，但兩方說法實可謂若合符節。[93] 要之，即不滿朱子學中的形上學說法之故。

　　此外，春臺也不若朱熹一般以「氣」之概念視陰陽，甚至應該說，氣論在《周易反正》中並沒有明顯的地位。固然《易傳》中有「二氣感應以相與」（《咸卦彖傳》）、「精氣為物」（《繫辭上傳第四章》）這些透露氣論思想的成分，但春臺並不關心「氣」本身，而是將之歸於陰陽的表現。於咸卦《彖傳》處，春臺並未施以個人之見。而「精氣為物」一句處，則說：「精氣之聚散，遊魂之起伏，皆陰陽之常。聚而為物，變而

91　太宰春臺：《周易反正・卷七・繫辭上傳第五章》。
92　太宰春臺：《周易反正・卷七・繫辭上傳第十一章》。
93　戴震云：「《易》『形而上者謂之道，形而下者謂之器』，本非為道言之，以道器區別其形而上形而下耳。形謂已成形質，形而上猶曰形以前，形而下猶曰形以後。陰陽之未成形質，是謂形而上者也，非形而下明矣。器言乎一成而不變，道言乎體物而不可遺。」見戴震：《孟子字義疏證》（北京：中華書局，1982年），頁22。

為屬，祭之則聚，不祭則變，无非陰陽之道。」[94]，也就是說春臺真正
著眼的是氣之運行所歸納出的現象界常態，亦即陰陽。此與朱熹之不同
在於，朱熹以氣視陰陽，春臺則以陰陽視氣，這之中自有雖細微但不容
不辨之異。對春臺而言，重點不在於組成萬物的基本元素為何，而在於
萬物運行變化所表現出的規律。這並不是說朱熹不重陰陽作為規律的這
一面，而是說兩人的形上學趨向畢竟不同。因此儘管氣論不須涉及現象
界以外的超越性根據，仍然不是春臺據以解《易》的主軸。

於是乎可以看到，朱子學系統下，為了解釋心性問題而運用的
「理」與「氣」之概念，不論何者皆為春臺說陰陽時所不取。春臺嘗
云：

> 熹之註《易》，其於六十四卦，則專以象占二者言之，其說頗
> 盡是，然亦有不及王義者。其於《繫辭》以下，則謬解甚多。
> 蓋熹不知《易》道，以常道視《易》，且以其所好心性理氣之
> 說解之，是以叛《易》道。且比之晉人以虛无說《易》，何得
> 謂彼非此是乎？[95]

經過以上的梳理，當可明此處何以謂朱熹叛《易》道、何以謂朱熹與晉
人皆誤。而這些論點的產生，皆可溯源至春臺對涵攝時與數的「陰陽」
之理解。

另外一個由此而生的問題，是春臺的古文辭學派解《易》，以及仁
齋、東涯的古學派解《易》之間的比較。透過上述探討，事實上也可以
看到春臺對王弼和朱熹的批判，在仁齋、東涯的《易》學上也有類似的
論點。但又同時也可看到，諸如對《十翼》的態度、對數的態度等地方
上，雙方又有著明顯的不同。回歸《論語》、《孟子》的古學派，和回歸

94　太宰春臺：《周易反正・卷七・繫辭上傳第四章》。
95　太宰春臺：《周易反正・凡例》。

六經的古文辭學派，皆為東亞儒學史上經典回歸運動之要角。[96] 而兩者
的差異，又如何反映在此處的《易》學比較問題上？

　　前面曾提到，春臺論述時、數、陰陽的做法，反映了對《易傳》的
重視。尤其是在「數」這一方面，特地針對天地之數作發揮，並連結到
命數之概念上多所論述。這一點也呼應了前述春臺在說明古之《周易》
時強調孔子所傳之《易》在卜筮、《十翼》言占卦之義與用、《易》之
道在象數等等命題。而仁齋與東涯並未反對《周易》的原始面貌中帶有
卜筮成分，厥有「古《易》有卜筮義理兩端」的說法，亦不否認《繫辭
傳》以下有部分篇章言卜筮。然而基於主義不主利的原則，對卜筮與象
數這一面表示排斥，乃進而跟隨歐陽脩的主張，認為《十翼》非孔子所
作，這是與春臺相反之處。為春臺所重的天地之數，其相關段落在東涯
的《周易經翼通解》中，在說明字面意義後，只簡單表示「此蓍策之數
所由而本也」、「此大衍之數所由作也」[97]，要言之，並非東涯所關心之
重點。理由亦十分明顯：此乃術數家所言，非義理《易》要旨所在。在
東涯這邊，如上所述，貶低了卜筮的成分，以為《繫辭傳》乃「春秋戰
國之閒，《易》學者流與聞聖門之教，而援以托其說者」[98]。可以說，排
斥卜筮與象數的態度，在仁齋和東涯的《十翼》批判中佔據了根源性的
地位。面對此《十翼》批判，春臺說：

> 《彖》、《象》、《繫辭》、《文言》、《說卦》、《序卦》、《雜卦》
> 者，孔子所述，謂之傳。傳凡十篇，故亦謂之《十翼》。此千
> 古所傳，先儒有定論，无異議者也。後世或謂《十翼》非孔子
> 所述，或謂卦爻辭非文王、周公所繫者，皆未之深考也。故今

96　關於此東亞儒學經典回歸運動之分析，可參考楊儒賓：《異議的意義——近世東亞
　　反理學的思潮》，第五章〈回歸《論》《孟》或回歸六經〉，頁 173-213。

97　伊藤東涯：《周易經翼通解》卷十七，頁 19、23。

98　同上註，頁 1。

弗取也。[99]

　　春臺並未詳細說明何以得知此乃「未之深考」，但總之很明顯地，他堅守著「《易》歷四聖」的傳統說法，反對以歐陽脩為首的「《十翼》非孔子作」論者。而在他看來，《易傳》既為孔子所傳，則談卜筮與象數的部分自然不應忽略，毋寧說正是代表了《周易》的原本面貌。

　　古學派與古文辭學派，前者重《論》《孟》，後者重六經，決定了其《易》學觀點的不同。以《論語》《孟子》為學問之權輿的古學派，必然不以時間序列作為價值高低判準，而是有一套依循《論》《孟》而生的義理規範，將之作為解讀六經的門徑。古學派不會反對六經在孔孟之前的這個歷史事實，但主張學者之任務乃依循孔孟所開闢的儒家道德，故有「然萬世學者，遵夫子之道以為學，則當從《程傳》以義理觀《易》」這類想法。既然因為重孔孟而使得六經非其首出，那麼六經就會被定為載孔子之道的工具，學者們將以過濾性的眼光來閱讀經傳文本。在此，經傳不再單純被視作聖人之言，而是待檢驗的對象。仁齋、東涯認定《易傳》中雜卜筮的部分非儒家正宗，便是其基於自認掌握孔子「血脈」的自信[100]，對《易傳》進行檢驗而得出的批判結果。

　　在古文辭學派，六經乃先王之道所在，孔子傳經乃是傳先王之道，故經傳本身的地位大於孔子。[101] 以「《易》歷四聖」的傳統觀點而言，

99　太宰春臺：《周易反正‧凡例》。

100　仁齋嘗云：「欲為孔孟之學者，不可以不讀孔孟之書。欲讀孔孟之書者，不可以不識孔孟之血脈。讀孔孟之書，而不識孔孟之血脈者，猶船之無柂，夜行之無燭，瞽者之失杖，而莫識其所嚮方也。其可乎？苟讀孔孟之書，而識孔孟之血脈，天下何書不可讀，何理不可辨？」見伊藤仁齋：〈大學非孔氏之遺書辨〉，《語孟字義》，頁 160。

101　春臺基於徂徠學繼承者的身分，在這方面批評仁齋曰：「夫先王之道，載在六經。有六經，斯有《論語》。仁齋乃舍六經而專用《論語》，所以謬也。徂徠之非仁齋，亦其非非宋儒而己自為宋儒也。始余以仁齋之道為適古，乃今如是，何足恃哉？甚矣夫古道之難復也。嗟乎！吾誰適從？適從徂徠先生與。」見太宰春臺：《斥非‧附錄‧讀仁齋論語古義》，頁 425。

孔子作《十翼》，乃係承接伏羲、文王、周公的《周易》之道，於是乎經傳皆不可不重視。乍看之下，春臺以是否合乎孔子所傳之《易》為判別後世《易》說價值的根據，但實際上關鍵不在孔子，而在孔子以前作《易》來發明陰陽之道的聖人，只不過春臺認為《易傳》亦確實傳承了《周易》經文，呈現以揭示陰陽變化之理為內容的先王之道。如此一來，不僅不會以批判其與孔子之關聯的眼光看待《易傳》，也不會高舉義理而貶抑象數。縱然春臺並不以卜筮本身為終極目的，至少亦十分肯定卜筮在穩定秩序上的積極作用，而不若仁齋、東涯一般認定其乃以利害義之行為，以及認為在《易傳》中言陰陽變化之理的部分可以和卜筮分開。追根究柢，乃是由於在春臺看來，卜筮是先王之道的一部分，也是透過孔子而傳到漢代的《周易》面貌之故。

　　仁齋、東涯與春臺，雖同樣對王弼、朱熹有類似的不滿，但由於對經之地位的衡定，在一開始便有根本性的不同，乃導致對於《周易》詮釋的主軸亦不可避免地產生差異。春臺對時、數、陰陽的論述，及與此相關的對《易傳》的態度，這些想法與仁齋、東涯《易》學觀的出入，也呼應了兩派的根本性歧異。

第三節　中井履軒與《周易逢原》

　　中井履軒，名積德，字處叔，通稱德二，號水哉、天樂樓，又號履軒、幽人，取履卦九二爻辭「履道坦坦，幽人貞吉」之典。享保十七年（1732）生於大坂（今大阪），其父中井甃庵（1693-1758）早年隨崎門學派學者三宅石庵（1665-1730）習朱子學。甃庵之號，典出井卦六四爻辭「井甃，无咎」，以配合「中井」之姓。石庵雖出身朱子學學統，晚年卻傾向陽明學，故為世人稱作「鵺學問」。[102] 當時大阪地區商人計

102　原念齋：《先哲叢談》：「香川太沖曰：『世呼石菴為鵺學問，此謂其首朱子，尾陽明，而聲似仁齋也。』」（頁 313-314）「鵺」為日本傳說中的妖怪，臉孔、身軀、四

畫成立學校，並得到幕府同意，於是乃有私塾「懷德堂」（今大阪大學之前身），並由石庵於享保十一年（1726）擔任第一任學主（即校長），掌管學務，而鼇庵則掌管校務，奠定懷德堂具有折衷色彩的學風。[103] 石庵死後，由鼇庵繼任，為懷德堂的經營作出莫大貢獻，也由此決定了履軒及其兄中井竹山（1730-1804）與懷德堂之間的關係。

履軒與竹山共同師事於懷德堂講師五井蘭洲（1697-1762）。蘭洲為朱子學者，對仁齋與徂徠多有批評，然亦不唯朱是從。《先哲叢談》載：「蘭洲承朱學於家庭，力斥徂徠護宋儒，然不固執。故其所自得，往往反朱立說。」[104] 這不僅代表了懷德堂學風的定位，也對竹山與履軒兄弟產生影響。其後竹山成為懷德堂第四任學主，在學術與交際上甚為活躍。然履軒個性孤僻，不善與人交，雖亦曾協助懷德堂講學事業，並於晚年擔任第五任學主，但大多數時間係獨立於懷德堂，經營私塾「水哉館」。以當時並無「儒者」此一獨立社會階級的現象來看，履軒正如「幽人」一般過著崎嶇生活。他將自身居所題為「華胥國」，以「華胥國王」自視，亦可見其精神寄託所在。履軒於文化十四年（1817）去世，至其歿時仍無戶籍上的正式定居身分。

履軒於經學上用力甚深，代表懷德堂朱子學派在經學上的極大成就。廣瀨淡窗於《儒林評》中曰：

> 履軒乃一家之學，可見其與竹山異。於經義極精熟，為一隱君子，不與世人交。然亦為豪勇氣象之人。龜昭陽（按：即龜井

股、尾巴與叫聲各帶有不同動物的特徵。香川修德（1683-1755），字太沖，號修庵，江戶時代中期儒者、醫師。

103 懷德堂的自由特殊學風，除了三宅石庵的作用外，也可以從別的外緣因素來探討。子安宣邦曾在分析江戶時代的大坂與江戶、京都的不同時指出，江戶作為幕府所在地，其本質在於需保持幕府體制的穩定，京都的任務則是維持傳統文化的延續。而靠著商業而繁榮的大坂，並無特殊的使命，乃成為新型態知識的基礎。詳見子安宣邦：〈懷德堂知識人の学問と生〉，收入懷德堂記念會編：《懷德堂知識人の学問と生——生きることと知ること》（大阪：和泉書院，2004年），頁 3-19。

104 原念齋：《先哲叢談》，頁 246。

昭陽）東游歸時，語予曰：「東遊中見二才子：賴子成（按：即賴山陽）、韓聯玉（按：即山口凹港）。見豪傑二人：中井履軒、村上太和。」[105]

透過此段描述，可窺履軒為學之氣魄。其著作《七經雕題》，係對於《學庸》、《左傳》、《詩經》、《周易》、《尚書》、《孟子》、《論語》等書的眉批。[106] 另外還有《七經雕題略》，乃《七經雕題》之略本。而站在《雕題》的基礎之上，堪稱其解經工作之集大成著作則為《七經逢原》，雖名為「七經」，然其中包括十本書：《周易逢原》、《夏書逢原》、《古詩逢原》、《古詩得所端》、《古詩古色》、《左傳逢原》、《論語逢原》、《孟子逢原》、《中庸逢原》、《大學雜議》，可謂履軒之代表作。在史書註釋方面，亦有《史記雕題》、《後漢書雕題》、《三國志雕題》、《戰國策雕題》，其他漢學相關註釋作品，有《老子雕題》、《莊子雕題》、《世說新語補雕題》、《古文真寶前後集雕題》等。另外還有文集《履軒弊帚》、《水哉子》、詩集《履軒古風》等，以及日本史著作《通語》。

值得一提的是，履軒所涉領域極廣，不限儒學，在醫學、曆學、天文、水利等方面皆有相關論著，例如探討人體結構的《越俎弄筆》、記載其自訂曆法的《華胥國新曆》、關於中國治水歷史的《治水澗論》、吸收當時之西學而表達其宇宙觀的《天經或問雕題》、《天圖》、《方圖》、描述顯微鏡觀察紀錄的《顯微鏡記》等，博學程度相當驚人。雖然履軒未必完全以朱子學為依歸，但此亦可說是對朱子學格物致知之工夫的實踐。[107] 另外，履軒還著有《華胥國物語》，乃是描繪其心目中理想國家

---

105 廣瀨淡窗：《儒林評》，頁 11。原文：「履軒ハ一家ノ學ニテ、竹山トハ異ナリト見エタリ。經義ハ極メテ精シカリシトナリ、隱君子ニシテ世人ニ交ラズ。然レモ豪勇ナル氣象ノ人ナリ。龜昭陽東游シテ歸ラレシ時、予ニ語テ曰ク。東遊中兩才子ヲ見タリ。賴子成、韓聯玉ナリ。豪傑二人ヲ見ル。中井履軒、村上太和ナリト。」

106 履軒另著有《禮記雕題》，今已佚。

107 田尻祐一郎曾指出，履軒具有承認格物致知之可能性與必要性的性格，只是他重

樣貌的故事。

一、大幅度懷疑前說而疑經改經

　　《周易逢原》為履軒註《易》之代表作，其底本採朱熹《周易本義》[108]，共分上中下三卷。此書與作為其基礎的《周易雕題》，乃至於《七經雕題》、《七經逢原》，皆定稿於履軒八十二歲時，可以說是履軒長期投入、傾盡生涯之力作。《周易逢原》最明顯的特徵是十分特殊的章節編排方式。前兩卷為不附《易傳》的經文註釋，《傳》的部分則置於下卷，也就是說《周易逢原》不採鄭玄、王弼注以來的通行本編排方式。但其與呂祖謙和朱熹、春臺所從之古本亦有極大差異。首先，履軒認同晁說之的作法，將《傳》分為七部分。然而分類方式為：一、《象》（即《大象傳》）。二、《彖傳》。三、《繫辭傳》（即《小象傳》）。四、《文言》。五、《序卦》。六、《雜卦》。七、《大傳》（即《繫辭傳》與《說卦傳》之合併）。此雖同樣為經一傳七的模式，然實經由履軒一人之見重新命名與排定，且因為不分上下，故隨之廢棄《十翼》之名而改稱《翼傳》。

　　履軒認為：

　　《翼傳》無孔子之筆。歐陽子既有成說，今不更言。《十翼》
　　之數妄也，勿論可也。按：《漢書‧儒林傳》「田何授王同、周

視的是個別之「知」的積累，而非「豁然貫通」的境界。而其所重之「知」，亦有實用性格上的要求。見田尻祐一郎：〈懷德堂学派—五井蘭州と中井履軒〉，收入源了圓編：《江戶の儒學—《大学》受容の歴史》（京都：思文閣出版，1988年），頁157-175。

108 今所見之《周易逢原》，卷首有「據朱子本義」句，見中井履軒：《周易逢原》，收入大阪大学懐德堂文庫復刻刊行会編：《周易雕題》（東京：吉川弘文館，1997年），頁123。而《周易雕題》亦據《周易本義》，其所用之版本為山崎闇齋點校的和刻本，書末有「延寶三年乙卯春三月壽文堂刊行」句（頁120），推知當為1675年出版。《周易逢原》所據底本或同此。

王孫、丁寬、服生，皆著《易傳》數篇」，今之《翼傳》，除
《大象》外，蓋皆出於此數人之手也。[109]

也就是說，所謂的《翼傳》，除《大象》之外，皆成於漢代。至於《大
象》，履軒說：

象，篇名也。篇題不當更添「傳」字。又稱「大象」者，以其
有小象附麗，分為之目也。小象元非古名，是因謬生謬者。然
正文已改正，則辨論解義，不得不仍用大小象之稱，蓋非此，
紛亂益是故也。是知謬而循謬者。[110]

朱熹《周易本義》中以「傳」稱呼《十翼》各篇章，今日云《彖傳》
《象傳》《文言傳》等等之作法即與此有關。履軒主張《象》不應添此
「傳」字，確實較合乎歷史原貌。在履軒看來，所謂的《大象》，也並
非與《小象》相對，而是原本即為不同系統。被放在一起以大小相稱乃
是錯誤的作法。他認為，所謂的《象》乃是《左傳·昭公二年》中提
到的「易象」，成於孔子之前。此看法與仁齋類似，唯仁齋並未將大小
《象》分開。履軒特重《象》，認為其與配合爻辭的《小象傳》（履軒稱
為《繫辭傳》）不同，本非為解卦爻辭而設：

《大象》別出機軸，與卦辭不相踏襲，而發揮《易》道不少
小矣。其辭健確，其義深遠，雖曰與卦辭抗行可也，豈《彖
傳》、《小象》之比倫也哉？又決非田何以後之言。[111]

也就是說，《象》原本就是對卦象的獨立發揮，而衍生出的創造性詮
釋，與《彖傳》、《小象》等依附經文的部分不同，這也是履軒主張《大
象》並非原為與《小象》相對而分別解卦與爻，是故應取消大小之稱的

109 中井履軒：《周易逢原·翼傳第三》，頁213。
110 中井履軒：《周易逢原·象三之一》，頁213。
111 同上註，頁214。

原因。

　　在《象傳》部分，履軒說：

> 晁說之定為一篇，尤得古書之體，今從之。夫分《象》、
> 《象》、《繫》各為上下者，蓋合于《十翼》之數耳，不足論
> 焉。抑經之分上下，以簡編重大也。若《象》、《象》、《繫》，
> 何重大之有？《本義》捨晁而取呂，可怪。[112]

此處重點有二：一，履軒認為《周易》經文分上下經，並無特殊理由，
純粹是竹簡繁重而分為兩部分而已。因此篇幅較短的《象傳》、《象
傳》、《繫辭傳》便更無分上下的理由。二，晁呂二人的差異便在於是否
將《傳》的部分也分上下以配合《十翼》之數，既然履軒認為《翼傳》
係七篇而非十篇，自然便會否定《十翼》之稱。《漢書‧儒林傳》云費
直以「《象》《象》《繫辭》十篇《文言》解說上下經」，而《十翼》之名
出自緯書《乾鑿度》，或許在履軒看來，「十篇」與「十翼」兩者之間本
無關聯，後人為牽合其說，將原不附於經文間的《象》、《象》、《繫辭》
分上下，而成十篇，自非《周易》原貌，呂祖謙與朱熹乃重蹈覆轍而
已。

　　此外，履軒並不認為《象傳》可依賴，他認為「《象傳》多玩味之
卮言，勿傳註視之，亦不得據以解經也。卮言謂敷演之辭，非其本旨，
而足以悅人者。或毀之作附會旁說，亦可」[113]，因此他對於《象傳》的
註解工作不甚關心，亦有懷疑之處。例如旅卦《象傳》中有「旅之時義
大矣哉」一句，履軒對此直言：「旅之義，亦何大之有，妄說已。」[114] 確
實，在具有為《象傳》所言「時義大矣哉」的諸卦中，旅卦是較為特殊
的，在此《象傳》並未作其他道德性論述的發揮，而是僅和諸卦一樣描

112　中井履軒：《周易逢原‧象傳三之二》，頁 217。

113　同上註。

114　同上註，頁 223。

述其卦象。或許履軒基於這一點而直接否定此處的《象傳》，但追根究柢，真正原因還是在於其一開始就對《象傳》的解經效力予以質疑。

而履軒稱《小象傳》為《繫辭傳》，亦有其理由。既然原本並無大小相對之《象傳》，而《象》之名專屬於《大象》，則所謂的《小象》自然也非本名。履軒認為，《漢書・儒林傳》記載費直所據之《繫辭》，即為後世所謂的《小象傳》。他說：

> 班固以前，皆謂《小象》為《繫辭》，未嘗與《大象》同卷淆雜。費鄭之徒析傳文合于經，然費氏尚存《繫辭》之名，而諸傳皆在于經文卦爻辭之後。至于鄭氏，更以《繫辭》附麗於《象》，又析各置于卦辭爻辭之下，遂有大小《象》之稱，而《繫辭》之名他遷焉。晁、呂氏定古《易》，驅出傳文，各成篇，而大小《象》之附麗仍舊，篇名又弗復。於是乎大小《象》之稱，蓋牢不可解，永留溷查，貽于後人，是晁、呂氏之過也。今悉改正復于古。觀《小象》之體製，宜附麗于《象傳》，決不可附麗于《大象》。附麗且不可，況可合以作一篇之書乎哉？[115]

在此他認為，《繫辭》原意就是解爻辭之傳，且原應搭配解卦辭之《象傳》。即便費直將之置於經中，仍保留《繫辭》之名義。而鄭玄將《大象》與經文相混後，才產生大小《象》相對之狀況，也使得兩者被視作互相搭配。對此晁、呂皆未能復原，因此履軒追尋《周易》古本所做的復原結果，乃是獨立於中國及日本其他儒者的一家之言。這也體現了懷德堂朱子學派的自由批判精神。同樣地，他也對《繫辭傳》這部分採取貶抑態度，說「《繫辭》比之《象傳》，筆力稍弱，理解亦劣，其於《易》道，無大發明，或無意思之處，逐韻填文而已，乃反寡過

115　中井履軒：《周易逢原・繫辭傳三之三》，頁 224。

云」[116]、「凡《彖》《象》傳，其得經旨，固可據以解經矣。其失經旨
者，舍之可也，並在於學者之斟酌」。[117]

　　《文言》、《序卦》、《雜卦》三者，履軒同樣認為不應加「傳」字。
此外，履軒對此部分甚為排斥，說「歐陽子統論《翼傳》曰：『眾說淆
亂，亦非一人之言。』予於《文言》亦云」[118]、「龍豈必皆雄，將必有
雌。坤之龍，其必雌矣，焉得以龍卜其陽哉？是傳之失經旨者。及『天
地之雜』、『天玄而地黃』者，皆無條理曲說已」[119]、「《序卦》、《雜卦》
尤劣，如『盈天地唯萬物』，全不成語」[120]、「《雜卦》一篇，毫無所發
明，唯逐韻填文而已，大率附會強說，頗乖經旨，所謂無之愈者。故今
無所辨正，蓋削之而可云爾」[121] 等等，激烈的排斥態度猶在東涯之上。
如前所述，履軒已認定所謂的《翼傳》，除了《象》成於孔子之前以
外，其餘皆成於漢代。既無聖人之言，又僅為後起之作，當然也就使得
履軒大膽懷疑，而不依此來解經。

　　另外，關於履軒所言之《大傳》，也就是今日之《繫辭傳》與《說
卦傳》，他認為：

> 今之《繫辭》上下及《說卦》，元一篇矣。漢初謂之《大傳》，
> 蓋以諸傳中，簡編尤重大之故也。自司馬遷、班固之後，更名
> 為《說卦》，或分為三篇。東漢之末，費鄭之徒析傳合于經，
> 鄭氏更以舊《繫辭》附麗于《象》，而《繫辭》之名沒矣。於
> 是乎分《說卦》上中篇，名以《繫辭》云，是鄭氏之謬，不可
> 循用者。[122]

116　同上註，頁 225。
117　同上註，頁 232。
118　中井履軒：《周易逢原・文言三之四》，頁 235。
119　同上註，頁 236。
120　中井履軒：《周易逢原・序卦三之五》，頁 236。
121　中井履軒：《周易逢原・雜卦三之六》，頁 238。
122　中井履軒：《周易逢原・大傳三之七》，頁 239。

首先，我們可以從中看到幾個可能有關的說法來源。今日所謂之《繫辭》，其「簡編重大」，乃孔穎達於《周易正義》中所言之語：「夫子本作《十翼》，申說上下二篇經文繫辭，條貫義理，別自為卷，總曰《繫辭》……今謂分為上下，更無異義，有以簡編重大，是以分之。」[123] 孔穎達認為「簡編重大」的性質使得《繫辭傳》必須分為上下篇。在履軒看來，此處本無分上下之理，「簡編重大」應為《大傳》之名的由來。至於《大傳》的概念又是如何而來？對此，歐陽脩在《易童子問》中已指出：

> 古之學經者皆有《大傳》，今《書》、《禮》之傳尚存。此所謂《繫辭》者，漢初謂之《易大傳》也，至後漢已為《繫辭》矣……《繫辭》者謂之《易大傳》，則優於《書》、《禮》之傳遠矣。謂之聖人之作，則僭偽之書也。蓋夫使學者知《大傳》為諸儒之作，而敢取其是而舍其非，則三代之末，去聖未遠，老師名家之世學，長者先生之余（按：應當作「餘」）論，雜於其間者在焉，未必無益於學也。使以為聖人之作，不敢有所擇而盡信之，則害經惑世者多矣。此不可以不辨也，吾豈好辨者哉？[124]

歐陽脩用意在指出《繫辭》非聖人之作，透過宣稱《繫辭》即漢代所謂的《易大傳》，乃後世諸儒之作，從而取消其與孔子之間的關聯，亦即其神聖性。此乃《易》學史上的一大重要變革。朱伯崑依循歐陽脩之見，指出漢初文獻中，《易大傳》相關的字句僅有一例，即司馬談（?-前110）《論六家要指》中說的「《易大傳》：『天下一致而百慮，同歸而殊途』」，這表示所謂的《易大傳》即今日之《繫辭》，而《大傳》

---

123 孔穎達：《周易正義》，頁143。
124 歐陽脩：《易童子問》卷三，《歐陽文忠公集》卷78，據《四部叢刊初編》第150冊（上海：上海書店，1989年），頁7-8。

指的是非逐句解經，通論大義的文獻。[125] 依此，雖然履軒對於《大傳》
名稱由來的判斷錯誤，但提出《大傳》概念的作法，可以說並非無所
本。而《說卦》之名於史書中，首見於《史記・孔子世家》：「孔子晚而
喜《易》，序《彖》、《象》、《繫》、《說卦》、《文言》。」[126] 依履軒判斷，
此處之《繫》，即今日之《小象》；而《說卦》即為《大傳》更名而來。
因此他說「自司馬遷、班固之後，更名為《說卦》，或分為三篇」。而其
後各自獨立，形成今日之《說卦》與《繫辭》的原因，在履軒而言，便
是為了填補已失其實，徒存其名的《繫辭》，故一分為二所致。

　　履軒經由這些文獻中可見之蛛絲馬跡，而基於復《周易》之舊的
企圖，將《繫辭》與《說卦》合為《翼傳》第七篇之《大傳》。依履軒
編排，《大傳》共三十六章，一至二十七章為今日之《繫辭》，二十八
至三十六章為今日之《說卦》。可以看到履軒的分章方式與中國的新舊
兩種註釋皆異。認定其錯簡而重新排序，或刪減文字之處更是不在少
數，例如他刪去第二十七章最後幾句而曰：「此下舊有『將叛者其辭
慚，中心疑者其辭枝。吉人之辭寡，躁人之辭多。誣善之人其辭游，失
其守者其辭屈』數句，蓋他書之文攙入者，殊非《易》解之語，今試削
之。」[127] 其疑經改經之舉，殆不讓宋人風氣。

　　履軒這樣的作法，固然有其歷史考據上的理路。1973 年出土的長
沙馬王堆漢墓帛書《易傳》中，《繫辭》部分含有今本《說卦》之內
容，似亦可作為履軒見解的佐證。但一來我們無法否定這可能只是其中
一種傳本，縱然履軒確實可能孤明先發，獨力抵達了真相所在的歷史彼
端，也未必可說已窺見全豹；二來以帛書《易傳》的出土而言，也說明
了相關文本的形成時間上限，不見得如履軒所言，在田何以後如此之
晚，而無形成於戰國時期的可能性。更何況就算《大傳》成於田何以

---

125 詳見朱伯崑：《易學哲學史》第一卷，頁 47。
126 司馬遷（前 145-?）：《史記》，據楊家駱編：《新校本史記三家注并附編二種》（臺
　　北：鼎文書局，1993 年），頁 1905。
127 中井履軒：《周易逢原・大傳三之七》，頁 259。

後，到司馬遷以前的這段時間也並不長。何以在這段時間內被改名為
《說卦》，而直到司馬談仍在使用的《大傳》之名，竟從此銷聲匿跡，
一去不返，亦殊難解釋。履軒的盲點在於，忽略了古代文獻並非絕對成
於一人一時一地之手。但以當時學術發展程度來說，此實為非戰之罪。
最起碼履軒的判斷為我們提供了一種關於《易傳》古本說法的新的可能
性，合乎了至少一種已得見的傳本，而同時也展現了有關懷德堂朱子學
派自由而又保持合理批判態度的示範。

　　除了傳文部分之外，在經文編排方面亦可見履軒的大膽作風。例如
他對乾卦卦爻辭有大幅度的改定：

> 乾，元亨，利貞。初九，潛龍在淵，勿用。九二，見龍在田，
> 利見大人。九三，騰龍在雲，君子終日乾乾，夕惕若，厲无
> 咎。九四，躍龍在山，无咎。九五，飛龍在天。上九，亢龍有
> 悔。用九，見羣龍无首，吉。[128]

很明顯，履軒改動後的乾卦卦爻辭，最大特徵便是六爻爻辭皆有四字之
龍象，而原本的爻辭中，三四爻部分並未如此。他認為九三爻「諸爻及
用九，皆有龍象，無九三獨廢龍之理，故知其必脫文也」，九四爻「此
爻在上卦，不宜取淵象，所以知其誤文，舊解諸說皆不通」。[129] 因此便
自創了「騰龍在雲」、「躍龍在山」兩句，一來配合其他四爻具有龍象的
慣例，二來構成淵、田、雲、山、天這樣隨爻位而上升的取象。同時履
軒也認為初九爻脫「在淵」二字，補上之後方能形成四字龍象的規律，
也能區分象辭與占辭。另外一個重要的地方是履軒將九五爻辭的「利見
大人」削去。他認為「九五位德完備，故二指五為大人矣。若九二，有
德而無位，九五之尊必不得指九二為大人也，所以知其衍文也。是文辭

128　中井履軒：《周易逢原・乾卦》，頁 124-126。
129　同上註，頁 125。

之理自然已，非敢作癖說」。[130] 也就是說，以九五爻之德位，不應有其他大人存在。這也成為履軒不依《周易本義》之一例。

又，坤卦卦爻辭也有改動之處：

> 坤，元亨，利牝馬之貞。初六，履霜，堅冰至，安貞吉，君子有攸往，先迷後得，主利。六二，直方大，不習无不利。六三，含章，可貞，或從王事，无成有終。六四，括囊，无咎无譽。六五，黃裳，元吉，利永貞。上六，西南得朋，東北喪朋。用六，龍戰于野，其血玄黃。[131]

可以看到履軒對坤卦卦爻辭的改動程度猶勝乾卦。首先，履軒認為「彖辭恐不得兩貞」[132]，將卦辭後半的其中一部分移至初六爻，讓初六爻辭包含完整的象辭占辭兩部分。新的初六爻辭其義為何？履軒解之曰：

> 陰德至柔，待唱而後和焉。凡事待唱，為物之後，則得；若不待唱，而為物之先，則迷惑弗得。《孔疏》《程傳》，皆此之意。唯《本義》似以先後為始末，恐失之。主利之利，是成行成終之義矣。猶是秋實成春花之業也，及五穀之穫收，庶財之聚畜皆是。凡事之成績效庸者，可例推焉，即是後於物而得者矣。人家器械財貨，發出運用者，男子之事也；事訖，聚收斂藏，以待用者，女子之職也。《程傳》「利萬物則主於坤」，謂成功也。[133]

這顯然與向來對「履霜堅冰至」一句所蘊涵的防微杜漸之詮釋大不相同。履軒認為，初六爻的不善之兆，僅因其不中不正，而非《小象傳》的「陰始凝也」。他特別說：

130　同上註，頁 126。
131　中井履軒：《周易逢原・坤卦》，頁 126-129。
132　同上註，頁 126。
133　同上註，頁 127。

> 聖人作《易》，未嘗有扶陽抑陰之意……聖人何曾存愛憎于
> 此？且扶陽抑陰，似胡氏《春秋》解，又類乎五行家厭勝之
> 術，恐難以語《易》道。[134]

也因此，他才會拋棄舊有詮釋，透過改動卦爻辭而得出新解。用六爻辭「利永貞」被移至六五爻辭中，理由是「利永貞三字，有占而無象……且利永貞三字，不足當乾坤之變，又與乾之『元亨利貞』無大異，用六殆為虛設」[135]，也就是從爻辭結構與筮法的角度認定此三字應與用六爻無涉，乃錯簡造成。而六五爻辭加入「利永貞」，其義為「其位不正，而剛德不足，有懼於其操不終，所以有永貞之誡云」。[136] 但如此一來，何以得知六五爻辭本非完整之句？對於這一點，履軒並未充分說明，或許只是為了要將「利永貞」置於他處而已。

而關於「龍戰于野，其血玄黃」被移出上六爻的理由，履軒說：「夫純陰未變，安得龍象？是不待論辨者。然錯本滿天下，古來無一人生疑，可怪夫。」[137] 儘管如此，上六爻辭應為「西南得朋，東北喪朋」的理由何在？履軒同樣未明說，只詮釋了其涵義：「純陰之極，下行向陰方，則下五爻皆其朋類，可相安也。若上行向陽方，則朋類都喪，孤立失便，是吉凶昭然，不須言者。」[138] 而此句結構，在履軒看來有象無占。最後，用六爻辭變為原本的上六爻辭，其義為：「坤方變為乾，尚帶弱質，宜乎戰而見血，其非吉占可知矣。婦人強盛，代夫攝家國者，當是象。人臣權寵，遂篡君位者，亦類也。」[139] 此同樣是以筮法為基礎而立論，而「非吉占可知矣」表示此句亦有象無占。

諸如此類的改字與增刪，在《周易逢原》中所在多有，不暇一一

---

134 同上註。
135 同上註，頁 129。
136 同上註。
137 同上註。
138 同上註。
139 同上註。

舉出。其中固然有值得參考者，但未必皆有十足之根據。一個較嚴重的例子是井卦九五與上六爻處，被履軒將上六爻辭的「有孚，元吉」移至九五爻辭，理由是「有孚，謂寒冽之美，充實於中也。若上六，既非美泉，而有孚之象，未見其所據……《易》例，『孚』字大抵在卦之中爻」。[140] 但事實上，「有孚」一詞於卦爻辭中凡二十二見，位於二、五爻者，即便加上改動後的井卦九五爻，也僅有八處，絕非如履軒所言「大抵在卦之中爻」。儘管如此，履軒對於自己的改正工作極具自信，甚至感嘆說：

> 《易》之錯文，乾、坤、大壯為最。先儒於《易》，無錯文之疑，故其解往往梗塞不通。蓋謂「諸經皆壞於秦火矣。唯《易》免於火阨，故無錯謬」，豈其然哉？吹毛求瘢，無風生波，信耳疑目，邀月見佛。噫！修經亦難得中行。[141]

也就是說履軒並不信任所見之《周易》文本，包括中日諸儒隨之所作的詮釋或復原。而其如此激烈的疑經改經程度，恐怕也少有人能及。

　　平心而論，履軒不倚賴外在權威，博覽眾書之後勇於創立新說，箇中所表現的求真精神與自信，殊為難得，這也是履軒之儒學成就及懷德堂朱子學派的價值所在。只是履軒這種改動《周易》文句的方式，儘管有其內在理路，但「錯文」、「脫文」、「衍文」的判斷，在方法論上並未有關於其使用限度的明確保證，而區分象辭占辭兩部分，又以象辭為重的前提，在上述的某些解經表現中顯得過於強硬，這不免會導致一種隨意為說、漫無邊際的過度詮釋。更何況，《周易》六十四卦中，並未每一爻都採用同一象的例子比比皆是，反而像艮卦、漸卦這樣，初爻至六爻保持同一物往上升之意象者才是少數。履軒為達成心目中乾卦應有之面貌，不惜自作爻辭，恐失之武斷。此外，1994 年於香港所發現的

140　中井履軒：《周易逢原・井卦》，頁 194。
141　中井履軒：《周易逢原・坤卦》，頁 129。

《上海博物館藏戰國楚竹書》之中亦有《周易》,與今日所見之卦爻辭大致相符。也就是說在《彖》《象》並未雜入經文中的時代,《周易》卦爻辭即已具備與現今相差無幾的面貌,這又不免使履軒改經成果的可信度大幅下降。因此,縱然「錯文」、「脫文」、「衍文」的情況絕非不可能發生,且《周易逢原》的最大特徵與企圖便是復《周易》之原貌,但不得不說,其書於今日的價值,乃是書中論點展現出來的獨立精神,以及履軒個人的義理解釋,而非其是否提出了一種可靠的古代《周易》版本。

二、去除神祕性思維而重視經驗

履軒在《周易逢原》中表現的另一項重要特徵,乃是試圖去除《周易》的神祕成分。首當其衝的對象是卜筮。當然,《周易》詮釋本來就不必然需要依賴卜筮,如王弼、程頤、仁齋、東涯等義理解《易》者即是。朱熹以卜筮為《周易》本質,詳論筮儀並以之作為解經依據,呈現出經傳的不同,是就歷史事實來說,而這當然是朱熹在《易》學史中造就的一大突破與貢獻。至於進行哲理化的詮釋,使《周易》的相關理解與應用遠離卜筮,則是詮釋者意圖使然,更是詮釋活動所允許的,也是《周易》經典化之後便開始的現象。之前我們已看到,仁齋、東涯對卜筮的接受程度不如朱熹之高,尤其是仁齋更提出義利之辨來強調《易》主義理不主卜筮。東涯對卜筮亦有研究,但只能說是基於欲使《易》學研究達到完備之目標使然,而不能說對卜筮採取接納的態度。

至於履軒的說法則與此類似:

> 占事決疑,人情所不免也,固不待聖人而後有焉。如雞卜羊卜、鹿肩牛蹄,夷蠻戎狄,無國不有焉。暨兒女之釵筵竹筊,其義一也。可知伏羲以前固有雜卜多矣,龜卜亦其一也,往往亂道,舍義理趨利害,如臧會卜信僭是也。唯伏羲所畫,至精至妙,發揮天人之理,此所以為聖人作也,非伏羲始教以占事

決疑。文王以前，《易》又有雜占，不特《連山》《歸藏》，若
《春秋傳》所記是也，往往亂道，失聖人至正之道。故文王周
公繫辭焉以寓教，要歸於人道之正而已矣……文王周公之後，
《周易》又有雜說，往往亂道，失文王周公之旨，故《十翼》
作也。《十翼》雖未敢謂孔氏之書，然其要歸於人道之正，則
輔翼聖經之功亦偉矣。[142]

這裡可見，履軒認為《周易》真正的本質在於揭示道德上的義理，乃使
其相對於其他卜筮方法而言較有價值。如果說春臺的《易》道是自然的
陰陽規律，那麼履軒的《易》道便是立身處世的倫理，而這也成為其解
經時所據以為之的主軸。另外，履軒透過一種探究卜筮歷史的方式，指
出其不待聖人而後有，這也等於呈現了其與春臺乃至古文辭學派的聖人
制作觀點之不同處。

　　而對於卜筮，履軒更進一步以一種去除神祕性的眼光來看待：

占之於事，多不吻合者。如〈洪範〉人筮之從逆，《春秋》卜
葬而雨不克，卜戰而迭有勝敗之類，可以見已。則聖人之作，
原平實無奇怪，而施教之大者，乃可知矣。荀卿曰：「善為
《易》者不占。」[143]

履軒從根本的占驗上質疑卜筮效力，除了取消其神祕性之外，目的也是
為了強調回歸《周易》的道德義理教化這一面。但同時必須說明的是，
正如同東涯僅是不依賴卜筮解經，而非全面地將之摒棄一般，履軒也是
如此，在《周易逢原》的一些地方展現了其對卜筮的研究看法。例如他
也提出一種與朱熹不同的筮法，說「揲蓍求卦之時，與其考掛扐之多少
而成畫，不如視於過策，一齊即辨之便利也。蓋古人惟視於策數，而

142　中井履軒：《周易逢原・上經》，頁 123-124。
143　同上註，頁 124。

七八九六之名斯立矣，經文九六亦以此也，初不關於掛扐」[144]，此與東
涯之說相同。又例如，《周易本義》由於試圖回歸卦爻辭為卜筮而設的
本質，因此有時會以占者占得此爻則表示如何如何的方式來解經。《周
易逢原》中，亦可見此解經方式。這不單單只是在這一點上依循朱熹作
法而已，而是反映出履軒亦會基於歷史事實角度的衡量來援引屬於卜筮
的元素。但整體來說，取消卜筮的權威性仍是履軒的重要表現。

　　卜筮之外，另一個在《周易》中提及的神祕事物是鬼神，即《繫辭
傳》所說的「精氣為物，遊魂為變，是故知鬼神之情狀」。履軒認為：
「《春秋傳》有魂上魄降之說，元非實際，此不當據作解。神伸鬼歸，
亦訓詁家之言，此不當據作說。」[145] 之所以如此說，一者是為了反對朱
熹於《周易本義》中此處所說的「陰精陽氣，聚而成物，神之伸也；魂
遊魄降，散而為變，鬼之歸也」[146]；二者，其不僅認為不應以聲訓法和
《左傳》所言之魂魄說作解，更進一步認為魂魄說「元非實際」，可見
在其形上學觀點中，根本不認同魂魄這種非經驗性事物之存在。又例如
解卦九二爻辭的「田獲三狐，得黃矢，貞吉」，朱熹認為是「去邪媚而
得中直之義」[147]，雖未明言，但其實此解係來自《易程傳》所說的「狐
者，邪媚之獸」。[148] 這種解釋將狐視作蠱惑人心的妖怪，而為小人之象
徵。履軒則言：「狐者陰獸，如斯而已，何邪媚之有，邪媚俗說已。」[149]
顯然不滿程朱參雜於其中的神祕痕跡。

　　基於這種意圖，履軒往往也在解經時訴諸最直觀的想法，排斥繁

144　中井履軒：《周易逢原・附言・筮則》，頁 266。
145　中井履軒：《周易逢原・大傳三之七》，頁 241。按：《春秋》三傳中無此說。《左
　　傳》雖言魂魄，但並未言及升降。《朱子語類》中數度提及此說法，但並未詳細註
　　明來源，或許來自於《禮記・郊特牲》之「魂氣歸于天，形魄歸于地。故祭，求
　　諸陰陽之義也」。
146　朱熹：《周易本義》，頁 237。
147　同上註，頁 159。
148　程頤：《易程傳》，頁 903。
149　中井履軒：《周易逢原・解卦》，頁 181。

複繳繞的《易》例或解《易》方式。例如在坤卦上六爻，他將爻辭改為
「西南得朋，東北喪朋」後說：「南之為陰方，北之為陽方，特取義於
堂廷之位也。君之南面，陽位也，其實在北方；臣之北面，陰位也，其
實在南方。故南為陰，北為陽耳。古人取象，往往取義於目前，不必推
窮實理。」[150] 重點在於此處的「古人取象，往往取義於目前」，履軒認為
《周易》卦爻辭中所見之象辭係來自於人們實際所處的經驗世界，以之
作為吉凶象徵，因此其中並無神秘之來歷。也就是說，履軒試圖以一
種理性的態度去看待《周易》的構成，不管是以人倫道德為重、直指占
卜之不可靠，還是指出取象係來自現實的經驗世界，都可歸諸於此去除
神秘的解經性質。又例如其解蹇卦卦辭「利西南，不利東北」時，直說
「占得此者，不必泥於地方。但險阻處，便是東北；平易處，便是西
南」[151]，徹底拋棄方位的固定性，也斷絕了由此而生的神祕附會可能。

　　同樣的，過於神秘化的解經方式，例如漢代以五行、節氣等入
《易》，以及宋代邵雍的圖書象數之學，亦為履軒所不喜。他說：

> 周末秦漢，異端之言競興，其談性命者，曰圖讖家，曰陰陽
> 家，曰五行家，皆欺弄卦爻，以資其辨，而文其術，如八卦
> 方位是也。方位全無道理，而曆法諸道，皆奉之如律令，上
> 列于朝廷，下布于民間，永為定式，無一人致疑焉。漢儒解
> 《易》，亦以此為伏羲之八卦，而未有先天之說。及邵子之
> 學，雖主先天，猶不能黜此妄八卦，更名為後天文王八卦，文
> 王受冤久矣。秦漢以降，異端之言，往往故幽謬其說，使人難
> 曉。如今時數家，以五行推人性，其以甲乙歲生者，未必木
> 性；戊己生者，未必土性，而其配屬之理不明矣。蓋言有統
> 紀，而可了解者，則其術弗售故耳。八卦方位之不可理解，亦

150　中井履軒：《周易逢原・坤卦》，頁 129。
151　中井履軒：《周易逢原・蹇卦》，頁 180。

猶是也。[152]

此段係針對《大傳》中八卦配八方之部分而說。在履軒看來，將學說弄得曖昧難明，只是自抬身價之手段。而秦漢以降乃至邵雍及當今之術數家，其說皆神祕莫測，漫無根據，背離《周易》原本之正道。《周易逢原》的〈附言〉中亦有一篇〈方位辨〉[153]，力主以八卦配方位之無徵與不必要。同樣地，關於《易傳》中的數字意義，他也只主張最簡單的解釋：

> 此謂天地陰陽之數而已矣。一奇一偶，是自然之數矣，與《河圖》何干？後世所傳《河圖》之數，非古義，不當據以釋《易傳》……蓋言五陽數與五陰數交錯，以生蓍數也。然五十有五，是自然之數，若大衍五十，是人之所製，非自然之數。故雖極力傅會，卒不全合，尚有奇零，可知傅會之數，不足以語理也。下文象數，皆是傅會，不足論者。[154]

> 大衍五十，其實元無端緒，適用而已。及二三再四之數，當初豈有意於象數哉？傳文特推其數，擬之象，以神明之耳。傳文如是之類亦多，若下文網罟杵臼亦然，豈容泥其文，深求其理哉？凡古書表象數者，皆以便於記臆而已，元無理解，至今俗亦多然，若制器，長短大小適用，而象數則後人傅會焉。蓋數自一至十，及百千萬，無不可傅會，何必得象為尚。[155]

《大傳》中所言之天地之數、大衍之數及筮儀中的象徵涵義，在此為履軒所否定。也就是說數的概念在履軒《易》學中實不具重要地位，此為其與春臺相反之處。而對於「河出圖，洛出書，聖人則之」一句，他更

---

152 中井履軒：《周易逢原・大傳三之七》，頁263。
153 中井履軒：《周易逢原・附言・筮則》，頁265-266。
154 中井履軒：《周易逢原・大傳三之七》，頁247。
155 同上註，頁248。

是加以抨擊：

> 圖書尤怪妄無稽，又無可則也⋯⋯圖書，蓋象數而已矣，無有
> 文字，則畫卦之時，或則圖書可也。至于繫辭，則無可則也。
> 傳所謂聖人，指伏羲耶？文王周公耶？夫《河圖》出于伏羲之
> 世，而伏羲則之，為未失理。若《洛書》出于禹時，邈乎在
> 後，伏羲安得則焉？文王周公，是繫辭者，雖有《洛書》，亦
> 無所用已。是《洛書》於《易》，全無干涉，想《河圖》亦此
> 之類云。今世所傳圖書、象數無足取，必是異端之說矣。[156]

宋代圖書之學本係從「河出圖，洛出書，聖人則之」一句發揮，承繼漢
代象數發展而來，而又為朱熹《周易本義》及《易學啟蒙》所取。這些
在履軒看來全屬虛妄，不過附會而已。以「異端之言」名之，也可得見
履軒不以此為儒家正宗的想法。從以上的表現來看，可以說履軒對於漢
代以降的象數圖書《易》學不予信任。這自然是因為這部分不若卦爻辭
中之象辭以及其中所透顯出的道德涵義一般，可以在經驗世界中得見其
根據。[157] 也就是說，和同樣反對圖書之學的東涯相較，東涯的理由是於
經學史中無從得見圖書在古代的堅強依據，履軒則是從個人理性觀點上
根本地排斥此具有神秘意味的元素。

　　這種重視經驗世界而排斥神秘性質的思想，也可以從懷德堂學派的
特色來探討。先行研究已指出「無鬼論」是懷德堂學派的特徵之一，陶

156　同上註，頁 252。

157　然而履軒解經，亦有附會於象數之處。例如其解復卦卦辭「七日來復」時，說：
　　「卦有六爻，故終而復始者，取數於七，震卦『七日得』亦然。復為第一日，師
　　為第二日，謙為第三日，豫比剝而六日，既又生復，為第七日。」見中井履軒：
　　《周易逢原・復卦》，頁 160。此說不過是以五陰一陽的卦體型態而論，同樣不知
　　根據何在，更不知與震卦六二爻辭「震來，虩虩，億喪貝，躋于九陵，勿逐，七日
　　得」之關聯為何。以履軒排斥數字附會的態度而言，何以作出此類詮釋，實令人
　　費解。而其於震卦六二爻處又云：「此震，謂可恐懼之事也，非雷，蓋指洪水之
　　難，三至五有坎象。」（頁 197）此又不過是互體說的變形，於經傳無所徵，同為
　　附會。此造成履軒解經具有內在不一致之處，為一失誤。

德民在《懷德堂朱子学の研究》一書中指出，無鬼論思想從五井蘭州時已開其端緒，而為竹山、履軒以及履軒弟子山片蟠桃（1748-1821）發揚，一直延續到懷德堂末代教授並河寒泉（1797-1879）。此無鬼論思想乃是對於朱子學的批判性繼承，針對已經嘗試將鬼神含攝於氣之流行的架構下但未竟全功的朱熹，而更往前一步，吸收范縝（450-510）《神滅論》等中國的相關思想，走向無鬼論，以之批判肯定鬼神存在的徂徠，並達到排佛與批判當時迷信的目的。[158] 另外我們也可以透過前述履軒在其他領域學問達到的成就，窺知其重視實際學問，藉由了解自然，累積知識來實踐格物致知的作法。這之中自然會與以經驗世界為重的性格密切相關。目前為止，關於履軒本人無鬼論的探討，已透過其《中庸》詮釋取得了成績。[159] 而透過上述的整理，可以得知，履軒承繼了懷德堂學派的無鬼論立場，進而表現在《周易》詮釋上。且不只是鬼神批判，事實上也形成了整體性的排斥神秘、重視經驗世界的《易》學觀點。

三、與朱熹進行對話而批判繼承

履軒曾孫中井天生（1855-1943）曾言：

> 吾先曾王父履軒先生之經業，有《七經雕題》詳略、《七經逢原》。《逢原》壯歲所著，槀本塗竄，至不可讀，乃細寫在本經上頭，命名曰《雕題》……欲別寫一通，而厭其浩繁，乃所引

---

158 詳參陶德民：《懷德堂朱子学の研究》（吹田：大阪大学出版会，1994 年），頁 301-361。然而陶德民此說，蘊涵著朱熹以理性態度看待鬼神，這一點可以再討論。有關朱熹對鬼神的態度，以及鬼神之說在朱子學中的重要性，可參田浩（Hoyt Cleveland Tillman）：《朱熹的思維世界》（臺北：允晨文化實業股份有限公司，2008 年）第十章〈朱熹的祈禱文與道統觀〉，頁 357-390。

159 較具有代表性的是子安宣邦：《鬼神論──神と祭祀のディスクール》（東京：白澤社，2002 年），第三章〈「陰陽の鬼神」と「祭祀の鬼神」〉，頁 109-125。另外陶德民在《懷德堂朱子学の研究》中討論履軒的無鬼論時，除了《中庸》詮釋外，亦有觸及其對《周易・繫辭傳》「精氣為物，遊魂為變，是故知鬼神之情狀」的理解。

　　宋明諸家說，悉削其氏號，會萃為一家之言，遂復舊名曰《七
　　經逢原》，合《大學雜議》，共三十二卷。斯書水哉館許受讀
　　者，高足三人耳。懷德堂規：年逾四十，而通朱學者，獨得閱
　　覽。是以坊間流布不多。160

此處指出，依照懷德堂的規定，四十歲以上並通朱子學之人才得以閱讀
《七經逢原》，而履軒門下僅三人獲准閱讀，可見此規定之嚴格。重點
在於：履軒認為通朱子學是閱讀《七經逢原》的必要條件，這表示履軒
之解經成果自與朱子學有密切關係。但透過前述探討應可理解，此並不
代表履軒之學僅是朱熹說法的翻版複製，而是履軒的主要對話對象正是
朱熹。若仔細閱讀《周易逢原》對經傳的詮釋，將會發現其中有相當大
的比例是在批評前說，而批評的對象幾乎都是《周易本義》，可以說圍
繞《周易本義》而展開的批評，正是構成《周易逢原》的一大成分或著
書動機也不為過。若對《周易本義》毫無所悉，便不可能明白履軒說法
之所由，自然也就沒有閱讀此書的資格。

　　履軒對《周易本義》的批評，大致可分為兩類：第一種是反對朱熹
對經文涵義的理解，包括對卦爻辭結構認知問題、字詞解釋問題等等；
第二種是反對朱熹解《易》的方式，包括其使用的《易》例、運用的理
論來源等等。

　　關於第一種，最常見的一個表現是批評朱熹混淆卦爻辭象與占的結
構。如前所述，履軒試圖區分卦爻辭中的象辭和占辭兩部分。《周易本
義》中固然也可看到象與占的分別，但在履軒看來，朱熹的分別並不恰
當，有違《易》之本義。以「亨」字為例，在乾卦卦辭「元亨，利貞」
處，他說：

　　「元亨」是象，「利貞」是占，餘卦並放此。《本義》無象占

160　中井天生：〈刊大學雜議中庸論孟逢原序〉，收入關儀一郎編：《日本名家四書註釋
　　全書　學庸部壹》（東京：東洋圖書刊行會，1924 年），頁 1。

之辨，既以四言為象，又以四言為占，何也？且其象大通，
則其占亦當得大通，雖失於無辨，而理未大悖。若其占利在
正固，豈得復以此為象哉？凡象占要分明，是讀《易》第一義
矣。《本義》又言「然後可以保其終」，此句似蛇足，經不見此
意。[161]

朱熹訓「亨」為「通」，將卦辭釋為「言其占當得大通，而必利在正
固，然後可以保其終」。[162] 此即是以「亨」為占辭，《周易本義》中率皆
如此。履軒則認為「亨」屬於象辭，「大通」是象徵，只有「利貞」為
占卜結果，故朱熹對「亨」之性質認知錯誤。履軒凡遇「亨」字，皆認
為其為象辭，不當以為占辭，即是針對朱熹而發。

　　另外在字義方面，有的是單一字詞的訓詁問題，影響範圍不大。
例如大過卦九二爻辭「枯楊生稊」，履軒說「《本義》從《程傳》，訓
『稊』作『根』。然稊無根義，若此說，改作『柢』字而後可」。[163] 而有
的牽涉到於卦爻辭中時常出現的重要關鍵字，對「貞吉」的解釋即為
一例。首先關於「貞」字，如上所述，朱熹對乾卦之「利貞」解釋為
「利在正固」，但縱觀《周易本義》，在解釋卦爻辭的「貞」時，又常
以「正」此一有道德涵義的概念為主，近於王弼。履軒則以「固」釋
「貞」，於遯卦九五爻辭處說：「貞吉，為貞固則吉也。此遯之嘉美者，
自無不正之懼，所懼在於其不固而已矣。《本義》以『正』解『貞』，
失之。」[164] 此處之「固」，意為有恆，同樣有道德涵義，但與「正」自是
不同。此外，履軒也不滿朱熹對「貞吉」結構的理解，而於比卦六二爻
處說：「凡經文所謂『貞吉』，皆為貞則吉之義，未嘗有為貞而吉者。
六四放此，諸卦皆然。」此顯是不認同朱熹將「貞」視作一種結果，

161　中井履軒：《周易逢原・乾卦》，頁 124。
162　朱熹：《周易本義》，頁 28。
163　中井履軒：《周易逢原・大過卦》，頁 165。
164　中井履軒：《周易逢原・遯卦》，頁 173。

而認為其應當是一種達到「吉」的條件。又例如「吝」字，朱熹訓為「羞」。履軒於屯卦六三爻處曰：「吝，嗇也，凡事退縮不圓滿之稱，不當作羞辱。他並放此。」[165] 在他看來，朱熹在《周易本義》中以「羞」訓「吝」，是毫無根據的。

在卦爻辭涵義方面，亦頗有與朱熹不同的解讀。有的是純粹義理上的想法不同，例如蒙卦卦辭「亨。匪我求童蒙，童蒙求我。初筮告，再三瀆，瀆則不告。利貞」，朱熹於註釋時說「筮者明，則人當求我而亨在人；筮者暗，則我當求人而亨在我」[166]，履軒則批評曰：「筮者惟人，暗也；告者鬼神，明也。是故雖大賢聖人，一為筮者，則亦屬乎暗矣，以明者不須筮求也。故筮者之明，此不當論焉。」[167] 朱熹以筮者有可能代人而占，為人解惑，故明；履軒則以筮者相對於全知之鬼神，必定為暗。其實履軒的批評未必能成立，此中差異，純粹因其與朱熹對筮者角色認知不同所致。而除此之外，履軒亦會針對卦爻辭字詞解讀來反駁朱熹。例如屯卦六二爻辭「乘馬班如，匪寇婚媾」，朱熹註曰「然初非為寇也，乃求與已為婚媾耳」[168]，履軒則言「車馬有往之義……夫六二之往，將與九五媾也，非敢作寇矣……《本義》以『匪寇婚媾』為初九之事，是與乘馬句不相承，不可從」。[169] 也就是兩人在將卦爻擬人化的過程中，對於「匪寇婚媾」的主體有不同的判斷。朱熹試圖以《小象傳》的「乘剛」揭示初二兩爻之間的關係。履軒則基於二五爻相應的《易》例，扣緊「乘馬班如」一句，認為是指二往求五。雙方各持之有故，自成體系，難說孰是孰非。重點在於履軒在解釋卦爻辭的涵義時即試圖採取與朱熹不同的作法。

又例如晉卦六五爻辭「悔亡，失得勿恤，往吉，无不利」，朱熹解

165 中井履軒：《周易逢原・屯卦》，頁130。
166 朱熹：《周易本義》，頁49-50。
167 中井履軒：《周易逢原・蒙卦》，頁131。
168 朱熹：《周易本義》，頁48。
169 中井履軒：《周易逢原・屯卦》，頁130。

為「一切去其計功謀利之心，則往吉而无不利也」。[170] 履軒對此大表反
對，說：

> 失得勿恤，言其必有得而無失，勿勞計較也……失得勿恤往吉
> 无不利，一氣讀下。家人之九五「勿恤」、升之卦辭「勿恤，
> 南征吉」、萃之初六「勿恤，无咎」，並與此同。《本義》下一
> 「則」字，大傷文意。其於家人，曰「勿用憂恤，而吉可必得
> 矣」，得之，可以為此爻之解。[171]

由於朱熹此處實有增字解經之嫌，故履軒無法認同，代之以較平實的見
解，又信而有徵，堪稱妥當。此外尚有其他確實指出朱熹謬誤之處，如
困卦九五爻處，朱熹言此爻「乘剛」[172]，履軒則指出：「凡言乘剛者，唯
陰爻而後有此累而言之也。九五陽爻，固無此累，《本義》失例。」[173] 其
說頗為有力。又例如巽卦九五爻辭「先庚三日，後庚三日」，朱熹說：
「先庚三日，丁也；後庚三日，癸也。丁，所以丁寧於其變之前；癸，
所以揆度於其變之後。」[174] 此不過以字音附會而已，並無根據。因此履
軒說：「先庚二句，與蠱之先甲同，甲庚無殊義，不當以丁寧揆度變更
等作解。」[175] 他認為卦爻辭中的「先甲」「先庚」等之天干，只是表示某
日的標記，並無特殊意義。雖然未知此說可否，但至少較朱熹之說來得
穩固。

關於第二類批判，乃是較為後設性、較重要的解《易》方法問題。
首先，從上面的疑經改經特徵，已經可以看出履軒與朱熹對《易傳》的
態度大相逕庭，也連帶造成兩人對《易傳》依賴程度的差異。履軒解

---

170 朱熹：《周易本義》，頁 145。
171 中井履軒：《周易逢原・晉卦》，頁 175。
172 朱熹：《周易本義》，頁 180。
173 中井履軒：《周易逢原・困卦》，頁 192。
174 朱熹：《周易本義》，頁 211。
175 中井履軒：《周易逢原・巽卦》，頁 204。

經時未必會依賴《易傳》，自成一家；朱熹則因為肯定《易傳》出於孔子，故雖然在肯定卦爻辭的卜筮本質這一點上區分了經傳性質，但是解經時仍與《易傳》體系有密切關係。對此履軒說：

> 《程傳》之《易》，《象》《象》仍舊，列乎卦爻之下，《文言》亦然。故解中文字，多相避而不重複。《本義》用古《易》，斥出《象》《象》《文言》，故解中不啻不相避，反剪斷傳文，捏合作解，故語意多拘束不暢，又有鶻突失義者……大乖於「本義」之號，信為可憾。他多放此。[176]

> 《大傳》多傳演之語，未可據以解經。《本義》節摘失宜。[177]

由此可見履軒在解經的前提上即與朱熹有重大差異，對《易傳》的態度即為其中一大者。

另一大者在於反對朱熹宗邵雍之說。眾所皆知，《周易本義》開頭附有先天八卦、後天八卦之圖、《河圖》、《洛書》等，都與邵雍《易》學有繼承關係。而如上所述，履軒對於八卦配方位以及圖書之學皆予以痛斥，自然不會接受這方面的援引。而朱熹在解經時的表現，也受到邵雍影響。《周易本義》所附《易》圖中的《伏羲六十四卦次序圖》，引述邵雍之說，在八卦到六十四卦的過程中安排的十六、三十二之數，等於是說六十四卦非八卦相重而成，而是八卦經過生出第四、第五、第六爻的階段才形成六十四卦。因此在乾卦部分，朱熹即說「八卦已成，則又三倍其畫，以成六畫，而於八卦之上，各加八卦，以成六十四卦也」。[178] 此處的「三倍其畫」，指的便是畫上第四、第五、第六爻的過程。履軒對此說：

176　中井履軒：《周易逢原・坤卦》，頁 128。
177　中井履軒：《周易逢原・大有卦》，頁 147。
178　朱熹：《周易本義》，頁 28。

六畫卦者，八卦相乘而成者，《大傳》所謂「因而重之」是
也。《程傳》一據《大傳》作解，允當。《本義》乃用邵說，謂
四畫五畫，積成六畫也，非是。凡《本義》據邵說者，皆不可
從。[179]

由此可知履軒主張的是依據《繫辭傳》，較為原本的說法，而非邵雍與
朱熹於經傳無徵而別出的象數之學。由此也可看出，履軒並非主張全
盤拋棄《易傳》，而是不盲從於此，甚且能入其室操其戈，轉而使《易
傳》成為自己批評朱熹的武器。

在履軒看來，朱熹之解經法無所本的地方，較重要的還有配月說與
卦變說。配月說即所謂的十二消息卦，起源於漢代孟喜卦氣說。對於乾
坤以外的其他十個卦，朱熹皆言其為某月之卦。依照卦序，首次出現之
處為泰卦。在此履軒說：

《本義》配月之說當削，是術家之為耳，與經文毫無干涉。且
配月有理邪？宜於乾坤發之。乾四月也，坤十月也。今不論於
乾，而始於泰否，是又不可曉者。他並放此。[180]

對履軒而言，十二消息卦起於漢代術數家，與《周易》之本義無關，不
當據以解經，而這與上述提到的反對神秘附會的觀念亦有關聯。朱熹對
十二消息卦之說有所偏好，或許是基於其反映陰陽二氣消長活動的自然
規律。但究其本質，畢竟為附會。正如屈萬里所言：「惟是消息卦之配
十二月，配君辟，不過卦氣術之一例。卦氣之術，乃用於推說災異，本
與《易》學無關。至荀虞各家，遂用消息卦以釋經傳，宜其穿鑿罕通
也。」[181]

卦變說的部分，在本章第一節談論東涯相關論點時，已比較過朱熹

179　中井履軒：《周易逢原・乾卦》，頁124。
180　中井履軒：《周易逢原・泰卦》，頁142。
181　屈萬里：《先秦漢魏易例述評》，頁81。

與東涯之說。另外，春臺也曾對此有所立論，他認為：

> 朱氏《本義》有卦變之說，就諸卦二爻變者，而言剛柔往來之
> 義，說圖於卷首以明之，此尤无謂也。後儒亦有說焉，近時伊
> 藤長胤疑朱氏，而欲以反對言之，雖亦似有理，而非通論，故
> 皆不取也。蓋凡有所限者，非《易》道也。予謂《彖》辭有言
> 剛柔往來者，不過就本卦上下二體言之，如王註而已。[182]

在此，春臺於朱熹與東涯之說皆不取，而採王弼之理解，也就是下卦之
爻向上行為「往」，上卦之爻向下行為「來」。雖然春臺並未詳細說明
為何東涯之說「亦似有理，而非通論」，但依據王弼說而以上下卦體釋
之，確實較簡明而不失穩健。

履軒於解經過程中，遇朱熹以卦變說解經而謂「卦變說當削」者凡
十五處。在《周易逢原》卷末的附言部分有一篇〈卦變辨〉，他認為：

> 乾坤交錯，而六子成矣。八卦相乘，而六十四卦立矣，其義一
> 也。論其變，則六十四卦莫不相變也，其變無窮，唯其所遇，
> 是故經文無卦變，《象傳》不道焉。其上下往來云者，內外之
> 分耳。[183]

從這裡可以得知，履軒採用與春臺相近的解釋，也就是直以上下卦，亦
即內外卦來說，確實較合乎《象傳》原意，而不須仰賴卦變說的附會。

以上皆為履軒解經時所展現的與朱熹之說相異處。但正如同履軒
並未全面排斥卜筮、《易傳》一般，其也並未完全採取與朱熹對反的路
線，畢竟懷德堂學派與朱子學關係密切，且履軒所務在求真而不在反
朱。從《七經逢原》以朱子學為基礎而建立來看，更可佐證這一點。一
個明顯的表徵是：對於某爻之不當位，朱熹稱之為「不正」。此作法甚

182　太宰春臺：《周易反正·凡例》。
183　中井履軒：《周易逢原·附言·卦變辨》，頁264。

為特殊，固然亦可成一家之言，然於《易傳》無徵，且容易與《易傳》中已有之「正」概念相混淆。[184] 這種以不正稱不當位的作法，亦為履軒所從，此外也確實造成了其對於「正」之概念的誤解。其於乾卦九二爻處言「九二中而不正，《本義》『中正』句，不可曉」[185]，然朱熹於乾卦九二爻言「中正」，與當位與否的「正」並不相關，而是依循《文言傳》「龍德而正中」一句而為。我們很難說朱熹於此是自亂體例，因為對其而言，《易傳》出於孔子，本為一體，因此其在此的詮釋態度是一致的。反而是履軒之所以對九二爻之「中正」感覺不可曉，乃是因為其對於「正」的理解被鎖死在朱熹以之論當位與否的作法上而造成混淆。換言之，履軒此處雖然在批評朱熹，但實際上正好顯示了其承襲朱熹作法的痕跡。

　　除此之外，也可以看到屬於朱熹的特殊涵義解釋為履軒所接受，例如无妄卦之卦名意義，在《周易本義》中被解釋為「實理自然之謂」。[186] 履軒註解此卦時說：「乾上震下，天之動也。天之運動，實理自然，無虛假，無念慮，日夜不息，無一瞬之妄，蓋卦所以獲名也。」[187] 這裡十分明顯地接受了來自朱熹的詮釋，而同樣強調「實理自然」之真實義來理解无妄之卦義。雖然履軒並不若朱熹一般，積極地將「无妄」之解中包含的真實義與《中庸》之誠連在一起[188]，但至少《周易逢

184　春臺則從另一角度言此作法之不當。其於《周易反正‧凡例》中說：「王注於諸爻不當位者，或言不當位，或言不得位，不言不正。蓋不當位不得位，未必不善。謂之不正，則是不善也。朱熹多言不正，是亦熹之刻也，予皆弗取也。」雖然「正」字在《小象傳》中常見於陰爻居二、陽爻居五的情況，似與當位之概念有關。但不當位之爻，於《小象傳》乃至《象傳》皆未嘗以「不正」言之。也就是說，《小象傳》以「正」稱呼二五爻之當位，不等於可據此將不當位視作不正，可見朱熹之「不正」概念係個人所作之延伸。

185　中井履軒：《周易逢原‧乾卦》，頁 125。

186　朱熹：《周易本義》，頁 112。

187　中井履軒：《周易逢原‧无妄卦》，頁 161。

188　履軒於《中庸逢原》中，並未又以「无妄」釋「誠」，而僅是強調「誠」為《中庸》思想之首出，其中之精微義亦為子思之創見。詳見中井履軒：《中庸逢原》，

原》此處是與朱熹《易》學關係密切的。而在「一陰一陽之謂道，繼之者善也，成之者性也」，履軒言「善與性，以人而言，此與孟子性善符合矣……蓋言大道惟二氣之運轉，而自然有妙用矣。人循此而行，斯謂之善……夫人何以能循天道而行也？無他，以有秉於天之性耳」[189] 雖然與朱熹理氣論之間頗有距離，但此處表現的心性論方面，顯然是與朱子學相合的，將「性」視作先天獲得的道德認知與實踐能力，具有價值涵義，而非單純的自然生之質。這也是履軒繼承朱子學之一例。

　　可以說《周易逢原》相對於《周易本義》，扣除掉字義、卦爻辭涵義等較零碎的出入，以及對圖書和象數《易》例的接受程度差異之外，在其他方面基本上是切合的，也就是仍舊繼承了程朱義理解《易》的傳統，保持了將卦爻擬人化、運用《彖傳》與《小象傳》之概念來解經、試圖呈現卦爻辭與卦象之聯繫、以人事道德之用為解《易》之指導原則等性質。朱熹解《易》雖援象數，然並未大量依賴漢代之《易》例，而是為了顧及「象」乃《周易》本質之一，在尋求本義的前提下而強調象數，仍舊屬於義理解《易》的路線。[190] 而在義理解《易》的方法上，甚至可以說正是因為履軒忠實地繼承此傳統，包括對《周易》原始面貌的追求、適度將卦爻辭還原至占者所處之情境，才會發掘朱熹之謬而批評之。因此有關履軒《周易逢原》的定位，可以視作是對朱熹的批判性繼承。

第四節　皆川淇園與《周易繹解》

　　皆川淇園，名愿，字伯恭，號淇園，又號筇齋、有斐齋、吞海子，通稱文藏，享保十九年（1734）生於京都。淇園自幼學習詩文，並與其

　　收入《日本名家四書註釋全書　學庸部壹》。

189　中井履軒：《周易逢原・大傳三之七》，頁 242。

190　對於《周易本義》的象數派或義理派定位問題，可參考朱伯崑之分析，見《易學哲學史》第二卷，頁 469-473。

弟成章（1738-1779，國學者，後入繼富士谷家而改姓）從儒者大井蟻亭學習，後又問學於三宅元獻（1710-1758）、伊藤錦里（1710-1772）等人。二十六歲時開始獨力學術研究，並收徒授業。其生涯之中甚少遠離京都，亦與仕途無緣，以一民間文人的身分度過一生，於文化四年（1807）病逝。

　　淇園雅好詩文，善書畫，常與其他文人交遊，頗有名士之風。廣瀨淡窗《儒林評》記載：「皆川為行狀放蕩之人……皆川之放達，出自弄世，類謝安攜妓於東山。」[191] 可見其乃當世一風流人物。淇園於儒學用力甚深，著述頗豐，講學不倦，門下弟子眾多，亦可謂代表京都學術的知名學者。《儒林評》曰：「皆川為仁齋東涯以後之京師大儒，學風甚奇僻。人或評曰：『日本學問之博洽精密者，東涯、春臺、淇園三先生。』果然也。」[192] 此處的「奇僻」，為其學問之一大特徵。淇園之學的代表為「開物學」，係其一家之言。此名來自《繫辭傳》的「開物成務」句，其內容乃是吸收《周易》元素而結合聲韻訓詁乃至文法研究的獨特語言哲學體系。[193]

　　淇園接觸《周易》時約十二、三歲，受其影響甚深，而於五十歲左右建立開物學。他的著作中有不少是以《易》學為基礎的一家之學，如《易原》、《易學階梯》、《易學開物》，以及這些作品所衍生的解釋類書

191　廣瀨淡窗：《儒林評》，頁 10。原文：「皆川ハ行狀放蕩ナル人ナリ……皆川ノ放達ハ、世ヲ弄ブヨリ出テタリ、謝安ガ東山ニ妓ヲ攜ベシ類ナリ。」

192　同上註。原文：「皆川ハ京師ニテハ仁齋東涯以後ノ大儒ナルベシ、學風ハ甚ダ奇僻ナルヨシ。或人ノ評ニ曰ク、日本ニ學問ノ博洽精密ナルコトハ、東涯、春臺、淇園ノ三先生ナリト、果シテ然ルヤ。」

193　淇園說：「且學之重名物也尚矣。名者字也，物者字義也。」見皆川淇園：《問學舉要》，收入中村幸彥（1911-1998）、岡田武彥（1909-2004）校注：《近世後期儒家集》，《日本思想大系》第四十七卷（東京：岩波書店，1972 年），頁 362。又，其於《易學開物・開物總論》中說：「名，字也；名物，字義也。蓋字生於名，名出於聲，是故字義之所成其實，是曰物。」據京都大學附屬圖書館所藏抄本，未著抄手及年代。本文所引之《易學開物》，均據此版本。總而言之，開物之「物」乃是字詞之義，開物學係透過字音而對字義進行鑽研。

籍。另外，他對許多經書子書皆有註釋，多冠以「繹解」之名，有《周易繹解》、《書經繹解》、《詩經繹解》、《周禮繹解》、《儀禮繹解》、《禮記繹解》、《大學繹解》、《中庸繹解》、《論語繹解》、《孟子繹解》、《老子繹解》、《莊子繹解》、《列子繹解》、《荀子略解》等。而其在字義探討方面，有《太史公助字法》、《左傳助字法》、《助字詳解》、《虛字解》、《實字解》等。還有關於文學的《淇園文訣》、《淇園詩話》、詩文集《淇園文集》、《淇園詩集》、《淇園詩文集》、《有斐齋文集》等。此外尚有一些重要著作，例如說明其整體性的治學理念與方法的《問學舉要》、以《易》學概念為框架來解說儒學關鍵字意義，內容涵蓋諸經的《名疇》等等。

　　淇園的開物學較深僻艱澀，並未對後世產生明顯的傳承影響。但在這過程中所形成的字詞名物之聲韻訓詁考證治學方法，卻開啟了日本儒學的考證學一脈。其後有大田錦城受其影響，而為江戶時代的考證大家。另外，其弟富士谷成章在國語學領域有所成就，且亦受到淇園在字詞研究方面的影響。[194] 此乃淇園於江戶時代儒學史中的定位及貢獻。

　　《周易繹解》於淇園生前尚未刊行，則其撰成年代大約在何時？首先，關於淇園對其《易》學成立過程的自述，一般都以《易原》的〈序〉中所記為主：

> 余自年十二三時讀《易》，疑象爻之辭何所出之也。及二十二三時，始悟《易》六十四卦，皆各其名聲之象，而象爻之辭皆出其聲象所為之之間者矣……積二十餘年，而六十四卦始得其法。[195]

---

194 見古田東朔、築島裕：《国語学史》（東京：東京大学出版会，1972 年），頁232-233。

195 皆川淇園：《易原・序》，據京都大學附屬圖書館所藏《易原》刊本，未註明刊行者。〈序〉文末有「天明六年丙午秋七月平安皆川愿伯恭自述」句，推知刊行時間當不早於 1787 年。而此部分為上卷，下卷刊行時間不明。

此時淇園已五十三歲。雖然《易原》在刊行之前的寫定時間亦不明確，然應可據此將淇園《易》學體系之成立定於其五十歲左右。而《易原》中曾提及「餘詳見於余著《周易繹解》」句[196]，可見《周易繹解》之作猶在此之前。因此可說，淇園於二十多歲時初步開始建立其體系，至五十而有成。《周易繹解》即是這中間過程的成果。

　　《周易繹解》之編排極為特殊，與通行本或是經傳分離之古本皆異。其經文與《彖》、《象》、《文言》等傳文部分仍相結合，然《序》、《雜》二傳被拆開來，依照各卦對應之內容，分附於各卦之後，如《小象傳》本應合作一篇，而在通行本中被逐句析於各爻辭後一般。《大象傳》也被移至各卦之末，而置於《序卦傳》和《雜卦傳》之前。至於《說卦傳》和《繫辭傳》，則依舊置於最後。如此便形成一種新的形態，與通行本和晁說之、呂祖謙古本皆異。但淇園並未表明此編排的意義，或許僅是出於詮釋上的意圖而非歷史考證的結果。以下即說明其解經之作法。

一、援用聲韻之學的特殊詮釋

　　如前所述，淇園的學問代表是開物學，而此學之成立與《周易》有極密切的關係。前面提到，淇園曾說「名，字也；名物，字義也。蓋字生於名，名出於聲，是故字義之所成其實，是曰物」、「《易》六十四卦，皆各其名聲之象，而象爻之辭皆出其聲象所為之之間者矣」，換言之，其認為「聲」，也就是語言之音具有重大意義。字詞—意義—聲音這三者形成一個緊密整體，而就中，作為語言直接表達媒介的聲音最為關鍵。《繫辭傳》中的「開物成務」句，淇園註解曰：

> 若又以開名物之義言之，凡如仁義忠信諸名物者，蓋自生民以
> 來乃有之，而民有性物能為行之之主，名之曰德。於是民又有

> 觀感其德物者，觸時隨類，象之以聲氣，而以名其物。是以其
> 聲氣之所形容，則德象存焉。[197]

這裡淇園認為聲音與字義之間有所關聯，前者為後者之「象」。仁義忠信等道德概念為人所感知、體會，而表現在聲音中。《文言傳》的「同聲相應，同氣相求，水流濕，火就燥，雲從龍，風從虎，聖人作而萬物覩」一句也是可讓淇園發揮此思想之處，他在註解此處時說：

> 夫庸言庸行，誠以成之，則德也；因欲成而以居其存之之務
> 者，業也。然所謂庸言庸行者，其義並以其名見者，而名不知
> 其物，則我不可得而用之也。是故辨名審物者，抑亦進德修業
> 之要務也。聖人之《易》，實為是作焉，而以明開物之法。[198]

淇園在這裡強調，進德修業之根本，在於能對事物之意義有正確的理解。這是一個有趣的進路。對於道德實踐之根據，若是以心性涵養為重，可以說是以心性論為首出；而像淇園這樣從人是否正確理解概念之意義來反省，則可以說是以知識論（epistemology）為首出，換言之，即是從「知識之結構」、「人如何獲得知識」等問題下手，來談道德實踐之可能性。若是人對概念內容的認識不清，則談不上能進行正確的行為。

　　前面已提到，淇園將對於事物意義的理解途徑重點放在語言之聲。在《文言傳》此處，他又指出：

> 蓋凡萬物之名，並皆生神之在民心觀感。夫萬物之宜，象之以
> 聲氣，而以名舉其物，為神之所觀感而以象之。故其道之所
> 用，以命夫萬物者，其小大並以天地變化、四時運行為其法。

---

197 皆川淇園：《周易繹解・繫辭傳》，據京都大學附屬圖書館所藏抄本，未著抄手及年代。本文所引之《周易繹解》，在《繫辭傳》以下者均據此版本。《繫辭傳》以前之部分則據公益財団法人禅文化研究所所藏抄本，未著抄手及年代。
198 皆川淇園：《周易繹解・乾卦文言傳》。

聖人以聲數名之其義，實符節矣。且凡人之所以言行者，並皆
預度其物，宜量其位數，然後以出之。故言行之樞機，固存乎
人心；人心之決裁，視之於往規；往規之所視，定乎佳慝；佳
慝之所分，乃因乎名物；名物之所出，本乎神感。[199]

也就是說，語言是人與世界之間的橋樑，具有指涉事物、讓人們進
行溝通、建立共識的功能。而最根本的原因在於人心中有「神感」，
也就是具備進行認知的能力，因此能在心中形成對於事物的表徵
（representation），也就是「象」，並透過語言來表達。在淇園看來，事
物之「象」，不僅是肉眼可見的文字，還包括耳朵所聽到的聲音，以及
心中的表徵，這才是進行認知、理解概念等功能的起點。聲音出自口
中，在開口之前，心中已有欲傳達之意義，而決定了話語內容，並形成
事物之「名」。因此淇園認為事物之「聲」與其內涵相呼應。

原本《文言傳》的「同聲相應，同氣相求」，說的是同一類事物彼
此之間的互相共鳴、交互作用，而這可以完全從實質的物理世界來理
解。淇園則專就上述聲音與意義的關係而論。他接著說：

同聲相應，蓋言名之聲氣同者，其物亦實相應相求，如下四句
所言即是也……蓋「水」與「濕」並皆細齒音第三等字也，
「火」與「燥」並皆清音第一等，又並皆上動之字也。此乃
同聲相應也。「雲」與「龍」並皆清濁第三第（按：疑當作
「等」）字也，而「雲」深喉音，「龍」舌齒音，此二字其音次
相接也。「風」與「虎」並皆清音字，而「風」唇音，「虎」
淺喉音，此二音其音次相接，此乃同氣相求也。此八物聲氣各
同，是以其物實相應相求。聖人以聲數明之，以作開物之道，
而萬物之情始得成可覩焉矣。[200]

199　同上註。
200　同上註。

對於「水流濕，火就燥，雲從龍，風從虎」，淇園透過聲韻學中《韻鏡》系統的角度來詮釋其何以有「同聲相應，同氣相求」的關係。以《廣韻》所訂之反切來看，「水」為式軌切，「濕」為失入切，皆為三十六字母中的審母字，三等音，分見《韻鏡》的內轉第七合與內轉第三十八合。[201] 因此淇園說兩者並皆細齒音第三等字。「火」為呼果切，屬曉母字；「燥」為蘇老切，屬心母字，皆屬清音，三等字，分屬於《韻鏡》內轉第二十八合與外轉第二十五開。[202]「雲」為王分切，屬喻母字；「龍」為力鍾切，屬來母字，皆為清濁，也就是次濁音，分見《韻鏡》外轉第二十合與內轉第二開合。[203] 而「其音次相接」，指的是聲母順序。淇園將聲母區分為八類並賦予新名，分別是格—齶聲、循—細齒聲、作—正齒聲、體—舌聲、會—淺喉聲、捭—唇聲、于—深喉聲、裏—舌齒聲。[204] 可以看出淇園所選的字乃是對應於其漢語發音部位。至於順序何以如此？淇園的解釋並不清楚。[205] 筆者推測，這可能與日語五十音的〔k〕、〔s〕、〔t〕、〔n〕、〔h〕、〔m〕、〔y〕、〔r〕、〔w〕等子音聲母排列順序有關。[206] 相當於漢語精系字的「作」雖為齒音，但又

---

201 《韻鏡》，據王雲五編：《叢書集成初編》第 560 冊（上海：商務印書館，1936 年），頁 15、77。

202 《韻鏡》，頁 51、57。另，「燥」字在《韻鏡》中之位置以他字代表，屬於皓韻。

203 《韻鏡》，頁 5、41。

204 皆川淇園：《周易繹解・乾卦文言傳》。另見《易原》，頁 6-7。

205 他在《易原》相關部分，於此八類聲部之前加一「喉間」，在最末加一「喉齶」，並說：「喉間之氣，其七安起？夫喉氣欲作聲，即先鼓於舌根，是以起本於舌位，而末至上齒。其次齶聲，取本於下喉位，而末屈至下一……其次喉齶聲，取本於頤內，而末取齶。」（頁 6-7）言下之意，乃指此序列之依據乃聲母發聲位置的由下而上次序。然若據此序列，再考慮各聲母之成阻位置，實難以認為其依循著固定的由下而上之順序。故筆者認為，淇園此安排，實為牽合某種既成之聲韻系統。

206 日語的五十音系統約成立於平安時代中期。另外，今日之五十音順序最早見於十三世紀。相關研究可參考古田東朔、築島裕：《国語学史》。可以得知淇園所處之時代中，其五十音之順序與現代相同。關於此問題，承蒙京都大學文學部大谷雅夫教授惠賜意見，在此謹申謝忱。

不屬於〔t〕，故將之置於發音位置相近的「循」之後；日語中〔p〕為〔h〕的濁音，發音上可分別對應到「捵」與「會」，故將「捵」置於「會」之後，便形成此順序。喻母與來母即分屬深喉聲與舌齒聲，故「其音次相接」，有緊密關係。「風」為方戎切，屬幫母字；「虎」為呼古切，屬曉母字，皆屬清音，分見《韻鏡》內轉第一開與內轉第十二開合207，且在淇園的聲母順序系統中亦為相鄰。

　　在《文言傳》原本的脈絡中，基於其性質相近而將事物分類，乃有物類相感的思想。而在此淇園則指出這些字在聲韻上即已存在著密切的關聯，故其所對應的事物亦有相近的性質。此外，「同聲相應，同氣相求」此原文的句型應為兩句排比，在淇園的理解中則變成兩句有相承關係，無疑是一種創造性詮釋。淇園甚至以此來證明古代，也就是《周易》成立的年代即有清濁音之分。他在《易學開物》中說：

> 何以知古有此清濁之別乎？《易・文言傳》曰：「同聲相應，同氣相求。水流濕，火就燥，雲從龍，風從虎，聖人作而萬物覩。」水濕並清字也，火燥並清字也，雲龍並清濁字也，風虎並清字也，是知古本亦有此四者之別，不然何以得清與清濁各分類相從以言之乎？208

也就是說，他深信這些字詞的分類反映在其聲音關係上，而構成聲音—意義—事物的緊密連結。另外，《繫辭傳》中的「廣大配天地」也被淇園施以轉化性的詮釋：

> 今所稱內轉者廣，外轉者大，此廣大之中，因其所轉之變通動靜，而寓以八卦之代應，則萬音生焉。209

---

207 《韻鏡》，頁 2、25。
208 皆川淇園：《易學開物・文等物文說》。
209 皆川淇園：《周易繹解・繫辭傳》。

內外轉在聲韻學上的意義是有無純二等韻的分別，換言之就是對於韻母的區分。而淇園卻將之連結到《周易》詮釋上，認為此內外轉之內涵來自《繫辭傳》中的「廣」與「大」，顯然已與原本讚揚《周易》之德的脈絡不同。又，對於「闔戶謂之坤，闢戶謂之乾，一闔一闢謂之變，往來不窮謂之通」一句，淇園說：

> 「坤」字是合口呼之字，故曰「闔戶」；「乾」字是開口呼之字，故曰「闢戶」。「變」字是合開口以呼之，故曰「一闔一闢」。「通」字是開合口以呼之，開則氣往赴於外，往也；合則氣聚於喉內，來也。聚於喉內，而其音不窮，故曰「往來不窮」也。[210]

「乾」字屬先韻，「坤」字屬元韻，正分別為開口呼與合口呼。很明顯地，和詮釋《文言傳》「雲從龍，風從虎」時一樣，在此淇園又將原本的脈絡拆解，而以字詞的聲韻結構去理解《繫辭傳》該句的涵義。

　　淇園之所以大費周章援聲韻學以入《易》，劇烈地轉變了《文言傳》原文的語意，便是為了要貫徹其知識論觀點，主張《周易》的體系是為了要揭示語言聲音與外在事物之間的關係，並引導人們從聲音規律來探求字詞，也就是事物之「名」的真意，而能正確地把握外在事物與概念。淇園透過這個作法，將《周易》註解導向一個獨特的路線，而有別於中日其他儒者。雖然像這樣分析單字的聲韻結構，來論證其中意義上的聯繫，並不是貫串《周易緝解》全書的解經法，但絕對是淇園《易》學中相當於基石的元素，不可忽視。

　　同時也需要注意的是，開物學以聲韻求意義的知識論進路，並未因此掩蓋了實質上比重不低的道德論述向度。在淇園此處的註解中，先強調辨名審物的開物之法，乃是進德修業之要務，接著才開始論述名物的重要性，再剖析「同聲相應，同氣相求」的聲韻範例。此一面向也呼應

---

210 皆川淇園：《周易緝解·繫辭傳》。

了《文言傳》「聖人作而萬物覩」原本的制度創發涵義，同時也是淇園提出開物學的關懷所在。在觀察《周易繹解》之解經時，之所以必須要特別關注在《文言傳》此處一小段所闡發的援聲韻入《易》的論點，便是因為此處具體而微地展現了淇園透過解經而陳述出的開物學之主旨、方法，以及其本身與眾不同的特色。而關於該系統更詳細的內容、連帶的象數思想及相關述評工作，將在下一章進行。

二、擺脫舊有《易》例的自由解《易》

如上所述，雖然淇園在解《易》方式中橫生個人的獨特體系，但最終目標還是有濃厚的義理關懷成分。他在《問學舉要》中開宗明義即說：

> 凡學文，先當立大本。大本不立，末何由生？夫聖人之道，始於脩己，而終於安人。六經之言，紛然多端，要皆不過以明夫二者也已……是故學者苟能篤好堅志，以深採於六經之菁華，而以冀傚於聖人君子之成實，斯可謂之大本立矣。[211]

可以說，「脩己安人」是淇園理想的君子目標，也是其所認定的六經之蘊奧所在。因此這也成了他據以解《易》的中心思想。在《周易繹解》中，既有與開物學相關的神祕體系，也有較為平實親切的義理詮釋，兩者並行而不雜。此處即探討其義理解《易》的部分。

義理解《易》的本質是以道德涵義發揚為依歸，淇園的「脩己安人」理想正是其表現。因此其中頗可見有關道德修養的特殊詮釋，例如乾卦九二爻「見龍在田，利見大人」處，他理解為：

> 有人意其龍德之見現其形者，亦在其田，而以得見之者必矣。是其所稱曰「田」者，即〈禮運〉所云「以人心為田」者也。

211　皆川淇園：《問學舉要》，頁360。

之人將必自務種文德於其心田，而以期他日之大獲於其文德之
得集成也。其如是之人，其德之內施，將必以致其普至也。[212]

《禮記‧禮運》中有「故人情者，聖王之田也。修禮以耕之，陳義以種
之，講學以耨之，本仁以聚之，播樂以安之」的說法，指統治者須針對
人民進行教化。淇園將之與「見龍在田」之「田」連結，不啻是一種轉
化性詮釋，而導向進德修業的譬喻。另外，個人的進德修業與經世致用
這兩者對淇園來說是同樣重要的，有德者不可僅獨善其身，而須兼善天
下，故他對乾卦初九爻「潛龍，勿用」的《文言傳》部分作了比較負面
的詮釋：

潛龍其所自善之道非不佳，而未以天下之民所其由之道者。故
若欲用之，則其義偏窄狹隘，必致窒礙，故曰「勿用」也……
長沮、桀溺、荷蓧大（按：疑當作「丈」）人，乃於陵仲子之
流是輩。其身雖不拘拘一世，營營其身，而其心未能自遣其
自喜之心，而以自從其所好者。蓋以其自負其材質大過，差
（按：疑當作「羞」）與滿世汙卑之俗為伍，故遂忘夫大偏，
以就隱遯者也。是以其行樂違憂，只自僻其心所惡，就其心所
好，要亦自為其智累，不能免於自私其身之弊者矣……乃潛龍
之所以為君子相異之由矣。[213]

在此淇園認為龍德而隱者，只是其私心所致而遁世，缺乏積極入世的情
操，乃有自私之弊，無法擺脫潔身自愛的優越感。以強調淑世的儒家思
想來說，這種想法並不罕見，但放到《文言傳》「龍德而隱」原本的正
面意義來看，這種詮釋就顯得特殊。《論語》中長沮、桀溺、荷蓧丈人
等隱者形象，反襯了孔子知其不可為而為之的入世理想。《孟子》中的
於陵仲子，也就是陳仲子，則是以世人以為廉而其實不廉的一面被提

212　皆川淇園：《周易繹解‧乾卦九二爻辭》。
213　皆川淇園：《周易繹解‧乾卦文言傳》。

及。在此這些人被淇園理解為「自為其智累」的自私表現，姑且不論是否公允，至少可以從這種特殊的理解看出淇園所欲強調之處。[214]

於是乎淇園也會重視《周易》卦爻辭中可以開啟道德詮釋涵義的詞彙，例如「貞」在《彖傳》與《小象傳》中有被釋為「正」的表現，而為王弼、朱熹所繼承，在《周易繹解》中亦如此，也就是同樣以「貞」為一種德行。另外，自《易傳》以下被詮釋為「信」的「有孚」，又衍生出誠信、必然等概念而散見於王、朱之註解中，要之皆圍繞具有德行義的「信」之概念而來。淇園沿用此解，並寄託了強烈的肯定。未濟卦上九爻辭曰「有孚于飲酒，无咎。濡其首，有孚失是」，《小象傳》說「『飲酒濡首』，亦不知節也」。《周易繹解》於此處說：「凡六十四卦每爻所戒告，皆亦欲其有孚于學者。」[215]可見在淇園眼中，「有孚」正是《周易》這部道德教科書中的核心概念，閱讀者必須仔細玩味而加以實踐成德。

我們甚至還可以在《周易繹解》的道德論述中看到關於心性論的道德論述。例如乾卦用九爻「見群龍无首，吉」處，淇園認為：「凡人之生其中，無不有乾德，但以其有小人顯微之別，是以或為賢，或為不肖，或為君子，或為小人。」[216]於訟卦《大象傳》處又說「天命從善，血氣從匿」[217]，於艮卦處更說「天地之性，令人各止其孝悌仁義之道，不得過其物」。[218]這種主張人具有先天上的道德實踐根據作為善之來源，而與自然血氣相對的想法，近於朱子學系統。而淇園藉著這樣的陳述，實際上也等於強調了《周易》思想的道德性本質，而連結到其對六

---

214 關於先秦時的隱逸者形象以及乾卦初九爻思想之成因，鄭吉雄提出了有趣的觀點，將之上溯至殷遺民與周代政治之間的緊張關係，值得參考。可見鄭吉雄：〈從遺民到隱逸：道家思想溯源——兼論孔子的身分認同〉，收入鄭吉雄、林永勝編：《易詮釋中的儒道互動》，頁 11-51。

215 皆川淇園：《周易繹解·未濟卦上九爻小象傳》。

216 皆川淇園：《周易繹解·乾卦用九爻》。

217 皆川淇園：《周易繹解·訟卦大象傳》。

218 皆川淇園：《周易繹解·艮卦卦辭》。

經「脩己安人」的定位。

　　然而就強調內聖外王這一點來說，本來就是義理解《易》的目標與本質。光只探討這些道德義涵，不足以顯示《周易繹解》解經的特殊之處。因此還是必須要從詮釋方式本身，來說明該書的獨特性為何。

　　首先，對於一卦之中六爻爻位的意義，淇園自有一套說法。他在註解完乾卦《文言傳》後說：

> 凡一卦之初爻，皆為其所由本而在內之位，故乾初九言龍德之所由本而在隱者也。第二爻皆為應外而以立其由之位，故乾九二言龍德之所現立者也。第三爻皆為內承乎外之位，故乾之九三言君子受命於天，而以從事其言行之吉者也。第四爻皆為內進於外之位，故乾九四言君子進德之抱疑意者也。第五爻皆為其德之成事業者，故乾九五言天行之德之成者也。上爻皆為其物之稍荒者，故乾上九言龍德不得其當而動者也。[219]

在此，由下而上分別代表「本」、「立」、「內承乎外」、「內進於外」、「成」、「荒」六者。而在註解完坤卦《文言傳》後，淇園又以此架構總結了各爻辭之涵義，並說「下六十二卦，不復附以總論。學者當須以此例推，而自得其義焉矣」。[220] 也就是說，淇園據之以解經的一個核心觀念，就是對於六爻爻位的此種分判，亦可以說是其所使用的《易》例。這種觀念將各卦視為與該卦涵義相關的一件事情，或一種情況的發展過程，由下至上，初爻代表其根本，二爻為建立規模，三爻為開始往外發展，四爻為進入外部，五爻為發展成熟，六爻為物極必反而開始走向反面。

　　一般來說，《周易》在某些卦的爻辭中，已有「由下而上代表事物發展歷程」的象徵。乾卦固為一例，像咸卦、漸卦等分別自下而上取象

219　皆川淇園：《周易繹解・乾卦文言傳》。
220　皆川淇園：《周易繹解・坤卦文言傳》。

者亦為代表。此外亦常有初爻取在下事物之象、上爻取在上事物之象的例子。[221] 這些現象都表明了卦爻辭成立之時，或許已有線性歷程概念的意識包含於其中。因此淇園這樣的理解，也確實有一定的合理性。而若是分析淇園的這種觀念，則有以下幾點必須注意的地方：一、如前所述，其基調是由下至上的連續發展歷程觀念；二、由三四爻的「由內至外」、「內進於外」之性質，可知此蘊涵內外卦，也就是上下卦體的概念，以作為事物發展成形而開始往外發揮作用之分界的譬喻；三、將二爻定為事物成立，五爻定為發展達到極致，都是歷程中的關鍵之位。此形同已接受《易傳》以二五爻為上下卦體之中而得尊的概念。[222]

但除此之外，在淇園的解經方式中便沒有其他特定的規則。換言之，上述三點要素以外的《易》例均未在《周易繹解》中佔有重要地位。在其解經方式中，與爻辭涵義相關的僅有爻位，陰爻或陽爻的性質則無關緊要。其爻位分配雖以內外而呈現出上下卦體的概念，但是其由何卦組成亦非關鍵。陰爻陽爻之別、上下卦為何，這些都是不在上述三要素中，卻與《彖》《象》傳文中可見之傳統《易例》，以及根據《彖》《象》而生的義理解《易》作法息息相關者。陰爻陽爻之別，牽涉到崇陽抑陰思想以及當位與否、乘承比應等概念；上下卦為何，涉及到八卦卦德意象在詮釋卦爻辭時發揮的作用。這些作法蘊涵一個觀點：卦爻象與卦爻辭之間有一個緊密的聯繫，卦爻辭需透過卦象整體性的陰陽結構來理解。卦象結構決定了卦爻辭之所以為吉或為凶、為吝或為悔，也決定了其何以取某象來代表人格化的陰陽爻、與八卦之卦德有何關聯等等。隨著淇園自身所採的解經方式，這些成分在《周易繹解》中顯得淡薄，這也表示淇園的義理解《易》作法是與眾不同的。

---

221 相關整理可見屈萬里：《先秦漢魏易例述評》，頁 20-24。

222 例如其於隨卦九五爻註解即曰：「隨於天下之中位，則孚于嘉吉也。蓋隨與重情合，則眾情之所嘉也。其所得嘉之隨，亦自己中心所孚感而以為之，故吉也。」見皆川淇園：《周易繹解・隨卦九五爻辭》。雖然「中」在此處被轉換為「自己中心」，但也可說正因為援引了「中位」的概念，才使得此轉換得以產生。

在此，以需卦上六爻辭「入于穴，有不速之客三人來，敬之，終
吉」為例，來比較淇園與其他人的解經方式。首先，《小象傳》曰「雖
不當位，未大失也」，這裡產生了一個問題：《小象傳》中以陰爻居二、
四、上位為當位，何以此處卻言不當位？屈萬里認為此處之「位」字乃
羨文[223]，其說可採。此羨文或許是在後人抄寫過程中形成，至少也反映
出《小象傳》的當位與否《易》例十分重要，而可能使得抄手不自覺地
在此處將「不當」理解為「不當位」。接著，來看以下幾人的詮釋：

> 六四所以出自穴者，以不與三相得而塞其路，不辟則害，故不
> 得不出自穴而辟之也。至於上六，處卦之終，非塞路者也，
> 與三為應。三來之己，乃為己援，故无畏害之辟，而乃有入
> 穴之固也。三陽所以不敢進者，須難之終也。難終則至，不待
> 召也。己居難終，故自來也。處无位之地，以一陰而為三陽之
> 主，故必敬之而後終吉。（王弼《周易注》）[224]

> 需以險在前，需時而後進，上六居險之終，終則變矣。在需之
> 極，久而得矣。陰止於六，乃安其處，故為入于穴，穴，所安
> 也。安而既止，後者必至。不速之客三人，謂下之三陽。乾之
> 三陽非在下之物，需時而進者也。需既極矣，故皆上進，不
> 速，不促之而自來也。上六既需得其安處，羣剛之來，苟不起
> 忌疾忿競之心，至誠盡敬以待之，雖甚剛暴，豈有侵陵之理？
> 故終吉也。或疑以陰居三陽之上，得為安乎？曰：三陽乾體，
> 志在上進，六，陰位，非所止之正，故无爭奪之意，敬之則吉
> 也。（程頤《易程傳》）[225]

223 屈萬里：《先秦漢魏易例述評》，頁 28-29。
224 王弼：《周易注》，據《周易二種》，頁 23。另，太宰春臺《周易反正》於相關處
　　係直接引用王弼此說。
225 程頤：《易程傳》，頁 727。

陰居險極，无復有需，有陷而入穴之象。下應九三。九三與下
二陽需極並進，為不速客三人之象。柔不能禦而能順之，有敬
之之象。占者當陷險中，然於非意之來，敬以待之，則得終吉
也。(朱熹《周易本義》)[226]

坎險之極，故曰入于穴。速，召也。不速之客三人，指內三
陽。此爻在需之終，既及于難，羣剛之在下者，非意凌暴，相
率欲進，其危懼可知。然陰柔能忍，故不與忿爭，待之有禮，
則能得其感孚，終得吉也，故系詞如此。蓋天下無不可為之
時，亦無不可為之人。險已極矣，讎我者亦眾矣，宜若不可
為。然柔而能忍，與人交而有禮，則不至取禍敗，在險之極，
亦可謂吉矣。(伊藤東涯《周易經翼通解》)[227]

入于穴，若無需者。然有正應將來援，故爻辭不用「需」字，
而依然有需義。下有正應而不中，未能相援。然與初二同德
相與，而牽連來援，則綽綽力有餘矣。陰柔陷險，不能自脫，
則三陽之來援也，固應喜迎也，不宜論禦否。《本義》「柔不能
禦」，失於辭。「敬之」是占，不當以為象。終吉者，終免於險
也。(中井履軒《周易逢原》)[228]

對於需卦上六爻此爻辭的涵義，以上五人的解釋共可分為兩種：一、不
速之客三人的前來係帶有負面涵義，粗暴的三人前來，需恭敬謹慎對
待，方能化險為夷；二、自身陷入險境，而有三人前來救援，終將為
吉。而此兩者的共同之處便是認為「不速之客三人」指的是下卦乾卦的
三陽爻，將之擬人化，作為往上直到上位的三人，或表現出上六與九三
正應而能往上，或表現出下卦為乾，卦德有健義而上進。這就是傳統義

---

226 朱熹：《周易本義》，頁 55。
227 伊藤東涯：《周易經翼通解》卷二，頁 15。
228 中井履軒：《周易逢原・需卦》，頁 134。

理解《易》的作法，認為卦爻辭的字句與卦體有緊密的連結，而指涉到爻象的狀況。陰陽爻被擬人化，與其他爻之間產生或來或往、承乘比應的互動，而反映在卦爻辭以及《彖》《象》傳上。

而淇園則解釋為：

> 有者，有來也。六四曰「出自穴」，則其窘束已脫。而今又曰「入于穴」者，蓋言其心開以覺血氣窘束之脫者，有時血氣旺盛，以生其惑，則或復還入於彼窘束之中矣。然以需積其功之極位，故又曰「有不速之客來」。蓋雖其窘束之地，亦或有警提之意。自外者備其盛數以來於其心矣。心能作是時之想，惡（按：疑「要」字之訛）振其血氣窘束，能肅然起敬，以如聽此警提之言，則其於亦得其吉也。[229]

此處將爻辭內容理解為心性修養的情境。上位為荒位，為事物發展中的負面。因此「入于穴」也代表負面義，為內心重為血氣之欲所影響，等於陷入險境。「有不速之客來」代表自外獲得提撕內心的契機，而能重新振作，因而終吉。可以看到淇園的詮釋中，「三人」之數並不是重點，僅言「有不速之客來」，表示其無意對此深究，其目的僅在於對爻辭作一整體性的理解，並指出其所譬喻的道德情境。於是乎也可以看到，這種詮釋幾乎完全以爻辭內容而論，與卦象之間的關聯僅在於爻位，而未涉及該爻的陰陽屬性、與其他爻之間的關係等等。這與以往的義理解《易》作法大不相同，差別在於，淇園的詮釋中並不依賴卦象，不會試圖透過爻辭字句，將爻位擬人化來理解。甚至可以說這是一種極為純粹的義理解《易》。淇園對其他卦爻辭的詮釋，大率如此，僅以辭句本身進行註解，而不涉及整體的卦象。

傳統的義理解《易》所使用之《易》例，與《易傳》甚有關聯。儘管淇園對於卦爻辭，可以採用僅依賴爻辭字句本身的方式來進行詮釋，

229　皆川淇園：《周易繹解・需卦上六爻》。

不過面對《彖傳》《象傳》中「中正」、「乘剛」、「當位」等由卦象而論
的《易》例說法時，總是無可迴避的。但淇園對此也會作出新解，使得
卦象意義又顯得淡薄。例如夬卦《彖傳》言「『揚于王庭』，柔乘五剛
也」，係以上六爻及其下五陽爻的卦體而論。淇園解釋為：

> 五剛者，士、大夫、卿、公、王五位也。民不得其所決，則或
> 因遂揚于王庭，揚于王庭則士、大夫、卿、公、王皆議之，是
> 柔使五剛乘，故曰柔乘五剛也。[230]

顯然淇園並不欲繼承《彖傳》以卦體釋卦辭的傳統，因此僅將剛柔作為
對上位者與下位者的譬喻，而將五剛理解為上層階級之人，而非卦體中
的五陽爻。又例如豫卦六五爻《小象傳》曰「『貞疾』，乘剛也；『恆不
死』，中未亡也」，這裡包含「乘剛」與「中」兩個《易》例。淇園對此
則言：「其人體氣剛，而疾乘其人也。其中氣未亡，是以恆不死也。」[231]
從中看不到對「乘剛」所包含的與九四爻之關係的論述，而是僅憑「乘
剛」二字望文生義。至於「中」字原有的六五爻中位涵義，也被解釋為
人體之中氣，又與爻位無涉了。前面提過淇園接受了二五為中的概念，
但儘管如此，這一例也說明了其對「中」之概念的依賴並不若《小象
傳》如此之深。

　　而對於《小象傳》中的當位與否的概念，既然淇園並不關心該爻為
陰爻或陽爻，其詮釋自然也就不會著墨於陰陽爻與陰陽位的關係。例如
履卦六三爻《小象傳》言「『咥人』之凶，位不當也」，也就是以不當位
為凶之因。淇園對此句則理解為：「其所履之位，不當於虎意，是以咥
人也。」[232] 這和其對豫卦六五爻《小象傳》的「乘剛」加以望文生義一
般，同樣是以己意去理解，完全脫離了《小象傳》原本的文意，也就自

230　皆川淇園：《周易繹解・夬卦彖傳》。

231　皆川淇園：《周易繹解・豫卦六五爻小象傳》。

232　皆川淇園：《周易繹解・履卦六三爻小象傳》。

然不可能與當位與否的《易》例之間有任何關聯了。

　　另外，對於「中正」，淇園也作了不小的轉換。需卦九五爻《小象傳》曰「『需于酒食，貞吉』，以中正也」，表示其之所以吉是因為以陽爻而居五之位。在此淇園說：

> 人之於酒食，是為其所必須。是以雖是嗜慾，而其心未嘗以為羞。未嘗以為羞，乃是中心正矣。夫以中心之正之所為者，雖是為遂嗜慾，而無害其性情之正矣。若或過嗜過求，則亦害於正矣。《傳》教人以使無害其正，故曰「貞吉」，以貞則吉也。[233]

當「中正」變為「中心正矣」，則與爻位無涉。淇園等於提出了新解，轉化為自成其理的心性詮釋，只是在字面上配合《小象傳》的「中正」。又例如訟卦九五爻《小象傳》言「『訟，元吉』，以中正也」，淇園說：「元則其義得中正，是以吉也。」[234] 這兩者的差別在於，《小象傳》中，「中正」是元吉的原因，所以以陽爻居五之位乃是最大關鍵；在淇園這裡，真正的原因是「元」，也就是德之大者，具有領導義，因此得以中正而吉，換言之「中正」乃是結果。這也表示淇園終究還是立足於爻辭內容而論，而不以卦體方面而論，其中的差別與意義便在於此。

　　我們已經看到了淇園的解《易》方法，只在極小的限度中與卦體有關，實際上則是完全就卦爻辭本身而論，不強調陰陽爻或其他傳統《易》例對卦爻辭內容的影響，換言之，即與《易傳》以來的傳統義理解《易》方式有別。透過前面的比較，也看到了淇園此作法實甚為特殊。就傳統的義理解《易》方式來看，淇園的作法或許有漫無邊際，遊談無根之嫌。然而姑且不論傳統義理解《易》之說亦不等於《周易》原意，就算淇園的理解與卦爻辭乃至《易傳》的原意相差甚遠，畢竟仍以

---

233 皆川淇園：《周易繹解・需卦九五爻小象傳》。
234 皆川淇園：《周易繹解・訟卦九五爻小象傳》。

道德為本，以「脩己安人」的大前提為宗，且擺脫了來自卦象的束縛而自成一格。就此而言，未嘗不具有值得重視的面向。

只不過淇園所持之解《易》方式雖較為簡明親切，亦有自身的缺陷。其言五位代表德之成，六位代表荒位，這種作法在遇到五爻為凶或是上爻為吉時，將無法自圓其說，只能置之不理。例如同人卦九五爻辭「同人，先號咷而後笑，大師克相遇」，淇園言「此言人之難得同心也」[235]，顯然與德之成大相逕庭。大有卦上九爻辭「自天祐之，吉無不利」，淇園說「此蓋以明大有之業，以得天祐之，為致其擴弘之由也」[236]，亦與荒位之例相矛盾。謙卦六五爻辭「不富以其鄰，利用侵伐，无不利」，淇園說：「六五位在於上卦之中，是其位之所累，或易至於驕滿失誤，故爻辭言云爾……今雖或謙，亦或屢驕屢不能以積謙德於己，故曰『不富以其鄰』也。此蓋有血氣之易橫溢者，而今我不富於謙也。」[237] 此不僅與德之成無關，且位於上卦之中何以會有「位之所累」？不僅與自身體例矛盾，且又無根據，恐失之牽強。淇園試圖開出與《易傳》不同的詮釋方式，擺脫卦象的束縛，確實可說是一種進步，但其對自身所設下的《易》例，有時也反過頭來成為新的限制，不免留下未竟之功。

淇園有意建立有別於《易傳》之說的表徵尚有一處，那就是對於卦序意義的個人理解。《序卦傳》將宇宙論與人事規律的論述相揉合，配合各卦涵義，以解說卦序之由，而其中多含有物極必反的思想，這也頗能配合二二相耦的卦畫順序規則。縱然不是每一個卦之間的連結都以物極必反來解釋，但至少也可以說此乃《序卦傳》論述模式中的一大重要成分，而使其具有螺旋狀前進的結構。

而淇園在《周易繹解》中，自屯卦開始，於各卦卦名之下陳述接此

235 皆川淇園：《周易繹解・同人卦九五爻》。
236 皆川淇園：《周易繹解・大有卦上九爻》。
237 皆川淇園：《周易繹解・謙卦六五爻》。

卦之由。例如在屯卦下曰：「乾坤二卦，君子德義之則已備，而今欲以施之于一世。世多小人，而其道難遽行，故次以屯。」[238] 在蒙卦下曰：「君子之道之所未得開通者即蒙也。」[239] 於需卦下曰：「屯之通也，蒙之開也，皆當以需其道而以得之矣，故承之以需也。」[240] 於訟卦下曰：「有性命之宜，有血氣之適，必養血氣，然後性命之情伸焉。故君子以需貴養，而養之所未加，則性命之善，血氣之惡，交相爭于中，即訟也。」[241] 於師卦下曰：「訟之所決是非善惡者，據師眾以為其本，故承訟以師也。」[242] 可以看到淇園在此以其一貫的「脩己安人」想法來詮釋卦序。《序卦傳》開頭由宇宙論著手，而淇園則一開始便將關注重點放在上位者施政以治眾人的角度來論述。尤其是訟卦和師卦，於《序卦傳》中曰「飲食必有訟，故受之以訟。訟必有眾起，故受之以師」，乃是一種單純的對事物規律的陳述。淇園則偏向心性修養和政治作為的意味。於訟卦處所言的性命血氣之爭，既可說是存於君子內心，亦可說是教化民眾時會遇到的狀況，要之皆屬「脩己」。師卦在《序卦傳》中具有軍隊形成、戰爭發生之意，而在淇園詮釋下則單純代表「眾人」，也就是民意之依歸，而為決訟之判準，此即具有「安人」之意。從中便可看出淇園於詮釋卦序所代表的人事義理時，自有其一套與《序卦傳》截然不同的理路。

　　此外，相較於《序卦傳》中的螺旋式結構，淇園的卦序模式是比較偏向線性的，往往不是以陳述物極必反的規律為重，而是將主軸定為事物發展歷程中逐步建構完成的形勢條件。例如《序卦傳》云「物不可以久居其所，故受之以遯。遯者，退也。物不可以終遯，故受之以大壯」。這種物極必反現象，乃自然之規律，非人力可影響。而淇園

238　皆川淇園：《周易繹解・屯卦》。

239　皆川淇園：《周易繹解・蒙卦》。

240　皆川淇園：《周易繹解・需卦》。

241　皆川淇園：《周易繹解・訟卦》。

242　皆川淇園：《周易繹解・師卦》。

則說：「恆久之所以能得者，以遯為本也。」[243]「其所遯之大義，致成壯也。」[244] 此處係就人事上，人力所完成之事含有之條件而論。兩者的差別在於：《序卦傳》該處主旨在於揭示外在客觀規律，淇園該處則就人事上的價值判斷來說明事物進程。當然，兩者不可能截然無關，但所偏重之處仍不能不說有所差別。

　　淇園的這套新作法，固然別開生面，然偶爾亦有小疵。例如剝卦，《序卦傳》基於物極必反思想而言「致飾然後亨則盡矣，故受之以剝」，這是就賁卦到剝卦之間相反相承之連結而論。淇園則只簡單說「剝者，剝去其賁飾也」[245]，此不僅不能顯示與《序卦傳》之別，甚至因為其描述過於靜態，呈現不出原因，顯得無必然之連結，反不如《序卦傳》。不過無論如何，重點在於淇園自有一套對於卦序詮釋之看法。其中固然有與《序卦傳》類似處，但不同處才是真正重點。李鼎祚《周易集解》與程頤《易程傳》將《序卦傳》析於各卦之下，不乏重視卦序所含義理之意。或許淇園亦因有意效仿，乃將其個人對卦序之說明置於每卦起始處，與被分別析於各卦末尾的《序卦傳》原文正遙相對，更可隱約見其對立之意識。

　　總而言之，淇園的義理解《易》中所包含的濃厚創新特色，可以說是《周易繹解》中值得關注之處。或許也正是基於這種創新意識，導致《周易繹解》中還有一個值得注意的現象，那就是淇園甚少與其他《易》註進行對話。前面提到，淇園的解《易》方式與《易傳》有別，這不代表淇園將《易傳》全然拋開，事實上仍然有依循之處。只是其對於《易傳》的依循，主要是在某些字詞解釋上，而非如傳統義理解《易》一般，繼承了《易傳》以來的《易》例。同樣的模式也表現在他面對其他《易》註時的態度上。在東涯、春臺、履軒的解《易》

243　皆川淇園：《周易繹解・遯卦》。
244　皆川淇園：《周易繹解・大壯卦》。
245　皆川淇園：《周易繹解・剝卦》。

過程中，可以看到他們都很明確地表達對某家說法的贊同或批判，且這不僅僅在於字詞解釋上，更是在於對《周易》內文涵義的理解問題上表現出贊同與否。也就是說，他們的解《易》過程中明顯地包含著與前人的對話，甚至可以說這是重要的成分。但在《周易繹解》中，僅在字詞解釋上會引用其贊成的前人《易》註。最常為其引用的是明代何楷（1594-1645）之解，另偶爾會提及其他人，要皆不出訓詁層面的引述。至於最重要的解經方式以及卦爻辭涵義詮釋上，整部《周易繹解》宛如淇園一個人的獨白，看不到他與其他《易》註較深層的對話。淇園雖然與其他文人有所交遊，但是在學問上頗有自成一家的特性，不論是從其老師處或是從同期儒者處，都看不太出來交流影響的痕跡。[246]

這種孤立性，除了反映在淇園開物學的特立冷僻之上，筆者認為也可說反映在《周易繹解》這種不具對話向度的特色上。另外，中村幸彥認為，淇園學問的最大特色，在於近代性與中世性不可思議的混合。[247] 淇園對字義文理的高度鑽研，具有近代的科學性；然而其冷僻難解的開物學，又含有中世的神秘性。筆者認為，《周易繹解》也能放到這種「不可思議的混合」之評價下來看。《周易繹解》中與開物學相關的部分，充滿了神秘的迷霧，自不待言；而其義理解《易》部分則完全相反，不附會於卦象，專就卦爻辭內容而發，據可切身體驗的道德情境立論，可以說極度理性，明白曉暢。而這兩者共同組成一部書，彼此不即不離，著實耐人尋味。而這正又說明了淇園解《易》的創新之處。淇園以《易》學聞名，然其《易》學並未對後世產生明顯影響。儘管如此，其《周易繹解》的這些特殊之處，實別開生面，足供人玩味。

---

246 詳見中村春作、櫻井進、岸田知子、滝野邦雄、塩出雅、加地伸行：《皆川淇園・大田錦城》，《叢書・日本の思想家》第二十六冊（東京：明德出版社，1986年），頁35。該部分由中村春作執筆。

247 中村幸彥：〈解題〉，收入《近世後期儒家集》，頁529。

第五節　佐藤一齋與《周易欄外書》

　　佐藤一齋，名坦，字大道，通稱捨藏，號一齋，又號愛日樓、老吾軒。安永元年（1772）生於江戶。其曾祖佐藤周軒（1665-1741）擔任岩村藩（今岐阜縣惠那郡岩村町）儒官，其後升職為家老，自此佐藤家代代世襲此位而仕於岩村藩。一齋自幼好學，兼修文武兩道，又與岩村藩主松平氏的三子松平衡（1768-1841）共同問學，常彼此切磋。兩人年齡相仿，關係密切，情同手足。一齋十九歲時成為岩村藩藩士，然旋因故遭免職。二十一歲時前往關西地區遊歷，獲得機緣，在大阪得以從中井竹山學習，又至京都訪皆川淇園問學。一齋東返時，竹山贈予其「困而後寤，仆而復興」句。「仆而復興」為王陽明之語，此或為一齋與陽明學產生連結的關鍵。二十二歲時，一齋入當時昌平黌大學頭林錦峰門下，同年林錦峰過世，因身後無子，故幕府命松平衡繼承之。入嗣林家的松平衡，即為昌平黌第八代大學頭林述齋，一齋也隨之改入述齋門下，終身執弟子禮。

　　在昌平黌中，一齋逐漸建立其名聲，在儒林中展露頭角，多有名士來訪。此外，他也曾受到官方資助，得以至長崎遊歷，結識中國商人，以文會友。文化二年（1805），一齋以其學術成就，擔任昌平黌之塾長，與林述齋一同負責教學工作。文政九年（1826），一齋被拔擢進入岩村藩老臣之列，得以參議政事，自是名聲益高。天保十二年林述齋去世，痛失摯友的一齋受到強烈的打擊。然而在幕府延聘下，仍出任幕府儒官之職，入住昌平坂學問所官舍，亦曾在天保十三年（1842）為將軍德川家慶（1793-1853）進行《周易》進講。此後一齋持續進行教學工作並參與國事，直至安政六年（1859）年去世。

　　一齋為昌平黌儒者，依規定須以朱子學為正學，然一齋表現出的學術傾向除了朱子學之外，亦有陽明學的成分，因此被評為「陽朱陰王」。又，身為昌平黌的重要人物，其對四書五經施加的訓點也因而具有權威性，世稱「一齋點」。此外，一齋自年輕時即已有著作，二十

歲時寫下《辨道薙蕪》，針對當時風行的徂徠學進行批判。二十四五歲時，著有《大學一家私言》，表現出陽明學的傾向。在《易》學方面，有《周易欄外書》、《易學啟蒙欄外書》、《九卦廣義》、《周易進講手記》等。其他儒學相關作品有《古本大學旁釋補》、《大學摘說》、《中庸欄外書》、《論語欄外書》、《孟子欄外書》、《小學欄外書》、《近思錄欄外書》、《傳習錄欄外書》、《孝經解意補義》、《初學課業次第》等，兵學著作有《孫子副詮》，另外並著有《近蘇遊錄》、《漫遊雜錄》、《愛日樓文詩》等。而一齋著作中最為後世所重者，乃是其於四十二歲以後四十年間所寫下的四本語錄，合稱《言志四錄》（《言志錄》、《言志後錄》、《言志晚錄》、《言志耋錄》），內容涵蓋儒學、政治、軍事、史論、教育、養生等各種領域。此不僅在當時因簡潔明暢又富含義理而受到士人重視，更因「維新三傑」之一的西鄉隆盛（1827-1877）曾自《言志四錄》中抄錄一百多條箴言加以誦讀而聞名，至今仍被視作日本儒學的代表作之一。[248]

　　一齋在當時聲譽卓著，曾為大田錦城盛讚曰：「今代文人，當以此子（按：指葛西因是，1764-1823）及佐藤一齋為冠冕焉。」[249]他不僅是日本當時的代表儒者，也對歷史發展造成了一定的影響，蓋其所處之時代乃是江戶時代末期，此時日本內有幕府體制崩壞，民心思變的動盪，外有列強以船堅砲利強行叩關的危機。值此風起雲湧之際，亦有豪傑輩出，在思想、軍事上展開行動，促使日本走向結束幕府體制而前往明治維新的道路。一齋雖為幕府要臣，但其弟子及再傳弟子中，不乏幕末時期頗為活躍，而與後來的明治維新有關的知識分子，

---

248 以日本國立國會圖書館所藏為例，自 2000 年以來至 2015 年 2 月為止，已出版的《言志四錄》現代語譯註相關著作共有三十七本，平均一年即有兩本以上出版，可知作為一齋代表作的《言志四錄》至今仍被視為日本傳統文化中的重要典籍而被力求通俗化。資料檢索來源為日本國立國會圖書館網站：http://opac.ndl.go.jp/。

249 大田錦城：〈與大窪天民論名士品題書〉，收入大田錦城：《春草堂集》卷二十，據京都大學人間環境學研究科總合人間學部圖書館所藏，東京：育德財團複製之抄本，1938 年 5 月出版。

諸如佐久間象山（1811-1864）、象山門下的勝海舟（1823-1899）、
坂本龍馬（1836-1867）、吉田松陰，以及松陰門下的高杉晉作
（1839-1867）、久坂玄瑞（1840-1864）、木戶孝允（1833-1877）、伊藤
博文（1841-1909）、山縣有朋（1838-1922）等即是。因此也可以說，
明治維新的促成過程中，一齋亦為思想源頭之一。[250]

　　《周易欄外書》成立時間不詳。根據田中佩刀考證，《周易欄外
書》中提到《易學啟蒙欄外書》之名，而《易學啟蒙欄外書》寫成時間
為天保四年（1833），另一部在這之後有註明書寫時間的《易》學著作
是《周易進講手記》，成於天寶十三年（1842），故《周易欄外書》可
能係於這段時間中撰作完成，即一齋六十二歲至七十一歲之間。[251] 關於
《周易欄外書》的內容編排，係採《周易》古本的經傳分離方式，共分
十卷，前六卷為卦爻辭經文部分，每十卦一卷，第六卷為十四卦。接
著依序為《彖傳》、《象傳》、《繫辭傳》，以及《文言》、《說》、《序》、
《雜》四傳。最後並附有一些出現於《周易啟蒙翼傳》、《周易折中》等
書中的《易》圖。之所以以十卦為一卷，有其象數思想之理由，容後敘
述。而經傳分離的方式，代表其認可此編排乃較早之面貌，但並不代表
一齋認為此乃《周易》之真貌。他於《周易欄外書》中說：

　　《漢書・藝文志》「《周易》經二篇傳十篇」，自費直以傳解
　　經，而鄭玄又稍易之，分《彖》《象》附各卦。復至王弼，則
　　乾卦獨存鄭本之舊，而坤卦以下更割裂《象傳》，插入於各爻

---

250 從明治維新原動力的角度說明一齋對後世影響的論述，見井上哲次郎、蟹江義丸
　　編：《日本倫理彙編》第三冊「陽明學派の部　下」（東京：育成會，1903年），
　　〈序說〉，頁5-6、川上正光（1912-1996）譯：《言志四錄全訳注》（東京：講談
　　社，1978年），頁14-17。另外，將一齋視為陽明學者時，亦會將其放入陽明學與
　　明治維新關係的脈絡中。關於陽明學對明治維新的影響，詳見張崑將：〈幕末維新
　　陽明學的思想內涵及其作用〉，收入張崑將：《德川日本儒學思想的特質：神道、
　　祖徠學與陽明學》（臺北：國立臺灣大學出版中心，2007年），頁229-280。
251 詳見田中佩刀：〈解說〉，岡田武彥監修：《佐藤一齋全集》第九卷（東京：明德出
　　版社，2002年），頁15-16。

間。爾後諸家皆用此本,而程子亦依之。呂大防、晁說之、呂
祖謙各有古本之復,而朱子據祖謙《音訓》本作《本義》,今
所傳康熙《折中》本即是也。愚案:呂氏古《易》復《漢志》
之舊耳,周代編次則不可知也。但經之為二篇,《繫辭》、《序
卦》亦有可證矣。至傳十篇,在古恐是各書異卷,非與經合併
者。故謂之《漢志》之舊可也,謂之孔氏之書則叵信矣。[252]

也就是說,一齋雖然選擇此編排方式,但理由僅是因為此乃目前可考之
最早版本,而非絕對的原始版本,因此也不可將之視為單純地依循《周
易本義》而已。以前述所探討之《周易》注釋書來說,與《周易欄外
書》編排較相近者為春臺的《周易反正》。但姑且不論兩者對朱熹的態
度,僅比較他們對所謂「古本」的考究態度來說,一齋說法確實較為穩
健恰當,可謂前出未密,後出轉精。

　　以下,就一齋《周易欄外書》中可見之解經特色,分別進行說明。

一、歷代眾說的廣泛彙整

　　《周易欄外書》的解經表現中,最大的特徵是多方引用中國《易》
著以表達己見。凡解釋卦爻辭及《傳》文時,一齋常先將某中國《易》
著或儒者的說法整段引述,接著才說明自身看法,或是單純引述而已。
有時亦有只提出己見的部分,但相對而言比例較少。整部《周易欄外

---

[252] 筆者所見之《周易欄外書》,共有兩種版本:其一為京都大學文學部圖書館所藏抄
本,分成於不同人之手。前六卷未著抄手與年代,後四卷則題有「大正十二年三
月十二日惺軒校了」,筆跡與內文相近。此處之「惺軒」,應為後四卷之抄手,或
即漢學家高瀨武次郎(1868-1950)。其二為岡田武彥監修:《佐藤一齋全集》第九
卷所收之《周易欄外書》部分,由田中佩刀進行譯註,未附漢文原文。田中氏所
據之底本,為東京都立中央圖書館所藏《周易欄外書》抄本。此兩版本彼此互有
出入,應分屬不同底本來源。故本文所引用之《周易欄外書》文句,乃筆者自行
比對校勘後之所得,頁碼則依《佐藤一齋全集》第九卷標註之。本段引文見《周
易欄外書》,頁88。

書》的大半文字都是引文，凡為一齋整段引用者，乃其所贊成之說法。
而一齋偶爾會在引述完之後以「愚案」申述己見，但其性質乃屬於補
充，而非批駁。其對於自身所不贊成的中國《易》著論點，則不會整段
引用，只簡略概括其要旨後再言其謬。

　　而透過觀察一齋於《周易欄外書》中所引用的對象，不僅可知一齋
參考了哪些說法，亦可得知其對《周易》理解的趨向何在。在此先將在
《周易欄外書》中，說法被整段引用的中國《易》著及解《易》儒者整
理歸納如下：

朝代	人名或書名
漢	鄭玄、劉表、宋衷
三國	虞翻、王弼
晉	韓康伯
唐	孔穎達、崔憬、李鼎祚、郭京
宋	胡瑗、呂大臨、司馬光、晁說之、王安石、程頤、張載、楊時、蘇軾、朱震、張浚、鄭剛中、郭雍、楊萬里、鄭東卿、《周易本義》(朱熹)、黃榦、馮當可、張栻、《古易音訓》(呂祖謙)、《朱子語類》(朱熹)、陸九淵、趙彥肅、楊簡、潘夢旂、項安世、毛璞、李舜臣、馮椅、王應麟、丘富國、王宗傳、易祓、李過、李心傳、蔡淵、鄭汝諧、趙汝楳、徐幾、田疇
元	吳澄、俞琰、胡一桂、保八、王申子、胡炳文、張清子、熊良輔、龔煥、李簡、萬善、龍仁夫、董真卿
明	梁寅、蔡清、林希元、來知德、蔣悌生、王陽明、唐鶴徵、姚舜牧、楊啟新、張汝弼、張振淵、焦竑、陸振奇、李光縉、繆昌期、劉概、方應祥、鄭維嶽、程敬承、何楷、陸銓、谷家杰、徐在漢、錢澄之、趙振芳、吳曰慎、顧象德
清	毛奇齡、《周易折中》(李光地)、《周易述義》(傅恒)、吳邦選

　　上表中有許多人名及其說法，被收錄在諸如《周易會通》、《周
易折中》之類的總集性《易》著裡。很可能一齋是透過這類《易》著
得知相關說法，而非直接閱讀其人自身的著作。然凡為一齋單獨提及
者，均別列之，不予匯歸，以呈現《周易欄外書》之內容。而就中
引用頻率不一，相對而言較常為一齋引用之人物或書籍，有項安世

（1129-1208）、吳澄（1249-1333）、胡一桂、胡炳文（1250-1333）、毛奇齡（1623-1716）、《周易會通》、《周易折中》、《周易述義》等。

　　在上一章中已提到胡一桂的著作在日本中世時期即已流傳，而其代表作《易本義附錄纂疏》、《易學啟蒙翼傳》，均是以朱熹《易》學為宗的作品。事實上也可以說這類《易》著在《易》學史上的定位，乃是代表朱子學獲得官方支持的展現。朱子學在中世日本取得影響力，傳入日本的朱子學相關著作也隨之受到重視。桃源瑞仙《百衲襖》參酌董楷、胡方平、胡一桂關於程朱《易》學的作品，即為一例。而在江戶時代，朱子學具有一定的地位，自不待言。胡一桂等人的著作雖然談不上具有高度的原創性，但由於彙整了朱熹《易》學的材料，因此對學習朱子學之人來說，自是相當便利，而為日本所重版。一齋學統中含有朱子學，又擔任昌平黌教師，與朱子學關係密切，故大量參考胡一桂之說，亦屬合理。吳澄、胡炳文、《周易折中》之引用，或基於同樣的理由。至於說法來源中含有其他不屬於朱子學者，或是並未為《周易折中》所收錄之人的現象，也顯示一齋本身具有折衷之性格，治《易》時不盡然以朱子學為依歸。另一個表徵在於，一齋對朱熹《周易本義》中的卦變說表示反對，有時亦不以《周易折中》之說為是[253]，此亦當與一齋博採眾說，不墨守一家的態度有關。

　　此外，也正因有這些豐富的前人基礎，使得一齋得以從中抉發言之有理的考據之說，而能夠在解《易》時除了義理、象數詮釋外，也能顧及校勘，可說較為全面。例如比卦六三爻辭「比之匪人」，此爻辭之意義，後人均據《小象傳》「不亦傷乎」而得知此乃凶象，朱熹言「其占

---

253 例如其於隨卦卦辭處說「《本義》卦變之說概不可從」，見《周易欄外書》，頁175。又於咸卦九三爻辭處說「《折中》釋『其隨』為三隨四，援隨卦艮卦為證。然二卦並為陰與陽相隨，而此則三四皆陽，與二卦例不同，如《本義》三隨初二，則正為陰與陽相隨之義耳。《折中》恐似是而非」，言之有理。見佐藤一齋：《周易欄外書》，頁 258。

大凶，不言可知」[254]，東涯、春臺從之，而履軒、淇園未明言其凶，但大抵往負面意向作解。一齋則於此處言：

> 「比之」，亦比五也。「匪人」謂非其人也。蓋以不中不正之資，欲比於中正之五，阿諛迎合以取容，君子豈受之乎？抵足以取凶而已。王肅本「人」下有「凶」字，《象傳》「不亦傷乎」蓋釋「凶」字，本文似脫。[255]

在此一齋亦就傳統義理解《易》的方式詮釋「比之匪人」之所以為凶象的理由。但其特別提到王肅本與通行本的不同，以可靠的校勘理由呈現《小象傳》背後的脈絡，並回復了該處象辭占辭兼俱的正常結構，更添踏實。又例如臨卦九二爻《小象傳》曰「『咸臨，吉，无不利』，未順命也」，與爻辭原意相衝突，頗令人費解，朱熹即僅言「未詳」。[256] 而此處東涯、春臺、履軒、淇園四人之解分別如下：

> 未咸則不可以臨。(伊藤東涯《周易經翼通解》)[257]

> 二正應五，故「咸臨，吉，无不利」也。然五君位，若二感之，而盡順其命，則恐為何順矣。今二以剛中之德，雖感之而未順命，有獻可替否之義，所以不及初之貞吉也。(太宰春臺《周易反正》)[258]

> 「順」上舊有「未」字，今試削。(中井履軒《周易逢原》)[259]

> 雖民如未順命，而彼心已有感其臨，故吉无不利也。(皆川淇

254　朱熹：《周易本義》，頁 64。
255　佐藤一齋：《周易欄外書》，頁 130-131。
256　朱熹：《周易本義》，頁 97。
257　伊藤東涯：《周易經翼通解》卷六，頁 3。
258　太宰春臺：《周易反正‧卷五‧臨卦九二爻小象傳》。
259　中井履軒：《周易逢原‧繫辭傳三之三》，頁 227。

園《周易繹解》)[260]

　　除了履軒以個人意見，判斷「未」字於此語意不合而當刪之外，其他三人皆試圖調和「未順命也」造成的衝突。東涯之解過於簡略，且與《小象傳》字句更無關聯，參考價值不高。而春臺與淇園皆將此處視作具有轉折意，前者認為雖吉无不利，但未順命，也就是並未完全服從居於君位的五爻，故不及「貞吉」之境；後者則認為雖未順命，但吉无不利，在此不談二五爻是否有相應關係，而專談二爻象徵之情境，比擬為統治者面對民眾的狀況。雖然這些詮釋都有其自身理路，但終究需要強為之說以調和《小象傳》與爻辭間的衝突。一齋則指出：

> 《音訓》：「『未順命』，晁氏曰『胡先生云此「未」字羨文』。」九二主爻，最能感，最得吉利，為六五虛中之君所任，是順命也。「未」字羨文無疑。[261]

一齋扣緊九二爻位上應六五，呼應吉辭的性質，肯定「未」字為羨文，不僅言之成理，且能引前人之說以援己。雖然晁說之之說甚為簡單，但至少在此處也稍微替一齋增強了說服力，而使其較為穩妥。

　　一齋在《周易欄外書》中，於詮釋《周易》時整段引用自身贊同的眾多前儒說法之表現，相較於前文已探討的四本《易》著，顯得較為特殊。筆者認為，這可以反映出一齋致力於將接觸到的中國《易》學材料融會消化，作為自身資源來進行解《易》工作。一齋並未從頭至尾將某個對象照單全收，而是彼此折衷，以求合理地兼顧象數、義理與考據。這也使得《周易欄外書》同樣成為如同《周易折中》一般的總集性《易》著，同時也可視作一本整理前人說法的教科書。

260　皆川淇園：《周易繹解‧臨卦九二爻小象傳》。

261　佐藤一齋：《周易欄外書》，頁 536。

二、良知心學的具體呈現

　　一齋在儒學史上有「陽朱陰王」之評，道出了其所具有的陽明學傾向，後世對一齋的定位也多聚焦於陽明學之上。[262] 一齋著有《傳習錄欄外書》[263]，其《言志四錄》中出現的「靈光」概念也頗與陽明學相

---

262 大鹽中齋（即大鹽平八郎，1793-1837）在寄給一齋的信中曾經提到「先生亦服膺良知者」，表示在當時，一齋的陽明學傾向已甚為顯著而為人所知。見大鹽中齋：〈寄一齋佐藤氏書〉，相良亨（1921-2000）、溝口雄三（1932-2010）、福永光司（1918-2001）校注：《佐藤一斎・大塩中齋》，《日本思想大系》第四十六卷（東京：岩波書店，1982 年），頁 634。關於「陽朱陰王」之評的產生，見田中佩刀：〈一斎学の系譜〉，《陽明学》第三號（1991 年 3 月），頁 82-99。其後在學術史定位上，一齋被井上哲次郎和蟹江義丸置於《日本倫理彙編》的「陽明學部」，安井小太郎在《日本儒學史》中亦直指一齋為陽明學系統，見該書頁 262。市川本太郎：《日本儒教史　四　近世篇》（東京：東亞学術研究会，1994 年）中，於陽明學派部分特立一章〈佐藤一斎とその門流〉，見該書頁 399-453。中國較早的日本儒學史紀錄出自清代黃遵憲（1848-1905）的《日本國志》（臺北：文海出版社，1981 年）第 32 卷〈學術志〉，其在闡述江戶時代儒學分派時將佐藤一齋歸於朱子學者，見該書頁 791。其後，華人學界關於日本陽明學的論著而時間較早的是朱謙之（1899-1972）的《日本的古學及陽明學》（北京：人民出版社，2000 年），主要就陽明學的角度來介紹佐藤一齋，見該書第五章〈佐藤一齋及其門下〉，頁 287-331。後張君勱（1887-1969）：《比較中日陽明學》（臺北：臺灣商務印書館，1970 年）、王家驊：《儒家思想與日本文化》、戴瑞坤：《陽明學說對日本之影響》（臺北：中國文化大學出版部，1981 年）、張崑將：《德川日本「忠」「孝」概念的形成與發展——以兵學與陽明學為中心》（臺北：國立臺灣大學出版中心，2004 年）等皆如此。在不同的意見方面，相良亨曾指出，一齋的學說，比起辨別朱子學與陽明學，更可以說其是在兩者折衷之中尋求孔孟精神。見相良亨：〈言志四録と洗心洞箚記〉，《佐藤一斎・大塩中齋》，頁 709-738。另，吳偉明於《易學對德川日本的影響》亦將一齋歸於折衷學派，見該書頁 189。縱觀目前中日研究論著，突顯一齋的陽明學色彩乃屬主流，或許是受到明治時代以來井上哲次郎等人所作的學術史定位影響所致。筆者曾試圖再度突顯一齋朱子學成分的重要意義，可參拙著：〈佐藤一齋《言志四錄》的「天」思想及其意義〉，《中國學術年刊》第三十三期秋季號（2011 年 9 月），頁 67-100。

263 陳榮捷（1901-1994）：《王陽明傳習錄詳註集評》（臺北：臺灣學生書局，1983 年）蒐羅各種《傳習錄》評注著作時，如此介紹一齋的《傳習錄欄外書》：「一齋勘校十餘板本異同，詳盡無比，自家評語，均从理學要理出發。……以板本言，以評註言，此為研究《傳習錄》所萬不可少之書。」（頁 18）此語可充分表達一齋對陽明學用力之深，以及《傳習錄欄外書》的價值。

通。[264]心學方面的思想正是一齋的特徵，也使得其《易》學詮釋比起前述幾本《易》註，更添了幾分心學色彩。這部分在《周易欄外書》中的篇幅並不多，卻可說是不容忽視的存在。

中國的心學《易》，乃是宋明理學脈絡下義理解《易》的其中一個分支。在上文所列之一齋引述來源中，楊簡（1141-1226）即是宋代心學《易》的代表人物。雖然楊簡之師陸九淵（1139-1193）更可算是心學之一代宗師，但其說在《周易欄外書》中並不具備關鍵地位，只有在艮卦卦辭處提到「陸象山曰：『艮其背，不獲其身』，無我；『行其庭，不見其人』，無物。」[265]此實在過於簡短，僅能看出一齋肯定陸九淵此說而已。或許是因一齋接觸陸九淵《易》說的途徑，乃是後世《易》類集解之書，而非本人著作，導致一齋引陸九淵說法之處並不多見。又或者一齋另有考量，亦未可知。不過相較之下，其對楊簡的引述則較長，亦較有探討空間。

朱熹曾斥陸九淵之學為禪，而從後世觀點來看，楊簡的心學《易》亦曾受到批判。《四庫全書總目提要》評《楊氏易傳》曰：

> 簡之學出陸九淵，故其解《易》惟以人心為主……考自漢以來，以《老》《莊》說《易》，始魏王弼；以心性說《易》，始王宗傳及簡。宗傳淳熙中進士，簡乾道中進士，皆孝宗時人

---

264 例如一齋曾說：「今試思察胎胞中心意，必是渾然純氣專一，無善無惡，只有一點靈光耳。方生之後，靈光之發竅，先知好惡，好惡即是非，即知愛之敬之所由出也。思察到此，可以悟我性之為天，我體之為地。」見佐藤一齋：《言志後錄》，《佐藤一斎・大塩中斎》，《日本思想大系》第四十六卷，頁 241。關於一齋這種心中「靈光」想法的分析探討及其與程顥（1032-1085）、朱熹、王陽明等人關係之闡述，詳見近藤正則：〈佐藤一斎学の基調「心之霊光」をめぐって〉，《岐阜女子大学紀要》第 37 號（2008 年 3 月），頁 103-112。該文指出：一齋所言之心之「靈光」，是陽明「心即理」脈絡下的「心」，同時也是程朱理學脈絡下的「本然之性」。近藤正則此分析同時顧及了一齋朱子學與陽明學兩方面的傾向，可以參考。

265 佐藤一齋：《周易欄外書》，頁 373-374。

也。顧宗傳人微言輕，其書僅存，不甚為學者所誦習；簡則為
象山弟子之冠，如朱門之有黃榦。又歷官中外，政績可觀，在
南宋為名臣，尤足以籠罩一世，故至於明季，其說大行……夫
《易》之為書，廣大悉備，聖人之為教，精粗本末兼該，心性
之理，未嘗不蘊《易》中。特簡等專明此義，遂流於恍惚虛無
耳。[266]

此外又在評論《周易折中》時說：

自宋以來，惟說《易》者至夥，亦惟說《易》者多歧。門戶交
爭，務求相勝，遂至各倚於一偏。故數者《易》之本，主數
太過，使魏伯陽、陳摶之說竄而相雜，而《易》入於道家；理
者《易》之蘊，主理太過，使王宗傳、楊簡之說溢而旁出，而
《易》入於釋氏。[267]

《四庫全書總目提要》將王宗傳與楊簡並列為宋代心學《易》代表，朱
伯崑曾對此表達不贊同之意，指出王宗傳解《易》較為混雜，未成體
系，並非與楊簡屬於同一系統。[268] 事實上就《周易欄外書》中引述王宗
傳之說的部分來看，也未見如楊簡一般鮮明的心學表現。因此論及《周
易欄外書》中與宋代心學《易》相關的地方時，最重要的還是楊簡之
說。

從《周易欄外書》內容來看，楊簡對艮卦的理解，為一齋所整段引
用如下：

---

266 據《景印文淵閣四庫全書》第 14 冊所收之楊簡：《楊氏易傳》，頁 1-2。
267 據《景印文淵閣四庫全書》第 38 冊所收之李光地編：《周易折中》，頁 11。
268 詳見朱伯崑：《易學哲學史》第二卷，頁 598。近來另有賀廣如經詳細分析後，指
出王宗傳《童溪易傳》之脈絡較近於程氏《易》而非陸九淵、楊簡之心學《易》，
值得參考。詳見賀廣如：〈心學《易》流別之始——《童溪易傳》定位商榷〉，《漢
學研究》第二十九卷第三期（2011 年 9 月），頁 267-302。

楊簡曰：善止者，行善行者止知止，而下行者實不知止。知行
而不知止者，實不知行。知行止之非二，而未能一一皆當其
時，猶未為光明。如四時之錯行，如日月之代明，而後為光
明，而後為得《易》之道。人精神盡在乎面，不在乎背；盡在
乎前，不在乎後。凡此皆動乎意、逐乎物，失吾本寂然不動之
性。故聖人教之曰「艮其背」，使其面之所向，耳目鼻口手足
之所為，一如其背，則得其道矣。雖則應用交錯，擾擾萬緒，
未始不寂然矣。視聽言動，心思曲折，如天地之變化矣。惟此
為艮，惟此為止其所。苟艮其面，雖止猶動，知其動而強止
之，終不止也。惟「艮其背」，則面如背，前如後，動如靜，
寂然無我，「不獲其身」。雖「行其庭」與人交際，實不見其
人，蓋吾本有寂然不動之性，自是無思無為，如水鑑，如日月
光明四達，靡所不照。目雖視而不流於色也，耳雖聽而不流於
聲也。作用如此，雖謂之「不獲其身，不見其人」可也。269

從《彖傳》的「時止則止，時行則行，動靜不失其時，其道光明」一
句，引發關於心體的論述，這是非常典型的心學《易》表現。楊簡所據
以解釋艮卦卦辭「艮其背，不獲其身，行其庭，不見其人」的中心思
想，在於人有「寂然不動之性」，也就是先天即具，獨立於外在經驗之
上的良知本心。艮卦卦辭在此轉化出一種工夫義，也就是隔絕外界對自
身的作用影響，使內心進入不劇烈活動、不為欲望所干擾的狀態，而當
下將良知本心呈現出來。這種全然將道德修養歸諸於一種靜態的、內向
性的心靈鍛鍊思想，招來了「恍惚虛無」、「入於釋氏」之評。但一齋特
別引用之，代表其在一齋《易》學中發揮了影響力。艮卦上九爻辭「敦
艮，吉」處，楊簡之說再度被引用：

楊簡曰：敦有厚義，又有不動義。《書》曰「惟民生厚」，其

---

269 佐藤一齋：《周易欄外書》，頁 374-375。

因本厚而不動之，則其厚固自若也。仁之德性，固未始或動
也。《中庸》曰「大德敦化」，言不動而自化也。《復》曰「敦
復」，不動而自復也。《臨》曰「敦臨」，雖臨乎人而不動也。
是其不動，非強為是不動也。人之德性，自不動也。德性亦曰
道心，道心即意念不動之心。[270]

此處要旨大抵相同，亦即強調人之先天本性、內在本有的不動之心，以
作為一切的道德修養工夫根據。合而觀之，艮卦的「停止」之象徵，給
了楊簡發揮的空間，以此用於「寂然不動之性」的相關思想上。楊簡對
艮卦的詮釋並未被收入《周易折中》之中，一齋則特地於此引用之，重
視之意自不待言。據此可以肯定楊簡心學《易》與一齋對《周易》的理
解之間的關係。

　　另外，一齋在《周易欄外書》中亦引用王陽明之說，像是於《文
言傳》「先天而天弗違，後天而奉天時」一句，提到「王文成曰：『先天
而天弗違』，天即良知也；『後天而奉天時』，良知即天也」[271]，便是代表
性的例子。儘管王陽明自身學術的主軸並非《易》學，《傳習錄》中涉
及《周易》的部分也不多，但其《周易》詮釋確實可視作心學《易》一
派。至於一齋本人的詮釋中，展現出陽明學成分的地方，則在无妄卦初
九爻辭「无妄，往吉」處。他說：

擘初一念，是天機之動，良知之發也。前有艮而無應，艮陽不
止，固可往也。況成卦之主，動與天合，其往吉也宜。以人擬
之，蓋誠者之事，生知安行之資也。[272]

「前有艮」指二三四爻互體成艮，以初九爻為「成卦之主」，以及後續

270　同上註，頁 378。
271　同上註，頁 701-702。王陽明此語見《傳習錄》，據陳榮捷：《王陽明傳習錄詳註
　　集評》，頁 340。
272　佐藤一齋：《周易欄外書》，頁 220。

的義理詮釋，應當是依循《周易折中》所說的「无妄以初九九五為主。蓋初九陽動之始，如人誠心之初動也」。[273] 而特別的是一齋以「良知之發」形容之，顯然是發揮了來自陽明學的道德思想。更明顯的例子是頤卦初九爻辭「舍爾靈龜，觀我朵頤，凶」，一齋先引項安世之解：「項安世曰：……初九本無所求，乃亦仰而觀我，有靈而不自保，有貴而不自珍，宜其凶也。初九本靈本貴，聖人以其為動之主，居養之初，故深戒之，以明自養之道。」接著自己解釋：「靈龜取於大離。人心之靈，謂之良知，即靈龜也。初九震幾發動，故戒其舍天爵而求人爵也。」[274] 在項安世的解釋中，「我」指上九爻。初九爻辭的涵義在於警戒已擁有「靈」，可自養之之人，若是不知自養而仰賴他人，則適足以凶。所謂的「靈」所指為何？固然可指德行，但也可擴大解釋為一切之才德等足以讓人自立之潛質，並不必然等於良知，而一齋則直接將「靈龜」與良知畫上等號。項安世之解，已然是對《周易》原文的轉化，一齋之解則更是對項說的再轉化。這也表明了在他的理解中，確實帶有來自陽明學的前見。此外，對於《繫辭傳》中「子曰顏氏之子其殆庶幾乎」一段，一齋解曰：「有不善未嘗不知，是良知；知之未嘗復行，是致良知。姚家每每言之，是顏子之心易也。」[275] 此處祖述陽明學之舉更是昭然若揭。

　　來自楊簡與王陽明的心學構成一齋《易》學的其中一個特徵，也造就了其義理解《易》中融入內在心性意味的性質。[276] 大凡義理解《易》之基調乃是道德論述，無庸置疑。但偏向內在心性的話，便不可避免地

273　李光地編：《周易折中》，頁40。

274　佐藤一齋：《周易欄外書》，頁232。

275　同上註，頁671。

276　嚴格來說，楊簡與王陽明之間的思想亦不完全相同，本文在此則是就心學《易》之共同大框架而論。此外，一齋之所以能讀到楊簡之說，自然與其在明代的盛行有關，而這又與陽明學在中國的影響不無關聯。對於楊簡之說與明代陽明學之交涉的相關整理，可見賀廣如：〈心學《易》中的陰陽與卜筮——以季本為核心〉，《臺大文史哲學報》第七十六期（2012年5月），頁29-66。

涉及到相應的工夫論。一齋於損卦卦辭處說：「飲食男女，人之大欲存焉。此卦工夫，全在存誠敬、損嗜欲，須得意於詞外也。」[277] 於初九爻處又說：「蓋損之工夫，在於﨔妄念以存誠敬。」[278] 存誠敬、損嗜欲，這些都是純粹內在修養的工夫，雖然確實是外在行為的基礎，但其本身不必然與外在行為有相即關係，透過靜態的內省一樣可以達致，例如靜坐之類的途徑即是。

這種與心性論緊密扣合而產生的工夫相關論述，在前面四本代表其他學派的《易》註中是看不到的。古學派的東涯、春臺，在其《易》註中展現的義理完全屬於外在表現，直接就德行本身與行為實踐這一方面去談，不需涉及心性論作為其基礎。而履軒、淇園的《易》註中，雖可找到與內在心性相關的文字，但其中並不包含工夫義，而只是描述性地說明與道德來源相關的心性結構。之所以如此，無非是因為一齋以外的其他四人與心學之間的距離較遠，因此對於道德行為之基礎及其展現等相關問題的論述模式，不若陸九淵、楊簡、王陽明等著重以內心狀態與鍛鍊為首出的路線。而身為日本陽明學派代表之一的一齋，則在解《易》時表現出心學之傾向，故可見相關前人說法的引用，以及「良知」、「工夫」等關鍵字，形成與前述其他學派之《易》註不同的特色。這也正是何以《周易欄外書》中心學部分所佔篇幅雖少，但卻不容忽視的原因。

三、象數解《易》的大幅運用

《周易欄外書》中所見之一齋解《易》方式，除了人事義理發揮這個宋代以來儒家《易》學中一大主流之外，更重要且更全面的，實際上是象數《易》。如同朱熹一方面繼承《易程傳》，另一方面又重視邵雍之說，而涵蓋象數與義理，以及《周易折中》亦兼取二者一般，一齋亦接

---

277 佐藤一齋：《周易欄外書》，頁 313。
278 同上註，頁 314。

受此做法，但其談論象數的比重，事實上已超過義理的部分，而形成其主幹。

　　《周易欄外書》中表現出的象數思想，可從上下經結構以及卦爻辭詮釋兩方面談起。首先在上下經結構方面，一齋認為上下經之分以及卦序，體現了六十四卦卦象的有機聯繫，他引用了胡一桂和胡炳文的相關說法後，提出自己的觀點：

> 《易》卦雖以流行為序，而其間自有對待矣。自一卦內外為對，而每二卦為對，上經卦與下經卦亦皆遙相對，即是《易》變化之義然也。但上經三十，下經三十四，多寡參差，不能悉為對。因復推論之：上經屬陽，下經屬陰。震、艮陽卦宜在上經，與下經巽、兌陰卦為對。則上經為三十二，下經為三十二，分釐齊整，無不對之卦，不亦善乎？而今其不然者，蓋亦有至理存於其間焉。凡《易》之道，陽施陰受，陰陽密合，然後為能生生矣。故特抽陽部震、艮，居之於陰部革、鼎之後，而後陰陽密合，上下結束，乃能成變化而行鬼神也。且如是，則上經陽數純為三十，下經陰數駁為三十四，是亦為當。而至正倒相兼，則上下各成十八卦，數有妙理，如胡氏所說，不復見其參差不齊之迹，是則無適而不值其合者也。故欲就全卦求對者，當姑除震、艮、巽、兌，以求於其餘也。而震、艮則別於下經，內隔四卦與巽、兌為對，則六十四卦無一非對待矣。蓋亦《易》之秘其迹者如此也。然是愚之所獨得，非先儒有此說，則愚亦不敢自是以強聒之於人也。[279]

這裡的核心概念是六十四卦彼此有互相成對的模式，不只是二二相耦之對，上經之卦與下經之卦彼此亦為對，因此上下經卦數目不一致的原因就必須要有所解釋。一齋認為震艮兩陽卦原屬上經，因象徵陽施陰受而

被置於下經，仍與巽兌為對。上下各成十八卦，指的是六十四卦中，變卦五十六，覆卦八，而五十六個變卦等於有二十八個卦形，與八個覆卦合計共三十六卦形，正平均分於上下經各半。扣除震艮巽兌四卦後，其餘六十卦正可以每十卦為一組，均分為六組，上下經各半，《周易欄外書》前五卷也因此以每十卦為一卷。這些說法當然不免流於附會，但一齋之所以需如此大費周章的原因為何？這之中提到的「有至理存於其間焉」，以及「數有妙理」，應可說是一齋所欲突顯之處。象與數為《周易》之核心元素，朱熹特撰《易學啟蒙》，而不若程頤純粹以義理解《易》，自當是由於重視象數中所具有的規律性，而以之作為「理」之概念的一環。只言象數，不見得要談「理」。但一齋強調「至理」、「數理之妙」，以之稱呼象數規律，也反映出其具備朱子學色彩的一面。基於此性格，使其著力於闡釋卦象中具有的有機聯繫。

　　至於上經之卦與下經之卦彼此為對的概念，更是貫串一齋對六十四卦的詮釋，以此突顯上下經之分包含的內在規律。在《周易欄外書》卷末所附之《易》圖中，第一幅圖為〈上下經對待圖〉。下經三十四卦，如前所述，震艮巽兌此四卦彼此為對，扣除之後剩下三十卦，與上經卦數相同，而依照卦序一一相對，如乾、坤與咸、恆對、屯、蒙與遯、大壯對等等。一齋於各卦卦辭處均先闡釋此對待結構，〈上下經對待圖〉即依此而繪。上經卦與下經卦之間如何相對？在一齋的詮釋中，其實並沒有固定不變的模式，有的是該卦之象徵具有相對涵義，例如乾、坤、咸、恆四卦的相對關係為：「乾與坤對，兩卦又與下經咸、恆對。乾坤大夫婦，天道也；咸恆小夫婦，人道也。」[280] 乾坤象徵陰陽，為萬物和合之本；咸卦與恆卦在《序卦傳》中代表夫婦，因此這一組卦彼此相對。又或是在象徵上有承繼之涵義，例如屯、蒙、遯、大壯四卦：「屯與蒙對，兩卦又與下經遯、大壯對。屯建侯，君道也；蒙求我，師道

280　同上註，頁89。

也。屯難則遯，童蒙則壯。」[281] 這裡是就卦義方面進行聯想，透過事物發展歷程的描述來指出相對關係。

另外還有利用爻變方式來建立關係，如泰、否、損、益四卦：「泰與否對，兩卦與下經損、益對。泰三上易則為損，損泰也；否初四易則為益，益否也。」[282] 內外卦初與四對，三與上對，而泰卦三爻與上爻互易、否卦初爻與四爻互易，則成損、益兩卦，一齋藉此指出其中具有聯繫關係。又如隨、蠱、困、井四卦：「隨與蠱對，又迭相成伏，兩卦又與下經困、井對。隨之因循，初與二易，則終受苦於困；蠱之壞敗，五與上易，則復資養於井，所以為對也。」[283] 這裡一樣是採用爻變方式，只是以初爻與二爻易、五爻與上爻易來連結。

除此之外，也有飛伏《易》例搭配義理之解的方式，例如需、訟、晉、明夷四卦：「需與訟對，兩卦又與下經晉、明夷對。不需則不晉，需又伏晉；終訟則必夷，訟又伏夷。屯蒙之後，必以需訟繼之者，王道聖學，不要速成，不欲留滯，故需達其光以聽於自化。訟道其窒，以其於無訟，是其所以次屯蒙也。」[284] 需卦「等待」義與晉卦「前進義」相承、訟卦「爭訟」義又與明夷卦「傷」義相承，此為其一；需卦陰陽爻全變則為晉卦，此乃需又伏晉，訟又伏夷之理亦同，此為其二。此二者合觀，等於並用飛伏之象數解《易》與義理詮釋之方式來說明上下經卦之對待關係。

諸如此類的種種方式，其實正顯得所謂的上下經對待說，無法以單一的方式來建立，而是需要同時並用不同的象數《易》例與義理角度來證成，這也似乎成為一種仰賴附會的過度詮釋。於是乎也可以說，上下經卦相對待之說，其本身已然成為一種被接受的前提，而不僅是一種有待證成的想法。但無論如何，運用各種方式去建立上下經卦相對待

281　同上註，頁 101。
282　同上註，頁 145。
283　同上註，頁 174。
284　同上註，頁 112。

說，強調卦象之間的聯繫以及上下經之分的原因，可以說已成為一齋解
《易》時的任務。

　　一齋對上下經卦相對待概念之重視，也可以從其對前人說法的引述
中找到相關來源。他引述《易本義附錄纂注》的內容如下：

> 環溪李氏曰：分上下見於《大傳・大衍章》「二篇之策」之
> 語，兼《序卦》至坎離別起文義。而上經首乾、坤，是二老對
> 立；下經首咸，是二少合體。故《序卦》上經隱乾、坤之名，
> 下經獨隱咸之名。以次推之所可見者，上經需、訟對下經晉、
> 明夷，需、訟變之盡為晉、明夷，晉、明夷變之盡為需、訟。
> 上經泰、否對下經損、益。泰、否乾坤之交不交，損、益咸恆
> 之交不交也。上經自屯、蒙至臨、觀，下經自遯、大壯至革、
> 鼎。此屯、蒙變之盡為革、鼎，臨、觀變之盡為遯、大壯也。
> 上經頤與大過偶，而在坎、離之前；下經中孚與小過偶，而在
> 既濟、未濟之前。上經終於坎、離，下經終於既濟、未濟，而
> 既濟、未濟者，坎、離之交不交也。[285]

「環溪李氏」，或即為李繪（1117-1193），其說為胡一桂所引，又為一
齋所轉引。這裡將上下經卦相連的方式，與一齋有所不同，但確實提出
一種使上下經卦相對稱的論點，可以視作一齋相關思想的影響來源。另
外，一齋之所以持上下經卦相對說，或許亦受到毛奇齡的影響。毛奇齡
之說不見於《周易折中》，一齋在論述上下經卦相對待之說時，也未提
到其名，但是在《周易欄外書》中引述毛說的次數不少，可見其分量，
因此可以推測兩者當有關聯。毛奇齡的《易》學著作中，較具代表性者
為《仲氏易》。其中提到：

> 仲氏之言曰：《易》有五易，世第知兩易而不知三易（自注：

285　同上註，頁85。

此與《周禮》三《易》之法不同），故但可言《易》，而不可以言《周易》。夫所謂兩易者何也？一曰變易，謂陽變陰，陰變陽（自注：如乾變坤、坎變離類）；一曰交易，謂陰交乎陽、陽交乎陰（自注：如乾、坤交為泰、否，坎、離交為既濟、未濟類）……若夫三易，則一曰反易，謂相其順逆，審其向背而反見之（自注：如屯之轉為蒙，咸之轉為恆類，然此與重卦交易不同。若交則水雷屯反之為雷水解，澤山咸反之為山澤損矣。此專取爻畫，不取卦象者）；一曰對易，謂比其陰陽，絜其剛柔而對觀之（自注：如上經需、訟與下經晉、明夷對，以地對天，以火對水。上經同人、大有與下經夬、姤對，以五陽對五陽，一陰對一陰類。然此與後儒正變占對不同，若正變占對，則需、訟自對，不對晉、明夷；夬、姤自對，不對同人、大有矣。此兼取象數，不專取形次者）；一曰移易，謂審其分聚，計其往來而推移，而上下之（自注：如泰為陰陽類聚之卦，移三爻為上爻，三陽往而上陰來則為損；否為陽陰類聚之卦，移四爻為初爻，四陽來而初陰往則為益類）……序卦用轉易，分經用對易，演《易》繫辭用移易也。[286]

在此須注意的是毛奇齡所說的「對易」與「移易」。此二者分別用於解釋上下經之分以及卦象和爻辭之關係，而毛奇齡雖謂世人不知後三易，但其實此並非其創見，至少李繪已有對易之看法。然而重點在於，這裡的「對易」與「移易」，從前述一齋的上下經相對待說來看，實若合符節。對於下經比上經多出四卦的原因，毛奇齡說「乾坤以兩而對下四（自注：謂咸、恆、既、未濟），坎離各以一而對下兩（自注：謂震、艮、巽、兌）」[287]，如此便與一齋有所不同。但就其餘部分而言，一齋與毛奇齡相仿之處宛然可見，故可推論毛說亦為一齋此處思想來源之一。

286　毛奇齡：《仲氏易》，收入《景印文淵閣四庫全書》第 41 冊，頁 185。
287　同上註，頁 190。

而儘管毛奇齡的反朱色彩十分鮮明，但這套以上下經卦對稱的觀點來解
《易》的方式，到了一齋手上，又以「至理」、「妙理」視之，並結合得
自胡一桂的材料，亦等於用朱子學的方式，或是以繼承程頤「有理而後
有象，有象而後有數」的態度加以融攝。也就是說，一齋對象數《易》
如此重視的立場，似可與朱子學產生聯繫。

　　然而就第二個方面，也就是一齋對於卦爻辭的詮釋來看，則不能
純然以朱子學義理《易》系統視之。前面提到一齋在某些地方展現出
心學《易》的思維，而該部分雖然重要，但所佔比例並不高。其主要
的解《易》方式，乃是近於漢代象數《易》，採用互體、爻變、飛伏等
《易》例以推象通辭，再以之作為義理之根據。例如屯卦初九爻辭「磐
桓，利居貞，利建侯」，一齋說：

> 震為足，上坎之互為艮。以陰而止之，故磐桓難進，居貞欲其
> 守貞靜，俟見幾而後動也。震為侯，本一君二民，互坤為眾，
> 民歸往之矣。《象》「利建侯」指此爻，解當與象辭不異。[288]

這裡的「震為足」、「坤為眾」，均據《說卦傳》。「震為侯」則出自《周
易集解》中，虞翻對屯卦卦辭的解釋。[289]「欲其守貞靜，俟見幾而後
動」，以及「民歸往之」，乃是此爻辭涵義。但欲得出此涵義，則非倚賴
互體之說不可，方能見二三四爻互為坤，三四五爻互為艮。也就是說，
此處之解《易》，乃以象數《易》例為義理之基礎。又例如蒙卦卦辭
「匪我求童蒙，童蒙求我。初筮告，再三瀆，瀆則不告。利貞」，一齋
言：

> 山下出泉，是為發源，及至委流，則清者漸濁。故源頭清泉，
> 與赤子之心純一無偽同，所以名為蒙也。又就上下體以求其

288　佐藤一齋：《周易欄外書》，頁102。
289　見李鼎祚編：《周易集解》，收入王雲五主編：《國學基本叢書四百種》第29冊
　　（臺北：臺灣商務印書館，1968年），頁38。

德，則艮為山，厚重不遷；坎為水，周流無滯。德具仁智，
非大人乎？大人即不失赤子之心……「初筮」，六五有頤口之
互象，以虛中之孚問之也。告九二以坎舌，震聲應之也。「再
三」指三四，亦頤口。「瀆」，坎水混坤土之象。「不告」，艮止
故不之也。坎為律，虛中物動，不獨為耳，而又為舌，讀者審
之。[290]

這也是典型的推象通辭解經法。頤口之互象，當指二三四爻與四五上爻
互成頤卦，象徵口。《周易集解》中，虞翻曾言蒙卦體頤[291]，一齋之論
或循此而來。《說卦傳》中口舌之象屬兌，而此處的「坎舌」說法，乃
一齋個人之見。所謂的「坎水混坤土」，其中的坤乃是三四五爻互體而
成，加上內卦之坎，而被一齋解釋為「瀆」之象。此外，互體而成之頤
卦，為一齋解釋為虛中有孚，這與所謂的「源頭清泉」、「赤子之心」
相通。儘管可以說一齋於此處有意發揚《孟子》所具之義理，但若是如
此，其實無需特意使用互卦《易》例以得出頤卦，再提出虛中有孚之
說。反倒可以認為，象數角度的思維佔有根源性的地位。

更極端的例子是泰卦六五爻辭「帝乙歸妹，以祉元吉」，一齋認
為：「三四易則為歸妹，氣類相通。互卦亦有歸妹，故借以言上下交
耳。殷天子有帝乙，今就象姑借稱帝乙耳。互震帝也，震方位乙也。若
拘看為真有此典故，則謬甚矣。」[292]所謂的氣類相通，指的是泰卦與歸
妹卦同為三陰三陽之卦，在一齋而言可以互相變通。而「帝乙」乃自互
震與方位為乙而來，此說見於《周易集解》引九家《易》之說。[293]一齋
雖未標明，但應襲自此。而其選擇以互卦《易》例來理解此爻辭，還強
調不應深究其背後之歷史典故，則顯然是將推象通辭所得之解置於卦爻

290　佐藤一齋：《周易欄外書》，頁107。
291　李鼎祚編：《周易集解》，頁44。
292　佐藤一齋：《周易欄外書》，頁148。
293　李鼎祚編：《周易集解》，頁79。

辭本身的涵義之上。此外還有既濟卦九三爻辭「高宗伐鬼方，三年克之，小人勿用」處，一齋說：

> 「高宗」指九五，「伐鬼方」者，言九五使九三伐也。先儒皆以此爻擬高宗，謬矣。九五君位卦主，高居三陽之上，為一卦所宗，故假象於高宗耳。九三侯位，離戎為伐，坎北為鬼方，離數三又第三爻，為三年。重剛濟己既矣，為克之也。此爻蓋侯伯奉王命以出征，與未濟四「震用伐鬼方」同一意。大意謂征伐用陽剛君子，猶且閱三年然後克之，以濟其事重，以戒用師之不易也。「小人勿用」，當兼臨事與事後兩意。臨事戒莫用小人，以取敗衄意，與師五「長子帥師，弟子輿師」同。事後戒莫用小人，再啟釁端意，師上「小人勿用」同。[294]

此處一齋同樣拋棄了爻辭背後的歷史典故，逕以爻位貴賤與八卦方位作解。其義理闡述部分固然穩當，但最大的特徵仍在於以象數解《易》，而不處理爻辭本身字面涵義的表現。

又，同人卦九五爻辭「同人先號咷而後笑，大師克相遇」處，一齋解之曰：「『大師克相遇』，有伏師，有互姤。蓋人君出師誅叛人，以歸於一同之象。」[295] 伏師，指同人卦六爻全變而為師卦，此乃飛伏之《易》例。互姤指二至六爻互體成姤卦。此分別象徵軍隊以及負面事物萌芽，一齋以此解釋為「人君出師誅叛人，以歸於一同」，此實以互體與飛伏作為詮釋之基礎。蹇卦卦辭「利西南，不利東北」一句，一齋又以飛伏作解：「坎險之下，震足倒為艮止，則趾不能進，即蹇也。蹇為艮東坎北，進前之方，過陽重險，進益取蹇。蹇伏睽，睽則為離南兌西，退後之方，宜姑退托於伏卦以靜俟，不可妄進以犯難也。故曰

---

294 佐藤一齋：《周易欄外書》，頁 440-441。
295 同上註，頁 158。

『利西南不利東北』。」[296] 顯然之所以能得出先暫時退守而不冒險犯難的詮釋，與飛伏所得之睽卦脫不了關係。西南為後退之方，東北為前進之方，此說係依循《周易折中》。[297] 然而何以艮為東方？此說似無徵，應當只是為了配合蹇卦內外卦體而強為之說。無論如何，一齋此解已使其義理詮釋在脫離飛伏《易》例後便無法成立，這和一般的義理解《易》自是差異甚大。

鼎卦九三爻辭「鼎耳革，其行塞，雉膏不食，方雨虧悔，終吉」處，也可見一齋大量使用象數《易》例而解之：

> 「鼎耳」謂六五，六五虛中無物，惡得言革？革者，蓋謂鼎耳所受之鉉，變革也。六五之耳既以應受九二之金鉉，復以比受上九之玉鉉，此為耳所受之革也。上九卦極，倒成革，故假革字耳。此爻以陽處陽，進取氣銳，固欲得五君之受容。然應比既代進，已則非應非比，於上亦無應，是以不能上行與五耳相接，是「其行塞」也。「雉膏」離中柔象，當兌口之下，故不食。若變為陰，則互坎成雨，乃得與上九陰陽相和，使行塞不食之悔虧，是為終吉也。[298]

為了解釋「革」字，而曰「倒成革」，此乃反卦《易》例。鼎卦九三爻為三四五互體成兌之初爻，故曰「當兌口之下」，與「不食」相關。九三爻若爻變，則下卦成坎，三四五互體亦成坎。坎為水，可引申為雨，且六三爻與上九爻便具有「陰陽相和」之相應關係，而能「終吉」。此解甚為繁複，對漢代象數《易》的倚賴極深，以反卦、爻變、互體等方式來闡釋爻辭之來由。這種思維可說是貫串於《周易欄外書》

296　同上註，頁301。
297　一齋於《周易欄外書》中引述之：「《折中》曰：《易》西南東北之義……以文意觀之，所謂西南者，西方南方；所謂東北者，東方北方，非指兩隅而言……西南當為退後之位，東北當為進前之方。」（頁301）
298　佐藤一齋：《周易欄外書》，頁364-365。

的解經表現中。他也強調互體與《雜卦傳》之間的關係，說：「『雜卦』即『互卦』也。《繫辭》謂『中爻雜物撰德，辨是與非』即是也。春秋間筮法喎用互體，蓋根柢於此焉。」[299] 可見其對此《易》例採信程度之深。

因此，若說一齋的解經方式較貼近漢代象數《易》學，而以之作為其義理詮釋的基礎也不為過。比起前述四本《易》註，《周易欄外書》在這一點上顯得較為特殊。這種傾向當然不可能來自陽明學或是其他心學《易》人物，但也談不上來自朱熹。以互體《易》例來說，朱熹曾經說過「互體說，漢儒多用之。《左傳》中一處說占得觀卦處亦舉得分明。看來此說亦不可廢」[300]，似有肯定之意，但亦有不以其為重的言論，認為「互體自左氏已言，亦有道理。只是今推不合處多」。[301] 縱觀《周易本義》，也並未見以互體之例解《易》。至於飛伏則更不為其所取，稱此《易》例為「此等皆支蔓，不必深泥」。[302] 而朱熹所持之卦變說，亦不等同於一齋所用之爻變例，何況一齋已明言不採朱熹卦變說，更可見其象數想法與朱熹之間有距離。

一齋的這些近於漢代象數《易》的解經法，其實也散見於其所引用的諸家說法中。以互體為例，漢代的虞翻自不待言，元代的吳澄、胡一桂等朱子學者的《周易》詮釋中亦可見其使用之，而為一齋所引之例。[303] 這表示其與朱熹之間已有不小的差異。《周易折中》以程朱為主而稱「未嘗不主理，而不以屏斥讖緯，併廢互體變爻之用」，又於最後

299　同上註，頁 738。

300　黎靖德編：《朱子語類》卷 76，頁 1957。

301　黎靖德編：《朱子語類》卷 67，頁 1668。

302　同上註，頁 1669。

303　例如觀卦六四爻辭「觀國之光」，一齋引吳澄說法如下：「吳澄曰：坤為國，互艮有光象。九五以陽剛臨坤土之上，國之光也。六四入近君側，下觀坤五之廣，上近天子之光，故曰觀國之光。」（頁 193-194）泰卦初九爻辭「拔茅茹以其彙」，引胡一桂之說如下：「胡一桂曰：《易》取茅象凡三，泰取陽爻，否、大過取陰爻。泰、否以全體取，亦以有互體震、巽也。」（頁 145）

所附之《易》圖中含有〈六十四卦中四爻互卦圖〉、〈十六卦互成四卦圖〉等[304]，亦表示其對互體之例的重視。爻變方面，亦有胡炳文之說為一齋所引。[305] 而《周易折中》既已明白提到不廢互體變爻之用，則亦可推知即便一齋未明言引用，也可從中得到資源。至於飛伏，在《周易欄外書》中也引述了毛奇齡的相關使用例。[306]

　　總而言之，一齋習得並大量使用的象數解《易》方式，除了來自李鼎祚《周易集解》外，亦可見於元代以降的朱子學者《易》著，以及清代的《周易折中》，當然更包括反宋學而繼漢學的毛奇齡。程頤解《易》不主象數，而朱熹雖試圖兼顧象數與義理，但其所持之象數觀點並非漢代象數《易》的延續，在《周易本義》中也還是以義理解《易》為重。其後朱子學雖取得龐大勢力，但反動也隨之而生，象數《易》的發展即與此有關。

　　朱伯崑曾指出，程朱理學下的《易》學主取義說，無法充分解釋卦爻象與卦爻辭之間的聯繫，以及《易傳》中有關取象的部分。這方面的批評，以吳澄為開端。吳澄雖屬朱子學者，但於《易》學卻主取象，在哲學上闡發理不離氣說，對元代《易》學亦產生影響。[307] 上文已提到，除了吳澄之外，胡一桂、胡炳文都表現出與朱熹不同的象數途徑，而影響到一齋。若是就理不離氣這種想法而言，一齋在《周易欄外書》中也表現出相關的論點[308]，這自然與傳統朱子學大相逕庭。一齋此理氣論之

304　李光地編：《周易折中》，頁 558-559。

305　噬卦六五爻辭「厥宗噬膚」，一齋引胡炳文說法如下：「胡炳文曰：噬嗑六二曰『噬膚』，暌六五以九二為『厥宗噬膚』。暌二變即噬嗑也，或曰二至上有噬嗑象。」（頁 298）

306　屯卦上六爻辭「乘馬班如，泣血漣如」，一齋引毛奇齡說法如下：「毛奇齡曰：伏離為月，互艮為手，故掩目泣血。」（頁 106）

307　詳見朱伯崑：《易學哲學史》第三卷，頁 9-15。

308　在《繫辭傳》中的「一陰一陽之謂道」處，一齋說：「程叔子創理氣之說，而朱子嚴守之，其於經解，每每判然兩斷矣，弊於今為烈。其實理氣一也，理者氣之條理，氣者理之流行，有何索解，為此支離乎？孔孟固無之，周子明道亦無之。」見《周易欄外書》，頁 622。儘管不至於取消理的存在性，但不將之視為邏輯上優

成形，當然不能直接說是沿襲吳澄，但也隱然拉近了兩者的距離。更重要的是：吳澄以下使用象數《易》例來建構卦爻辭與卦爻象之聯繫，繼承漢代推象通辭之作法，一來對其後之《易》著產生影響，進而成為頗具勢力的解釋方式；二來對一齋而言，當更能顯示象辭之緊密關係，以及其中具備的井然有序之規律，仍舊有與「理」之形上概念呼應的空間。從《周易欄外書》的引述情形，可以確定就這方面而言，一齋受到吳澄以降這種象數作法的影響。清代的《周易折中》何以不廢互體爻變，就元代以降之象數影響來說，也似乎其來有自。

　　另外，毛奇齡屬於反對朱子學的陣營，因而走向對漢《易》的繼承，這也與吳澄以下之象數《易》相合。在《周易欄外書》中，毛奇齡之說之所以常被引用，或許即與此有關。因此可以說，一齋的昌平黌朱子學學統，以及日本中世以來的朱子學環境，使得吳澄、胡一桂、胡炳文等人之《易》著，以及《周易折中》等相關資源，容易對他產生作用，從而受到其中未必與朱熹思想相同的象數思維影響。毛奇齡的說法則加強了此解經方式的說服力，使一齋亦較常引用之。《周易欄外書》的主要解經作法，就在這過程中奠定了。

　　毛奇齡偏向漢《易》的原因，與其反朱子學的傾向大有關係。而吳澄以下乃至《周易折中》等與朱子學較密切者，採取此進路解經的緣故，則不當定位為有意推翻朱子《易》學，而是一種修正，認為此作法能更全面且完整地將理、象、數、辭合而為一，並顧及《易傳》中與象相關之部分，以及《左傳》中可見之占筮例。談到漢代象數《易》，一般難免會聯想到王弼在《周易略例》中的批評：

先於氣，且強調程朱以前無理氣二元論，值得重視。而「理者氣之條理，氣者理之流行」一句，亦見於《傳習錄》。或許這也是一齋陽明學傾向的表現之一。另外，田浩已指出朱熹後學逐漸偏離思辨哲學，更重視理不離氣的一面。見田浩：《朱熹的思維世界》第十一章〈朱熹門人與其他道學家〉，頁397-421。這或許也和《易》學之轉變有關，但仍需更多研究加以探討。

> 或者定馬於乾，案文責卦，有馬無乾，則偽說滋漫，難可紀
> 矣。互體不足，遂及卦變，變又不足，推致五行。一失其原，
> 巧愈彌甚。縱復或值，而義無所取。蓋存象忘意之由也。[309]

正因漢代象數《易》過於繁複，逐漸背離《周易》本身脈絡而喪失義理
價值，乃有王弼此批判。確實，《周易》卦爻辭繫辭的規律，很難說完
全不具任何與卦爻象之間的可能聯繫，但是一旦為了牽合兩者而不惜割
裂卦爻辭字句原有之結構，將辭視作一個個為了呈現卦體規則而立的
符號，巧設《易》例強為之說，則形同毫無詮釋效力之限度可言。這種
力求突顯卦爻辭和卦爻象之間有機聯繫的思維，總難免走上過度詮釋
的道路。其實王、程、朱的義理解《易》模式，也是採用卦爻辭與卦爻
象之間具有規則性的連結，只是相較於漢代象數《易》，在《易》例上
傾向回歸《彖》《象》兩傳，且較為簡單明瞭。但兩相對比之下，象數
《易》較義理《易》更能全面地解釋卦爻辭的一字一句來由，因此只要
「試圖建構一貫的象辭聯繫」之前提還存在，便提供象數《易》發展的
空間。一齋所引用其說的元代朱子學者、《周易折中》，乃至一齋本人選
擇與程朱有別的象數觀點，其原因或即在此。

　　然而如此的解《易》方式，並不會改變其「一失其原，巧愈彌甚」
的本質。屈萬里於《先秦漢魏易例述評》中，已詳述孟喜以下推象通辭
作法之穿鑿。誠如屈書所言，互體與爻變，皆所以濟象數之窮，其說始
於京房（前 77- 前 37）。而此作法於先秦至漢初未見，實無根據。[310] 飛
伏本用作災異，至荀爽（128-190）則以之說經，使《周易》經文詰屈
難通。[311] 而前述提到，一齋亦採用虞翻之互體，而自蒙卦中得出頤卦之
象。此虞氏互體例，為屈萬里評曰：

309　王弼：《周易略例・明象》，頁 262。
310　屈萬里：《先秦漢魏易例述評》，頁 98-99。
311　同上註，頁 103。

　　然後益之以變卦，坿之以逸象，則天下無不可以卦象求得之
　　物，世間無不可以卦象解釋之文。一卦可以括六十四卦之義，
　　六十四卦亦不過一卦之變。則是全部《周易》，一卦已足，復
　　何用六十四卦之紛紛乎？象數之弊，至此極矣。[312]

此不僅指出了虞氏互體例之弊，事實上也可以用作對《周易欄外書》象
數解《易》方式的批評。一齋主張須求爻辭言外之意，故不重視經文本
身之結構，而是將之置於一套象徵系統內來理解。[313] 但如此一來，不僅
在詮釋上過於穿鑿，且平添許多難解難曉之《易》例，迂迴甚遠，不見
其必要性何在。

　　一齋解《易》重象數例，以之作為經文義理的基礎，固不能免於象
數解《易》所帶來的繁瑣附會之弊。但至少我們可以看出，一齋在《周
易欄外書》中確實致力於汲取中國《易》著中的象數解《易》進路，以
為自身解《易》之用，發揮推象通辭之旨。無論如何，一齋的《周易欄
外書》，代表了江戶時代晚期，日本儒家《易》學吸收消化至清初為止
之象數《易》學的一個成果，當可從中得見一齋治《易》之勤之深。

第六節　大田錦城與《九經談》

　　大田錦城，名元貞，字公幹，又名忠藏、才佐，號錦城。明和
二年（1765）生於加賀國大聖寺（今石川縣南部）。其父大田玄覺
（1715-1777）通本草學與詩歌，為大聖寺藩藩醫。錦城五歲時從其父

---

312 同上註，頁 129。

313 於既濟卦九三爻辭處，一齋說：「《西羌傳》載殷室中衰，諸侯皆叛，至高宗征西
　　戎鬼方。然其事之有無，未可必也。又案：《商頌・殷武詩》《序》以為祀高宗之
　　樂，而朱《傳》亦引此爻為證。然《序》固多可疑，況《詩》中泛曰『湯孫之
　　緒』，而不見其必為高宗。又曰『奮伐荊楚』，而不及鬼方。則高宗實有此事與
　　否，殆亦莫須有之說也。要之《易》書大抵多寓言，當得意於言外。如此說亦與
　　『帝乙歸妹』同一，止假高宗名耳。」見《周易欄外書》，頁 441。

習文字詩歌，亦從其兄讀《大學》《中庸》。錦城所受之教育紮實，廣讀和漢書籍。十二歲時得見皆川淇園著述，心嚮往之。然隔年即因成為藩士竹內左兵衛門之養子，而奉藩命隨竹內氏前往江戶。錦城以此身分，受藩士子弟教育，習得武學相關之技術，同時亦讀書不倦，鑽研程朱性理之學，又接觸到徂徠學。十六歲時，因計畫私自前往京都追隨淇園，而被迫幽居長達十個月。二十歲時前往江戶遊學，進入折衷學派儒者山本北山（1752-1812）之奚疑塾就讀，隔年亦於江戶自行開設私塾。四十歲時，其考證學之代表著作《九經談》刊行，蔚為話題，使錦城於學界之名達到高峰。文化八年（1811），錦城仕於吉田藩，負責講義授課。文政五年（1822），加賀藩亦延聘之，賜其俸祿二百石。文政八年（1825），錦城病逝於江戶，參加葬禮者多達千人。

　　錦城讀書甚勤，聲望極高。《儒林評》記載：「余三十餘歲時，聞大田錦城其名，已名聲大震。此人博聞強記，而善文辭，一時無抗衡者。」[314] 廣瀨淡窗三十餘歲時，乃《九經談》刊行之後，可見彼時其影響力之極。此外，錦城著作等身，與其博學之名可相呼應。除了代表作《九經談》之外，尚有經學著作《繫辭詳說》、《乾坤考》、《周易會通纂要》、《周易象義》、《尚書紀聞》、《尚書孔傳纂註》、《尚書古今文同異考》、《尚書纂疏》、《梅本增多原》、《壁經辨正》《詩經纂疏》、《毛詩大序十謬》、《毛詩六義考》、《大學原解》、《大學考》、《中庸原解》、《中庸考》、《論語大疏》、《孟子解》、《孟子考》、《孟子精蘊》。諸子學方面有《老子妙皦》、《諸子撮要》。儒家思想相關著作有《洙泗仁說》、《一貫明義》、《仁說要義》（合稱《仁說三書》）。詩文集方面有《錦城百律》、《梧窗漫筆》、《春草堂集》、《春草堂隨筆》等。此外，錦城也曾對現實政治經世問題有所關心，著有《蝦夷海寇事略》，討論邊境國防

314　廣瀨淡窗：《儒林評》，頁 18。原文：「大田錦城八予三十餘ノ時、其名ヲ聞ケリ。已ニシテ名聲大ニ震フ。此人博聞強記ニシテ、文辭ヲ善クスルコト。一時抗衡スルモノナカリシヨシナリ。」

問題。[315]

　　在儒學派別上，錦城並不偏向任何一家，不主程朱之學，亦不主仁齋徂徠之古學，可算是具有折衷色彩者。井上哲次郎與蟹江義丸所編之《日本倫理彙編》即將錦城歸於折衷學派。而其考證學風，則有弟子海保漁村（1798-1866）繼承，《周易古占法》即為其考證性著作。

一、以折衷為殊勝

　　接著來探討《九經談》中有關《周易》的部分，然而在此之前必須先觸及錦城在該書中強調的解經方法。《九經談》共十卷，第一卷為錦城對中國與日本儒學學術史之述評，第二到第十卷分別為對《孝經》、《大學》、《中庸》、《論語》、《孟子》、《尚書》、《詩經》、《左傳》、《周易》等九部經書的論述，故名為《九經談》，體裁為近似顧炎武（1613-1682）《日知錄》的箚記形式。錦城曾自述：

> 余初年著《九經談》，引用宋元諸儒著述、《黃氏日抄》、《困學紀聞》之類、清朝朱錫鬯、顧寧人之說，姓名有出有不出者。本九經之談話，體裁可也。近時聞余剽掠先儒之誚，乃不辨著書本意之徒，不足憎亦不足咎。我家法於漢傳唐疏宋元註解、明清著錄，皆不為愛憎取舍，務以公平之心折中諸說，於心猶不慊處，精思考覈，期止至當。誓不狹（按：疑當作「挾」）門戶爭軋之意於神明，是恪守《論語》比黨之聖訓也。[316]

315 然而據塩出雅指出，錦城著作雖有一百四十多種，其中刊行者卻不及十分之一。見中村春作、櫻井進、岸田知子、滝野邦雄、塩出雅、加地伸行：《皆川淇園・大田錦城》，頁221。

316 見大田錦城：《梧窗漫筆三編》，收入有朋堂文庫編：《名家隨筆集》上（東京：有朋堂書店，1914年），頁702-703。原文：「余初年九經談を著はし、宋元諸儒の著述、黃氏日抄、困學紀聞の類、清朝にて、朱錫鬯顧寧人の說を引用するに姓名を出すもあり、不出さざるもあり。本九經の談話なれば、體裁しかるべきなり。近時余が先儒の說を剽掠すると誚ると聞けども、著書の本意をも辨知せ

可見錦城自認其乃折衷諸說，不主一家，務求公平。關儀一郎編《日本儒林叢書》第六冊所收之《九經談》，附有與錦城同時的著名儒者豬飼敬所之校改與批註。敬所於全書冒頭處說：

> 戊辰季夏，小倉石川彥嶽齎示其書，且請評論。余熟讀一過，乃擊節曰：識見正大，援引宏博，竊謂海內无二，不意今日有斯人。稱嘆之餘，標記鄙見以還之。間有辯駁者，則愚者之一得，亦是君子異而同之意也。[317]

雖然敬所並不完全認同錦城之說，但整體而言仍有「識見正大，援引宏博，竊謂海內无二」這樣的激賞之詞。不過除了此類褒讚之外，亦有對此書之惡評。例如江戶末期至明治初年的漢學家信夫恕軒（1835-1910）曾說：

> 我邦以經學而妄自尊大者，前有太宰春臺，後有大田錦城。然春臺之學淺薄寡陋，固不及錦城之肩……錦城之學據朱彝尊《經義考》、顧炎武《日知錄》等，考證或精。然其著之《九經談》、《學庸原解》、《仁說三書》等，書名人名充物卷帙，義理之解不過十之二三。且其尤稱得意之《九經談》，全非談話體裁，乃群註之鈔錄也。其誇為獨得之見者，實古人之唾餘糟粕，不足為珍。或人品評其書，罵錦城為九經之盜跖，亦其宜哉。[318]

ざるの徒なれば、憎むにも足らず、咎むるにも足らざるなり。我が家法は漢傳唐疏宋元註解、明清著錄、いづれも愛憎の取舍をなさず、務めて公平の心を以て諸說を折中し、猶心に慊せざる處あらんには、精思考覈し、至當を期して止む。門戶爭軋の意は、神明に誓つて狹まず。是論語の比黨の聖訓を恪み守るなり。」

317　大田錦城：《九經談》，頁 1。

318　見信夫恕軒：《恕軒漫筆》，頁 21-22，據日本國立國會圖書館線上資料庫「近代デジタルライブラリー」，該書網址：http://kindai.ndl.go.jp/info:ndljp/pid/898512。原文：「我邦經學ヲ以テ妄リ自ラ尊大ナル者、前ニ太宰春臺アリ、後ニ大田錦城

此評極為嚴厲，幾近於完全否定《九經談》之價值。然事實上，錦城於書中並非只是撮錄前人說法，同時也明確地表達了自己的論點，在材料揀擇上更非毫無原則，此類評論不免流於太過。另外還有其他認為錦城剽竊中國著作的批評，事實上缺乏根據，不足為信。[319] 而《九經談》曾傳入中國的事實[320]，也正說明了此書確實有資格享有正面評價。另外，錦城又說：

> 僕著《九經談》時，年未四十，其所談說，多三十前後所得也，與今所見頗有異同……其中有失考，有謬誤，有脫字，有衍文……刊刻已成，諸友或請改之。僕以謂：自六經以下，諸子百家之書，无不謬誤，无不衍脫，何特此書邪？古人有云：「日思誤書，亦是一適。」是供之於世人之一適耳……是故不

アリ。然レモ春臺ノ學淺薄寡陋、固ヨリ錦城ニ肩隨スル者ニアラズ……錦城ノ學ハ朱彝尊經義考、顧炎武日知錄等ニ據テ、考證或ハ精シ。然レモソノ著ス所ノ九經談、學庸原解、仁說三書等ハ、書名人名卷帙ニ充㓄シ、義理ヲ解ク所十ガニ三ニ過ギズ。且ツ其尤モ得意卜稱スル九經談ハ、全ク談話ノ體裁ニ非ズ、群註ノ鈔錄ナリ。ソノ獨得ノ見ニ誇ル者モ、ソノ實ハ古人ノ唾餘糟粕ニシテ珍卜スルニ足ラズ。或人ソノ書ヲ品評シテ、錦城ハ九經ノ盜跖ナリト罵シリシモ、亦宜ナル哉。」

319 安井小太郎即指出，有某個笑話內容為錦城抄襲阮元所編之《學海堂經解》而成《九經談》。然《學海堂經解》刊行於錦城卒後三十五年，此當不足信。詳見安井小太郎：《日本儒學史》，頁 243。另外，金谷治（1920-2006）亦曾談到，錦城在世時即已被攻擊為抄襲清人學術，而其本人則認為係研究結果暗合所致，且亦有一定的可信度。詳見金谷治著，連清吉譯：〈日本考證學派的成立——以大田錦城為中心〉，《中國文哲研究通訊》第十二卷第一期（2002 年 3 月），頁 15-52。

320 錦城曾說：「曩聞議論者之言：『三十年來學者，多著述之書，皆是各家私言，而非通彼我者也。能通彼我而有益後學者，僅三書而已矣：村瀬栲亭《稽古日抄》、劉桂山《醫賸》、大田錦城《九經談》是也。』僕不敢當其過稱矣。」見大田錦城：〈答加倉井生書〉，《春草堂集》卷二十。此處之劉桂山為多紀桂山（1755-1810），曾任幕府侍醫，因愛惜錦城之才而給予援助。岸田知子指出，《九經談》、《醫賸》與村瀬栲亭《芸苑日涉》為前來長崎的清代文人江稼圃所攜帶返國。此處之「通彼我」指促進中日兩國學術交流。詳見中村春作、櫻井進、岸田知子、滝野邦雄、塩出雅、加地伸行：《皆川淇園・大田錦城》，頁 181。

校改一字，是僕之志也。321

也就是說，他自認《九經談》為其早期作品，與其後想法有所差異。脫字衍文等問題，尚有其他如豬飼敬所等儒者可進行校勘工作；想法差異問題，則旁人無從改起。但錦城認為書中謬誤，亦可供世人討論，故定則定矣，不擬更改，因此我們仍可透過《九經談》來觀察錦城之思想與治學成果。

　　首先，從作為全書總綱的第一卷出發，來觀察錦城經學中的核心思想。錦城將中國經學流變分為三期，說：

> 經學，古今之間有三大變焉，而小變不與也。有漢學焉，有宋學焉，有清學焉。漢學長于訓詁，宋學長于義理，清學長于考證。自漢至唐，其學小變，然要皆漢學也；自宋至明，其學小變，然要皆宋學也。清人有為漢學者焉，有為宋學者焉，有混漢宋之學而自為一家者焉，然要皆清學，而其所長則考證也。是古今經學之三大變也。322

而錦城繼而認為，漢學與宋學各有長短，漢學保留傳統之訓詁名物，但其中亦包含許多附會與謬誤，不可盡信；宋學則能接近孔孟之義理，然而在概念與工夫上卻有浸染佛老之弊，他形容為「漢學小醇而小疵，宋學大醇而大疵」323，當去其短而取其長。就中，錦城甚為推崇朱熹。他說：「三代以後人物，予服二人：孔明德業、晦庵學問是也。」324 然而其固然不贊成古學派逢朱必反，亦不贊成朱子學者唯朱是從的態度。他指出朱熹之重要性在於：

> 其經解多取北宋諸家善說，而折衷之以其家學，近似集大成者

321　大田錦城：〈答加倉井生書〉，《春草堂集》卷二十。
322　大田錦城：《九經談》，頁3。
323　同上註，頁7。
324　同上註，頁7。

矣。故其傳之遠，至今不廢。雖有攻之者，愈攻愈熾，不能撲
滅，其中有實近聖意，而遠出乎諸儒之上故也。講聖經明道義
者，豈可不由之乎？[325]

與此同時，又說其短處在於「晦庵之淫佛老，瑕瑜不掩，是其所以不
及古之聖賢也……使晦庵不學周程之學，則其所為豈止於此乎？惜
哉」。[326] 錦城以持平的眼光看待朱熹，雖仍主張為學須順朱子學入手，
但又不全然認同。此外又說：「宋儒大意，繼往聖而啟來學，排佛老之
空妙，擯管商之功利，唯是而已。若有能續此意者，則又後世之朱文公
也，何必字字句句守其遺說，而後為能奉其學乎？」[327] 這不僅有不喜黨
同伐異的公正思想，更有考證上的理由：

晦庵之學數變，若使其至期頤之年，則其章句傳注，亦不必如
今本也。然則執今之諸書，而為晦庵之意盡于此者，豈足能得
晦庵之意乎哉？[328]

伊川《易傳》、胡安國《春秋傳》，皆晦庵之所不服也；《易本
義》，晦庵未定之書也；蔡氏《書傳》，間有背師說者焉，何況
陳澔《禮說》乎？此諸書建學官，創于元仁宗延祐，而成于明
世祖永樂作三大全矣。予不知果能得晦庵之意也否。[329]

彼時朱子學在中日皆有官學地位，影響力如何自不待言。而錦城指出的
這種面對朱熹應有之態度，實可謂健康穩健。他不僅反省了朱子學，更
反省了時人面對朱子學的態度，格局甚大。就其中涉及《周易》的部分
來說，強調《周易本義》與《易程傳》之間並無完全繼承關係，而又為

325　同上註，頁 5。
326　同上註，頁 8。
327　同上註，頁 11。
328　同上註，頁 10。
329　同上註，頁 10-11。

朱熹未竟之作，確實是正確的認識。而這也呼應了錦城的治學風格，以
折衷諸說，析辨彼此得失為要，這也是其認同朱熹「折衷之以其家學，
近似集大成者矣」的表現。

　　因此錦城厭惡偏主一家的作法，謂其為朋黨，說：

> 學者為黨，則朋黨之漸，而非盛世美事。宋人大有此氣習，至
> 明殊甚。不特經義，而詩文亦然……故清人懲之，務破學者之
> 黨，排門戶之見，其識極正。世之秉學政者，以清人之心為
> 心，則不到使英才間氣辱在泥塗耳。[330]

避免朋黨，而以紮實之治學工夫唯正是從，這也是錦城認同清代考證之
學的原因。他又評論說：

> 字句考證之學，是清人之所長也……唯其學過精細，而無一人
> 發大見識，以道自任者，是其學之所短也。然得清人之書一
> 卷，勝得明人之書百卷矣。[331]

> 近世清人考據之學行焉，人好獺祭，學問之博，過絕前古。然
> 不論義理當否，而唯欲援據之多，書名人名充牣卷帙，而義理
> 之學荒矣。予名之曰書肆學焉……若夫講明經義道學，考證精
> 確而義理正當，則謂之儒者之學矣。[332]

這裡亦指出清代學術之長短，也等於提倡一種應有的態度，便是精於
考證以得字句之正，而又以探討義理之道為依歸，方能集眾之長而免
其短，這也是折衷想法的展現。錦城又斥仁齋「所見不博，而乏考

---

330 同上註，頁 9。
331 同上註，頁 14-15。
332 同上註，頁 15。

證」[333]，批徂徠「卑卑焉管商之學」[334]，要言之，乃是其所倡之古學，皆無法做到錦城理想中的考證與義理並具之工夫。總而言之，當我們掌握錦城所言之經學三大變及相應之折衷態度，便能提綱挈領，理解其在《九經談》中的解經表現。而這種態度，也確實頗具理性而值得肯定。

二、以象數為首出

接著來看錦城在《九經談》中談論《周易》的部分。在第一卷總論的四十二條箚記中，已有以《易》學為主題的部分：

> 《河圖》《洛書》、《先天太極》諸圖，於經義無用。《河圖》原于《大戴》盧辨注、鄭玄《易》注；《洛書》原于太一行九宮法。《先天圖》誤解《說卦》而造之，《太極圖》乃唐時《道藏》《上方大洞真玄妙經品・太極先天合一之圖》，而原于魏伯陽《參同契》。《水火匡廓圖》、《三五至精圖》，華山道士陳希夷刊石于華山，則非周茂叔特得之妙。南宋偏安，晦庵不得見之，故誤為茂叔之作耳。凡此諸圖，皆出于陳希夷，則是道家之物，於儒者無用，則歸之於其家可矣。先天之誤，黃震已辨之；《河》《洛》太極之妄，毛奇齡《河洛原舛編》、《太極遺議》、朱彝尊《經義考》，辨之具矣。晦庵解《太極圖說》，舛于茂叔原意者，近時伊藤東涯先生《太極管見》，辨之具矣。[335]

> 學《易》先須講象數。講象數，先須知互體。象數明，而聖人繫辭之妙顯焉，然後義理可得而言矣。若不知象數而講義理，則其不蔓衍自恣者幾希矣。學《詩》先須講比興。比興明，而

---

333 同上註，頁 16。
334 同上註，頁 18。
335 同上註，頁 11。

詩人措詞之微見焉，然後事迹可得而推矣。若不知比興而推事
實，則其不冥搜暗索者殆希矣。郝京山以《易》之象《詩》之
比為一，一言以為智，此等之謂也。[336]

這裡可以看出，錦城一方面站在東涯論點的基礎上，另一方面又受到明
清以來反宋學而傾漢學之脈絡影響。以圖書之學而言，在明末清初，有
黃宗羲（1610-1695）、胡渭（1633-1714）、毛奇齡等著書駁之。朱彝尊
（1629-1709）在《經義考》中談論《太極圖說》時，亦質疑周敦頤與
二程之間的繼承關係[337]，等於試圖推翻《太極圖說》相關概念之道統合
法性。這些作法都指向了透過圖書之學不可信，證成宋學相關部分非古
來經義，進而試圖還原《易》學應有之貌的方向。可以說，錦城吸收了
東涯與清初學者之說，站在一個總結的位置上肯定了圖書之學為非的說
法。[338]

　　至於錦城對象數之學的認同，或許也是在相似的脈絡下形成。此處
錦城提到的郝敬（1558-1639），為明代疑宋學之人物。而錦城對象數解
《易》，尤其是對互體《易》例的推崇，正可呼應清初以來漢《易》起
而與宋《易》相對之勢。前述反對圖書者，乃是這波思潮的奠基者，從
而帶動了以古註與考據治《易》的作法，乃有漢《易》之抬頭，以至有
惠棟《易漢學》等成果。這也是力圖恢復《周易》之舊的想法。在《九
經談》的總論部分展現的這些觀點，當然代表了錦城對《周易》的基本
態度，而這也可以說是清代考證之學脈絡下的《易》學對其產生的作

---

336 同上註，頁 21-22。

337 朱彝尊：《經義考‧卷七十一‧周子敦頤太極圖說》，收入《景印文淵閣四庫全
　　書》第 678 冊，頁 5-6。

338 根據目前學界研究，這些《太極先天合一之圖》、《水火匡廓圖》等，實為晚出，
　　並無確切證據證明在周敦頤之前。相關整理與分析，可見鄭吉雄：〈周敦頤《太極
　　圖》及其相關詮釋問題〉，收入鄭吉雄：《易圖象與易詮釋》（臺北：國立臺灣大學
　　出版中心，2004 年），頁 262-264。因此，雖然仍可說《太極圖》與道教有關，但
　　清初儒者乃至大田錦城等人所持的相關批判，不免受到衝擊。

用。

　　而在《九經談》第十卷，談論《周易》的十五條箚記中，錦城開頭即說：

> 漢儒之為《易》，有象數義理之二學焉。自王輔嗣單以義理解《易》，玄虛之說，風靡天下，配諸《老子》，以資清談，象數之學幾乎熄矣。程伊川、蘇東坡之解《易》，雖與輔嗣有異同，以空理解之，不及卦爻之象，要皆輔嗣之學也。南宋趙師秀有詩云：「輔嗣《易》行無漢學」，言空理行而實象廢，真有識之言也。清人亦以王《易》為宋學之鼻祖，蓋有見于此也。今欲復漢學之舊，而窺周孔之閫奧者，宜先從事象數之學，然後義理亦可得而言也已。若措象數而談義理，其不洸洋自恣者幾希。[339]

錦城認為王弼乃至程頤等人的義理解《易》，不過是割裂象與辭，毫無根據的恣意發揮，這也等於在解《易》方法上否定了宋《易》的有效性。也就是說，錦城追求的是王弼以前的漢代象數《易》，此在歷史上為先，去古未遠，接近周孔之道，為《周易》之原有面貌，其中自然含有義理，故當以象數為重。錦城重視象數《易》，係出於一種歷史還原的企圖，而這也與清代提倡漢《易》者的想法是類似的。他又說：

> 漢人象數之學，今其全書皆不存，獨有鄭玄《易》注、李鼎祚《易解》，足見其梗概耳。如虞翻、荀爽解象，穿鑿索疆，不近人情者，亦往往有之。雖然，因此二書，知漢人有象數之學而考索之，則聖人立象繫辭之妙，亦可得而知矣。二書之有功于《易》學，豈曰小補之哉？[340]

339　大田錦城：《九經談》，頁 217。
340　同上註，頁 218。

虞翻、荀爽以旁通、卦變等《易》例解《易》，固然有附會之弊，但整體來說，錦城對漢代象數《易》持肯定態度，而以「聖人立象繫辭之妙，亦可得而知矣」來形容，與總論處所說的「象數明，而聖人繫辭之妙顯焉，然後義理可得而言矣」相呼應。這表示錦城認為只有透過象數解《易》的進路，才能掌握卦爻象與卦爻辭之間的關係，或是更進一步說，錦城已然肯定象辭之間的緊密關係是存在的，他認為「凡《易》之卦爻，皆象也，故無象外之辭焉」[341]，也就是說卦爻辭一字一句，其來源皆是為了配合卦象。而有助於抉發此象辭關係的象數《易》例，亦同為錦城重視。要言之，均可以歷史還原之企圖視之。而之所以懷有歷史還原之企圖，並不僅僅是考證求真而已，若如此認為，則將掉入錦城所言之「書肆學」。真正重要的是，其冀求透過此歷史還原，而發掘真正的義理所在。其重象數的理由，亦當以此視之。

　　錦城在《九經談》中所強調之象數《易》例，以互體為首。前文已提及錦城所言之「講象數，先須知互體」，其後錦城又再度論述之：

> 互體古義也。《左傳》於觀之否，曰「坤土也，巽風也，乾天也。風為天，於土上山也」，杜解云「自二至四有艮象，艮為山」，是互體之明白者也。本經繫辭多取互體，師六五云「長子帥師，弟子輿尸，凶」，「長子」即九二在師中吉是也；「弟子」即六三師或輿尸凶是也。坎為中男，弟子也。若不取互體，則以九二為長子，不知何象也。師自二至四互體震，震為長男，長子之謂也，是亦互體之明白者也。泰六五曰「帝乙歸妹」，若不取互體，則歸妹亦不知何謂也。泰自三至五互體震，自二至三（按：應為四）互體兌，雷澤歸妹之卦也，故繫辭如此，是亦互體之明白者也。每卦每爻多以互體繫辭，故漢儒解《易》，以此為第一義。而王輔嗣《易例》始排之，鍾會

因此作《易無互體論》，而程伊川亦不悅互體。殊不知《易》
辭強半出於此，豈不粗乎？要之不知互體而解《易》，則不能
知聖人所以繫辭之由，其所解不為郢書燕說者幾希矣。[342]

互體為漢代象數《易》例之一大代表，王弼在《周易略例》中批評象數
《易》時，即舉互體為例，可見一斑。而主張互體之有效性者，引《左
傳·莊公二十二年》相關段落為證，亦代表了從歷史考證上取得其為
《周易》本有規律之根據。錦城也認定其乃卦爻繫辭之規律，而主張不
由此解《易》，則流於游談無根。除此之外，以下的幾則箚記，也分別
代表不同的《易》例：

> 大壯，大體之兌也。九三以上每爻言羊，兌為羊。中孚，大
> 體之離也。九二鶴鳴，上九翰音，〈曲禮〉雞為翰音，離為飛
> 鳥。頤亦大體之離也，初九靈龜，離為龜。觀，大體之艮也，
> 艮為門闕，觀即門闕之有屋者。《易》中此例亦多，大體之
> 目，毛西河發之。講卦象之學者，不可不知也。[343]

> 虞翻以伏卦為旁通，《易》固有此義。同人伏師，同人則師
> 也；比伏大有，比則大有也。[344]

> 《彖》《象》言位當不當者，凡五十餘條。先儒陰陽爻位之
> 說，一一符合，其說確不可易。特乾上九貴而无位，需上六不
> 當位，初上無位之地，故云爾，伊川《易傳》、顧炎武《日知
> 錄》皆詳辨之。近世有據需不當位，而欲破先儒爻位之說者
> 焉，廢五十餘條之確證，而從一無驗之辭，決古今之聚訟者，
> 豈如此而可乎？[345]

---

342 同上註，頁 225。
343 同上註，頁 226。
344 同上註，頁 227。
345 同上註，頁 228。

此三條箚記，分別談論大體、伏卦旁通、當位與否三種《易》例。當位問題發自《彖》《象》，向來為解《易》者所宗。伏卦旁通為虞翻所用之例，用以配合《文言傳》所說的「六爻發揮，旁通情也」，其原理與飛伏類似。錦城認為一卦與其旁通卦，在卦義上亦有關聯。大體之例，指合兩爻為一爻以觀之，而取類似之卦體。雖然錦城此處言「毛西河發之」，但這其實不是毛奇齡的創見，《周易本義》於大壯卦六五爻處說「卦體似兌，有羊象焉」[346]，其意即已等於此處的「大壯，大體之兌也」。以大體之例搭配《說卦傳》中所言之卦象，則亦開出一種推象通辭的解法，也因此為錦城所重。

　　錦城在《九經談》中，藉著對師卦卦義的詮釋，來力主象數解《易》之必要性。他說：

> 坎下坤上師，坤為土，坎為水，地中有水，物莫眾乎此，為眾聚之象，是一義也。坤為眾，上下五陰，為眾之象。九二一陽為率眾之象，是一義也。比則陽在尊位，為人君之象；師則陽在臣位，為將帥之象，是一義也。九二以剛在下而用事，六五以柔在上而委任之，為人君命將出師之象，是一義也。坎為險，坤為眾，以險難動徒眾，為起師之象，是一義也。坎為險，坤為眾，行險道順民心，為行師之象，是一義也。坎至險也，坤至順也，伏至險於大順，藏不測於至靜，為古寓兵於農之象，是一義也。至靜之中，至險伏焉，升平之時，兵亂之機伏焉，是亦師之象，是一義也。一陽統領五陰，為古兵法五人為伍，五伍為兩之象，而其全象則有後世陣列之象，是一義也。若夫前乎順而後乎險者，乃為《孫子》死地，韓信背水之象，是一義也。象之含蓄多義，其妙如此，每卦如此，每爻如此。如王、程之解，則《易》唯有三百八十二（按：疑應為

346　朱熹：《周易本義》，頁142。

三百八十六）理耳，是豈足盡大《易》之妙乎哉？故玩其象，
則多義具焉；而說其理，則一義耳，是予之解《易》，所以先
從事乎象數也。[347]

錦城認為由師卦卦象即可看出十種涵義，而這只有徹底把握卦象之結構
及其象徵，才能抉發之。錦城認為，唯有如此才能盡可能地體察《周
易》所蘊涵之意義，而一般的義理解《易》則只會讓《周易》之內涵受
到限縮。

　　但事實上，錦城在此所示範的解《易》，仍然算是王程以下的義理
解《易》法，而不能算是漢代象數《易》。所謂的義理解《易》，並不等
於完全割裂象與辭之關係，這一點在前面探討淇園解《易》模式時已述
及之。錦城在這裡提出的十種師卦可見之涵義，詳細分析的話，可以得
知是建立在四種基本元素上：《大象傳》的上下卦象徵、卦中陰陽爻數
目、爻位象徵、《彖傳》的卦德。而這四種元素，其實也是王、程以來
義理解《易》的根基所在。王弼《周易注》對師卦並未有詳細解釋，而
觀察程頤《易程傳》以及模式相近的朱熹《周易本義》的話，可以看到
錦城所言之師卦十義，其實並不特殊：

師，《序卦》：「訟必有眾起，故受之以師。」師之興由有爭
也，所以次訟也。為卦坤上坎下，以二體言之，地中有水，為
眾聚之象。以二卦之義言之，內險外順，險道而以順行，師之
義也。以爻言之，一陽而為眾陰之主，統眾之象也。比以一陽
為眾陰之主而在上，君之象也；師以一陽為眾陰之主而在下，
將帥之象也。[348]

師，兵眾也。下坎上坤，坎險坤順，坎水坤地。古者寓兵於
農，伏至險於大順，藏不測於至靜之中。又卦唯九二一陽居下

347 大田錦城：《九經談》，頁218。
348 程頤：《易程傳》，頁732。

卦之中，為將之象，上下五陰順而從之，為眾之象。九二以剛
居下而用事，六五以柔居上而任之，為人君命將出師之象，故
其卦之名曰師。丈人，長老之稱。用師之道，利於得正，而任
老成之人，乃得吉而无咎。戒占者亦必如是也。[349]

在此可以看到，程朱之解都各從卦體與卦德多方面來引申發揮，絕非如
錦城所言「如王、程之解……而說其理，則一義耳」。更關鍵的地方在
於，錦城指出之十義，有六義見諸程朱之解中，而其餘四義，也只是就
卦體與卦德加以鋪衍聯想，無特出之處。若義理解《易》在錦城眼中
是「洸洋自恣」，則此處亦難逃其弊。這除了說明義理解《易》不若錦
城所言之狹隘，更表示錦城在此簡記中所言之象數，其實就是義理解
《易》。這不得不說是錦城的誤解所致。

　　而真正能算得上是錦城以漢代象數《易》作解之處，在於書中的其
他簡記。錦城並未留有註釋《周易》全書之著作，因此其對卦爻辭的具
體解釋示範，仍需從《九經談》此處觀之。錦城在此以睽卦上九爻和中
孚卦九二爻為例，展示其解《易》模式：

睽上九「見豕負塗」，象解：上卦離，離為目，見之象。自三
至五互體坎，坎為豕。坎下交乎兌，坎為水、為溝瀆；兌為
澤，水澤、溝瀆、塗泥、漸洳之地，是豕負塗之象也。義解：
言疑人者，唯見其汙穢可惡也。「載鬼一車」，象解：自三至五
互體坎，坎於輿也，為多眚、為夜、為月，幽冥之象，有載鬼
於車之象。師六三亦在坎中，以一陽載眾陰，故其辭云「師或
輿尸」，是亦於輿多眚之象，其義相近。義解：言疑人者，以
無為有，所謂疑心暗鬼是也……「先張之弧，後說之弧」，象
解：三互體坎，坎為弓輪。義解：張弧欲防寇也，說弧之非寇
也。上九初疑六三，為寇至後乃悟其非寇，其疑者睽之極，而

349　朱熹：《周易本義》，頁59。

弧絕之時也。其悟者離火之明也。「匪寇婚媾」，象解：三互體坎，坎為盜，寇之象。六三上九陰陽正應，是婚媾之象。「往遇雨則吉」，象解：坎為水、為雨。義解：雨者陰陽和暢之應。小畜上九「既雨既處」，《邶風》「習習谷風，以陰以雨」，皆言夫婦陰陽之和好。上九之於六三，疑團既解，而相應和之象。暌極而和，乃繫辭所謂《易》極則變，諸卦大梗如此。[350]

中孚九二云「明鶴在陰」，象解：兌為口舌，鳴象。自二至四互體震，震為善鳴，又有鳴象。中孚大體離卦，離為飛鳥、為鶴，又兌為澤。鶴澤鳥，行依洲渚，不棲林木，則是兌亦有鶴象。又兌為正秋，師曠《禽經》云「鶴為露禽，八月白露降則鳴」，則兌又有鶴象。鳥嫗覆為孚，故字從爪從子。〈夏小正〉云「雞孚粥」，《韓詩》云「雞覆伏孚育，積日累久，則成為雛」。夫物之至誠，莫勝乎母之育子，故中孚論中心之至誠，取鶴母子之象。九二在二陰之下，是在陰之象。又以九處二，亦在陰之象。義解：《小雅》「鶴鳴九皋」、「有鶴在林」，鶴潔白之鳥，故以比君子。「鳴鶴在陰」者，言君子在幽陰，而善其言行，不敢自欺，乃慎獨至誠之意也。一部《中庸》，此四字盡之……「其子和之」，象解：子指九五，取陽剛氣類之相同，精神相通之意，張浚以為初爻者亦通。中孚兩兌，一正一倒，兩口相合，有和鳴之象。義解：言同類相感，同氣相應，《繫辭》所謂「君子居其室出其言，善則千里之外應之，況其邇者乎」。《魯論》所謂「有朋自遠方來」、「德不孤必有鄰」，皆此意也。「我有好爵」，象解：二五剛中，是好爵之象。義解：好爵者，即孟子所謂天爵，良貴仁義忠信是也。或以為爵祿，不辨菽麥者也。孟子天爵良貴，亦原周公此語耳。「吾與

350　大田錦城：《九經談》，頁 221-222。

爾靡之」，象解：靡與縻通，猶縉縻之通作骨靡。巽為繩，中
孚兩巽，一正一倒，有吾與爾相靡之象。義解：此章上二句以
鳥為比，後二句以人事承接，即上二句之意，於《詩》六義則
比賦合體，而朱晦庵誤為興者也。夫君子之嘉言善行，雖在數
千歲之古、數千里之遠，同氣相應，同類相感，鳴鶴在陰，其
子和之也。嘉言善行，我與彼共悅慕之，吾有好爵，吾與爾靡
之也。《大雅》所謂「民之秉彝，好此懿德」，與此章吻合。
而孟子所謂「心之所同然」者，亦原周公此語矣。夫人私心一
起，則雖明智者，顛倒是非邪正，猶雲翳勃起，白日潛光也。
若夫虛氣平心，則雖暗愚者，善善惡惡，白黑分明，猶明鏡照
物，妍媸難逃其鑒也，是中心之誠也。王彭所謂塗巷小兒聽說
古話，劉玄德敗則頻眉出涕，曹操敗則喜而唱快。了此意者，
則悟此章之旨，又知孟子性善之說矣。聖賢之言，本無二致。
近世俗儒睥睨思孟，於孔孟之間割一大鴻溝，殊不知思孟子
言，皆原古經歷歷如此。瞶盲如此，傲然侈說道義，豈不亦傷
乎？[351]

可以看到，錦城區分了「象解」與「義解」兩部分，分別為象數與義理
角度之詮釋。錦城欲兼顧二者以解《易》，這呼應了其先象數後義理，
以及兼取漢宋兩家的態度。此處的象數解《易》，主要運用互體、《說卦
傳》卦象、大體等《易》例，目標即在於推象通辭，以此解釋該爻繫該
辭之由，呈現象與辭之關係。義理解《易》則試圖以經解經，闡揚道德
涵義。兩部分分別代表了漢《易》與宋《易》之貌。在引證其他經書的
過程中，也顯現了錦城的考證作風，而以此輔助義解的表現，當是為了
取清學之長而去其弊。這正是錦城主張的理想解《易》方式。

　　然而此處有一點必須注意：雖然錦城區分了象解與義解兩個部分，

但可以發現，這兩部分並沒有直接的關聯。上一節探討了時代較錦城稍晚的一齋，也提到了其象數解《易》的部分乃是其義理解《易》之基礎所在。而這個性質，在上述錦城的詮釋中較難得見。抽掉象解的部分，對於義解亦絲毫未見影響。此處的義解部分，仍舊等於直接將爻辭內容視做道德情境的譬喻而據以發揮，無須以何以繫此辭的卦象理由作為不可動搖的根據。錦城大費周章地推象通辭，然而在象解以外的部分，又看不出必要性何在，這使得其原先所強調的「象數明，而聖人繫辭之妙顯焉，然後義理可得而言矣」變得不那麼重要了。

　　此外，此處的義解部分，也有沿襲程朱的痕跡。中孚卦九二爻辭，在《繫辭傳》中也有道德相關的轉化性詮釋，而程頤於《易程傳》中引用之，錦城亦引用之，然而這並非解此爻辭所必須之作法。另外，爻辭中的「爵」字，朱熹以「懿德」解之[352]，這其實並無根據。然錦城不僅沿用之，引《詩經‧大雅‧烝民》來加強其說，更連接到孟子所言之「天爵」，固然更發揮了道德涵義，但也等於複製了錦城口中，義理解《易》的洸洋自恣之弊。雖然錦城具有兼顧象數與義理解《易》的企圖心，值得肯定，但在具體實踐上猶有未竟之處，不免可惜。

　　另外，錦城之所以強調象數及互體之重要性，當是為了配合其歷史還原之意圖，認為《周易》卦爻辭成立之時，必是周公為了配合卦象之結構與象徵，而繫該辭，並於其中寄託道德義理，供後世儒家呼應之。而互體於《左傳》有徵，最能表現此象與辭之連結關係。錦城的這種理由，雖然是從歷史考證的觀點出發，但未必合乎史實。豬飼敬所批評錦城援《左傳》證互體的作法，說：「互體經傳无明文，此所引之三證，亦非的確也。《左傳》云『風為天，於土上山也』者，言天在土上則土近天，故曰山也。杜注非是。」[353] 這裡提供一種關於《左傳》該處的另解，取消了互體之詮釋。姑且不論此解是否真確，至少表示互體之例不

352　朱熹：《周易本義》，頁 221。
353　大田錦城：《九經談》，頁 225-226。

必然在歷史上代表《周易》原貌。且就算先秦時已有互體作法，也可能只是代表筮法中之一種，不見得有普遍性。在《九經談》中，可以看到錦城參考了顧炎武的《日知錄》，而《日知錄》第一卷談論《周易》的各條箚記中，即已有反對互體之說：

> 凡卦爻二至四，三至五，兩體交互，各成一卦，先儒謂之互體。其說已見於《左氏・莊公二十二年》「陳侯筮，遇觀之否，曰風為天於土上山也」，《註》「自二至四有艮象（註：四爻變故），艮為山是也」，然夫子未嘗及之。後人以「雜物撰德」之語當之，非也。其所論二與四、三與五同功而異位，特就兩爻相較言之，初何嘗有互體之說？《晉書》荀顗嘗難鍾會《易無互體》，見稱於世，其文不傳。新安王炎晦叔嘗問張南軒曰：「伊川令學者先看王輔嗣、胡翼之、王介甫三家《易》，何也？」南軒曰：「三家不論互體故爾。」[354]

顧炎武在此持有明顯的反對互體立場，指出《周易》原本即無互體之例。錦城既已參考《日知錄》，當亦讀到此說法，但顯然並不接受，也因而在其《易》學中留下了可再檢討的空間。當然，撇開以上未竟之處不論，我們仍可肯定錦城對《易》學研究之全面性的要求，以及其著力於吸收清代考證學發展成果，試圖建立穩健之說的努力與求真精神。

三、以考證為要務

除了推崇象數以及解釋《周易》的部分外，錦城的箚記中也包含了一些對《周易》文句的考證。例如他說：

> 《淮南子》「終日乾乾，以陽動也；夕惕若厲，以陰息也」，

354　顧炎武：《日知錄・卷一・互體》，收入王雲五主編：《國學基本叢書四百種》第14冊（臺北：臺灣商務印書館，1968年），頁6-7。

新莽時，孫竦為陳崇草奏云「《易》曰：『終日乾乾，夕惕若
厲。』」。班固曰「尸祿負乘，夕惕若厲」，張衡曰「夕惕若厲
以省譽兮，懼余身之未勅」。蜀先主自為漢中王，表云「寤寐
永嘆，夕惕若厲」。晉惠帝詔有云「戰戰兢兢，夕惕若厲」。兩
漢以來，讀法如此，然是皆非也。「夕惕若」一句，「惕若」猶
離六五「沱若，嗟若」、節六三「節若，嗟者」也。《大戴》
「武王聞丹書之言，惕若恐懼」，「惕若」與此同。「厲无咎」
一句，復六三「頻復，厲无咎」、噬嗑六五「貞，厲无咎」、姤
九三「厲无大咎」，是其明徵也。梅本〈冏命〉「怵惕惟厲」，
「怵惕」二字取諸〈祭義〉、《孟子》，而全句取《易》之此
語，而襲兩漢魏晉之誤讀也。後不得引偽書而誤句讀矣。[355]

錦城此處針對乾卦九三爻辭之讀法進行考證，據其他卦爻辭處之「惕
若」與「厲无咎」句法之例，主張此處應斷開，而批評古來「夕惕若
厲」之讀法為誤。此外，也據此指出，梅賾本《古文尚書》中「怵惕惟
厲」一句，將「惕」與「厲」合句，乃是因屬於後人偽作，而受兩漢以
降誤讀乾卦九三爻辭之影響。此處之考證言之有理，有助於釐清正確斷
句方式，進而廓清該句之義，也能確認王弼《周易注》中該處之斷句有
誤。[356] 另外，錦城還探討了《文言傳》「不易乎世，不成乎名」的解讀
問題：

《文言》「不易乎世」，王《注》「不為世俗所移易」，如此解，
則下文「不成乎名」，亦當解言不為名譽所成就，豈不笑語
乎？《孟子》「夷子思以易天下」，「易世」與「易天下」同，
言不能改易衰世敝俗也。「日可見之行」，孔《疏》「使人可見

355　大田錦城：《九經談》，頁 220-221。

356　王弼於註解此爻辭時，說「終日乾乾，至于夕惕，猶若厲也」，見《周易注》，頁
　　2。顯然此處是以「夕惕若厲」為句。

其德行之事」，或云「日為可見效之行」，皆非也。下文云「隱
而未見，行而未成」，則言可著見諸行事也。[357]

此處錦城批評王《注》語意不通，認為「世」應為受詞。而同屬《文言
傳》中闡述初九爻的「日可見之行」一句，錦城則認為應指其德行可顯
現於行事中。對於錦城「不易乎世」的解釋，敬所表達反對之意，說：
「『不易乎世』，若解為不易天下，則『乎』字為贅疣。且潛龍之時，不
須言之。古文有用字同而義不同者，如『不為利回，不為義疚』是也，
不必如此的對。舊說似不可易。」[358] 此說確實指出了錦城詮釋中所面臨
的文法問題，且較為得當。此外，若將「不易乎世，不成乎名」理解為
不因外在世俗而改變自身，不因外在名聲而成就自身，則既可合乎《文
言傳》對「潛龍勿用」的詮釋，亦可兼顧兩句相對之句法。因此錦城之
解未必能成立。而關於「日可見之行」的詮釋，則無問題，亦可為一
說。只是《易程傳》於此處解釋為「德之成，其事可見者行也」[359]，已
有錦城此處所言之意。錦城的詮釋是否受到程頤影響，或是來自程頤？
則不得而知。無論如何，錦城的這種作法正代表了其作為考證學派儒者
的治學之風，相較於時代較前的東涯、春臺、履軒、淇園，其相關的解
《易》表現更為細緻，擁有客觀而更全面的基礎。

　　《九經談》中關於《周易》的部分，相較於其他各經，其實並不算
多。而透過上述探討，也可看到錦城解《易》仍有尚可商榷之處。但我
們可以從中觀察到身為江戶儒學中考證學派代表人物的錦城，面對中國
之《易》說有何折衷性態度、接受了何種中國學術的影響，而能窺彼時
中日儒學互動之一端。此外，即便其兼顧象解與義解的作法尚有未竟之
功，但此種解《易》方式並不失其理據，值得延續。敬所所謂的「識見
正大，援引宏博」，亦體現在錦城解《易》的表現中。

357　大田錦城：《九經談》，頁 221。
358　同上註。
359　程頤：《易程傳》，頁 704。

第七節　小結

　　《周易》作為一部儒家經典，其所牽涉到的最主要思想活動，莫過於解經，也就是所謂的經典詮釋。《周易》包含六十四卦卦畫、卦爻辭經文以及傳文，完整的《周易》理解，即包含對這些部分的全盤註釋。從中我們也可以觀察儒者解經時，探問其是否有一貫的原則、態度與企圖，分析其具有何種特色等。這正是儒者《易》學思想的最直接體現。本章從不同的學派中揀選曾註釋《周易》全書的儒者及其《易》註，再加上屬於考證學派的大田錦城，共有六人。而此六人在江戶儒學史上都佔有一席之地，亦可作為有關江戶時代儒家《易》學活動的代表性面向。

　　探討完此六人的解《易》表現後，現將大略比較結果以表格方式整理如下：

人物	學派	傾向	主要特色
伊藤東涯 1670-1736	古學（仁齋）	主義理	繼承仁齋學而反宋學，主《易程傳》之模式。
太宰春臺 1680-1747	古學（徂徠）	主義理	多引王弼、朱熹之說，而以經世本質視《易》，肯定卜筮之用。
中井履軒 1732-1817	批判性朱子學	主義理	疑經改經，排斥卜筮與過於玄祕之解經方式。
皆川淇園 1734-1807	考證學	主義理	以聲韻入《易》，並以簡潔之方式解經。
佐藤一齋 1772-1859	陽明學兼朱子學	主象數	彙整眾多前人說法，強調內在之象數秩序。
大田錦城 1765-1825	考證學	主象數	重視折衷，強調象數而兼顧義理。

　　進行了上述的分析與比較工作後，可以大致歸納出一些現象：一，隨著時間推進，中國的《易》學成果也東傳日本，開啟與江戶時代儒者的互動空間。除了淇園在《周易繹解》中保持孤立的姿態而無法藉此得

見其對中國《易》說的看法之外，其餘諸人皆顯示出來自中國的《易》學傳播結果。如果以主象數或主義理之別來區分的話，此六人可以東涯、春臺、履軒、淇園為偏義理之一組；錦城與一齋為偏象數之一組。其中東涯、履軒排斥象數態度明顯，自不待言；而春臺雖宣稱象數乃習《易》之門徑，然其註《易》過程中實以義理解《易》為主。淇園不採中國之象數《易》，而其對卦爻辭、《易傳》的解說又頗有義理解《易》色彩，故此四人可同歸於一組。錦城解《易》區分「象解」與「義解」，雖然持平，但又有以象數為首出之言論；一齋解《易》不乏義理之解，尤其是展現出認同楊簡說法之處，更是其心學色彩之象徵。然相較之下，其於卷首及每卦之前強調其中之象數秩序的作法，更加不可忽視，是故此二人可同歸於主象數之一組。

接著可發現，義理組之四人時代較早，象數組之二人時代較晚。扣掉幾無與其他中國儒者對話表現的淇園這個特殊例子之後，可以這樣解釋：前四人所處之時代較早，所能看到的中國著作以明代為下限，而所面對的思想仍以朱子學為主，也可以說朱熹是他們的主要回應對象；後二人屬於江戶時代中晚期，已可見大量涉及清初著作的痕跡。且重視象數這一點，也可對應到元明清象數《易》逐漸抬頭的《易》學史現象。因此我們可以從中看到中國《易》學東傳日本的歷時性影響。

二，從這些詮釋中，也可充分看到他們亟欲將自身放在與中國儒者平行的地位上，來提出己說，並對歷來之中國《易》學論點進行褒貶。以同一部經典為平臺，而構成分屬不同國家的儒者們平等地闡述自身理解的空間，這正是以東亞為視角所看到的儒學史面貌。對於《周易》這部經典而言，其在日本江戶時代儒學中開拓了其可能展現的解釋幅度；而對中國來說，則可從這些域外的對話對象上，得到更多的《易》學探討結果。

在觀察完江戶時代儒學中一些對《周易》的代表性註釋後，下一章將針對援用《周易》來建構自身思想系統的情形來進行析論。

第四章
江戶時代儒者思想中的《易》學哲學開展

　　漢學家金谷治在《易の話》一書中，以「對立與總合」、「變易與循環」、「天人合一的思想」三方面來談論《周易》思想。[1] 這些概念正可說是在歷來對《周易》的詮釋與應用中形成，並成為中國思想的特徵。誠如法國當代學者程艾藍（Anne Cheng）所言，在中國歷來所有時代與思潮中，重要的思想家們皆受到《周易》啟發，亦將自身思想投射於其中。而《周易》這一部書，在各國皆無類似者，可說是獨一無二的典籍，雅俗共賞，並含有天人關係等中國特有思維。[2] 從孔子引用恆卦九三爻辭並作出道德涵義的轉化性詮釋，即已開啟了卦爻辭作為思想素材的一面。《易傳》的出現，更使得《周易》融合抽象思維與具體倫理的哲學基調大致底定。隨著《周易》的經典化，使其在占卜書籍的性質之外，又以儒家經書之名，成為中國學術乃至文化中無可迴避的對象。自漢代以降，歷來重要的哲學思想表現中，皆可說與《易》學之間有所連繫。《周易》一方面是一部被學者們註解的經書，另一方面也提供了一套框架、一套適合在其中填入宇宙論、倫理學等相關之哲學概念的思維模式。

　　本章所針對的問題是江戶時代儒者將《易》學運用於自身思想，開展出相應之《易》學哲學的情形，透過對儒者於特定問題之看法的析

1　詳見金谷治：《易の話》（東京：株式会社講談社，2008 年），頁 202-271。
2　詳見アンヌ・チャン（程艾藍，Anne Cheng）著，志野好伸、中島隆博、廣瀬玲子譯：《中国思想史》（東京：知泉書館，2010 年），頁 261-262。

論，觀察其如何面對並援引《周易》內之元素，以作為建構自身思想體系之用。在上一章介紹江戶時代儒者《易》註時，已略為觸及關於儒者自身思想體系內容的面向。而相對於該章以經典詮釋模式、經學史問題等為探討方向，本章主軸為思想概念分析，以特定問題為單位，除了說明作為哲學思想素材的《周易》對江戶時代儒者的作用，以及開展出之《易》學哲學面貌，也藉此呈現儒者們與中國思想對話的空間。筆者希望能透過觀察重要儒者們在《易》學哲學上的表現，掌握江戶時代儒學史中的相關面貌，以呈現《周易》在此時的作用，並對這些儒者們的思想進行更深化的理解。

因此，本章將採取與上一章類似的揀選原則，就不同學派的重要人物及其《易》學哲學進行析論，以盡量突顯《周易》的多元作用，以及江戶時代儒學史中的重要成分。據此，筆者選取了三個江戶儒學史議題作為探討對象，一為與《周易》相關的理氣論觀點，二為運用《周易》所建構的神祕性道德論，三為具有獨特性的「開物學」。

《周易》在朱子學脈絡下，本為闡發其理氣思想的重要典籍，而在江戶儒學中亦如是。另外，與朱子學相對反的古學派及古文辭學派，也頗有利用《周易》來申述自身理氣觀點而批判朱子學的作法。此實為儒學思想中的重要部分，故本章擬針對朱子學及古學之重要儒者的相關說法加以探討之。接著，江戶時代陽明學派的中江藤樹與熊澤蕃山（1619-1691）兩人，不僅是重要的陽明學者，同時也極為重視《周易》。此外，他們的特色也在於帶有濃厚的宗教意識，甚為重視神道教。於是乎兩人皆有利用《周易》來建構其帶有神祕性宗教色彩之道德論的表現，此為本章所探討的第二個主題。至於「開物學」，乃皆川淇園所建立的一家之學，其結合《周易》與漢語聲韻學來探討字義的企圖，在上一章已稍微觸及。而關於其具體的內容，將在本章進行析論。蓋淇園之開物學雖然既冷僻又無人繼承，在江戶時代儒學史上乃是不見其影響力的絕學，但淇園本以治《易》而聞名，其最為用心之處正在於此「開物學」，且相較於其他儒者，確實有獨樹一幟之處，乃觀察江戶

時代儒家《易》學時，不可不提及之人，故亦列入本章專門探討。

第一節　《易》學開展出之理氣論觀點

　　宋代以降，在佛道兩家的刺激下，為了捍衛儒家主體性，吸收佛道元素而與之抗衡的理學興起，使儒學的內涵得到更高度的發揮。而宋代理學集大成者的朱子學東傳日本後，亦發揮了龐大的影響力。雖然儒家的首要關心問題在於成德之教，也就是道德之來源與實踐工夫，相對之下，理氣論屬於並非首出的形上學問題，然而形上學問題實欲囊括對世界全體事物之存在問題的回答，在理學系統中，佔有此地位的乃是理氣論，也因此也正是道德來源、善惡判斷等論述的理論基石所在。於是乎就哲學系統建構來說，亦具有根本上的重要性。不論中國或日本，凡是批判朱子學之人，也會針對理氣問題提出自己的論證。由於《周易》乃宋代理學家據以申述其理氣觀的典籍，故也成為理氣觀論爭的主戰場之一。

　　由於程朱理學之故，理氣論相關問題成了儒學中形上學領域的重要基石。宋學脈絡下的「理」概念，始自二程，而在朱熹手上達到集大成的規模，既指涉天地間一切事物運行之規律，又代表人世間道德規範的全體，形成一個無所不包，可視作世界之終極根據的存在。朱熹的作法，目的在於替人倫規範建立一種先天的性質，使其與外在自然之間有所呼應，而擁有客觀根據及恆常性。另外，也等於透過對「理」此一終極形上實體的肯定，以排斥老氏的「無」之概念，和佛家諸法無自性、諸行無常的觀點。雖然儒家思想的發展過程中，這種「理」之概念的成形，很難說與佛道兩家之元素毫無關聯，但無論如何，這也使得儒家形上學開出了新的格局，提供更為精密細緻的思想概念，並造就相關的經典詮釋、道德論述的嶄新面貌。朱子學在中國取得龐大勢力後，進而傳播到韓國、日本等地，結合政治體制而造就其地位。可以說朱子學對東亞文化的形塑有著巨大影響也不為過。

　　而「氣」自古以來即是中國傳統形上學中的重要概念，代表一種
對世界基本組成的描述。從《孟子》、《老子》、《莊子》、《左傳》、《國
語》等先秦典籍，可以看到這種存在於人體內與外在世界中的「氣」之
概念，在彼時已紮根於中國的世界觀中。隨著文化傳播的進程，「氣」
之概念已可說是所謂東亞世界的共同語言。至今在中文和日文中，皆有
不少含有「氣」字的詞彙，指涉人之身心活動或外在事物，這些正是以
「氣」解釋世界基本之存在的表現。而「理」之概念的出現，提供了新
的形上學觀點，勢必開展出與原有的「氣」之概念的互動關係。對於世
界之終極實在為何的回答，主理也好，主氣也好，皆屬理氣論相關的思
想。作為儒學的重要問題之一，對理氣論的觀點也表現在接受朱子學影
響的日韓等地儒者的思想中。

　　程朱兩人所持之「理」概念，在精細度上有所差異，但共同的特
徵是將之展現在對《周易》的詮釋中。程頤所言之「體用一源，顯微
無間」、朱熹所言之「陰陽迭運者，氣也；其理則所謂道」，「《易》
者，陰陽之變；太極者，其理也」[3]，都代表了立足於自身理學觀的
《周易》詮釋表現。宋代以降的義理《易》學中，來自理學的思想可
說是一大代表。而在明代逐漸抬頭的氣本論，繼承了過往的氣學，將
理學中的理先氣後色彩轉變為理在氣中，諸如薛瑄（1389-1464）、蔡清
（1453-1508）、羅欽順（1465-1547）、王廷相（1474-1544）等人，都
以此作出了與氣學相關的義理《易》學成果。[4] 這在中國哲學與《易》
學的發展上，都可說是一種對前一階段的對反所帶來的突破。所謂的突
破並非指氣本論較理本論在哲學意義上來得優秀，而是提供了新的對話
空間，使理氣論相關問題持續地發展下去。

　　江戶時代初期開始便與幕府相結合的朱子學，是此時日本儒學中提
倡理學的代表。正如同在中國，產生了與之對反的氣學一般，日本也隨

3　朱熹：《周易本義》，頁 249。

4　可參考朱伯崑：《易學哲學史》第三卷，頁 88-92。

即出現了主張氣一元論的思想，而與朱子學形成對立。以下，從《易》學的角度切入，來觀察江戶時代儒學中的理氣論相關問題，如何在對《周易》元素的援用下開展。

一、太極、形而上之道與「理」：朱子學者的理氣二元論與《周易》

理氣二元論為朱子學所持之形上學觀念[5]，而此論點與《周易》的結合型態可分為三種表現方式：一、以「太極」為理，陰陽五行為氣。若提到宋學重視「太極」概念的關鍵，則可以周敦頤《太極圖說》為最初代表。周敦頤利用《周易》概念而作《太極圖說》，將太極至萬物

5　朱子學之理氣論究竟為二元論抑或一元論，實存有爭議。關於此問題，可參考劉述先：〈朱熹的思想究竟是一元論或是二元論？〉，《中國文哲研究集刊》創刊號（1991 年 3 月），頁 181-198。劉文主張：「由形上構成的角度看，朱熹是二元論，由功能實踐的角度看，朱熹是一元論；兩方面融為一體，才能夠把握到朱熹思想的全貌。」（頁 181）筆者認為此說可從，而本節由於偏重形上構成角度的分析，故使用「二元論」一詞。劉文對此立場有進一步描述：「朱熹所以主張二元論，目的是要保住理的超越性。」（頁 181）「由形上構成的角度看，朱熹的思想是主張一種理氣二元不離不雜的形上學……朱熹是不是理一元論呢？表面上看來這樣的說法也不無道理……但一元論的說法比較容易引起誤解，把理當作本有的，氣當作派生的，很容易把『理生氣』的『生』字解為實生，那就犯下了致命的錯誤。而朱子以太極為理，屬形而上者，陰陽為氣，屬形而下者……二者之間的關係是既『不相離』，也『不相雜』，這是朱子本人用的詞語……故由形上構成的角度看，朱子主張理氣二元不離不雜的思想是不容辯者。」（頁 182-187）筆者的「理氣二元論」理解，亦循此說。另一方面，劉文依此立場而提到的「理氣是兩層，故決不可混雜，二者之間是微妙的不離不雜的關係」（頁 186），也可呼應兩層存有論的性質。至於所謂的「功能實踐」角度的一元論，劉文大致依循錢穆（1895-1990）之說，而認為：「由功能實踐的角度看，他（錢穆）否定朱子是唯氣論、唯理論、理氣對立論，那就只能是理氣一體渾成的一元論思想。而朱子這種功能實踐的一元論並不矛盾於他的形上構成的二元論，事實上只有兩方面合看，才能得到朱子思想的全貌。」（頁 190）準此，功能實踐角度的一元論，並非理一元論，而是理氣「不離」之一面，兩者渾然一體的一元論，筆者亦認同此說，且誠如劉文所言，此與形上構成角度的二元論並不衝突。總而言之，本節乃是以此為前提，而專就形上構成角度來談論朱子學的理氣關係。此脈絡下的二元論性質，筆者認為也是日本朱子學者的共法，而與氣一元論者相對。

的宇宙論作為根本，而說「惟人也，得其秀而最靈。形既生矣，神發知矣。五性感動，而善惡分，萬事出矣」。[6] 但《太極圖說》中尚未見「理」之概念，如何從宇宙論闡述而連接至「得其秀而最靈」的根據，在其中也未見充分論述，而這一套思想則成了朱熹發揮理氣之說的資源。他詮釋此句說：「此言眾人具動靜之理，而常失之於動也。蓋人物之生，莫不有太極之道焉。然陰陽五行，氣質交運，而人之所稟獨得其秀，故其心為最靈，而有以不失其性之全，所謂天地之心，而人之極也。」[7] 這無非是以理之概念來解釋太極與人內在心性之間的關係，一方面詮釋了周敦頤此處的環節，另一方面也等於揭示了太極與理之間的同一性。而在朱熹自己的《周易》詮釋方面，他在《周易本義‧周易序》中說：

> 六十四卦，三百八十四爻，皆所以順性命之理，盡變化之道也。散之在理，則有萬殊；統之在道，則无二致。所以「《易》有太極，是生兩儀」。太極者，道也；兩儀者，陰陽也。陰陽一道也，太極无極也。萬物之生，負陰而抱陽，莫不有太極，莫不有兩儀。[8]

在《周易》中，太極、兩儀到八卦的化生過程裡，作為最原始之根源的太極，亦等於存在於所化生出的萬物中，等於萬物中皆有太極。朱熹以此作為理乃是萬物的存在根據，而又存在於萬物中的思想表現。此處「散之在理，則有萬殊；統之在道，則无二致」，似區分「道」與「理」二者，而以太極為道。但事實上這兩種概念頗有可互通之處。除了《朱子語類》中又常謂太極為理之外，陳淳在《北溪字義》中的詮釋也值得參考：

6　周敦頤：《太極圖說》，收入周敦頤：《周敦頤集》（北京：中華書局，2009 年），頁 6。
7　同上註。
8　朱熹：《周易本義》，頁 1。

道與理大概只是一件物，然析為二字，亦須有分別。道是就人
所通行上立字，與理對說，則道字較寬，理字較實，理有確然
不易底意。故萬古通行者，道也；萬古不易者，理也。[9]

道即是太極，道是以理之通行者而言，太極是以理之極至者而
言。[10]

也就是說，萬物各自有內在之理，而眾理皆來自共同的根源。此根源等
同於最終極之「理」，相當於眾理之集合，又稱為道，有貫行於萬物之
意。太極、兩儀為中心的宇宙論思想，便與「理」之形上學概念相結
合。

　　二、以卦爻及卦爻辭成立之根據為「理」。如同前面所引述的，朱
熹曾言「六十四卦，三百八十四爻，皆所以順性命之理，盡變化之道
也」，認為有形之卦爻與辭，背後均有無形之理作為其根據。這也就是
其於《周易五贊・警學》中所說的「假彼象辭，為我儀則……及其貫
之，萬事一理。理定既實，事來尚虛。用應始有，體該本無。稽實待
虛，存體應用。執古御今，由靜制動。潔靜精微，是之謂《易》」。[11] 此
處繼承了程頤解《易》時引入的體用觀，指出卦爻辭背後自有其理，揭
示了適用於各種具體情境的準則。這也是已遠離卦爻辭成立時之歷史背
景的後人，仍能從中得到行事啟示的理論根據：卦爻辭所蘊涵之理是跨
越時空，具備普遍性的，而其抽象性也使其成為一個可以填入具體情境
的框架。而正如「用應始有，體該本無」所說的，卦爻辭背後之理，與
卦爻辭乃至當下的事物情境，為體用之關係。具體有形之情境，便相當
於氣，而受到理的指導。理作為事物背後的本體，本身無形，乃是透過
事物而顯現並為人所知。閱讀《周易》或進行卜筮時，所能直接得見的

9　陳淳：《北溪字義・理》，頁 41-42。
10　陳淳：《北溪字義・太極》，頁 44。
11　朱熹：《周易本義》，頁 6。

只有卦爻之象與辭，人們需洞察其背後不可直接得見的理，以掌握《周易》的撰作旨意，作為自身的行事依據。

　　三、以形而上之道為「理」。《繫辭傳》「形而上者謂之道，形而下者謂之器」一句，為朱子學所用，而開出一種兩層存有論的詮釋空間。[12] 在此觀點下，存在著上下兩層不同層次的世界，上層者無形，下層者有形，前者為後者運行之根據所在，並透過後者而得以顯現。朱熹解釋此句說：「卦爻陰陽，皆形而下者，其理則道也。」[13] 這便是將理置於兩層存有論中的形而上世界之內。理氣二元論的主張，也是架構在此兩層存有論之上。例如朱熹說「理未嘗離乎氣。然理形而上者，氣形而下者。自形而上下言，豈無先後？理無形，氣便粗，有渣滓」[14]、「若理，則只是箇淨潔空闊底世界，無形迹」[15]、「且如萬一山河大地都陷了，畢竟理卻只在這裡」[16]、「蓋太極是理，形而上者，陰陽是氣，形而下者」[17]、「形而上者是理。才有作用，便是形而下者」[18]，便是在陳述無形之理與有形之氣的上下結構安排。在這種觀點下，理之存在既非具體，那麼勢必需預設一種有別於具體世界之處，也就是形而上的世界，使理作為單獨的概念被討論時，得以存在其中。這種「存在」與所謂的

12　在此需補充說明的是，在上一章筆者曾談到，本文所言之「兩層存有論」，係借用牟宗三用以表達肯定本體界之實有性的哲學體系，以描述朱子學下的理氣論。而在此，則是由於順著朱子學理氣論，則「形而上者謂之道，形而下者謂之器」一句，亦被用作詮釋此理氣論的經典依據，「形而上者謂之道」成了本體界之本體的描述，故筆者使用「兩層存有論」一詞來指涉，以配合朱子學脈絡下的此句涵義及其詮釋企圖，強調其理氣論架構的運用模式。若是離開朱子學，則當然不見得需要以兩層存有論的思想看待之。例如上一章談到戴震與太宰春臺對「形而上」「形而下」之解，即為可供參照的表現。

13　朱熹：《周易本義》，頁 251。

14　黎靖德編：《朱子語類》卷 1，頁 3。

15　同上註。

16　同上註，頁 4。

17　黎靖德編：《朱子語類》卷 5，頁 84。

18　黎靖德編：《朱子語類》卷 75，頁 1936。

「無是氣，則是理亦無掛搭處」、「若氣不結聚時，理亦無所附著」[19] 的「掛搭」、「附著」不同，並不是透過形而下的氣之世界來顯現，而是在概念上能夠自足地存在，不為現實或特定時空所限制。如此則必然蘊涵形而上、形而下之分的兩層存有論，兩層彼此不即不離。[20] 也因此，若是接受這種論述模式的理氣二元論，便須在概念上嚴格區分理氣二者，不可「指氣為理」。[21] 這不僅僅是為了確保客觀價值依據，事實上也是在維護理氣二元論的根基。此外，朱熹說：

> 所謂理與氣，此決是二物。但在物上看，則二物渾淪，不可分開各在一處，然不害二物之各為一物也；若在理上看，則雖未有物而已有物之理，然亦但有其理而已，未嘗實有是物也。大凡看此等處須認得分明，又兼始終，方是不錯。[22]

這裡說得很清楚，完整的理氣二元論包含「從物上看」和「從理上看」兩種觀察角度。也就是說在形而下世界中，理與氣是一體的，不可分別地存在，人們須透過氣來得見理，理在形而下世界中發揮作用；而概念中的形而上世界，則只有無形本體的理存在，只是其必然會透過形而下

19　黎靖德編：《朱子語類》卷 1，頁 3。

20　理學的這種二分之思維方式，先行研究已指出其來源包括內丹學、佛學、魏晉玄學，先秦儒家本有之思想，乃至南朝道教中的重玄學派等等。相關整理與分析可見林永勝：〈二重的道論：以南朝重玄學派的道論為線索〉，《清華學報》第四十二卷第二期（2012 年 6 月），頁 233-260。

21　陳淳於《北溪字義・道》中說：「《易》說『一陰一陽之謂道』，陰陽，氣也，形而下者也；道，理也，只是陰陽之理，形而上者也。孔子此處是就造化根原上論。大凡字義，須是隨本文看得透方可。如『志於道』、『可與適道』、『道在邇』等類，又是就人事上論。聖賢與人說道，多是就人事上說。惟此一句，乃是贊《易》時說來歷根原。儒中竊禪學者，又直指陰陽為道，便是指氣為理了。」（頁41）這也隱約透露出，關於理的論述，必然要保有不須就人事、現實世界上來談論的空間。

22　朱熹：〈答劉叔文書〉，《晦庵先生朱文公文集》卷 46，收入朱傑人、嚴佐之、劉永翔主編：《朱子全書修訂本》第二十二冊（上海：上海古籍出版社、合肥：安徽教育出版社，2010 年），頁 2146。

之氣顯現出來。後世對理氣二元論表示質疑的其中一種方式，便是推翻此兩層存有論的結構，此點容後敘述。

以上是傳統朱子學透過《易》學來提倡理氣二元論的模式，接下來就江戶時代朱子學中關於理氣二元論的部分來觀察其表現。在此，本文以江戶時代初期，與幕府關係較密切的京學派朱子學中的代表人物藤原惺窩和林羅山，以及另一個重要的朱子學派崎門學派為考察對象。

首先從藤原惺窩看起。惺窩曾說：「夫天道者，理也。此理在天，未賦於物曰天道；此理具於人心，未應於事曰性，性亦理也。」[23] 此處依循朱子學區分心性，以性為理，而又統貫到超越之天道的思想。從「此理在天，未賦於物」一句來看，指涉的是在理論上可獨立於具體世界而存在的理，這也是兩層存有論的表現。理代表至善，氣則有善有惡。承此理氣觀，惺窩又說：「觀惡人之顯榮，莫大乎夏桀殷紂……然偏塞之氣及邪惡之氣最重，而正通之氣最輕，故有祿無德矣。」[24] 將惡之來源歸於氣之不正者，而與至善之理相對，這也呼應了理氣二元相對的性質。惺窩本人著作中未見其《易》學言論與此理氣二元論之關係，然其弟子林羅山繼承了這些形上學觀點，而更明白地將之與《周易》並論。

羅山曾於侍坐時對惺窩提問，並記錄問答內容。其中提到關於理氣論者如下：

> 問理氣之辨。先生曰：「設使宋元之名儒，在於今日之座，不

23　藤原惺窩：《藤原惺窩文集·卷九·五事之難》，收入國民精神文化研究所編：《藤原惺窩集》上冊（京都：思文閣出版，1978 年），頁 131。金谷治認為惺窩對於理的觀點，較近於「心即理」，而非朱熹的「性即理」，且也較近於理氣一元論之立場，詳見金谷治：〈藤原惺窩の儒學思想〉，收入石田一良（1913-2006）、金谷治校注：《藤原惺窩·林羅山》，《日本思想大系》第二十八卷（東京：岩波書店，1975 年），頁 449-470。然筆者認為，根據此處引文，惺窩仍具有理氣二元論與「性即理」之思想。

24　藤原惺窩：《藤原惺窩文集·卷九·五事之難》，頁 133。

若書之所記精而詳也。我之所言者如汝之所見。」余曰：「《性理大全》書等是耶？」先生曰：「然。」[25]

明代所編成的「三《大全》」，代表在科舉政策上高舉朱子學的動作。雖然其內容駁雜，但由於輸入朝鮮，進而影響日本，因此也使得江戶初期的朱子學理解與三《大全》脫不了關係。此處惺窩認為逕依《性理大全》來理解理氣論即可，代表當時的朱子學接受狀況，也表明了羅山的學習來源。另外，羅山嘗自述：「惺窩先生告余曰：『無極而太極，言無形而有理也。』又曰：『中者簡理之異名也。』余聞而喟然，其後讀儒者書，所到皆有破竹之勢，嗚呼快哉。」[26]充分顯示羅山接受了來自惺窩的影響，以朱子學的理之概念理解太極，這也等於接受了相關的理氣二元論。

而第二種模式，也就是以卦爻辭背後之涵義為理的想法，亦為羅山所認同。他說：

> 程子作《易傳》，主於理；康節論《易》，主於數……爾來學先天而主數者本於邵，專主義理而據經者本於程。及于朱子（按：疑當作「子」）作《本義》、《啟蒙》，兼程邵以說理氣象數，可謂大成。然其答王子合所問，則曰「康節說《易》，有附會穿鑿，故不深注意而當闕之」，雖朱子亦有此言……吾想其理，則數在其中。夫《易》示吉凶，順理則吉，逆理則凶，然則程子之學純而正乎。[27]

羅山一方面推崇朱熹《易》學兼言理氣象數，一方面又根據朱熹後來的轉變，解釋為數在理中，等於將數化約為理的一部分，而將理視為《周

25　林羅山：《林羅山文集・卷第三十二・惺窩答問》，據京都史蹟会編：《林羅山文集》上卷（東京：ペリカン社，1979 年），頁 348。

26　林羅山：《林羅山文集・卷第七十・隨筆六》，《林羅山文集》下卷，頁 870。

27　林羅山：《林羅山文集・卷第三十六・易理數》，《林羅山文集》上卷，頁 405。

易》義涵宗旨之首出，肯定程頤的義理《易》學，也可以說肯定了朱熹對《周易》「皆所以順性命之理」的衡定。

　　至於羅山更具體地將理氣二元論與《周易》相連結之處，在於其著作《三德抄》。其中的〈理氣辨〉部分，羅山先引《繫辭傳》「一陰一陽之謂道，繼之者善也，成之者性也」，接著說：

> 夫天地未開之先、已開之後，皆有常理，名為大極。此大極動而生陽，靜而生陰。此陰陽原共為一氣，分而為二，又分而為五行……如此相聚而成人形，其活動者名為氣，此氣中所附而明者理也，是則大（按：疑當作「太」）極也，名為道。此理與氣相合，而為形之主者名為心。此心原來為太極之理，虛空如與天同，無色無聲，惟純善而無絲毫之惡也。[28]

　　羅山此處的思想，與朱熹對《太極圖說》的解釋大體相似，並無特殊創見。總而言之，可以說是依循朱熹的作法。但兩者亦有差別：朱熹在詮釋《太極圖說》中太極生陰陽的過程時，說：

> 太極，形而上之道也；陰陽，形而下之器也。是以自其著者而觀之，則動靜不同時，陰陽不同位，而太極無不在焉；自其微者而觀之，則沖漠無朕，而動靜陰陽之理，已悉具於其中矣。雖然，推之於前，而不見其始之合；引之於後，而不見其終之離也。故程子曰：「動靜無端，陰陽無始。非知道者，孰能識

28　林羅山：《三德抄·理氣辨》，收入石田一良、金谷治校注：《藤原惺窩·林羅山》，《日本思想大系》第二十八卷，頁 161-162。原文：「夫、天地ヒラケザルサキモ、開ケテ后モ、イツモ常ニアル理ヲ大極ト名ヅク。此大極ウゴイテ陽ヲ生ジ、靜ニシテ陰ヲ生ズ。此陰陽ハ元一氣ナレ共、ワカレテニツトナルナリ。又ワカレテ五行トナル……如此相聚リテ人ノ形ヲナシテ、其ウゴキハタラクモノヲ氣トナヅク。此氣ノ中ニヲノヅカラソナハレルモノハ、理也。是則大極也。コレヲ道トナヅク。此理ト氣ト相アフテ、形ノ主タルモノヲ心トナヅク。此心ト云モノハ元來太極ノ理ナレバ、天ト同ク虛空ノ如クシテ、色モナク声モナシ。タダ善バカリニシテスコシノ惡モナキ也。」

之？」[29]

　　不管是就《繫辭傳》原文還是周敦頤《太極圖說》，從太極到陰陽的過程，似乎都可以說有一個時間上的順序。但是對朱熹而言，太極與陰陽分屬形而上形而下不同層次的存在，兩者之間的先後關係，並非就時間歷程而論，而是邏輯上之根本性差別而論，因此不能說陰陽之成立有一個時間點，在此之前惟有太極（理）存在。但羅山說「夫天地未開之先、已開之後，皆有常理」，似乎變成理可單獨存在於形而下天地未開、萬物未形的世界中。儘管朱熹說過「未有天地之先，畢竟也只是理」[30]，然此亦指邏輯上理優先於天地，無理便無此天地而言，與羅山此處之言亦不同。但無論如何，這裡的基調仍是透過《周易》架構表現出的理氣二元論。[31]

　　接著來看江戶時代初期另一個重要的朱子學代表崎門學派。崎門學派的中心人物山崎闇齋，援朱子學而入神道，創立「垂加神道」一派，強化了日本國體之主體性。在儒學方面，闇齋的主要貢獻則不在於提出原創性的論述，而是在整理朱子學文獻，述而不作的立場上。[32] 闇

29　朱熹之註，可見周敦頤：《太極圖說》，頁 4。

30　黎靖德編：《朱子語類》卷 1，頁 1。

31　羅山嘗於〈寄田玄之〉信中說：「太極理也，陰陽氣也。太極之中本有陰陽，陰陽之中亦未嘗不有太極。五常理也，五行氣也，亦然。是以或有理氣不可分之論。勝雖知其庶朱子之意，而或強言之，不知足下以為如何？」見林羅山：《林羅山文集》上卷，卷第二，頁 18。井上哲次郎據此認為，羅山乃是理氣一元論者，與王陽明相同。見井上哲次郎：《日本朱子學派之哲學》（東京：富山房，1915 年），頁 65-68。石田一良則指出，羅山對陽明理氣論的認同，乃是出於其早年時期。其後受到惺窩影響，而棄陽明改從朱熹理氣論。詳見石田一良：〈前期幕藩体制のイデオロギーと朱子学派の思想〉，收入石田一良、金谷治校注：《藤原惺窩・林羅山》，《日本思想大系》第二十八卷，頁 411-448。準此，仍可將朱子學理氣二元論視作羅山確立的思想傾向。

32　最常被引用來代表闇齋立場的文獻是闇齋所自述的：「我學宗朱子，所以尊孔子也。尊孔子以其與天地準也。《中庸》云：『仲尼祖述堯舜，憲章文武。』吾於孔子朱子亦竊比焉，而宗朱子，亦非苟尊信之。吾意朱子之學，居敬窮理，即祖述孔子而不差者。故學朱子而謬，與朱子共謬也，何遺憾之有？是吾所以信朱子，

齋曾重新校點《周易本義》，將被混入程《傳》、改動次序的該書重新恢復原貌，而在日本流傳甚廣。上一章即提到，中井履軒《周易雕題》、《周易逢原》所據之底本，正是闇齋所點之《周易本義》。另外，他收集與朱子學《易》學相關文獻，包括朱熹本人之言乃至其後薛瑄、丘濬（1421-1495）、朝鮮儒者李退溪（1501-1570）等重要朱子學者的相關論述，編為《朱易衍義》一書。闇齋於該書〈序〉中說：

> 《易經大全》依古《易》，而《啟蒙》、《本義》為之大註，擇諸說之足發明經註者為之小註，以程《傳》收于《性理大全》、《通書》之次則可也。然亂經文、雜《傳》義，使四聖之《易》混而不明矣。朱子之後，今《易》復行，而古《易》遂亡者，俑於天台董氏，而成於《大全》者，實朱子之罪人也。嘉自壯年憂之，乃復朱《易》，加倭訓，令鏤諸梓，以廣其傳焉。學者苟能讀此，則知《易》本卜筮之書，四聖之《易》各別，而程《易》又別也，不甚難矣。但恐為大全所汩，而不能反其本，於是乎為《朱易衍義》云。[33]

三《大全》雖奉朱子學為正統，但已不能代表朱熹思想原貌。除了參雜許多後儒言論，而未必精粹之外，以《周易》為例，實與朱熹思想相牴觸。董楷將《周易本義》文句分附《易程傳》之下，而變為依王弼本而非十二卷古本。《大全》本又循之，實蹈董楷之誤。這也是闇齋重新校點《周易》，又作《朱易衍義》的原因，乃是基於探索真正的朱熹思想之意圖。另外，闇齋關於朱子學的重要作品尚有《文會筆錄》。《闇齋先生年譜》提到：「先生於四書、五經、《小學》、《近思錄》，及濂洛關閩諸子之書，每有所得，輒撮錄為編，題曰《文會筆錄》，凡二十卷，皆

亦述而不作也。汝輩堅守此意而勿失。」見山田思叔：《闇齋先生年譜》，收入關儀一郎編：《日本儒林叢書》第三冊，頁10。

33　山崎闇齋：《朱易衍義·序》，據日本古典學會編：《續山崎闇齋全集》中卷（東京：日本古典學會，1937年），頁186。

折衷紫陽。」[34] 此書為闇齋收集朱子學者相關文獻的成果，偶爾附上自己的短評，本質上仍屬編輯而非撰作，屬於闇齋之言的篇幅極少，僅能從其揀選之文獻及短評中略窺其意圖。[35] 雖然闇齋將自身定位為朱熹的繼承者，而使得他的著作大部分屬於編纂性質，並非以表達自身思想為主。但闇齋的努力也使得日本朱子學走向一個新的境界，擺脫對三《大全》的依賴，提升日本對朱子學的理解程度，也使崎門學派在江戶時代享有一定的影響力。

在《朱易衍義》中，引述了《朱子語類》中所說的「聖人作《易》，只是說一箇理，都未曾有許多事，卻待他甚麼事來揍。所謂『事來尚虛』，蓋謂事之方來，尚虛而未有；若論其理，則先自定，固已實矣」[36]，闇齋於此處未加評論，但可以顯示其認同朱熹此處之看法，也就是以卦爻辭背後涵義為理。在《文會筆錄》中，談到了「精義入神」與形而上之理的關係。《繫辭傳》曰「精義入神，以致用也」，在朱子學中成為一個通往形而上之理的工夫。程頤說「聖人之道，更無精粗，從灑掃應對至精義入神，通貫只一理」[37]，朱熹解釋為「固是精義入神有形而上之理，即灑掃應對亦有形而上之理」。[38] 闇齋發揮此義，說：

> 所以然者，理也，事上即有理，學者要看之耳。《集釋》朱說
> 甚明矣，奚疑之哉？《或問》之說亦詳矣。義也、神也，形而

34　山田思叔：《闇齋先生年譜》，頁 10。
35　其實《文會筆錄》的內容不全然與朱子學有關。就中，八之二絕大部分的內容為中國歷代典籍中記載日本與朝鮮的部分，以及日本史籍中提到與外國文化交流的相關記載。這些文獻可以視作闇齋所編輯的東亞文化交流史料，然而何以置於《文會筆錄》之中，而與其他卷帙顯得主旨有異，則不甚明朗。或許可視作闇齋對日本國體關懷的表現，然與本文主旨較無關係，暫不擬探討。
36　山崎闇齋：《朱易衍義》，頁 222。
37　程顥、程頤：《河南程氏遺書》卷十五，收入《二程集》，頁 152。
38　黎靖德編：《朱子語類》卷 49，頁 1208。

上之道也。精而入之，大學之事，形而下之器也。[39]

闇齋此處進一步將「精義入神」一句依詞性分析之後，區分出屬於形而上的「義」、「神」，而以「精」、「入」為實踐工夫，代表形而下之器。這可以說是依朱子學思想而發，而又作更精密的闡釋，且又明顯地圍繞著形而上、形而下的道器之分展開，也等於蘊涵了相關的理氣二元論思想。另外，《文會筆錄》中常引述《朱子語類》及《朱文公文集》中以理氣詮釋太極和陰陽的段落。不僅如此，闇齋又引述薛瑄《讀書錄》之言而說：「『《易》有太極，《易》即陰陽，太極即道也』、『《易》有太極，言氣以原理。太極動而生陽，言理以及氣』。薛氏此辨尤明。」[40] 薛瑄基於朱子學立場，踏襲了朱熹對《太極圖說》的詮釋，同樣闡發理氣二元論。而闇齋在此表達肯定，其立場不言自明。

相關的部分還有關於「畫前之《易》」的概念。《朱子語類》提到：

> 大抵前聖所說底，後人只管就裏面發得精細。如程子橫渠所說，多有孔孟所未說底。伏羲畫卦，只就陰陽以下，孔子又就陰陽上發出太極，康節又道：「須信畫前元有《易》。」濂溪《太極圖》又有許多詳備。[41]

邵雍的「畫前有《易》」思想，意在揭示《周易》中的數字規律，而這種規律自然是存在於《周易》成書之前的，因此這樣的思想也等於提供了主理說發揮的空間，故為朱熹所推崇，連帶地也為闇齋所提及：「《易》有太極，《易》，陰陽也；太極，理也。畫前之《易》，包理言之，此《啟蒙》之本意也。」[42] 這等於肯定朱熹推崇「畫前之《易》」的

39　山崎闇齋：《文會筆錄》四之三，《垂加草》卷十四，據日本古典學會編：《山崎闇齋全集》上卷（東京：日本古典學會，1936 年），頁 242。
40　山崎闇齋：《文會筆錄》十之一，《垂加草》卷十九，頁 410。
41　黎靖德編：《朱子語類》卷 62，頁 1503-1504。
42　山崎闇齋：《文會筆錄》七之一，《垂加草》卷十七，頁 314。

表現[43]，而指出此反映了陰陽卦畫背後之太極（理）的存在。

　　從這些地方可以看到闇齋忠實地闡揚了朱子學透過《周易》詮釋所表達的理氣二元論架構。高島元洋曾指出，關於太極與理之思想結構，闇齋與朱熹之間沒有什麼差異，但闇齋嘗試援神入理這一點，導致兩人的「理」之內涵略有不同。闇齋曾經說過：「我倭封天地之神，號天御中主尊，舉天以包地。御尊辭『中』即天地之中，『主』即主宰之謂，『尊』至貴之稱……蓋天地間唯理與氣，而神也者，理之乘氣而出入者。」[44]可以發現其將實體的神與理之概念連結在一起，而與朱熹將「神」作為作用義的內容有別，理本身也成為一種會活動的實體。[45]這種差異的成因，可以說是闇齋基於對神道的關懷，使其在宣稱祖述朱子學之餘，又有以朱子學為客，以神道為主的面向。

　　不過筆者認為，這種援神入儒的作法，儘管改變了「理」的內涵，但事實上仍建立在理氣二元論的基本架構之上。且縱觀《文會筆錄》，就祖述朱子學這一面向來說，延續朱熹的理氣二元論及相關《易》學論述的表現，仍可代表闇齋思想的重要性質。誠如高島氏所言，闇齋在太極與理之思想結構上，遵循朱熹思想。透過上述說明，也可看到三種以《周易》說明理氣二元論的模式，皆出現於《文會筆錄》和《朱易衍義》中，而闇齋所揀擇的文獻，也並未與這些模式相衝突，或是有內涵不一致之處。準此，確實可以說闇齋意在繼承朱子學中與理氣二元論相關的《易》學。

　　闇齋所開創的崎門學派中，又以闇齋弟子佐藤直方（1650-1719）、淺見絅齋、三宅尚齋（1662-1741）三人最為知名，被稱作「崎門三

43　朱熹：《易學啟蒙》云：「自兩儀之未分也，渾然太極，而兩儀、四象、六十四卦之理已粲然於其中……而邵子所謂畫前有《易》者，又可見其真不妄矣。」見朱熹：《易學啟蒙》，《朱子全書修訂本》第一冊，頁217-218。
44　山崎闇齋：〈會津神社志序〉，《垂加草》卷十，據《山崎闇齋全集》上卷，頁78-79。
45　詳見高島元洋：《山崎闇斎　日本朱子学と垂加神道》（東京：ペリカン社，1992年），頁62-95。

傑」。三人與闇齋不同，並未展現與神道相關的傾向，而是專守儒學。
在他們談論《周易》的文字中，自然也可找到發揮理氣二元論的地方。

首先，直方曾表現出以理為主的理氣二元論立場。他說過：

> 「天命之謂性」云云，無天外之事，無性外之物是也。其天為
> 理與氣，有形而上下之異。儒者之道，其以理之方為主，而氣
> 在其中，非云棄氣……異端專氣而不知理，然非天地之全，乃
> 偏也……如上，理氣為二，群道以一理括之，謂太極，理之尊
> 號也。此太極為本然之妙也，其理順而無惡，謂之性善。[46]

可以看到直方遵循了以形而上下區分理氣、將理與太極等同等等之類的
理氣二元論之《易》學觀點，並同樣強調在理氣二元論的架構中，須以
理為主，將理視作氣之規範以及至善之道德內容，這自然是其朱子學色
彩的表現。

直方曾認為太極所代表的理，是離氣而言之理。據〈剛齋佐藤先生
傳〉記載：

> （闇齋）一日示筆記于先生，曰：「《易》之太極，則理氣滾
> 說。周子則專以說理，因知《語類》之說誤也。」先生（按：
> 指直方）曰：「《易》有太極者，自氣中抽出理。而周子所謂
> 『無極而太極』者，理氣滾說也。故氣未結聚時，理無所附
> 著；有氣則理寓其中，有理則有氣，不相離也。《語類》之

46　佐藤直方：《韞藏錄・卷三・學談雜錄》，據日本古典學會編：《佐藤直方全集》
　　（東京：日本古典學會，1941 年），頁 21。原文：「天命之謂性云々、何デモ天ヲ
　　ハヅレルコトナシ、無性外之物ト云 forehead ナリ。其天ハ理ト氣トニシテ、形而上下
　　ノ異アリ。儒者ノ道ハ、其理ノ方ヲ主トシテ、氣其中ニアリ、氣ヲスツルト云
　　ニアラズ……異端ハ氣ヲ專トシテ理ヲ知ラズ、然レバ天地ノ全ニアラズ、偏ナ
　　リ……如右ニ理氣二ツニテ、ソレ々々ノ道ノ立ヲ、一理トクヽツテ太極ト云、
　　理ノ尊號ナリ。ソコヲ太極ハ本然之妙也ト云、其理ハ順テ惡ハナシ、ソコヲ性
　　善ト云。」

說，恐非誤也。」闇齋乃改其說。後闇齋謂門弟子曰：「四
書六經中有離氣而語理者乎？」皆逡巡不答。先生獨答以
「《易》有太極」之語，闇齋稱善。[47]

將太極視作與氣相離的理，而非理氣不離的「理氣滾」，這等於是指涉
概念上獨立於氣的形而上之理。從這種角度而論，便是所謂的「從理上
看」。此時直方仍保有以形而上形而下兩層存有論之觀點看待理氣之分
的面向，但其後發生了思想上的轉變。吉田健舟曾指出，直方至四十歲
以後，轉變為以「《易》有太極」為理氣滾，「無極而太極」為專指理。
至最終則兩者皆為理氣滾。吉田氏根據直方晚年所說的「《易》有太極
者，於陰陽變易處有理，是理氣妙合」[48]，表示其以理氣之合論太極，
而不談單獨的形而上之理，使得太極的超越性面向被排斥。[49] 除此之
外，直方曾在〈易學啟蒙講義序〉中說：

> 夫《易》陰陽，而形而下之氣也。故主氣，而理在其中矣。此
> 乃有物有則，理氣妙合之義，而道之全體也……蓋聖人當時，
> 已曉卜筮之法，與其詞意所在，故就其間推出此理耳。若在今
> 日，則已不得其法，又不曉其詞，而暗中摸索，妄起私意，竊
> 恐便有聖賢復生，亦未易通。與其虛費心力於此，不若且看
> 《詩》《書》《禮》《樂》之為，明白而易知也。[50]

　　直方作此〈序〉的時間是「享保丁酉」，也就是 1715 年。這可以
呼應吉田氏的研究，也就是此時期的直方以理氣相合來論太極，這也等

47　板倉勝明：〈剛齋佐藤先生傳〉，收入《韞藏錄》，據板倉勝明編：《甘雨亭叢書》
　　（安中：板倉氏，1845 年），頁 1-2。

48　佐藤直方：《韞藏錄續拾遺・卷六・道體講義》，《佐藤直方全集》，頁 647。原
　　文：「易有太極卜、陰陽々々トカワル処二理アリ是理氣妙合ゾ。」

49　詳見吉田健舟、海老田輝巳：《佐藤直方・三宅尚齋》，《叢書・日本の思想家》第
　　十二冊（東京：明德出版社，1990 年），頁 84-103。

50　佐藤直方：《韞藏錄・卷三・易學啟蒙講義序》，《佐藤直方全集》，頁 18。

於專就形而下世界來談論理，所以導致「故主氣，而理在其中矣」的說法，以及就其他經書中具體可見之倫理規範來作為《周易》的道德之旨。雖然這還是可以說屬於理氣二元論的思想，沒有排除理對氣的指導作用，而不致於走向完全將理化約為氣的一部分，乃至氣一元論的表現，但無論如何，因為只是在形而下世界中指出有理氣二者，故與原本朱熹的思想不同。直方這種以理氣相合而論太極的想法，顯示出其雖然身為朱子學者，但已將理往形而下的方向來理解，箇中哲學觀已不可全盤逕以中國傳統朱子學視之。儘管如此，仍可見到直方以《周易》詞彙表達理氣二元論觀點，以及認同朱子學的言論。

接著來看絅齋的部分。絅齋曾著有〈復齋記〉一文，敘述其為門人山本信義（1680-1730）取號為「復齋」的意旨。他說：

> 予偶閱《周易》，遂以「復」號之……復之為義，程朱發之盡矣，吾復何說？惟夫天運循環，於穆流行，往來反復，未嘗斷續，是固自然之本體，曷容於假力？而人則肖于天地者，其動靜相感，所以為仁義禮智之體用者，亦莫適不然。惟天命無妄，而人心有欲，是以日用之間，過差實溺，有不能無失其自然之本體。惟其敬以閑邪，理以辨妄，克以去非，日續日新，未嘗間斷，則其用力之功，亦將庶幾復於吾天地賦與之本體，而無悖矣。若不然，或進或退，頻復而祇悔，則一身動靜流行之本體，無見夫新續之效，而終將與天地不相肖矣。邵子詩曰：「忽然夜半一聲雷，千戶萬門次第開。」吁！豈惟《易》道之云乎哉？[51]

此處雖然未提及理氣論，而只談到體用論，但放在朱子學脈絡下，也可說具有理氣論之向度。《朱子語類》中提到：「問：『《集注》謂「天

51　淺見絅齋：〈復齋記〉，據相良亨編：《絅齋先生文集》，《近世儒家文集集成》第二卷（東京：ペリカン社，1987 年），頁 201-202。

道者，天理自然之本體」，如何？』曰：『此言天運，所謂「繼之者善也」，即天理之流行者也。性者，著人而行之。』」[52] 首先從與理氣二元論有密切關係的體用論思想談起。理氣二元論中的理氣關係即為體用關係，以理作為最終存在根據的本體，而以氣作為其作用。朱子學中發揮理氣二元論的《易》學論述，也與程頤所說的「體用一源，顯微無間」有繼承關係。也就是說在朱子學的脈絡下，在宇宙論或心性論範圍中談論本體概念，具有通往「理」之向度。自然之本體，即為「理」本身，具有永恆之性質。而其遍及萬物，對萬物產生作用的動作，稱為「流行」。絅齋此處雖未以理氣二元論之，但其「自然之本體」涵義，亦可視作「理」，也可連接到心性論意義上的「性」，從而可以說「人則肖于天地」。另外，絅齋此處所謂「復於吾天地賦與之本體」，事實上也就是朱子學所謂的「復其性」工夫。復卦卦體一陽在群陰下，也可象徵內心中一絲與自然之道體相呼應的自身性體，而為善之來源。[53] 而這些也都可以放到理氣二元論的脈絡下來理解，以得出善惡源頭之解釋，以及相關的修養工夫論述。

此外，絅齋也有沿襲《周易本義》思想的表現，例如其於〈東山會筆記〉以及〈壬午正月望日初會筆記〉中說：

> 天有元亨利貞，人有仁義禮智。此貫古今，徹上下，兼本末，該始終而無間者也。然人所稟之氣各有不齊，是以日用常行之事，人倫自然之迹，雖不須他求，然其欲求全而無偏，正而無邪，則有未嘗可以一定語，以一準規者焉。是以聖人盡性建極，以立天下……於是乎有四書六經之編焉……然而能明其

52　黎靖德編：《朱子語類》卷 28，頁 725。

53　理學中以復卦作為先天性之道德論述根據以及工夫的例子不少。相關探討，可見楊儒賓：〈一陽來復——《易經・復卦》與理學家先天氣的追求〉，收入楊儒賓、祝平次編：《儒學的氣論與工夫論》（臺北：國立臺灣大學出版中心，2005 年），頁 103-159。

理，辨其方，而庶幾乎不失於天地人倫，四書六經之正者鮮矣，豈不學者所可大盡心也哉？[54]

天有四德，曰元亨利貞，而闕其一，則必不能成造化矣。人有四德，曰仁義禮智，而喪其一，則不能全綱常矣。然理之行，每與氣渾然，而氣之為物，已有形象之迹，則易流于一偏，而理之所行，亦必不能全矣。……如吾國風土蓋金氣，義烈尤勝，是以戰鬥勇武，遠異于外國。此其所長，而根本之固，氣象之直，皆其稟性之所得也。惟偏于義，是以寬裕溫厚之氣不足濟之，而急迫殺罰之風，或害於日用行事之間。[55]

將元亨利貞與仁義禮智相對，明顯是依循朱熹《周易本義》中對乾卦《文言傳》的詮釋，並導出天理與人心具有同構性，而使人具有內在的善之來源，只是因為受到現實中氣的影響，故不能完全發揮，影響到人們所表現出的行為。也就是說，這裡所發揮的是作為道德上善惡來源論述的理氣二元論思想。就這些部分看來，絅齋的思想是依循傳統朱子學的。但就其他部分來看，亦可見差異處。例如〈當然紀錄〉一文中，絅齋同樣將「理」與「仁義禮智」和「元亨利貞」連結起來，說：「事物當然之理，如父子之仁之類是也。所以當然之故，乃仁義禮智所自來，在天為元亨利貞是也。理無形，只是事物所當然以然者。」[56] 而此處以事物之所當然，也就是萬事萬物的規律來解釋「理」，確實描述到了「理」的其中一個性質。根據這個性質，絅齋說：

天地之間，物各有理。理者，其中脈絡條理合當是如此者是也。大而天之所以健而不息，地之所以順而有常，皆理之合當如此也。若天有息而地不寧，即非天地合當之理矣……以人

54　淺見絅齋：〈東山會筆記〉，《絅齋先生文集》，頁173。

55　淺見絅齋：〈壬午正月望日初會筆記〉，《絅齋先生文集》，頁178。

56　淺見絅齋：〈當然紀錄〉，《絅齋先生文集》，頁186。

言之，自一心之所存，以至一身之所具，皆有降裏（按：疑當
作「衷」）秉彝之性，而不可易者，乃合當如是之理也。不如
是，則非人之理矣……此理之所以無物不有，無時不然。語天
（按：疑當作「大」），天下莫能載；語小，天下莫能破也。所
謂理者，萬事萬物自然之脈絡條理也。循其脈絡而行，本無難
事。惟不知順理妄行，所以崎嶇險阻，不勝其難也。[57]

「理」為萬物規律之意，表現在自然事物上，為物理規律；表現在人事
之上，則為道德規律，而發自人內在之「性」。就這層意義來說，「性」
就是人心中所存之「理」，自不待言。但我們同時也可以看到，絅齋談
理，總是扣緊已經呈現在具體事物中的這一面來談，看不到單獨就形
而上的一面來談。所謂的萬物規律這一性質，如果單單只是就此而論的
話，則只是專門就形而下的具體世界中談論理，而不涉及形而上的超越
性存在。所謂的元亨利貞，在此為天地運行不已，創生萬物的動力，而
絅齋並未表現出脫離具體的天地而單獨論之的部分。事實上，反而可以
看到絅齋認為並無形而上形而下之別的思想。

　　關於朱子學中用以形容理之無形的「沖漠無朕」，絅齋說：

沖漠無朕一節，蓋明本然之實，無復遺蘊者也。是以此一節
不須用一分一釐「理」字。說始終本末，徹上徹下，惟一箇
「象」字，即是天地萬物，即是人倫日用，無形而上下之別，
无體用源流之間，只是今日眼前現在底萬象，即是沖漠无朕
底，無推乎前，无要乎後，當下即是，此外更无可說，是則所
謂不先不後者也。如欲以未發以前，日用事物已具說之，則雖
終免以理字黏著，然竟是有理氣之分。[58]

所謂的「無形而上下之別」、「只是今日眼前現在底萬象」，表現出絅齋

57　同上註，頁 185-186。
58　淺見絅齋：〈沖漠無朕筆記〉，《絅齋先生文集》，頁 103。

不欲接受兩層存有論，而是寧願專就形而下的具體世界投入其注意力的思想傾向。對絅齋來說，理確實存在，但是只能就具體的事物上觀察、談論理，除此之外別無意義。在這種方向下，形而上的世界其實也可以說並不存在。理氣必須合為一體，而不能單獨地在形而上世界中探討。絅齋又說：

> 理與氣不相離、不為二，此於平生聖賢程朱之旨，已歷歷矣，
> 今更不待言……氣以成形，而理亦賦焉，自質上看，則理氣無
> 二，故氣弱則弱理附，強則強理附，是即物也。[59]

其強調理氣不離，顯然是比較偏重形而下世界的觀看角度，也就是朱熹所說的「從物上看」。確實，就這個角度言，朱子學會強調理氣不離、不二，但並非僅止於此。就理的存在本身來說，邏輯上優先於氣，故有形而上的概念世界中獨立於氣之理的存在。在這樣的脈絡下，「形而上者謂之道，形而下者謂之氣」一句，才成為理氣二元論據以發揮的《易》學元素。而從絅齋的言論中可以看到，其立場雖然仍為理氣二元論，卻傾向於就現實世界中而論，將理氣關係定位為於形而下世界中彼此連為一體，而非有形而上形而下之分、具有邏輯上的先後關係。也因此，雖然絅齋同樣會據《周易》來談論「理」，但不採用形而上形而下的觀念，而專主「理未嘗離乎氣」的這一面。這也代表了其朱子學思想與傳統朱子學不同之處。

　　最後來探討尚齋的相關思想。首先要先釐清的是，對於尚齋的理氣論，有一種說法是「理一元論」，其根據是尚齋在《狼疐錄》中所說的：「氣則理之為體，理則氣之骨子。故根於理而生，循於理而聚者，

59　淺見絅齋：《箚錄》，收入西順藏（1914-1984）、阿部隆一（1917-1983）、丸山真男校註：《山崎闇齋學派》，《日本思想大系》第三十一卷（東京：岩波書店，1980年），頁381。原文：「理ト氣ト不相離、ニアラザルコト，平生聖賢程朱ノ旨歷々タレバ今更云二及ザレ共……氣以成形而理亦賦焉、質上ヨリミレバ、理氣無二ユヘ、氣弱レバ弱ナリニ理生付、強レバ強ナリニ理生付、是即物也。」

氣也；氣有聚散，而理無消散。」[60] 還有在《默識錄》中所說的：「天地
之間雖萬殊，然要之不過理氣之二……然程子以理也說性，何故遺氣
而不言？蓋天地萬物，雖不過理氣之二，然亦要之不過曰理也。氣本於
理而生，亦理之形而已，理固善而氣亦善。」[61] 井上哲次郎即據此認為
尚齋屬於理一元論者。[62] 不過必須注意的是，根據尚齋在這裡所使用的
文字，「理無消散」不難理解，因為理並非具體之物，代表氣運行之規
範，故無消散可言；至於「氣有聚散」，指的是氣會聚集而形成物，或
是在物體毀亡之後渙散回原本氣的狀態，而不是指存在和不存在的分
別。氣只有聚散之別，而未嘗於「存在」和「不存在」之間轉換，更
非由理而生。「存在根據」與「創生來源」是兩個不同的概念。所謂的
「根於理而生」，意在發揮前一句「理則氣之骨子」，也就是氣的存在根
據為理，若無理則無氣，並非言「氣自理而生」、「理氣有時間上的先後
關係」，這種想法並不見於尚齋著作中。也就是說，並不是氣之存在本
身可化約為理的一部分，故不能直接說尚齋是理一元論者。至於《默識
錄》該段的理氣論，則不是在談宇宙論問題，而是在談心性論上的道德
來源問題，因此更不能據以作為理一元論的表徵。尚齋另外說過：

> 理無形體，以氣為形體；氣無模範，以理為模範。故理則無體
> 之氣，氣則有體之理。無體之理，則顯於有體之器；有體之
> 器，則無體之理之為體者也……凡聖賢說道論學，不越于理氣
> 之外，予故云：宇宙之間，一言以蔽之，曰理氣而已。[63]

在此屢屢將理氣二者對舉，這也表示理與氣彼此是不能單方面地化約
的，其二元之性質方為尚齋所重之處。[64]

60　三宅尚齋：《狼疐錄》上，《甘雨亭叢書》，頁 1。
61　三宅尚齋：《默識錄》，收入《日本倫理彙編七　朱子學派之部上》，頁 492。
62　詳見井上哲次郎：《日本朱子學派之哲學》，頁 500-501。
63　三宅尚齋：《狼疐錄》下，《甘雨亭叢書》，頁 1-3。
64　關於尚齋的理氣論分析，另可見藤井倫明：〈從格物到覺知──德川日本崎門朱子

　　如上所述，尚齋的立場可判定為理氣二元論，而對他來說，《周易》是理氣二元論乃聖賢相傳之正統思想的理據之一。他說：

> 《易》曰「形而上者謂之道，形而下者謂之器。」程子說之云「器亦道，道亦器，須著如此說」。《易》又曰「一陰一陽之謂道」，朱子說之云「陰陽迭運者，氣也，其理則所謂道」……此皆言氣以理為模範，而有體之氣，則無體之理之為體矣。其言「元亨利貞」，則無體之天理，存于有體之五行之目，而總言則謂之天命。其無體者，與有體者行，謂之天道。無體者，為造化之樞紐，品彙之根柢，謂之太極。[65]

無形之理，並不能直接為感官所見，因此需要特別論證其存在。宋儒在詮釋《周易》過程中所揭示的理氣二元論，在尚齋看來可謂確實道出了事物之實相。也就是說，有形的氣及其聚合而成的物之上，另有無形的理作為其模範、運行規則。這不僅述說了尚齋所認同的理氣觀，也表明了尚齋以朱子學為宗的立場。而尚齋除了援用形而上形而下的概念，以及朱熹對「一陰一陽之謂道」的解釋之外，也同樣試圖將理與太極相連結。理是氣的存在根據，就此意義而言具有根源性，正與太極和兩儀、四象、八卦的關係相類似。所以尚齋又說：

> 不滅之理，所謂理無聚散也；不絕之氣，所謂「根於理而生者日（按：疑應為「日生者」）浩然無窮」也。已定之理，所謂「沖漠無朕，萬象森然已具」也。已動之幾，一陽之復也。模於理而出來，是循理而聚，所謂「與道為體」也。不滅之理，藏於不絕之氣；已定之氣，具於孕之氣者，所謂「《易》有太

學者三宅尚齋「格物致知」論探析〉，《漢學研究》第三十一卷第三期（2013年9月），頁169-192。

65　三宅尚齋：《狼疐錄》下，頁1-2。

極」也。陰陽合復，吉凶分見者，所謂「生兩儀」也。[66]

此處再次以太極和兩儀比擬理氣之間的關係，而主要的用意在於肯定理
與氣的永恆性，而又強調了理對氣的指導作用。理與氣兩者皆恆常存
在，而一為無形之模範，一為具體成形之物。模範決定了成形之物的型
態，並顯現於物之中，這是尚齋所理解的理氣觀。而強調氣不絕，也有
助於說明人死後，祖考之精神仍能與祭祀者相感通，從而建立祭祀的原
理。朱熹對於祭祀原理，已說過「祖考之氣與己連續」[67]，在這方面，
尚齋乃是朱子學相關思想的繼承者。[68]

　　不過至此也可以看到，雖然尚齋以朱子學為宗，運用《周易》文
句，特別是「形而上者謂之道，形而下者謂之器」一句來談論理氣概
念，但實際上卻始終就與氣相即的角度而論，而仍然沒有觸及朱熹所
謂的「潔淨空闊底世界」，也就是沒有抽象地脫離氣來論理。關於這一
點，一處重要的文獻是尚齋強調理氣體用論思想的重要性時所說的：

　　理無聲色，以氣為體，故氣是理之形體，理是氣之無體也。是
　　以理不離乎氣，而氣亦不能遺理，可就聲色者而見無體條理
　　也。假令無聖賢之言，亦我知其不悖不謬。況大《易》曰「形
　　而上者謂之道，形而下者謂之器」，又曰「《易》有太極，是生
　　兩儀」，又曰「顯諸仁，藏諸用」，又曰「察地理」，又曰「窮
　　理盡性至命」，又曰「一陰一陽之謂道」……此數言尤足於見
　　有無聲色而有條理者，不離乎聲色而不雜乎聲色，體用一源，
　　顯微無間之義，何謂之出於宋儒之私見哉？……孝弟忠信謂之

66　三宅尚齋：《狼疐錄》上，頁16。
67　黎靖德編：《朱子語類》卷25，頁621。
68　鬼神論乃尚齋思想中的重要之處，《默識錄》中相關篇幅所佔的比例甚高，可見一
　　斑。子安宣邦在《江戶思想史講義》中談論到尚齋時，即專就鬼神論來探討。詳
　　見子安宣邦：《江戶思想史講義》（東京：岩波書店，2010年）第五章〈「鬼神」と
　　「理」—「祭祀來格」と朱子学派の言說—〉，頁145-179。

道，耳目鼻口謂之器。道尊故曰上，器不能比於道故曰下。兩
儀四象八卦，是《易》之大標的，故曰「《易》有太極」。而下
文序其太極曰「是生兩儀」云云，非兩儀之前有太極者而太極
生兩儀之謂。[69]

理與氣不離不雜，確實是朱子學理氣觀的內容。在形而下世界中，理與
氣彼此不分離，無形之理只有透過具體之氣才能顯現，但兩者雖是一
體，畢竟仍有位階上的差異，也才會有理指導氣的關係。在這樣的情況
下，傳統朱子學根據《周易》的形而上下之思想，提出了形而上的理之
世界，也等於是基於理在邏輯上優先於氣，為了能使理被獨立地探討而
建立的論證。而在尚齋說法中，則只見形而下世界中的理氣觀，未涉及
到獨立的理之世界。也就是說，在理氣不雜的這一面，也只是強調氣上
可見理，以作為應然道德之所在，及格物窮理之下手工夫的根據，而理
與氣仍然是在同一個層次中的形而下世界結為一體。如此一來，尚齋的
理氣觀也可以說並不完全等同於傳統朱子學的理氣觀，從而使其對形而
上下的思想，以價值上的高低判準來解釋，又顯然與《繫辭傳》原意和
傳統朱子學據以發揮的內容不同。而關鍵就在於，尚齋偏向於將理氣皆
以形而下世界的角度來理解，這一點與直方和絅齋相近。

　　到了尚齋後來的著作《默識錄》中，亦有類似的話語，而其意也大
抵相同。他說：

道之大原出於天，天只是陰陽五行，而春夏秋冬而已。人在天
地間，則亦只是男女五品，而仁義禮智而已……《論》《孟》
所說，皆此事也爾，是合體用，兼日用本然，道之全體也。然
就此上，更有子細，所謂形器上下之分，體用動靜之別者，
《論》《孟》之所未發，而聖人於大《易》言之……及宋周程
張朱先生之起，而就《論》《孟》之日用，以明大《易》之本

69　三宅尚齋：《狼疐錄》下，頁3-4。

然，離合於本然日用理氣顯微之間，開示明白，於道之全體，
無復餘蘊矣。[70]

體用只是一物，非判然兩物，就一物其靜為體，其動為用耳。
人或見其一物，排體用之云，不知一物而有動與靜之分也。顯
微亦只是一物，理是氣之模範，而氣之無形者。氣是理之形
體，而理之可見者。人或見其一物，排上下之云，不知一物而
有精精（按：疑當作「粗」）上下之分也。[71]

宋學脈絡下的體用之別，其實也正可以說是理氣之別。尚齋自認其追隨
周程張朱諸子的路線，透過《周易》而闡發體用、理氣之別，且依舊以
「理」之概念為首出。但我們依然可以看到，尚齋援以為用的形而上下
之句，未可逕以朱熹之解來套用。對尚齋來說，所謂的「下」指的是行
為本身，而行為背後所依循的德行與規範乃是「上」，這兩者仍然處於
同一層次的世界中，可以說同屬於形而下世界。體與用乃是同一物的一
體兩面，只是體的那一面需要特別指出而已。同樣地，上與下之分，乃
是價值上的分判，代表應然之「德行」的位階高於實然之「行為」，而
並未觸及到形上學上的其他世界預設。

　　因此，雖然尚齋強調形而上下之分，強調無形之理的存在，但其涵
義與傳統朱子學是不同的，也等於轉化出另一種以《周易》談理氣的方
式，也就是專門強調就現實而見理、「從物上看」的思想。像朱熹所說
的「若在理上看，則雖未有物而已有物之理，然亦但有其理而已，未嘗
實有是物也」這種說法，在此是看不到的。關於這種雖引述形而上下之
分，卻又強調理氣一體的作法，在《默識錄》中另外有一則文獻云：

朱子曰：「形而上者指理而言，形而下者指事物而言。」……
北溪陳氏曰：「道非是外事物有箇空虛底，其實道不離乎物。

70　三宅尚齋：《默識錄》，頁488-489。
71　同上註，頁489。

若離物則無所謂道。」……格物之義，朱子之說明確，而陳氏
之說，得朱子之旨……余到于京，見淺見先生。淺見先生曰：
「陳氏之說，山崎先生嘗稱之。」今考之，見說得善矣。余亦
嘗有一語：理是物之理，欲窮理，豈不就物而得之哉？此理甚
明白。[72]

所謂的「道不離乎物」，或是說「理不離乎氣」，確實屬於朱子學系統
下的理氣論觀點。不過如前所述，完整的朱子學理氣論應包含「從物上
看」和「從理上看」兩方面。「從物上看」的角度固然無誤，但若只強
調這一方面的話，則勢必使得「理」的概念往形而下的方向發展，從而
成為不同的思想系統。縱觀《北溪字義》，確實屢屢談到理不離乎氣的
性質，而未如朱熹一般兼及「從物上看」和「從理上看」兩者。當然，
亦不能憑此而說陳淳有違朱子學傳統，但也或許正因如此，使得崎門朱
子學確信以形而下的角度來理解理氣關係，是正確的作法，從而發展出
了另一種面貌的朱子學。[73]

　　至此，已觀察了惺窩、羅山等京學派朱子學，以及闇齋及其弟子們
的崎門學派朱子學中，透過《周易》來肯定理氣二元論的表現。就此探
討範圍而言，我們可以看到傳統朱子學中，透過《周易》來呈現理氣二
元論的三種模式，大致上皆可見於這些日本朱子學者的思想中。但其中
又可分為兩種方向，第一種是大致上跟隨朱熹之說，無甚差異，例如惺
窩即是。另一種是雖然也以朱子學為宗，強調宋學之優越處，並繼承其

72　同上註，頁558。
73　另外，薛瑄也是以強調不可離氣視理為特徵的朱子學者。闇齋於《文會筆錄》中
十分推崇薛瑄之說，時常引述之。或許除了陳淳之外，薛瑄的相關說法也對崎門
朱子學派帶來了影響。關於薛瑄的理氣觀及其《易》學之關係，朱伯崑在《易學
哲學史》第三卷中有所論述，詳見該書頁92-120。關於陳淳在這方面與朱熹的差
異，學界亦有其他探討成果，可參考田浩：《朱熹的思維世界》第十一章〈朱熹門
人與其他道學家〉，頁404、王奕然：《朱熹門人考述及其思想研究——以黃榦、
陳淳及蔡氏父子為論述核心》（臺北：國立臺灣師範大學國文學系博士論文，2012
年），頁221-232。

心性道德論述，但由於較重視現實世界之物，強調即物而見理，不預設形而上世界的存在，從而使得三種模式中的第三種，也就是以形而上之道為理的模式內涵產生變化。從直方、絅齋、尚齋的思想中，正可以見到這一點。甚至從羅山懷有的，以時間先後關係論理氣的表現，其中或許也蘊涵了這一路線。只不過雖然雙方有這樣的差異存在，但不可否認的是，正如同程朱著力於透過《周易》來闡發自身的體用、理氣思想一般，同樣的態度也表現在這些江戶時代朱子學者們的身上，這自然是因為《周易》提供的架構在理氣二元論中具有重要地位的緣故。

二、「《易》言氣而不言理」：古學派的氣一元論與《周易》

　　江戶時代儒學中，古學派不管在形上學立場、解經立場、道德論述立場上，都與朱子學針鋒相對。此節所言之古學派，不僅是前一章所言之仁齋、東涯，尚包括於井上哲次郎《日本古學派之哲學》首章被專門介紹的山鹿素行（1622-1685），以及雖屬朱子學者，晚年卻產生轉變的貝原益軒等等。在他們身上，可以看到明顯的氣一元論觀點，這是與理氣二元論相對的形上學看法。這種看法不承認兩層存有論的必要性，亦不以「理」之概念為首出。所謂的「氣」，依照楊儒賓的分判，有四種涵義，分別為遍布於天地間的一種流行的自然存在、身體內的營衛之氣、與元神相關的「精、氣、神」之氣，以及具有體用論意義，代表體用一如的先天存在。[74] 而這裡所要探討的氣一元論的「氣」，主要是第一種涵義，也就是關於自然事物之基本組成的「氣」。與這種以自然之氣為首出的形上學觀念相連結的，是一種比較偏重經驗世界，而不從超越性的層面來談先天道德根據的人性論，楊儒賓稱之為「後天型氣學」。[75] 這自然就和理氣二元論的超越型人性論有所不同，將重點放在

74　詳見楊儒賓：《異議的意義——近世東亞的反理學思潮》，第四章〈兩種氣學，兩種儒學〉，頁 127-172。

75　楊儒賓於〈兩種氣學，兩種儒學〉中指出：「先天型與後天型氣學的差異是本質

後天的學習、互動，而非內省式的恢復本源、尋求向上一機。

　　關於中國的氣一元論興起原因，岡田武彥認為，宋至元、元至明的過程中，逐漸認識氣之存在的重要性，著重於實際可見者，於是由理氣相即轉移到一元論，而此時朱子學經過長久時間，也隨著科舉而僵化，再加上宋代風潮喜歡靜肅深淵之思考，明代則好於風潮性的、流動性的、抒情性的理趣。[76] 這也說明了氣一元論思想在本質上之反朱子學色彩的來由。此外，如同上文引述的岡田氏說法之進路，就精神史考察的角度而言，也可以說日本的心靈有偏重於實際層面的傾向。[77] 這個因素既可以作為上一節崎門朱子學者將「理」往形而下方向理解的理由之一，也可以說明何以江戶時代初期，便出現反對朱子學的理氣二元論而走向氣一元論的儒者。

　　而在《周易》詮釋活動方面，只要儒者仍抱持著關於此一身分的自我認同與學術定位，那麼就不會迴避《周易》作為儒家經典的地位。如同理氣二元論者利用太極—兩儀、卦爻辭與背後涵義、形而上下之概念等等來宣揚其理氣與體用觀一般，氣一元論者同樣也試圖在《易》學資源的發揮中注入其形上學立場。《周易》本文確實提供了一套宇宙論的框架，足以反映出一套有機的世界觀，解釋萬物之生化。但理氣二元論者所作出的詮釋，畢竟是詮釋者所造就的結果，不代表《周易》原作者已有此思想。理氣二元論的發揮之所以看起來言之成理，是因為《周

性的，簡單的說，先天型的氣學學者——如果依據傳統史家的分類，他們通常被歸類為理學或心學的範圍——他們在形上學或人性論上，都主張天道性命相貫通。……這樣的理論預設的是一種無限的人性論。相對的，後天型的氣學學者主張的是一種自然氣化的人性論，他們不認為人有與超越界匯合的能力與本質。」（頁128）依楊文的分判，前者代表有張載、羅欽順、劉宗周等，後者代表有王廷相、吳廷翰（1491-1559）、顏元（1635-1704）、戴震等。

76　詳見岡田武彥：〈戴震と日本古学派の思想〉，收入岡田武彥：《江戶期の儒学》（東京：木耳社，1982年），頁74-110。

77　關於日本傳統注重現實的自然觀與江戶初期儒者之氣學之間的關係探討，可見張崑將：《德川日本「忠」「孝」概念的形成與發展——以兵學與陽明學為中心》，頁54-95。

易》含有巨大的詮釋空間，容許理氣二元論者設立一個超越性的本體概念，連結到太極、連結到「形而上者謂之道」。但《周易》本文並未明言關於超越性本體的思想，這固然與哲學概念發展歷程的精粗階段差異有甚深的關聯。既然對理氣二元論者來說，他們並不是站在後來的時代懷抱著已經精緻化的哲學觀，而是遙契聖人作《易》之本旨，抉發文字底下的真正精蘊，那麼同樣的詮釋空間，自然也會對氣一元論產生效力，容許氣一元論者反駁關於「理」的超越性描述，以氣學作為形上學基調，而將《周易》拉到己方陣營來。對他們而言，氣一元論同樣也可說是《周易》本旨，也是最合乎世界實相的思想。以下，以山鹿素行、貝原益軒、伊藤仁齋、伊藤東涯為範圍，來介紹江戶時代古學派儒學的氣一元論與《周易》之間的關係。

首先來看素行的部分。若是提到其人，在江戶歷史上的主要定位是兵學家，其所開創的山鹿流兵學在江戶時代傳承久遠。而在儒學上，他則被後來的研究者們視作古學派的最早一人，包括井上哲次郎於《日本古學派之哲學》中將之歸於首位探討對象[78]、丸山真男於《日本政治思想史研究》中，以古學派為線索來鋪陳朱子學解體，日本內部擁有之邁向近代化要素的思想發展歷程時，以素行為其嚆矢等等[79]，皆為重要例子。也就是說，就反朱子學而走向氣一元論的系譜中，確實可以從素行開始探討。

素行早年於羅山門下習朱子學，其後漸對此產生不滿，而展現出鮮明的反朱子學色彩。其主要著作《聖教要錄》中的批判程朱之傾向，使其獲罪而被流放至赤穗（今兵庫縣赤穗郡）。他在《聖教要錄》中說：

> 孔子沒而聖人之統殆盡，曾子子思孟子亦不可企望。漢唐之間
> 有欲當其任之徒，又於曾子子思孟子不可同口而談之。即宋周

78　詳見井上哲次郎：《日本古學派之哲學》（東京：富山房，1913 年），頁 5-133。
79　詳見丸山真男：《日本政治思想史研究》（東京：東京大学出版会，1983 年）第一章〈近世儒教の発展における徂徠学の特質並にその国学との関連〉，頁 44-51。

> 程張邵相續而起，聖人之學，至此大變，學者陽儒陰異端也，
> 道統之傳，至宋竟泯沒，況陸王之徒不足算，唯朱元晦大功聖
> 經，然不得超出餘流……孟子沒而後儒士之學，至宋三變：戰
> 國法家縱橫家、漢唐文學訓詁專門名家、宋理學心學也。自
> 夫子沒至今，既向二千餘歲三變來，周孔之道，陷意見，誣世
> 惑民，口唱聖教，其所志顏子之樂處，曾點之氣象也。習來世
> 久，嗚呼命哉。[80]

素行將道統之存放在孔子之前，他認為，孔子以下的儒學發展，已越來
越偏離原本的聖人之道。而宋學由於參雜了佛老成分，故被稱為「陽儒
陰異端」。至於儒學著作等身，集宋學之大成的朱熹，當然在被排斥之
列。在談世界的組成時，素行的焦點也在氣而不在理，他說：「盈天地
之間，所以為造化之功者，陰陽也……輕而升者陽也，重而降者陰也。
陽者氣也，陰者形也，形氣更不可離。」[81]素行的宇宙論十分樸素，頗
似《淮南子・天文》中可見之宇宙論說法，而這也就是素行的形上學基
礎，其中並不見「理」的獨立性。素行認為，僅以氣之運行便可充分說
明世界之內容，他又說：

> 天地者陰陽之大形也，天地之成，不待造作安排，唯不得已自
> 然也……氣升而無止，天也；降而凝聚，地也。升降之誠，
> 陰陽之著明也。天地生生無息，唯自疆不已也，復之見天地之
> 心，終而復始，無始終也。[82]

可以看到素行以復卦《象傳》的文句，形容天地中一氣運行不已的狀
態。而他並無意再去尋找在氣背後的原因，只說「唯不得已自然」，純

80　山鹿素行：《聖教要錄》上，收入田原嗣郎、守本順一郎（1922-1977）校注：《山
　　鹿素行》，《日本思想大系》第三十二卷（東京：岩波書店，1970年），頁342。
81　山鹿素行：《聖教要錄》中，頁344。
82　同上註，頁345。

粹地將氣當作最終極的存在。在當時的宋學風潮下，素行當然不能不談理。只不過他將理單純規定為條理，說：「有條理之謂理。事物之間，必有條理。條理紊則先後本末不正。性及天皆訓理，尤差謬也。凡天地人物之間，有自然之條理，是禮也。」[83] 這裡其實也極力將理的內涵限定在事物上，等於從屬於事物中，並切斷了朱子學所持有的理之超越性向度。同樣的，素行也沒有將太極完全等同於理。他認為：

> 太極者，象數已具而未發，無朕之稱也。理氣妙合，而其間廣大變通，懸象著明，悉具而無欠處，甚相至極，曰太極也……理氣妙合，則幽微渺茫之間必太極。天地人物，各一太極也。聖人於事物，唯太極耳。依天地物則，含蓄眾理。故未發之間，象數既具，是感而通天下之物，思而無不通也。夫子論《易》以太極，這裡有六十四卦三百八十四爻之象數相具。[84]

這之中出現許多可以和宋學下的太極觀相通的詞彙，但真正的關鍵還是在於素行以「理氣妙合」來描述太極，這就註定了他對太極的理解並不是朱子學式的形而上之物，因此也未可馬上將他的「各一太極」直接連結到朱子學中的「理一分殊」。《繫辭傳》中「《易》有太極」該段落，提出了以太極為本源的宇宙論論述。縱觀素行此處言論，其實也可以說只是在強調太極的本源性，代表混沌一片而具有開闢天地創生萬物之動能的世界狀態，而非專將太極歸之於超越性的理。所謂「理氣妙合」的理，既指物之條理，那麼就不能說其位階大於物或大於氣，同時也很難導出「理一分殊」中一貫性、統整性的理。

也因此，素行並不會像朱子學那樣，將太極與人之「性」相連結。從根本上來說，他對「性」的定義即已與朱子學不同，謂：「理氣妙

83　同上註，頁 343。
84　山鹿素行：《聖教要錄》下，頁 346。

合，而有生生無息底，能感通知識者，性也。」[85] 這指的是人內在的生命之活動，與道德無關，故他又說：「性以善惡不可言。孟軻所謂性善者，不得已而字之，以堯舜為的也。後世不知其實，切認性之本善立工夫，尤學者之惑也。」[86] 這更顯示素行不以內在之「性」作為道德來源。對他來說，道德是一種自然而然流露出，不可遏制的情感，他認為：「不得已，之謂誠……道也、德也、仁義也、禮樂也，人人不得已之誠也。」[87]「仁義不可支離，人之情愛惡耳，是自然之情也。仁義者，愛惡之中節也。」[88] 也就是說，道德展現在人與人之間的互動上，在人與人之間自然而然的情感交流中成形。道德修養的工夫不在於返本式的復其性，而是後天的學習。在這樣的態度下，沒有先天的、超越性的純善之理存在的空間，也沒有相應的理氣二元論。故其對《周易》的理解，也就專門往氣化的、扣緊現實世界的方向來發展。[89]

　　接著來看貝原益軒的部分。在第二章時，曾經從江戶時代儒學教育史的角度談到益軒對童蒙教育所作的貢獻。而在儒學史中，益軒可說是一個極為重要的，從朱子學轉向反朱子學立場的範例。益軒有相當長的時間學宗朱子學，然而透過其晚年的著作《大疑錄》，可以發現他終究走上與朱子學對反的氣一元論的道路。益軒本人對此十分謹慎，在《大疑錄》中對朱熹依然保持極高的崇敬之情，處處可見其對程朱的肯定，不喜明代之反朱者，對於自己與程朱的不同意見也只稱作懷疑、迷惑。但無論如何，本書的出現代表著益軒的晚年定位，與其原先的朱子學立場有不小的距離。

　　益軒在《大疑錄》中強調：

85　同上註，頁 345。

86　同上註。

87　同上註，頁 344。

88　同上註，頁 343。

89　關於山鹿素行這種「不得已之誠」，與朱熹「真實無妄」之「誠」的內涵比較，另可參考藤井倫明：〈「誠」在日本的變貌──由朱子之「誠」與山鹿素行之「誠」談起〉，《臺灣東亞文明研究學刊》第 5 卷第 2 期（2008 年 12 月），頁 13-34。

宋儒之說，以無極為大極之本，以無為有之本，以理氣分之為
二物，以陰陽為非道，且以陰陽為形而下之器，分別天地之性
與氣質之性以為二，以性與理為無死生，是皆佛老之遺意，與
吾儒先聖之說異矣……夫宋儒之排斥於佛老極謹嚴，而何以外
道為祖述如此邪？是皆愚之所以疑惑而不能解也。[90]

「體用一源，顯微無間」，是唐清涼國師《華嚴疏》之詞，此
二語俱浮屠之所言，宋儒以為周程之所始說者，何耶？[91]

在益軒看來，宋學的諸多元素，等於是在追求一個與實際之物有別的虛
幻世界，且不見於先秦儒家文獻、或其實來自佛家，因而對此表示無法
理解。當然，程頤使用體用之詞，用意並非在闡揚華嚴學。然重點在
於，其中可以很明顯看到，益軒是無法接受理氣二元論，以及相關的形
而上下之分的。益軒十分肯定《周易》的地位，說「《易》書是精微之
極，六經之蘊奧，萬世之龜鑑」[92]，認為《周易》之文字安排，必有其
道理。他說：

一陰一陽之謂道，兩「一」字是一氣之動靜，一為陰，一為
陽，循環無窮之謂，陰陽之流行，往來迭運，而不息之妙也。
竊謂聖人以「一」字加於陰陽之上，是必有深意，不加「所
以」二字，而意自足矣。夫聖人之言，萬世之信也，不可疑。
況《易》中此一句，天下義理之大本，不可有一字欠闕。後儒
何以為欠闕，而加之以「所以」二字乎？恐是僭率之事，所謂
畫蛇添足。[93]

---

90 貝原益軒：《大疑錄》，卷之上，收入荒木見悟、井上忠校注：《貝原益軒・室鳩
巢》，《日本思想大系》第三十四卷（東京：岩波書店，1970 年），頁 389。
91 貝原益軒：《大疑錄》，卷之下，頁 397。
92 貝原益軒：《大疑錄》，卷之上，頁 390。
93 同上註。

益軒在此明確地表達了氣一元論的觀點，根據《繫辭傳》「一陰一陽之謂道」句，認為以陰陽之氣作為世界之終極存在，正是《周易》所揭示的道理。程頤說的「離了陰陽更無道，所以陰陽者是道也。陰陽，氣也。氣是形而下者，道是形而上者。形而上者則是密也」[94]，這種對宋學來說十分重要的理氣二元論概念，在益軒看來無非是增字解經。他又說：

> 宋儒之說，往往與聖人不同。《易》以一陰一陽為道，立天之道，曰陰與陽，是可見陰陽之流行，正而不變者，即是道也，非以變亂者為道也。故聖人未嘗以理氣為二物，然朱子以為理氣決是二物。[95]

《周易》的原文中，並未表明有獨立於陰陽的，名為「理」的本體。益軒同樣以理為氣之理，說：「理即是氣之理，一氣之行於四時也。生長收藏而不變亂者，自順正步乖戾。故理須就氣上認取。譬如水，其清潔而就下者，是水之本然。故水與其清潔流行者，非二物，不可分而為二物也明矣。」[96] 正因為理被定位為氣之理，故自氣抽離而被獨立地探討是無意義的。益軒在此等於否定了理的超越性，也否定了朱子學的《周易》詮釋。

因此，對於太極和形而上下的概念，益軒也特別提出不同於朱子學的說法。關於太極，他認為：

> 天地之道，原其所自，其初兩儀溟涬而未開，一氣渾沌而未分，是至理之所會，而陰陽之象未著，名之為太極……是陰陽由一氣之動靜而分焉，非有二氣也。故陽者一氣發動也，陰者一氣之凝聚也，二者即是太極之動靜也。夫子所謂「《易》有

94　程顥、程頤：《河南程氏遺書》卷十五，頁 162。
95　貝原益軒：《大疑錄》，卷之上，頁 393。
96　貝原益軒：《大疑錄》，卷之下，頁 403。

太極，是生兩儀」者是也。蓋一氣未分，則以一氣渾沌為太
極；陰陽既分，則陰陽之道為太極之流行……是以陰陽流行而
純正者，即是道。故理氣決是一物，不可分而為二物焉……苟
無氣則何理之有，是所以理氣不可分而為二，且不可言先有理
而後有氣……朱子〈答劉叔文書〉曰「理與氣決是二物」，其
餘平生所說，亦皆此意。此與聖人所說「一陰一陽之謂道」，
其意相乖戾者，予之所迷而未解也。[97]

可以看到益軒的太極理解，以氣一元論的觀點為主，與素行大致相似，
都是完全就現實世界天地未闢時立論。雖然此處提到「至理之所會」，
但指的是此時渾沌未分之一氣所含有之條理，而非朱子學系統下，「理
一分殊」的超越之「理」。作為世界根源的太極，也被規定在具體世界
中的一氣之內，如此一來，附著於其中的氣之條理，也就隨之只能處於
具體世界中。益軒認為，如此理解，才能確實符合《繫辭傳》的「一陰
一陽之謂道」的意蘊，不至於需增字解經，而與《周易》原文有所差
距。

在形而上下的概念部分，益軒同樣試圖取消朱子學賦予「形而上者
謂之道」一句的超越性。他說：

形者，有體質之謂。上者在天之謂，下者在地之謂。蓋形而上
者，謂陰陽之氣，無形而在天，是在萬物形器之上者，故謂之
形而上者……蓋天者在上，地者在下，故以上下言。[98]

《易‧上繫辭》曰「形而上者謂之道，形而下者謂之器」云
云，陰陽之氣，在天為道，所謂形而上者也。其發育流行，一
為陰，一為陽，其氣生生不息，純正而不邪，有理而不亂，非
道乎？天之氣一著地則成形，人物是也。至於山川草木禽獸蟲

97　同上註，頁 403-404。
98　貝原益軒：《大疑錄》，卷之下，頁 398。

魚霜雪雨露，亦皆然，是乃形而下者。凡在地成形者，皆是器
也。[99]

在上一章探討太宰春臺的《周易反正》時，曾經提到春臺對於形而上下
之概念的解讀，與戴震若合符節。而以益軒這樣的思想而言，雖然內容
稍有不同，但亦可歸屬於同一類型，與朱子學之間的對反關係成了共同
的特徵。由此也可說，益軒不接受兩層存有論的形上學觀點，從而也拒
絕了朱子學系統下的形而上下之概念與理氣二元論的結構。將「形而
上」解釋為無形而在天的陰陽之氣，則表示不管是形而上還是形而下之
物，其皆等同於氣，共同存在於唯一的具體世界中。

　　益軒於《大疑錄》中頗為推崇同樣主張理氣不可分、理只是氣之
理的羅欽順，評為「宋季以下元明之諸儒所不言及也，可為豪傑之士
也。如薛瑄、胡居仁二子，雖為明儒之首稱，然其所見，不及欽順遠
矣」。[100] 言下之意，頗有引羅欽順為同陣營的傾向。對此，楊儒賓曾指
出，兩人雖同樣持氣學，但前者所論之氣，仍有超越性的向度，與程朱
距離較近；後者則完全放棄朱子學系統下的理氣與形而上下之架構，而
走向自然主義的唯氣論。[101] 也就是說，儘管益軒甚為強調其對程朱的尊
崇，但可以猜想，若是《大疑錄》不成於其晚年而是中年，讓益軒思想
再經過一段時間的發展的話，恐怕他也終將會開出和仁齋一樣與朱子學
決裂、以古學為宗的路線。

　　而提到江戶時代初期，首位自成一宗，在儒學上有絕大影響力的

99　同上註，頁 399-400。
100　貝原益軒：《大疑錄》，卷之上，頁 395。
101　詳見楊儒賓：《異議的意義——近世東亞的反理學思潮》，第八章〈羅欽順與貝原
　　　益軒——貌合神離的兩種氣論〉，頁 291-326。另外，荒木見悟認為，與其說益
　　　軒受到某一人的影響，不如說是受到一整個時代風尚的影響。益軒所收集之書目
　　　中，有極為大量的明人著作或註釋書。詳見荒木見悟：〈貝原益軒の思想〉，收入
　　　荒木見悟、井上忠校注：《貝原益軒・室鳩巢》，《日本思想大系》第三十四卷，頁
　　　467-491。

古學派人物，則非伊藤仁齋莫屬。前面曾經提到，其於京都設私塾「古義堂」，弟子以千人計，乃一時之巨擘。仁齋早年習朱子學，又鑽研佛學，均不得法。大約在三十多歲時，思想發生轉變，從此大力批判朱子學，並以孔孟之古義為依歸。同樣的，在形上學觀點上，他也堅決認同氣一元論，而以理氣二元論為非。[102]

仁齋在註解乾卦《彖傳》時即以激烈措辭言道：

> 先儒誤以一「理」字加之於乾元之上，以為品彙之根柢，萬化之樞紐。夫理也者，無聲無臭，虛而本無，寂而自滅，豈能為生生之本哉？一陷則為虛無，再陷則為寂滅，愈深則愈陷，愈陷則愈不能出脫，可不畏哉？可不謹哉？[103]

此處他認為，無聲無臭之理，沒有活動之跡，不足以以為萬物之本源。而理學家高舉的「理」，則是佛老滲透的結果，非儒家之言。朱熹以《詩經・大雅・文王》的「上天之載，無聲無臭」形容太極、天道，也等於是在描述「理」。[104] 這原本是描述理的無形性質，而仁齋則認為，這樣的理沒有任何動能，絕不可能凌駕於具有強烈活動義的「乾元」之上。也就說仁齋意圖取消「理」的優先性，以符合《彖傳》原文的宇宙論描述。此外，仁齋相關的論點亦見於其他著作中。以下來看其代表作《語孟字義》中的相關重要言論：

102　另外也有一種說法是仁齋之所以偏向氣一元論，是受到明代吳廷翰《吉齋漫錄》的影響，包括太宰春臺、大田錦城等人都曾如此主張。對此，井上哲次郎於《日本古學派之哲學》中大加批判而否定此說。其論點大致為：主張仁齋沿襲吳廷翰之說者，從未提出直接之有力證據，而只是臆測。且吳廷翰雖以氣論為主，其思想卻有不少偏向程朱之處，這些地方與仁齋殊異。還有仁齋曾提及其閱讀朱熹、王陽明、羅近溪等人著作的漫長學思歷程，並無承襲吳廷翰卻隱蔽其名的道理。詳見井上哲次郎：《日本古學派之哲學》，頁 197-210。

103　伊藤仁齋：《易經古義》，頁 12。

104　朱熹註周敦頤《太極圖說》「無極而太極」一句時說：「上天之載，無聲無臭，而實造化之樞紐，品彙之根柢也。故曰：『無極而太極』，非太極之外，復有無極也。」見周敦頤：《太極圖說》，頁 4。

《易》曰「一陰一陽之謂道」，其各加「一」字於陰陽字上
者，蓋所以形容夫一陰而一陽，一陽而又一陰，往來消長，
運而不已之意也。蓋天地之間，一元氣而已，或為陰，或為
陽……聖人之所以論天者，至此而極矣。可知自此以上，更無
道理，更無去處。考亭以謂陰陽非道，所以陰陽者是道，非
也。陰陽固非道，一陰一陽往來不已者便是道。考亭本以太極
為極至，而以一陰一陽為太極之動靜，所以與《繫辭》之旨相
戾太甚也。[105]

今若以版六片相合作匣，密以蓋加其上，則自有氣盈于其內。
有氣盈于其內則自生白醭，既生白醭則又自生蛀蟫，此自然
之理也。蓋天地一大匣也，陰陽匣中之氣也，萬物白醭蛀蟫
也……故知天地之間，只是此一元氣而已矣，可見非有理而
後生斯氣。所謂理者，反是氣中之條理而已……大凡宋儒所
謂「有理而後有氣」，及「未有天地之先，畢竟先有此理」等
說，皆臆度之見，而畫蛇添足，頭上安頭，非實見得者也。[106]

「道」字本活字，所以形容其生生化化之妙也。若「理」字本
死字，從玉里聲，謂玉石之文理，可以形容事物之條理，而
不足以形容天地生生化化之妙也。蓋聖人以天地為活物，故
《易》曰「復其見天地之心乎」……按「天理」二字，屢見於
《莊子》，而於吾聖人之書無之。《樂記》雖有天理人欲之言，
然本出於老子，而非聖人之言，象山陸氏辨之明矣。[107]

---

105 伊藤仁齋：《語孟字義》，卷之上，頁115。

106 同上註，頁116。陸九淵曾云：「天理人欲之言，亦自不是至論。若天是理，人是
欲，則是天人不同矣。此其原蓋出於老氏……《樂記》之言亦根於老氏，且如專
言靜是天性，則動獨不是天性耶？」見陸九淵：《陸九淵集》（北京：中華書局，
2012年）卷34，頁395。陸九淵此處自不能算是嚴格之考證，仁齋當是基於反朱
子學，以及重《論》《孟》甚於其他經書之立場，而引用此論。

107 伊藤仁齋：《語孟字義》，卷之上，頁124。

像仁齋這樣的氣一元論觀點，就如同其他的氣學者一般，將理定位成氣之條理，使得其從屬於氣，而不被擺在萬物存在依據的位置上。跟理氣二元論相較，這背後的形上學差異在於，氣一元論不像理氣二元論那樣需要為了理的存在而預設一個與現實世界不同的超越世界。理氣二元論由於將理的優先性置於氣之上，故在概念上使得理獨立於氣，其實體存在於另一個高位階的世界裡。兩層存有論的這種觀點在仁齋看來，就只是如同佛老一般以虛妄之概念為世界本源的異端之說。仁齋透過「一陰一陽之謂道」一句來攻擊朱子學的策略，除了看到「所以陰陽者」的詮釋屬於增字解經，不合《繫辭傳》本旨之外，還帶有自身形上學見解的要素。仁齋強調「復其見天地之心乎」所蘊含的活動創生義，以氣之活動為天地之根本，而理只是氣之條理，此為氣一元論中氣優先於理的典型表現。自仁齋來說，真正會活動者為氣，有氣才能生化萬物，故《繫辭傳》言「一陰一陽之謂道」，而不言背後之理。理代表靜態的規則，規則不具創生與活動的功能，故仁齋稱其為「死字」。在仁齋的形上學觀點中，世界作為一個不斷活動的有機體，其背後的終極存在，也應該是一活動不已之物，故不可由靜態的「理」來擔任。

而在其另一部重要作品《童子問》中，他藉由童子之口，從朱子學的角度，質疑不談朱子學的所以然之理，是否會流於有用而無體。接著，他自答說：

> 夫陰陽固非道，一陰一陽，往來不已者，即是道……又曰「大哉乾元，萬物資始，乃統天」、「至哉坤元，萬物資生，乃順承天」。古先聖人所以論天道者，至此而極，更不於此上面復加一語。所謂太極云者，亦斥此一元氣而言耳。若於此上面求其所以然之理，則是非向所謂就無物之地求物邪？故後世所謂無極太極之理，畢竟天地本無之理，而聖人之所不言，祛之可

矣。[108]

其實仁齋在此處，也有增字解經之嫌，以原文未明言的「往來不已」來詮釋「一陰一陽之謂道」。仁齋之所以會如此理解，與其強調不斷活動的世界觀有關。仁齋將世界形成的一切動能都擺在陰陽的氣化運行上，並以一元氣來理解太極。這自然與朱熹對太極（以及周敦頤的《太極圖說》）的詮釋截然不同。此外，仁齋以「無物之地求物」來形容區分理氣的思想，也充分顯示出其意欲拆除兩層存有論的架構，宣稱《周易》的世界觀所包含的，便是此氣化流行、唯有具體之物的世界，生生不息，也就是所謂的「活物」。對仁齋來說，先於氣的「理」之概念不僅於《周易》無徵，更是靜態的「死物」，而不足以成為「活物」之源，因而無法承認獨立於氣的「理」的存在。隨之可以說，仁齋的思想也不欲接受超越性向度。作為儒家經典的《周易》，乃成了他批判宋學的重要武器。

　　繼承其父學說的東涯，在氣一元論的立場上也繼踵仁齋，並隨之運用在《易》學論述中。在上一章探討東涯及其《周易經翼通解》時曾經引述到該書〈釋例〉中所說的「聖人之教，特其一經耳。《詩》《書》且在其先，非可以此蔽聖人之全教也。況可於其上面駕無聲無臭之理，以為道之祖哉」，這裡在提出對《周易》地位的分判之餘，非常明顯地反對理學脈絡下有關理的本體概念。〈釋例〉中又說：

> 後世談理，率祖乎《易》，以為聖學之閫奧。然今玩《易》象，卦爻所言，因陰陽之消息，以示人事之吉凶，故不涉乎理氣之辨。……《易》之言天也，亦只止於陰陽生成上為說，而未嘗向其上面討所以然之故也。然則所謂太極云者，亦言《易》之所為極至者，乃在一元氣，而不過陰陽二端。畫為奇偶兩儀耳，非樞紐造化根柢品彙之謂也。寂感道器之說，則亦

以著策言，而非語道體之用。它可準知焉。[109]

在此，東涯遵循《周易》經傳原文之本義（或是說其父仁齋的思想），以陰陽所組成的「一元氣」為世界之終極根據，不認同其背後有《周易》原文中未曾提及的所以然之理。理學所據以為體用論依據的「寂然不動，感而遂通」、「形而上者謂之道，形而下者謂之器」云云，由於原係言卜筮之無形力量與有形效果，故東涯亦在此否定體用論，也等於直接從理氣論的重要典籍下手來予以打擊。

以此觀點，東涯在解經過程中亦持續申述此氣一元論。在〈釋例〉中他已基於仁齋思想而說「《易》言氣而不言理」，在解乾卦《彖傳》「大哉乾元，萬物資始，乃統天」時，他也說：「推之天道，謂之乾元，則為一元之氣……大哉乾元，乃一陽之氣，生生萬物之本也，萬物受其氣以資始……若夫外氣而必欲求其所以然之故，則鑿矣。」[110]相對的，坤卦《彖傳》處則言：「推之地道，謂之坤元，則亦為一元之氣……至哉坤元，乃一陰之氣，生生萬物之本也，萬物受其氣以資生。」[111]也就是說，東涯所謂的「一元之氣」，就是陰陽二氣之總和，二氣交互運行而生成世界萬物。以自然界具體的一元之氣即可充分解釋世界運行之原理，不需別立一超越的所以然之「理」。如前所述，理氣二元論必然會將理之優先性置於氣之上，並肯定一超越而無形的理之本體的存在，以之為恆定不變的萬物運行之規律與人事道德法則之根據。如此，則具體有形之現實世界本身也不足以據之來作為形上學理論之根本，必待無法以感官直接得見，而仰賴心性洞察的「理」，這在東涯而言便是「鑿」，係人為的無中生有，並無必要。而這也可以說與仁齋思想大致相同。

另外，在《古今學變》中，東涯也同樣針對《繫辭傳》「一陰一陽

---

109 伊藤東涯：〈周易經翼通解釋例〉，頁 5-6。
110 伊藤東涯：《周易經翼通解》卷一，頁 5。
111 同上註，頁 19。

之謂道」說：

> 蓋聖人之事天也，游衍出王，對越不遺，而唯曰「天何言哉？
> 四時行焉，百物生焉，天何言哉」而已。其所以樞紐造化，根
> 柢品彙，為萬物之主宰者，主理耶？主氣耶？未嘗言及也。唯
> 《易》以道陰陽，故名其一陰一陽往來不息者以為道。而自是
> 以上，更無其說。則知就氣以為言，而非主理而言也。是乃自
> 然之氣機，萬化由是而生，品彙由是而生。天道之全體，盡於
> 此矣⋯⋯朱子曰「陰陽氣也，其所以然者道也」，蓋以道為所
> 以然之理，則理氣體用之謂，而非《大傳》之本旨矣。今審其
> 意，曰「一陰一陽之謂道」者，猶云「一闔一闢謂之變」，專
> 就往來上為言，非言所以然之理也。[112]

在此，朱熹以「道」為所以然之理，則勢必超越於陰陽二氣之上，也就
是更在此現實世界之上。東涯則踏襲仁齋之說，以為一陰一陽之運行本
身便是道，道指的是世界現象本身，而非現象背後另有一無形之理。由
於《繫辭傳》此處也是理氣二元論援以為說的重要段落，故東涯乃力陳
其與《易傳》原意之不合。其解經過程中，直接說明相關的道德情境，
而不著力於尋找道德規範的超越性先天依據，等於是就表現出來的行為
本身來說明道德之實在，這也是氣一元論的哲學觀使然。東涯於《古今
學變》中又說：「蓋聖人之道，不過人倫日用之間，而於其上面，更無
一語。」[113] 這也說明了仁齋、東涯的古學派，基於氣一元論的形上學觀
點，不承認「理」之世界的存在，也否定理氣二元論脈絡下的人性超越
向度，將道德之成立及其實踐，緊緊地扣合住氣化流行的宇宙論，全從
後天人類的外在活動立說。

---

112 伊藤東涯著，清水茂校注：《古今學變》卷之中，收入吉川幸次郎、清水茂校注：
　　《伊藤仁齋・伊藤東涯》，《日本思想大系》第三十三卷（東京：岩波書店，1971
　　年），頁 474-475。
113 伊藤東涯：《古今學變》卷之下，頁 491。

　　在觀察完素行、益軒、仁齋、東涯四人的氣一元論思想及相關《易》學表現後，可以歸納出他們的一個主要著眼點，在於判定宋學沾染了佛老異端之說，其《周易》詮釋偏離了經典本旨，而強自發明出一個獨立於氣的「理」之概念，實際上並不能指涉到任何存在物。對他們而言，世界的終極存在乃是氣，氣的運行所形成的秩序乃是理。無形之理只是氣之理，而非可獨立於氣，甚至被當作終極存在。而同時，關於朱子學以《周易》來闡述理氣二元論的三種模式，也被他們試圖解消。這些古學學者根據《周易》原文，不單純以「理」來解釋太極，進而將太極視作一元氣的活動。和朱子學將太極和理相連結的作法比起來，朱子學脈絡下的太極，可以說是純粹的「根源」本身。被生化出的萬物固然享有與根源的連結，而可說物物各具有一太極。但最重要的是它享有一個超越於具體世界之上的概念世界中的位置，而被以「無聲無臭」形容之，並達成「理一分殊」的結構。古學派脈絡下的太極，顯然被拉下來了，專門就具體世界初始而言，而被放在氣化宇宙論的結構下來理解。這樣的太極就與具體世界以外之處無涉了。

　　另外，從朱子學的角度而言，具體的卦爻辭背後有抽象的涵義，也就是「理」。此時學者須追求的，是超越於各時空中具體行為、事件、情境之上的原則與規律，也就是「用」背後的「體」。體與用，也就是理與卦爻辭之情境，當然不是完全切斷的。但由於理確實具備了跨越特定時空的性質，因此也使兩者畢竟不相同，也連帶使得被關注的焦點，乃是具體的卦爻辭情境之外的理。這樣的架構又可說與格物致知的工夫有關聯。體察卦爻辭的涵義，正是格物的實踐，而最終目標是掌握「及其貫之，萬事一理」一句中所說的，貫串一切事物的統一的「理」。這種「理」跟具體的現實情境，可以說是一種詭譎的同一。人須從事上見理，因此理事之間當有密切的相即關係。但既然「理」超越於所有現實情境之上，而擁有恆常的普遍性的話，勢必不能被鎖死在單一情境中，也不會與任何具體的情境擁有同樣的位階。在概念分判與思想體系中，兩者終須有一段距離。而若是主張《周易》之教，只是專就人倫日用

而論的話，就是將重點放在具體情境上，而非背後的「理」上。這種觀點當然顯得較為素樸，但對古學派而言，這正是作為聖人之教的真正面貌。

　　接著，由「形而上者謂之道，形而下者謂之器」一句所開展出的兩層存有論，也在此被推翻。「道」被解釋為陰陽本身時，就已然是氣化的層次，而處於具體世界之中。就此角度而言，「上」與「下」並不代表兩層不同的世界，而是同一世界中的兩種不同存在類型。這樣的解釋來自「一陰一陽之謂道」一句，排除「所以然者是道」的想法，而直就字面來理解，進而連結到對「形而上」的闡述。正如前所述，《周易》中並未明確設定一個超越於具體世界之上的本體，憑字面解釋的話，亦並非得預設形而上之道代表抽象的存在原理。如益軒以未凝聚成物而在天之中的陰陽之氣來理解形而上之義，亦不能算是無效的詮釋，進而可以宣稱這樣的理解，才較為接近《周易》原貌，不若宋學之疊床架屋。

　　上文曾提到，先行研究已以精神史的角度切入，來解釋日本質疑朱子學而產生氣一元論思想的原因。而就經典詮釋的角度而言，可以看到，古學派的氣一元論思想，在透過《周易》表現出來時，以追求古義，恢復聖人之言的本來面目為手段，以達到批判理氣二元論的目的。另外，在中國，氣一元論歷經明代以來的發展，於戴震手上達到一定規模，並透過考證學的方式表現出來。而日本和中國的差異在於，仁齋、徂徠一出，古學派大行其道；而氣一元論在中國儘管經歷了明代至清代乾嘉的發展，但並未成為大規模而普遍的學界主流，而只是學界中之一派而已。[114] 筆者以為，這或許是因為朱子學在中國的當時仍然有身為科舉官學的優勢，使其雖然在思想發展上並無建樹，仍能具備影響力。而朱子學在日本當時則尚未有全國性大規模的推行，故容許不同學派起而與朱子學相抗衡，並在尚未接觸到清代考證學的情況下自力發展出古學派。

---

114 詳見岡田武彥：〈戴震と日本古学派の思想〉，頁74-110。

　　無論如何，此一比較揭示了反朱子學者提倡氣一元論來批判理氣二元論，是中日皆然，跨民族的思想史事件。這當然可以說是因為哲學發展歷程中，學說更迭的必然現象所致。但重要的是兩者同樣經由復古訴求的手法表現出來。楊儒賓曾針對中日反程朱理學的共同表現進行析論，其中也探討了仁齋與戴震試圖廓清程朱理學中的「異端」，重返孔孟的主張。楊文的解釋中，提出了仁齋、戴震這一派著重於在具體的人倫活動中，而非超越的程朱之理中去尋找人的主體性，他們也認為這就是孔孟所提倡的道德內涵。[115] 那麼復古主張，除了楊文所提出的這種道德主體性之因素之外，和屬於形上學問題的理氣論看法是否也有關係呢？

　　筆者認為可以這麼說：回歸到經典原始字句的方式，較利於氣一元論的開展，或者是較易於被感受，且足以充分解釋古典。而程朱等人儘管也標榜著闡發孔孟真意、大唱排佛老之必要，卻運用了自家體貼出來，吸收自佛老而在先秦儒家所無的概念。雖然「天理」、「理」字於先秦典籍中可見，但內涵當然是大不相同[116]，而理氣二元論的哲學架構可以說是與古代思想截然不同的模式。若是直接閱讀先秦原典而不依賴朱子學詮釋，自然極有可能發現「理」之概念的安排並非必要，不限於中國或日本儒者。仁齋、益軒本服膺朱子學，其後終不能無所疑，可說是此一現象的範例。「氣」此一哲學概念的發展當然遠較宋學脈絡中

---

115 楊儒賓：《異議的意義——近世東亞反理學的思潮》，第五章〈回歸《論》《孟》或回歸六經〉，頁 173-213。

116 筆者認為可以參考楊儒賓曾指出的：「如果說漢唐儒者所看到的道德是在人倫日用中實踐的道德，人倫日用是主導性的價值世界之理念；朱子則把人性定位在一種超越的層次上，這樣的設想在以往的儒學傳統中是非常陌生的。但我們如果將眼光稍微轉向佛老的世界，則不難發現兩家習以為常的『佛性』及『道性』的概念，所指的即是一種超越的人性論，就『人性』觀念的形式面而言，理學與佛老共同分享了超越的理念。朱子的人性論之所以和佛老的不同，在於朱子的人性論是建立在本體宇宙論的真實性之上。」見楊儒賓：《異議的意義——近世東亞的反理學思潮》，第一章〈導論：異議的意義〉，頁 18。同樣地，筆者此處所言之「吸收自佛老」，並非指理學與佛老同質，而是指某些部分同構。

的「理」來得早，代表古代素樸的世界觀。[117] 故回歸經典原始字句語脈時，自然就會看到像仁齋東涯所說的，「《易》言氣而不言理」之類。也就是說，氣一元論才是代表著原始儒家，或是說原始精神的自然觀。對理氣二元論心生疑義者，也很容易透過這個理由來力主其不合古義，或是因為發現理氣二元論不合古義，而對其產生不滿。因此，這些以程朱之「理」不合《周易》本旨而批評之，並主張氣一元論的相關思想，除了作為江戶時代古學派的表現之外，也可以放在中日共同的，經由重探先秦典籍語境脈絡而開展的素樸自然觀之回歸，或是說原始儒家之回歸來理解。

然而，朱子學者對於所謂有違古義的攻擊策略，並非毫無還手之力。朱熹與陸九淵之間最為激烈的爭論，乃是《太極圖說》相關問題。根據《宋元學案》整理的雙方論辯內容，陸九淵曾指責朱熹說：「『迴出常情，超出方外』等語，莫是曾學禪宗，所得如此？」朱熹回答：

> 「迴出常情」等語，只是俗談，即非禪家所能專有，不應儒者
> 反當回避。況今雖偶然道著，而其所見所說，即非禪家道理。
> 非如他人，陰實祖用其說，而改頭換面，陽諱其所自來也。[118]

我們可以合理猜測：若面對持氣一元論的古學者之批評，朱熹本人亦會如此主張，堅持他的思想不會因為偶用佛家語而變為佛家。再回到日本朱子學者的例子來看，惺窩的三傳弟子、曾擔任幕府儒學者的室鳩巢（1658-1734）於《駿臺雜話》中說：

> 或有據理氣體用之說，孔孟所不言及者以議朱子。昔孔子言性

---

117 唐君毅（1909-1978）以氣之觀念為中國傳統自然觀的相關說法可以參考。見唐君毅：《中西哲學思想之比較論文集》，據唐君毅全集編著委員會編：《唐君毅全集》第十一冊（臺北：臺灣學生書局，1991 年），頁 9、119。

118 並見黃宗羲：《宋元學案》（北京：中華書局，2009 年）卷十二〈濂溪學案下〉，頁508。

相近，至孟子則論性善。此外養氣、夜氣之論，於唐虞三代之
書未見，孔子亦本未言之。且宋之諸先生，其旨無悖聖人，不
容毫髮之疑，可見其發先聖之所未發，殊可稱嘆矣。況程朱之
時，去孔孟之世為遠。撰言與論明道，乃當務之急。若於道理
上無違，何須規規蹈襲古人之言？[119]

鳩巢此處其實正是意識到了思想史的動態演進。在性論上，孔孟確實不
能算是完全等同，孟子的心性論較孔子來得複雜且新穎。孟子的「養浩
然之氣」、「夜氣」等概念，也代表了戰國時代吸收氣之形上學的成果，
相對於春秋時代及其以前的思想，自然是後起者，但這不妨礙孔孟共同
被視為原始儒家的代表。而思想史作為動態的演進過程，自然會出現後
繼者使用前人所未使用的思想概念，這是因為思想本身的概念發展會越
趨精細，同時又會和其他家思想相互交涉，彼此產生影響的緣故，故可
說後人發前人之所未發。透過鳩巢的觀點，可以說由於朱子學在大方向
上，並未與孔孟對反，仍舊以發揚道德與人倫之現實秩序，實踐內聖外
王為宗旨，故確實屬於儒家的成員，而這個判定標準不應該單純被放在
是否完全使用先秦典籍之語或概念上。

另外，尚齋弟子蟹養齋（1705-1778）也曾在《辯復古》中說：

復古者著書，以通古訓為名。予嘗讀之，不堪捧腹。其辨趙宋
諸賢，未能通趙宋之語而言……彼視朱子說居敬，以為如禪和

---

119 室鳩巢：《駿臺雜話》卷之一，收入井上哲次郎、蟹江義丸編：《日本倫理彙編七
　　朱子學派之部上》，頁98。原文：「理氣體用などの說、孔孟の言及ばざるとい
　　ふに據て朱子を議するあり。むかし孔子性相近しとの給ひしに、孟子に至て性
　　善を論じたまひ、其外養氣夜氣の論など、唐虞三代の書に沙汰もなく、もとよ
　　り孔子も似たる事をもの給はざりしかども、宋の諸先生、其旨の聖人にもとら
　　ずして毫髮の疑べきことなきを見つけられし程に、先聖の未だ發せざる所を發
　　すとて、殊に稱嘆せられけり。況や程朱の時、孔孟の世をさること遠し。言を
　　撰び論をおこし、道を明かにするに急なり。道理においてたがふ事なくば、何
　　ぞ必しも規々とし古人の言を蹈襲すべき。」

尚所為。視其曰心、曰性、曰一、曰虛靈、曰體用、曰明鏡止
水，亦皆以為如禪和尚所言。仁齋、徂徠既不免此，而今復古
者愈已甚矣。言語者天下所通，心志皆以此發。佛氏假儒語以
明其教，語同而意異，非儒也。程朱至仁，適假佛語為其世通
言者，以使世人速得聖意，通言以曉世者。猶是以吾邦俗語示
聖意於邦人，豈曰之佛耶？復古者，以取佛語為罪，此亦愚之
甚也。120

養齋秉承朱子學之學統，而為朱子學辯護並反駁古學派的主張。對他而
言，思想歸屬的判準自然是思想內涵，而非使用之詞彙。即便朱熹在詞
彙上或工夫上有借自佛家之處，就思想內涵上，仍是以儒家為依歸。與
孔孟之間詞彙使用上的差距，乃是時代因素使然，不足以據此視朱熹思
想屬於佛家。

　　古學派以朱子學偏離古意這一點為手段，重新據《周易》而申述氣
一元論思想，這之中的前提自然是完全以先秦原典字句為思想合法性之
判準。而如上所述，就朱子學的立場而言，可以宣稱原典字句不應當作
唯一的判準，而就思想史本身的性質來說，會出現以原典字句來衡量思
想之合法性的情形，是因為對原典投射了宗教性的情懷，以之為不可變
易的聖人之言。儒家思想的開展過程中，以經典詮釋為主要模式，可說
是以述為作，自然與這種宗教性的情懷有關。同樣的性質也表現在日本
儒學之上，形成古學派攻擊朱子學的武器。但回歸到客觀的歷史面貌來
看，思想史本身具有動態的演進過程，而我們自然可如同鳩巢一般，將
朱子學視作發先聖之所未發。

　　此外，經典詮釋活動本身也容許詮釋者開展出更多的面向，正如
《易傳》開展出卦爻辭原本所無的，較高度的哲學涵義一樣。因此，沒
有明確規定是否有一超越性本體的《周易》，自然有可能導出兩個方向

---

120 蟹養齋：《辯復古》，收入關儀一郎編：《日本儒林叢書》第八冊（東京：鳳出版，
　　1978 年），頁 8。

的詮釋路線，彼此都具有有效性。也就是說，理氣二元論與氣一元論這兩個截然對反的哲學體系，都可以有效地利用《周易》的架構來闡發。從原典解讀正確與否的這個角度而言，雙方總是能各持一說。透過以上的探討，也已經呈現了雙方的架構，更可以看到這種對立並不是中國所獨有的問題，而是同樣發生在與中國分享儒學典籍的日本之中，他們同樣也發出了自身的意見，在鑽研典籍的過程中與中國儒者搏鬥，面對這些涉及到思想體系之核心基礎的形上學問題。而對於後世學者，甚至應該說當代人來說，如果將焦點從理氣二元論與氣一元論，何者才是《周易》本旨的這個問題，轉換到何者才是比較好、比較值得接受、較能具有普遍性的哲學理論的話，或許是更具有當代意義的思考方向，同時也有機會再反過頭來，將所得之答案融入《周易》詮釋中，開拓其內蘊之豐富程度。這自然是不限於一國之地域或一國之歷史的問題。

三、「理無定準」：荻生徂徠的反理學思想與《周易》

在江戶時代儒學中，另有一種反對朱子學系統下，普遍而一貫之「理」的觀點，筆者稱之為「反理學思想」。這種思想並非基於氣一元論而對「理」之概念進行批判，更不涉及宇宙論，不將理氣何者為首出之類的形上學問題當作重要探討對象。但由於針對的確實是「理」之概念，且試圖藉此打擊朱子學的根基，故仍歸於理氣論問題之部分來探討。

並非基於氣一元論，而只是專就普遍而一貫的「理」是否存在這一點進行質疑的想法，在仁齋身上可以看到相關的表現。他在《童子問》中說：

> 宋儒以為一「理」字可以盡乎天下之事，殊不知天下雖無理外之物，然而不可以一「理」字斷天下之事也。學者據一「理」字，以斷天下之事理，議論可聞，而求之於實，則不得其悉中矣。夫古今之終始，不可得而究焉；四旁之窮際，不可得而知

焉……理之不可窮也可見矣。且刑有罪者，理之常也，亦奚足
恤。然聖人三赦三宥唯刑之恤者，豈非過為姑息哉？善善而惡
惡，亦理之常也。然聖人善善每長，惡惡每短者，亦豈非愛憎
失宜耶？然聖人皆不然者，足見不可依「理」字斷天下之事
也。故凡事專依「理」斷決，則殘忍刻薄之心勝，而寬裕仁厚
之心寡……隱惡而揚善，成人之美，而不成人之惡，躬自厚而
薄責人，是皆長者氣象，唯仁者能之，非區區小儒之所能及
也。予觀《通鑑》《纂要》等書，其評騭人物，善善惡惡，不
一毫假借，可謂嚴矣。然斷決深刻，古今無全人，殆有申韓刑
名之氣象，而無聖人涵容之意味。持己甚堅，責人甚深，浸淫
于肺腑，透浹于骨髓，卒為刻薄之流。專主張「理」字之弊，
一至於此，悲哉。[121]

前面提到，仁齋反對「理」之概念為首出的原因，乃是「理」字未在先
秦儒家典籍中被當作主要概念，且有流入佛老之嫌，而靜態的規律義使
其為死字，不足以作為動態的萬化之源。另一項原因在於，仁齋不承認
有普遍而一貫的「理」存在。以朱子學的觀點來看，格物致知的工夫，
正是為了要豁然貫通，接觸到「眾物之表裡精粗無不到，吾心之全體大
用無不明」的境界，也就是恢復到內心之發用全然等同於天理的狀態，
並確實地以之掌握所有事物，使自身合乎最恰當的行為準則，得以應對
各種狀況，實踐修身與平天下的要務。在這種架構下，普遍而一貫的理
是存在的，甚至應該說必須要存在。何時才能達到豁然貫通的境界，並
不一定，這可能是一種永無止境的工夫歷程，但其終點必定通向「理一
分殊」的那一理。

　　總而言之，這一套結構仰賴兩個前提：一、所有的情境與事物，其
所含之條理，可整合成一個總體性的「理」；二、人們有能力認識到這

121　伊藤仁齋：《童子問》，卷之中，頁236。

個總體性的「理」，在累積了一定程度的工夫實踐之後，進入到體會此
「理」之內容的狀態，從而能順利地應對各種情境。但這兩個前提，都
在仁齋的思想中被排斥。我們可以看到仁齋既不認同從各情境可以提煉
出一貫的「理」，也不認為人的認知與洞察能力足以掌握所有事物。對
他來說，人們只能在每一次的具體情境中體察個別的處理方式，若是先
執一理，並以此來看待情境，則容易忽略該情境的特殊性，形成盲點，
並導致自身失去體貼別人、同情理解的能力。

　　這種批判方式，也成了仁齋專注於人倫日用之間的具體行為，而非
超越於行為外的「理」之概念的原因。或許仁齋看到了僵化的朱子學之
徒，表現出使其形容為「殘忍刻薄之心」的道德化要求，而更感到人情
義理的重要性，這可以令人想到戴震所說的：

> 聖人之道，使天下無不達之情，求遂其欲而天下治。後儒不知
> 情之至於纖微無憾是謂理，而其所謂理者，同於酷吏之所謂
> 法。酷吏以法殺人，後儒以理殺人，浸浸乎舍法而論理，死
> 矣，更無可救矣！[122]

面對這樣的批評，如果是試圖站在朱子學的角度來辯護的話，可以宣稱
問題的關鍵在於「理」的內容為何。正因為誤認了「理」的內容，使自
身思考僵化，而導致表現出來的行為淪為殘忍刻薄。若是正確地體察天
理，當能更恰當地待人接物。但這樣的辯護沒有解決人是否真能完全體
察天理的問題，也不能免除對於普遍而一貫的「理」是否確實存在的質
疑。宣稱普遍而一貫的「理」並不存在，確實也較一一顧及千差萬別的
情境來得簡潔且不失理據。

　　這種從根本上否定一貫之「理」的存在，到了古文辭學派之代表人
物荻生徂徠手上，則又透過《周易》而表現出來。徂徠在儒學上的立場

122　戴震：〈與某書〉，收入戴震研究會、徽州師範專科學校、戴震紀念館編：《戴震全
　　　書》第一冊（北京：清華大學出版社，1991年），頁212。

是反對仁齋的，他不主張以孔孟為依歸，而以六經為首出，這在上一章已略有觸及。徂徠認為，仁齋雖然反對朱子學，但由於沒有正確地認識古文辭，所以仍無法接觸到真正的「道」。真正的「道」，也就是「先王之道」，亦即先王所制定的禮樂刑政制度，載於六經之中，而孔子只是六經的傳述者而已。所以他說：

> 近歲伊氏亦豪傑，頗窺其似焉者。然其以《孟子》解《論語》，以今文視古文，猶之程朱學耳。加之公然歧先王孔子之道而二之，黜六經而獨取《論語》，又未免和語視華言。我讀其所為古義者，豈古哉？[123]

> 仁齋先生活物死物之說，誠千歲之卓識也。祇未知先王之教，區區守孟子爭辯之言，以為學問之法，故其言終未明邑者，豈不惜乎？[124]

雖然徂徠如此批評仁齋，但是就反對朱子學，追尋真正的古義這一點而言，仍然是他們共同的定位。另外，雖然徂徠並無以《周易》為主題的著作，但高舉六經之地位的他，同樣也會運用《周易》來建構己身學說之核心。而相關的表現，就是以《周易》來反對普遍之「理」。

對徂徠來說，《周易》與其他經書有所不同，他說「《易》自卜筮書，不可與他經一視焉」[125]，又說：

> 大氐《易》之為書，主占筮，故其設辭不與他書同。讀之之道，亦不與他書同。曰「觀」，曰「玩」，曰「不可為典要」，可以見已。故乾「元亨利貞」，當以《易》觀之，不必引天道及聖人之道解之。至其用之，則以為天道亦可矣，以為地道亦

123　荻生徂徠：《辨道》，頁200。
124　荻生徂徠：《辨名》下，頁240。
125　荻生徂徠：《辨道》，頁201。

可矣，以為聖人之道亦可矣，以為君子之道亦可矣，以為庶人
之道亦可矣。故曰「不可為典要」……乾坤二卦，為《易》
之頭，故曰「乾元」「坤元」，以乾與坤為六十二卦之元也。故
「大哉乾元」、「至哉坤元」，皆連乾坤以言之，「亨利貞」則
否，可以見已。[126]

徂徠對「元」之解釋是否合宜，姑且不論。總之在此他認為，《周易》
作為卜筮之書，其性質與其他經書有異。因此在思想發揮運用上，可以
衍伸到其他角度，但在其文字本義上，不能脫離卜筮之書的本質。因此
徂徠才會如此詮釋「元」的本義。引申到天道和聖人之道上，並非不
可，但那終究只是「引申」，因此也不具有必然性。這其實是徂徠切斷
《周易》與朱子學之「理」之間聯繫的第一步。接著，徂徠又強調「理
無定準」，說：

理者，事物皆自然有之，以我心推度之，而有見其必當若是與
必不可若是，是謂之理。凡人之為善，亦見其理之可為而為
之；欲為惡，亦見其理之可為而為之，皆我心見其可為而為
之，故理無定準也。何則？理者無適不在者也，而人之所見，
各以其性殊……故理苟不窮之，則莫能得而一焉。然天下之
理，豈可窮盡手哉？……故《說卦》所謂窮理者，聖人之事，
而凡人之所不能也。……苟執先王之義以推其理，則所見有
定準而理得故也……聖人之教，《詩》《書》《禮》《樂》，習而熟
之，默而識之，則聖人所以立禮義之理，亦可得而見之已。[127]

徂徠與朱子學的聖人觀之間，最大的不同在於朱子學認為聖人可學而
至，徂徠則加以否定，嚴格地區分聖人與一般人之間不可跨越的鴻溝。
他認為：

126　荻生徂徠：《辨名》下，頁 233。
127　同上註，頁 244-245。

> 人之性萬品，剛柔輕重，遲疾動靜，不可得而變矣。然皆以善
> 移為其性，習善則善，習惡則惡，故聖人率人之性以建教，
> 俾學以習之，及其成德也，剛柔輕重，遲疾動靜，亦各隨其性
> 殊，唯下愚不移。故曰「民可使由之，不可使知之」。故氣質
> 不可變，聖人不可至。[128]

也就是說人沒有「變化氣質」的可能性。這也使得人無法認識到真正一
貫的「理」。徂徠指出，在人與「理」之間，總有主觀之「以我心推度
之」的過程，使得人們不會見到相同的理之內容。而人們不像聖人一樣
有聰明睿智之才，故只能遵循聖人，也就是制定禮樂刑政的先王，於六
經之中留下來的制度，以獲得穩定的秩序。在此，人們與「理」之間的
直接聯繫，也被徂徠切斷了。再加上徂徠又強調「先王之道，先王所造
也，非天地自然之道也」[129]，這其實也等於不承認有超越性之「理」的
存在，「理」只能存在於聖人後天所建立的制度中。以這種觀點而言，
就很難說「理」是一種普遍的存在。

　　徂徠既將一切秩序建立在後天的聖人制作上，那麼關於《周易》的
元素，在他手上也就不具有先天性。比如說太極，不管就理氣二元論還
是氣一元論，將太極當作理或是一元氣，這些解讀都表明了太極是一個
世界的根源，獨立於人類的存在。徂徠推翻這一切，說：

> 《易》有太極，漢儒以為元氣，宋儒以為理之尊稱，皆非也。
> 《易》謂六十四卦，三百八十四爻也。太極者謂聖人所立以為
> 準據者也。《易》六十四卦，三百八十四爻，皆莫非示民所準
> 據者，是則又其統會者，故曰太極……蓋伏羲仰觀而俯察，以
> 見夫無適非陰陽剛柔者……故畫之耳。故唯陰陽剛柔，《易》

128　同上註，頁240。
129　荻生徂徠：《辨道》，頁201。

　　所由出。讀《易》者，亦必以此為準據。[130]

在徂徠看來，伏羲乃作《易》之聖人。他憑藉著一般人所沒有的聰明睿智之才，觀察到以陰陽剛柔之二分來掌握世事的方式，而作《周易》以供人們占卜之用，進而作為行事之準則。在此，太極就不是一種實體，而是一種《周易》所具備的性質，指的是《周易》可作為人們形式之準則。由於回歸到《繫辭傳》原文時，「《易》有太極」的「太極」並未很明確地帶有實體義，一直到漢代才賦予宇宙論的詮釋，因此徂徠也抓住這一點，以之強調聖人所立的這種後天之秩序，而排除先天之架構。而這種以陰陽來掌握世事的規則，乃作《易》之宗旨，徂徠稱之為「《易》道」。「一陰一陽之謂道」以及「形而上者謂之道」兩句，皆指此「《易》道」。徂徠又同樣否定了「形而上者」的先天向度。他根據《繫辭傳》中的觀象制器說，認為：

　　《大傳》曰「形而上者謂之道，形而下者謂之器」，宋儒理氣之說，又據此文，以道為理，以器為氣，可謂大謬已。凡《大傳》所謂器者，皆器用也……《易》本有取象作器之義，故云爾。形而上者，謂器未成形之前，唯有《易》道耳。至於其成形之後，始有其器也，皆主制器言之……其所謂器者，凡如先王制禮作樂，君子學以成其材德，及治邦安民，設其方略，亦皆器之喻也。然苟非先明變通之為道，則不能為之，是形而上下之義也，本非語造化者焉。[131]

按照《繫辭傳》觀象制器說，器物之發明乃是從《易》卦中得到啟發，模擬卦象之義涵而製造出來。因此形而上者，乃指器物未發明之前，提供其被發明之可能性的《周易》之道。如此一來，《繫辭傳》的形而上下之分，便與先天後天無關了。而若是無聖人作《易》，自然也就沒有

130　荻生徂徠：《辨名》下，頁248。
131　同上註，頁245-246。

《易》道可言。

另外，如前所述，徂徠認為《周易》主要性質為卜筮之書，與其他
經書不同，不可一視之。而先王之道載於六經之中，並非單一《周易》
可囊括之。因此徂徠在批評仁齋時說：

> 如仁齋先生據《易・大傳》「一陰一陽」而以所以往來為解，
> 殊不知所謂一陰一陽者，本語《易》道也。《大傳》又曰「一
> 闔一闢謂之變，往來不窮謂之通」，其以變通為言，豈非
> 《易》道邪？何以盡先王之道手？[132]

徂徠只將《周易》所含之《易》道視作先王之道的一部分，而不等同於
全幅。因此也可以看到，這種《易》道更沒有普遍且一貫的性質。徂徠
不僅反對朱子學所仰賴之「理」的存在，在詮釋《周易》定位時，也極
力拆解其與朱子學之間的架構，以及《周易》之中所含有的先天性、超
越性向度。此外，他更切斷了《周易》與其他經書的必然聯繫，僅承認
《周易》在應用上可以作為其他如天道、聖人之道等詮釋之用，而不認
為其本義必然如此。在徂徠的這一連串步驟中，最後勢必會通向對於普
遍且一貫之「理」的否定，而只能看到對聖人、先王所制作之人為制度
的推崇。

在前一章探討太宰春臺《周易反正》時，也可以看到春臺繼承了其
師徂徠的觀點，包括對形而上下涵義之理解、《周易》的政治性定位、
關於《易》道的論述等等，亦可算是據《周易》而否定普遍而一貫之
「理」的一員。可以看到，徂徠學正因為以政治性的定位看待六經，著
重於以政治秩序之功能來闡發其價值，而又拉開了一般人與制作制度
的聖人之間的距離。在這過程中，徂徠學的意圖也正是恢復六經的原始
面貌，也就是重新提倡先王之道，來達成經世致用的目的。而排除朱子
學，甚至先秦以下的詮釋，就是必備的條件。於是乎朱子學對於「性」

132　荻生徂徠：《辨名》上，頁210。

的定義、對聖人觀的看法，以及對「理」的概念和相關《易》學思想，
也在此被否定。或許徂徠因有意發高論，以批判其他人為要務，故徹
底否定其他學派，而走向毫無超越性向度的思想。從這方面來說，《周
易》的內涵確實在這種思想中被限制了。不過這也等於示範了一個新的
《周易》定位，同時也是觀察徂徠學的反宋學傾向時，值得關注的一個
角度。

第二節　《周易》與陽明學者的神祕性道德論

　　陽明學傳入日本的時間並不算晚，前面也提到，林羅山早年即具有
接受陽明學的傾向。然而在江戶時代，陽明學並未取得政治上或傳播上
的優勢，不若朱子學一般擁有來自官方的援助，也不若古學派、古文辭
學派一樣具有大規模的、系統性地延續的學派傳承，而是江戶時代儒學
中另一股較小的潮流。然而陽明學派中，不乏喜好《周易》的人物，亦
有利用《周易》來闡述自身思想的獨特表現，這一點值得注意。

　　張崑將在《德川日本「忠」「孝」概念的形成與發展——以兵學與
陽明學為中心》一書中，分析中江藤樹、大鹽中齋（1793-1837）等陽
明學者的「孝」思維時，指出陽明學者的思想中帶有宗教性的表現，例
如會將「孝」提升至宗教神體的層次、具有神祕性體驗，強調與自然、
神明相感通等特色。[133] 這種表現若可以說是彼時陽明學者的特色的話，
那麼對於《周易》的運用方面，當可觀察是否也會展現出這樣的性質。
《周易》的本質自不可與卜筮之書的定位相割裂，就此一方面來說，原
本就帶有神祕性的意味。雖然在《易傳》的階段，被賦予了大量與卜筮
較無關聯的道德論述，但由於《易傳》的來源不只一家，並非全出於儒

133　相關探討可見張崑將：《德川日本「忠」「孝」概念的形成與發展——以兵學與陽
　　明學為中心》，第三章〈「孝」思維的典型：從陽明學者中江藤樹到大鹽中齋〉，頁
　　97-165。

家之手，亦雜有卜筮者言，因此也延續，或是說更理論化了《周易》的神祕性質，例如《繫辭傳》言「《易》有太極」之段落，旨在讚揚卜筮之功。「太極」的觀念，在《繫辭傳》中象徵著卦象尚未成形的狀態，既可說是卜筮儀式之始，亦可說是卜筮得以進行的根源，這提供了一種通往超越性力量的架構，使太極可作為一種宗教性的象徵。又例如「寂然不動，感而遂通天下之故」一句，也是在描述卜筮的功能。《易》卦及進行著占時所用之道具，可說是靜態的，然而其中實含有某種動能，或是說感應的能力，與天下事物相連通，而使得占問者能從中洞見所欲求之答案，這是解釋卜筮何以有效的理論。在這句話中，同樣也蘊涵著對超越的神性力量之肯定，使人們能藉此突破日常的侷限，進而達至知性的提升與擴展。

　　諸如此類的部分，儘管《周易》在後人詮釋的外延中，不斷地增加新的內涵，但本質上仍保有一種可通往神祕性涵義的面向。更不用說在中國和日本，《周易》除了作為儒家經典這樣的大傳統之外，作為占卜方式的小傳統也從未斷絕。在其始終保有神祕性、宗教性的情況下，很容易與日本陽明學者的宗教性情懷一拍即合。本節所欲探討的陽明學者的道德論，主要係針對這種具有宗教性、神祕性的道德論述而言，探討其《周易》運用，在這種特色下，呈現出什麼樣的面貌。

一、中江藤樹的宗教性《易》學

　　日本陽明學的開山祖師中江藤樹，就是一個對《周易》懷有強烈喜好的人物。有「近江聖人」之稱的藤樹，早年習朱子學，其後得王陽明全集，深有所感。而在此之前，其二十八歲時，著力於鑽研《周易》筮儀，前往京都尋訪《周易》講師而不果，轉而求購相關書籍，而獲得《易學啟蒙》，以此來研究筮儀。[134] 從此《周易》成為他思想中的重要

---

134 詳見〈藤樹先生年譜〉，收入藤樹書院編：《藤樹先生全集》第五冊（東京：岩波書店，1940 年），卷四十二，頁 11-12。

一環。藤樹得見王陽明全集時，離其逝世之年不遠。但在其未接觸陽明
學之前，已展現出濃厚的心學色彩。他曾用《易》卦來論述心學之修養
工夫，說：「凝冰之變，起于坎水；炎焦之變，起于離火。允執厥中，
則靜虛動直，而無自溺自焚之患。克悟入這裡，則心法思過半矣。」[135]
以火與冰形容心之動態，最早出於《莊子・在宥》。[136] 藤樹是否取其文
句，並不明朗，但重點在於他立基於此而又引入了坎水和離火兩卦的觀
念，植入其心性論中。這不一定要與內丹學有關聯，可以僅僅作為心有
所偏而不能保持虛靜的譬喻。選擇坎離二卦來表述，無論如何都顯示其
對《周易》的重視。而對於保持虛靜的工夫論，藤樹則選擇艮卦來說
明：「譬如水，『水靜則明燭鬚眉，平中准』，動則不能燭面目，波瀾氾
濫，不能中准。故大《易》開示艮背。周之主靜，程之定性，祖述於
茲。學者自反慎獨之規矩，必於是矣。」[137] 這裡很明顯是引用《莊子・
天道》「水靜則明燭鬚眉，平中準」一句，又依循《易程傳》的詮釋，
延續了隔絕欲望之干擾，使心恢復平靜狀態的工夫義，且更強調內在的
心靈活動意味。

　　不過藤樹對《周易》的明顯推崇表現，還是在於與他的宗教意識
相結合之處。藤樹於參拜伊勢神宮時所寫的祝詞，正可表明其心志：

135　中江藤樹：〈雜著・心〉，《藤樹先生全集》第一冊，卷五，頁 5。
136　《莊子・在宥》：「老聃曰：『女慎無攖人心。人心排下而進上，上下囚殺，淖約柔
　　乎剛彊。廉劌彫琢，其熱焦火，其寒凝冰。其疾俛仰之間而再撫四海之外，其居
　　也淵而靜，其動也懸而天。儌驕而不可係者，其唯人心乎！』」據郭慶藩輯，王孝
　　魚整理：《莊子集釋》（臺北：華正書局，2004 年），頁 371。
137　中江藤樹：〈雜著・心〉，頁 6。另外，程頤解釋艮卦卦辭「艮其背」一句時說：
　　「人之所以不能安其止者，動於欲也。欲牽於前，而求其止不可得也。故艮之
　　道，當艮其背，所見者在前，而背乃背之，是所不見也。止於所不見，則无欲以
　　亂其心，而止乃安。」見《易程傳》，頁 968。此外，明代提倡三教合一的林兆恩
　　（1517-1598），也有艮背心法，但藤樹說：「林子發明，未得其真。林子以背為洗
　　心之水，水有凝冰之變，與火有炎焦之變相對，是以其說未瑩。背，止之象也。
　　神水神火交泰，既濟之妙竅，所謂背也。是以艮其背，則得無我之本然，而無焦
　　火凝冰之變，未知是也否。」見中江藤樹：〈經解〉，《藤樹先生全集》第一冊，卷
　　一，頁 11-12。

「光華孝德續無窮，正與犧皇業亦同。默禱聖人神道教，照臨六合太神宮。」[138] 犧皇指伏羲，其功業正為作《易》。這首祝詞表明了藤樹思想的三大重點：「孝」思維、《周易》以及神道教。首先，藤樹對「孝」的重視，實有相關的內因外緣。藤樹為了奉養母親，不惜拋棄藩士身分與利祿自行返鄉。而藤樹本身雖通醫學，卻因哮喘而年方四十即去世。晚年即便病重，但為了不讓母親擔心，總在母親探視時強自起身，表示病情好轉。「孝」可說是藤樹本人躬行不怠的德行，不難理解其何以大加重視之。而當時的江戶社會，已能讀到明代出現的一些《孝經大全》。[139] 另外，在第二章中可以看到，《孝經》不僅在平安時代即已是官方儒學教育中的基礎教材，在江戶時代也同樣是漢籍基本教育的一部分。這些都成了藤樹闡發「孝」思維的時代背景。

　　有關「孝」思維之重要性和先天性，及其與《周易》之關聯，藤樹曾言道：

> 老氏以出胎時見性，佛氏以父母未生時見性，可謂甚近理，而未能見玄妙不測之神靈，一貫切近之孝德，還以為頑極的，比之荀楊，雖稍高而失其真惟同。聖賢有憂之，肆《易》曰「一陰一陽之謂道，繼之者善也，成之者性也」，此以父母未生時示其本真也。《孝經》曰「親生之膝下，以養父母日嚴」，此以出胎時示其實體也。《孟子》曰「孩提之童，無不知愛其親也；及其長也，無不知敬其兄也」，此以神發知之時示其靈照之真。又曰「大人不失赤子之心」，此以情欲紛擾之時示其本體也。《孝經》曰「夫孝，天之經也，地之義也，人之行也」，

138　中江藤樹：〈參拜太神宮準祝詞〉，《藤樹先生全集》第一冊，卷二，頁 10-11。

139　可參考加地伸行：〈《孝經啟蒙》の諸問題〉，收入山井湧（1920-1990）、山下龍二（1925-2011）、加地伸行、尾藤正英校注：《中江藤樹》，《日本思想大系》第二十九卷（東京：岩波書店，1974 年），頁 408-462。

　　此以示三才一貫之實體也。140

所謂的本真、實體、靈照之真、本體云云，皆用來描述孝之德行。藤樹
有意將「孝」視為一種超越性的終極存在，不僅僅是應然之價值，還是
一種與天地自然相通，有如最高神靈一般的實體。藤樹引《繫辭傳》的
「一陰一陽之謂道」來形容「孝」，且認為指的是「父母未生時示其本
真」，顯然有意將「孝」賦予一種先天性，等同於「一陰一陽之謂道」
中，所指涉的世界之終極實體，也可以說是孕育萬物的「自然」本身。
　　這種自然本身，在藤樹思想中另外又有「太虛」之稱，同樣與
「孝」之概念緊緊相連。藤樹論「孝」時說：

　　這箇是儒家第一之心法也。其全體充塞於太虛，通徹於無破。
　　守之於心，道心輯熙；脩之於身，身脩；用之於家，家齊；行
　　之國天下，國天下治。智愚賢不肖皆可受用。

　　太虛之神明，是其本體。聖人之妙用，是其感通。嚴父配天，
　　是其工程。中者，中此者也。誠者，誠此者也。教者，教此者
　　也。學者，學此者也。如不以此為主本，則或為異端，或俗
　　學，或鄙夫也。宜知所戒慎。

　　《援神契》曰「孝在混沌之中」，太虛本體之神靈，在方寸者
　　為孝，所謂未發之中是也。故曰「孝在混沌之中」。141

也就是說，「孝」不只作為一種情感、德行存在於人心中，同時也作
為一種超越性本體而存在於整個自然中。另外，從中也可看到藤樹將
「孝」作為最終極的德行與為學之最高目標。不過同時需要注意的
是，藤樹在此又提到「太虛之神明」、「太虛本體之神靈」，顯然有宗

140　中江藤樹：〈送森村子〉，《藤樹先生全集》第一冊，卷四，頁 13-14。
141　俱見於中江藤樹：〈雜著・孝〉，《藤樹先生全集》第一冊，卷五，頁 4-5。

教上的神明之義，這自然與神道教思維下的神性自然有關[142]，頗有泛神論（pantheism）的色彩。自然之中存在著神靈，藤樹以宗教性、神祕性的觀點看待自然，也以此看待「孝」。「孝」如同人格神一般扮演著萬化之根源，也可以說就是無形的世界動能本身。在藤樹晚期的代表性作品《孝經啟蒙》中，他又說：「孝德本充塞太虛，廖廓而無外，故雖聖人之峻德，充孝德本然之量而已。故曰『聖人之德，又何以加于孝乎』。」[143] 這依然是延續著同樣的想法，將「孝」視作一種超越性的實體。如果說藤樹思想可以算得上是一種道德形上學（moral metaphysics）的話，那這套形上學的中心點就是「孝」。

此外，對藤樹而言，《周易》也具有同樣的地位。他說：

太虛廖廓，神化之全體也。本無名字，聖人字之曰《易》。《易》有太極，是生兩儀。兩儀生四象，四象生八卦，八卦生六十四卦。交易絪縕化育之運，數足時至，而先生天，而后生地，而后生人，生萬物，而生生無窮。[144]

除了「孝」之外，藤樹也著力於抬高《周易》的地位，認為《周易》實際上就是無形之自然創生力量的體現。太極生兩儀，兩儀生四象，乃至六十四卦的這種過程，正有如世界不斷生化萬物。《周易》中的這種面向十分明顯，包含了對於「創生」的讚頌，諸如乾卦《彖傳》、《繫辭傳》的「天地之大德曰生」、「生生之謂《易》」等等皆然，也很難說與原始的宗教性崇拜毫無關聯。而所謂的創生，可指世界的無形力量使萬物依循穩定的秩序而誕生並循環不已，同時也可指人類文明的出現與完備。而從太極到六十四卦的過程，雖然原本是在描述卜筮系統的成型，但也很容易被往萬物創生的這一層意義上去詮釋，而使得「太極」這一

142　相關分析，可見張崑將：《德川日本「忠」「孝」概念的形成與發展——以兵學與陽明學為中心》，第二章〈德川思想界的氣論與自然觀的流派〉，頁54-62。

143　中江藤樹：《孝經啟蒙》，《藤樹先生全集》第一冊，卷七，頁43。

144　中江藤樹：〈雜著‧易〉，《藤樹先生全集》第一冊，卷五，頁31。

概念具有終極根源的意義。《周易》作為儒家經典，被儒者所重視是理所當然的。而在藤樹的這一段話中，我們可以認為，《周易》的價值並不僅僅是因為提供了關於心性或道德實踐等等思想的依據，而在於其中所含有的，對超越性創生來源及其秩序之肯定。

藤樹將《周易》的整體思想理解為「太虛廖廓，神化之全體」，正與其談論「孝」的模式相同。而他這種將「孝」和《周易》透過太虛之概念來相比配的作法，雖然頗具神祕性，但箇中理據其實不難理解。藤樹在他的重要作品《翁問答》中說：

> 若推至本來之極，我身受自父母，父母之身受自天地，天地乃受自太虛，我身本來為太虛神明之分身變化之故，使太虛神明之本體明而不失，即為立身也。[145]

人的創生與存在來自其父母，對父母最直接的情感、德行就是「孝」。而父母除了與自身有血緣關係之外，也是人出生以後最先遇到的互動對象，因此也可以說，「孝」正是一切德行的起點，是人在成長過程中培養道德實踐能力的必要根基。《論語‧學而》所說的「孝弟也者，其為仁之本與」，也可以用這種角度來理解。而正因為「孝」關係到人之創生與存在的根本來源，因此也有通往世界整體之最終極根據的向度，這種終極根據是更在父母之前，超越於所有人類之上的，也就是自身存在的最初來源。這種模式與六十四卦以及萬物，具有通往太極，也就是最初來源之向度的思想是一致的。藤樹以「玄妙不測之神靈」、「三才一貫之實體」來形容「孝」的理由，可以說正在於此。

而這個帶有本體義的最終極根據，藤樹以神明來解釋。自然之太虛

145　中江藤樹：《翁問答‧上卷之本》，《藤樹先生全集》第三冊，卷二十二，頁7。原文：「さて元来をよくおしきはめてみれば、わが身は父母にうけ、父母の身は天地にうけ、てんちは太虛にうけたるものなれば、本来わが身は太虛神明の分身変化なるゆへに、太虛神明の本体をあきらかにしてうしなはざるを、身をたつると云也。」

中，具有可創生一切的神明。依藤樹的思想，此神明亦存在於心中，即為「孝」。人們實踐「孝」，即是正視自己的存在來源，可與作為世界終極存在的神明相感通。另一方面，因為《周易》的思想模式和這種與超越性根據相連結的結構近似，故也可以說，體會《周易》所揭示的生生之道，亦可認識到太虛之中所存在的神明。對藤樹來說，這種體會使得他將「孝」與《周易》相提並論，而說出「光華孝德續無窮，正與犧皇業亦同」。如此，神明、《周易》與「孝」，就在藤樹的宗教性思維中貫串起來了。他在《孝經啟蒙》中說：

> 孝之全體，雖充塞於太虛，而其實體備于人，而感而遂通天下之故。其感通之本，在于嚴父。而嚴父之至，通於神明，光於四海，無所不通。所以復充塞于太虛之本體，只在茲。[146]

神明、父、自身，在此以一個縱貫的方向被串連起來，這也是為何說「孝」充塞於太虛之本體的原因，而箇中理路已如上述。《繫辭傳》的「寂然不動，感而遂通天下之故」一句所蘊涵的物類相感思想更成了藤樹據以運用的材料，強調人可以透過「孝」而與神明、與世界整體相感通。這既可以指人在道德實踐上達到高度的修養境界，更可以說是人藉由宗教思想來提升自己的神聖性，獲得心靈上的提撕。總而言之，我們可以看到《周易》至少在兩個方面提供藤樹進行思想建構的資源，其一為本源與萬物之間的創生關係，其二為物類相感通之觀點，這些都讓藤樹得以宣揚其立足於宗教思維的「孝」思想。

基於對「孝」和《周易》所抱持的宗教意識，藤樹另外也奉行著相關的儀式。他曾經閱讀過明代江元祚編的《孝經大全》，並在《孝經啟蒙》中附上江元祚本《孝經大全》中出現的〈誦經威儀〉：

> 每日清晨，盥櫛盛服，上香向北禮拜畢，面北默座閉目存想，

146　中江藤樹：《孝經啟蒙》，頁 37-38。

從自身見今年歲,逆想回孩提愛親時光景何如,又逆想回下
胎一聲啼叫時光景何如,又逆想回在母胎中,母呼亦呼,母吸
亦吸時光景何如。到此情識俱忘,只有綿綿一氣,忽然自生歡
喜。然後將身想作簡行孝的曾子侍立在孔子之側,無限恭敬,
無限愛樂。然後開目舉手,稱讚曰:「曾子行孝,孔聖說經。
經于何在,在吾此身。手圓足方,耳聰目明。人人俱足,物
物完成。離身無孝,離孝無身。立身行道,身立道行。光于四
海,通于神明。至德要道,地義天經。我今持誦,不得循聲。
願明實義,廣育群英。上尊主德,下庇斯民。庶幾夙夜,無忝
所生。」[147]

此處將對待《孝經》的態度予以宗教化,從中可看到濃厚的道教存思法
色彩,而「誦經威儀」在道教中正是與誦經相關的科儀規定。在科儀
方面進行了系統性整理的唐代道士杜光庭(850-933)於《太上黃籙齋
儀》中提到:

夫修黃籙、靈寶諸齋,每日三時行道,三時轉經,晝夜六時,
為弟子關奏誦念,以祈福祉。其行道後,消息移時,仍別陞壇
轉經,贊道法事,一如金籙簡文登壇上座誦經威儀。如或風雨
不常,及別有法事,即行道與轉經相續可矣。陞壇轉經,法師
冠元始之冠,黃裙紫褐,五色雲霞之帔,是名法服。眾官如常
服。[148]

可以說,若是沒有接觸到道教科儀相關元素的話,儒家內部是不會自行
產生此種將《孝經》宗教化的情形的,此《孝經大全》正是明代三教會
通風氣下的產物。藤樹特地將此〈誦經威儀〉納入《孝經啟蒙》中,可

---

[147] 同上註,頁83-84。
[148] 杜光庭:《太上黃籙齋儀》卷五十二,收入《正統道藏‧洞玄部威儀類》,據《正
統道藏》第十五冊(臺北:新文豐出版股份有限公司,1985年),頁547上。

以想見這種以宗教性態度對待《孝經》的作法，甚為具備宗教意識的他所認同。藤樹援神道入《孝經》的作法，與明代援道教入《孝經》的表現實有關聯。

　　而藤樹對《周易》的神秘化，比起《孝經》實有過之而無不及。從他所著之〈太上天尊大乙神經序〉中，可以看到其崇拜之情：

> 太乙尊神者，《書》所謂皇上帝也。皇上帝者，太乙之神靈，天地萬物之君親，而六合微塵，千古瞬息，無所不照臨……其體充太虛，而無聲無臭；其妙用流行太虛，而至神至靈，到於無載，入於無破。其尊貴獨而無對，其德妙而不測。其本無名號，聖人強字之號「太上天尊太乙神」，而使人知其生養之本，而敬以事之……至哉乾元，萬物資始，則不可無齊（按：疑當作「齋」，以下並同）戒報本之事。故先聖作太乙尊神之靈象，以為齊戒之本主……制作之聖，雖未聞其名，而靈像一以《易》象為體要，則始于伏羲，中于文周，而成于孔子，可推而知矣……《太乙神經》湮晦千有餘年于此，儒者付之神仙術數而不察，悲哉。靈像之奉祀，本主於報本之禮，而祈福在其中矣，凡祭祀皆然也。嘗考之：靈像之神，造化天地萬物，主宰禍福，充太虛徹萬微，無所不知，無不能，豈惟鎮宅一事而已？誠敬以能事之，而尊神感格，則所謂「與天地合其德，與日月合其明，與四時合其序，與鬼神合其吉凶，先天而天弗違，後天而奉天時」者也。「保合大和，乃利貞」……愚嘗拜靈像，而以為《易》神之尊像，而儒者之所敬事者也。然宋儒排斥符章，而無他左驗，是以疑而不能決，三年於此矣。今讀唐氏《禮元剩語》而豁然得證，悟靈像之真，而喜不寐。於是會眾說而析其衷，斟酌祭祀之儀節而為編，名曰《太乙神

經》，與同志篤行，而庶幾不離尊神之左右云爾。[149]

藤樹此處所說的《太乙神經》，今已不傳，只能從此〈序〉文中得知其相關思想。《尚書》中指涉最高神的「上帝」，藤樹認為即為太乙尊神，並認為太乙尊神的具體象徵就是《周易》之神。其實這不完全能說是藤樹的發明，筆者在第二章談到桃源瑞仙時，已觸及到他對於《周易》筮儀的說法，並提到他對儀式的規定為「靜心寧慮，思忖道義，專念救苦天尊、太乙神人、拋卦童子、示卦童郎、六爻神將、飛伏之神、世應兩將，皆在于前。北斗北辰，亦宜念之」，可見太乙與《周易》的關聯，在日本的《易》筮中其來有自。而對《周易》的神秘化，從第二章提到的足利學校〈祭八卦文〉中也可窺其端倪。因此藤樹會提出太乙尊神與《周易》之間的關聯，絕非偶然。

另外，他在〈靈符疑解〉中說：「七十二道之符，即六十四卦也。正中之一規，〈先天圖〉也。其上，〈後天卦圖〉也。規中之神象，《易》有太極之象也。悉是《易》卦之法象，而無一毫之錯雜，而至理至教悉備，與筮占同其用。」[150]這表示藤樹的思想理據之一正是《易》占。他又更進一步說：

> 靈像全體，以象太虛。正中之一規，則太虛之皇上帝，象像之本主也。規中神像，中即太乙尊神，《易》所謂帝與太極是也。左即示卦童郎，《易》所謂陽儀爻之九，《太極圖》陽動是也；右即抱卦童子，《易》所謂陰儀爻之六，《太極圖》陰靜是也。[151]

示卦童郎、抱卦童子云云，與桃源之《易》筮內容相仿，當有相承關係。但必須注意的是，藤樹從《易》占中汲取資源，而且乍看之下走向

149　中江藤樹：〈太上天尊大乙神經序〉，《藤樹先生全集》第一冊，卷三，頁 21-25。

150　中江藤樹：〈靈符疑解〉，《藤樹先生全集》第一冊，卷三，頁 25。

151　同上註，頁 26。

了道教，但他也竭力論證這種思想屬於儒家傳統宗旨的一部分。對藤樹而言，祭祀太乙尊神，即為敬天之德的體現，屬於儒家禮教思想，因此不應「付之神仙術數」、「排斥符章」。面對揭示自然之生化的《周易》，藤樹不僅將之視為「太虛廖廓，神化之全體」，同時也是神顯現的媒介，從中可以感知到最高神太乙尊神的存在。「《易》歷四聖」的傳統說法，也被藤樹納為宗教性詮釋的一環，表示《周易》乃是古代聖人所作的太乙尊神之靈像，實具有類似「道統」般的地位。在此藤樹引用《繫辭傳》文字，並將原本指涉的「大人」轉化為神，這同樣也是將《周易》宗教化、神秘化的企圖。同時也可以說，人們對太乙尊神、對《周易》進行祭祀的報本之情，正相當於對父母的孝之情感。

如上所述，太虛之神、父母與自身，在藤樹思想中以一種創生關係及「孝」之思維相聯繫。而在這段〈序〉文中，則可以說人們透過報本之情與造化萬物的神明相感通，並透過祭祀作為神明體現的《周易》來實踐之。於是乎也可以說，就藤樹的思想結構而言，以宗教性的態度對待《周易》是必要的作法。然而，這和宋學所含有的理性成分相衝突，使學習朱子學出身的藤樹不能不陷入迷惘。其後，藤樹本有的宗教性傾向，從唐樞（1497-1574）《禮元剩語》處得到鼓舞。唐樞為湛若水（1466-1560）弟子，而學說又頗與王陽明相通。[152] 他在《禮元剩語》中，同樣提到了太虛的概念，說：

> 天地從空中生，人亦從空中生。生而不有，其生不貳不測。大哉乾元，至哉坤元，乃太虛致一之道。天地包裹，其中空，為萬靈聚所；人氣質包裹，空藏于心，亦為萬靈聚所。屈伸闔闢，化機牽擾，而靈未嘗滅。牽擾者生于有，其生未嘗滅，乃

---

[152]《明儒學案》評唐樞之學曰：「師事甘泉，其後慕陽明之學而不及見也。故於甘泉之隨處體認天理，陽明之致良知，兩存而精究之，卒標『討真心』三字為的……然真心即良知也，討即致也，於王學尤近。」見黃宗羲：《明儒學案・甘泉學案四》（北京：中華書局，1985 年），頁 950。

乾元坤元太虛之真。[153]

這裡的太虛，同樣可以理解為無形之自然，頗近於道家所論之「道」。而在此處，太虛也可說是人心先天本有，未受欲望干擾的狀態。另外，唐樞也說明了其禮拜太乙之事。在《禮元剩語》中，附有一「○」形之圖，並註明「太乙元神」，說：

> 樞自幼名庵，即此神物，歷今三十餘年，未得圓成斷際。此神
> 物分明在心目，每墮落蹉過悔吝作，輒切自咎愧，像而演之，
> 朝夕奉禮，庶提省周旋，藉以發明也。[154]

唐樞亦以太乙神為禮拜對象，這確實給藤樹起了相當的示範作用，不難想像何以藤樹會懷有「豁然得證，悟靈像之真，而喜不寐」的興奮之情。藤樹所見之《禮元剩語》，係見自明代鍾人傑所編之《性理會通》。《性理會通》作為明代具有陽明學色彩的書籍，也給藤樹帶來一定的影響。[155] 另外，唐樞思想中也確實可見肯定人格神之向度，他說：

> 即太虛為天，即宰物為帝，即生理為性，即靈真為心，即載營
> 為魂，即渾成為玄，即和達為道，即存主為德。此八者乃尊神
> 別名，敬而守之，省戒之實。[156]

這也是一種用人格神來貫通外在萬物與內在道德心性的思想，用這種方式來賦予內在的道德心性一種超越性的地位，同時也可說是三教會通風氣下的產物。從這些文字中，也可以說唐樞的宗教意識，與藤樹的相關

153　唐樞：《禮元剩語》，收入王完編：《百陵學山》，據《景明刻本百陵學山》第七冊（長沙：商務印書館，1938 年），頁 1。

154　同上註，頁 8。

155　關於這方面的探討，可見山下龍二：〈中国思想と藤樹〉，收入《中江藤樹》，《日本思想大系》第二十九卷，頁 356-407，以及同書所收之加地伸行：〈《孝経啓蒙》の諸問題〉。

156　唐樞：《禮元剩語》，頁 8。

表現不無關聯。但在《禮元剩語》中，雖然也可以看到唐樞引用《周易》文字，然而僅是用來指涉天地，甚至可以說並無引用的必要性，這和藤樹直接將《周易》當作太乙尊神之顯現，仍舊有根本上的不同。當然，唐樞的這種宗教思想，對藤樹而言確實可以說有推波助瀾的效果，更可以視作藤術思想來源中不可或缺者。只是藤樹明確地將《周易》當作太乙尊神，又別製靈像，這種作法在《禮元剩語》中，頂多只能說可見到類似的架構，而不能說可直接發現，這部分有賴於藤樹自己的發揮。而其重要來源，或許正是《易》占儀式。這也呼應了〈藤樹先生年譜〉中提到的，其熱心於鑽研筮儀的一面。157

不過從前面的「靈像之神，造化天地萬物，主宰禍福，充太虛徹萬微，無所不知，無不能，豈惟鎮宅一事而已」一段來看，藤樹當然不會讓《周易》的神祕性地位只停留在占筮而已。將之與神合而為一的思想，乃是基於以《周易》為代表宇宙創生之實相，這是一種高於占筮層次的形上學論述。因此在《翁問答》中，有這樣一段話：

> 體充曰：「《易》學者，乃著、本卦等占卜之事乎？」師曰：
> 「其亦為《易》學之一端，然吾等今所言之《易》學非此，乃
> 覺《易經》之神道，為我身之受用也。此《易》學，縱孔子亦
> 韋編三絕。若不積觀察之功，則雖皮毛亦難得。其不特儒書
> 而已，天地間無出《易經》神理者，又無一毫《易》理之外

---

157 明代流行一種表述「畫前之《易》」的思想，以一圓圈形狀表示，係脫胎於《易》學的玄秘傳統。相關說明可見楊儒賓：《從五經到新五經》（臺北：國立臺灣大學出版中心，2013 年），第三章〈「積累」與「當下」——時間隱喻下的經典詮釋〉，頁 93。唐樞對於此圓圈之敘述，雖不以《周易》為主，但就玄秘思想的色彩而言，兩者頗可相通。而藤樹透過唐樞，又將圓圈形狀與《周易》相連結，雖未提到「畫前之《易》」而是專以太乙尊神為主，然或許較唐樞更接近其思想源頭，也就是這種來自於《易》學的玄秘傳統。此外，藤樹本身接受道教思想的傾向，對此自然也有不容忽視的作用。關於藤樹接受道教的先行研究整理，可參考張崑將：〈晚明孝經風潮與中江藤樹思想的關係〉，收入張崑將：《德川日本儒學思想的特質：神道、徂徠學與陽明學》，頁 173-228。

事。」[158]

此處明言「《易經》之神道」，並試圖將之與占筮的層次區隔，這也是將《周易》地位推擴到極致的作法。也就是說，將《周易》視作太乙尊神的體現並敬拜之，並非只是因為其具有卜筮之神秘效力，而是因為其窮盡了世界之規律與實相，正如同神所造化之全體一般。

至此，我們已看到藤樹如何著力於將《周易》神秘化、這種作法在其思想體系中的必要性為何等等。接著就必須面臨到下一個問題：藤樹以「孝」思維貫串其思想結構，賦予其一種具有神性的超越本體地位，而同時又以相同的態度對待《周易》。那麼代表宇宙生化的《周易》，與承載「孝」思維的《孝經》，其地位之差別如何？關於這個問題的答案，可以透過藤樹的《翁問答》來一窺端倪：

> 本來一部《易經》即衍為十三經，勤學《易經》為佳。然《易經》簡奧玄妙，凡夫難以領會，故用心於《孝經》、《大學》、《中庸》，勤加學習，則易領會大綱。[159]

根據這段話，可以判斷在藤樹心中，《周易》的地位還是高於《孝經》的。十三經皆代表了某方面的真理，而《周易》所含之理，乃是最極致的世界創生與運行規律，將一切事物涵蓋其中，故於十三經中居於統攝

158　中江藤樹：《翁問答・上卷之末》，《藤樹先生全集》第三冊，卷二十三，頁 36。原文：「体充曰、易學とおほせられ候は、著、本卦など云うならひの事にて御座候や。師の曰、それも易學の一品にては候へども、たゞ今われらがいへるはその事にてはなく候。易經の神道をさとり我身の受用となす事にて候。この易學は孔子さへ韋編三絕と申つたへ候へば、よくよく觀察の功をつまざれはその皮膚を會得もなりがたく候。儒書の事は申におよばず、天地のあひだに何にても易經の神理にもれたる事なし。又易理よりいでぬ事は一つもなく候。」

159　中江藤樹：《翁問答・下卷之本》，《藤樹先生全集》第三冊，卷二十四，頁 19。原文：「本来易經一部をおしひろめたる十三經なれば、易經をよくまなびたるがよろし。しかれども易經は簡奧玄妙にして凡夫のとりいりなりがたきによつて、孝經、大學、中庸を心にて心をよみ、よくまなびぬれば、大綱の得心なりやすし。」

之地位。藤樹言下之意，似乎是只憑《周易》，便能明瞭十三經的全幅
義蘊。而之所以又另外強調《孝經》乃至《大學》、《中庸》的重要性，
是因為《周易》太過困難，不易理解，故須從《孝經》等較近於具體之
人倫日用的經典入手。我們可以在此看到藤樹推崇「孝」思維的另一層
意義，那便是較為親切，容易作為下手工夫，這也呼應了他將「孝」形
容為「儒家第一之心法」的思想。

　　然而在這裡，《孝經》乃至《大學》、《中庸》的突出性地位，是就
具體的人倫日用部分容易領會的層面來說。就世界整體之規律的指涉
層面來說的話，《周易》的地位仍然是不可動搖的，僅僅是因為過於困
難，才不適合作為為學起始。我們甚至可以大膽假設，若是學者有足夠
認知《周易》內容的能力，那麼對藤樹而言，便將單純地主張「勤學
《易經》為佳」了。總而言之可以肯定，在藤樹思想中，《周易》實具
有最關鍵的地位，而書中所含的萬物生化思想及結構，正是其眼中最終
極的聖人之教，或是說神明的顯現。

　　在藤樹身上，我們看到了《周易》的另一種運用，亦即將之與神道
思想結合。《周易》中本有「神道」二字，出自觀卦《象傳》所說的：
「觀天之神道，而四時不忒。聖人以神道設教，而天下服矣。」太宰春
臺在批判日本神道教時，甚至還以此為根據，說：

> 凡今人謂神道為我國之道，與儒佛道並為一種之道者，大謬
> 也。聖人之道中本有神道，《周易》曰「觀天之神道，而四時
> 不忒，聖人以神道設教，而天下服矣」，神道之語始見於此
> 處。160

160　太宰春臺：《辨道書》，收入井上哲次郎、蟹江義丸編：《日本倫理彙編六　古學派
　　下》（東京：臨川書店，1970年），頁205。原文：「凡今の人神道を我國の道と思
　　ひ，儒佛道とならべて是一つの道と心得候事，大なる謬にて候。神道は本聖人
　　の道の中に有之候，周易に觀天之神道而四時不忒，聖人以神道設教而天下服矣
　　と有之，神道といふこと始て此文に見え候。」

但縱觀藤樹論述神道思想時，並未見其引用《周易》觀卦《彖傳》此語，且在原文中，「神」也並非指人格神的概念。藤樹對《周易》的神祕性詮釋、將之與神道相連結的作法，係出於個人的宗教意識。在上述過程中，看到諸多藤樹引入人格神意味於《周易》之中的作法，將其與「孝」、太虛等概念相貫通，再加上對《周易》的禮拜儀式，在在都顯示出其宗教性詮釋上的企圖。藉由樹立一個宗教上的權威，引導人們的虔敬之心，對於心性修養與道德實踐而言，不可謂無益。

　　而最重要的意義是，太乙尊神之名雖來自中國，但藤樹在建立《周易》的神性地位，將之與神道相提並論時，也同時引入了日本的民族色彩。神道發展過程中儘管吸收了眾多中國元素，本質上仍然是日本本土的宗教。藤樹在參拜伊勢神宮，寫下「默禱聖人神道教，照臨六合太神宮」時，所設想的自然是日本的神道教。而在其思想中，兩國的元素共同被調和而不衝突，這也有賴於伴隨著《周易》的神性地位，以及無形之太虛的那股超越性，使不同民族均被收攝到一個共同的創生來源以及普遍的道德價值之中。在這種詮釋方式下，日本面對中國亦不失自身之主體性，反能自由運用來自中國的儒家典籍與儒學史資源，以建構自身的人倫秩序觀點。《周易》也在這種架構下，成為具有普遍性的典籍。這自然可以說是藤樹鑽研儒學的同時，又吸收明代三教會通風氣，並致力於在其思想體系中為日本神道教安排一個位置的成果。雖然相較於《周易》原本自身的脈絡，藤樹的作法顯然需要更多的自身創造性詮釋，但就建立普遍性這一點來說，也是一種有價值的嘗試。

二、熊澤蕃山的「心法」與《周易》

　　藤樹門下傳承陽明學的弟子中，熊澤蕃山可以稱得上是其中一個代表性人物。蕃山治學起點為《四書集註》，具朱子學學統，又於二十七歲時入藤樹門下，得陽明學之傳，其後仕於岡山藩，受藩主池田光政重用，發揮了政治上的影響力。第二章曾經提到岡山藩設立了閑谷學校，

為江戶時代鄉學的代表之一。雖然閑谷學校的正式成立，係在蕃山去職之後，但其之所以能成立的背景，與蕃山為岡山藩打下的文教政策基礎脫不了關係。蕃山的政治生涯不能謂平順，不僅因為其藩政施行上樹立了政敵，更因為其學術立場受到幕府官方朱子學的攻擊，面臨眾多壓力而不得不去職。晚年更因批判幕府與藩內政策而被流放，最終於幽居生活中病逝。將蕃山的這些生涯事件與其師藤樹為了奉養母親而自行脫藩的行為合而觀之，其實正可以看出一個心學上的驅動力。面對固定的體制與現實環境，他們都選擇聽從內心的呼喚，而不惜承受加諸於身的壓力。藤樹雖未於早年接觸陽明學，但其行事之旨已暗合之。曾於藤樹門下習陽明學的蕃山，更是自不待言。他們的人生經歷正可以說是陽明學精神的體現。

藤樹對《周易》賦與神祕性的色彩，滿足其宗教意識，將《周易》納入其思想體系核心之中，建立一套與神道相關的道德論述。而對於神道的重視以及對《易》學資源的運用，也表現在蕃山思想內。當然，其系統並不會完全與藤樹一致，但講到江戶時代的陽明學者，利用《易》學資源來闡發心學的神祕面，而建構一家之言者，蕃山確實能算得上是其中一人。在他關於「心法」此一概念的論述中，即能看到有關《周易》的獨特運用方式。蕃山最重要的代表著作為以問答體式的隨筆寫成的《集義和書》與《集義外書》，而相較於以申述神道之義及談論當代政策來強調日本主體性的後者，其運用《易》學元素來建立其思想的部分，主要在於前者。因此以下主要透過《集義和書》來析論有關《周易》的部分。

在該書中，蕃山表現出一些承襲自藤樹之處的思想。他同樣將《周易》與《孝經》並列，說：

> 言近而旨遠，乃善言者，《孝經》類也。《易》依天地而發明道德，故其語勢幽遠。《孝經》依於人倫而傳授道德，故其語勢親切。是故常讀《易》者，近取諸身而親切受用，不致成幽遠

之事；常學《孝經》者，其詞近而不失幽深玄遠之旨，「致中
和，天地位焉，萬物育焉」之極功，神聖之能事，乃在於此。
讀《孝經》不可停滯於字句上，雖有需留心之所，大抵有其樣
貌。《易》自然有其大意，然字句中有無窮道理。畢竟《易》
須近看，《孝經》須高看。何故？《易》乃天道，近合人道；
《孝經》乃人道，遠合天道。程子云：「《易》因爻象論變化，
因變化論神，因神論人，因人論德行。大體通論《易》道，而
終於默而成之，不言而信，存乎德行。」是故《易》畢竟歸於
成人之德行，人之德行莫大於孝。[161]

蕃山認為，讀《周易》時須從艱澀詞句中看出與人倫日用呼應之處，讀
《孝經》則須在淺近文字中看出高遠的道理。二書實互相搭配，皆為成
德之教的核心，這也可以說是蕃山理想中的讀《易》之法。總而言之，
可以從這段話中看出《周易》在蕃山思想中，具有極重要的地位，所謂
「依天地而發明道德」，代表其承載的是合乎自然規律的道德真理。另
外，蕃山也以「太虛」之概念來結合《周易》中的概念，來談論其道

---

161 熊澤蕃山：《集義和書・卷八・義論之一》，收入後藤陽一（1914-2002）、友枝龍
太郎（1916-1986）校注：《熊澤蕃山》，《日本思想大系》第三十卷（東京：岩波
書店，1971 年），頁 134-135。原文：「言近くして旨遠きものは善言なりとは、
孝經のたぐひなり。易は天地によつて道德を發明し給ふ故に、其語勢幽遠な
り。孝經は人倫にをいて道德を教給ふ故に、其語勢親切なり。爰を以て、よく
易をみる者は、近く身に取て親切に受用し、幽遠の事となさず。よく孝經を学
ぶものは、詞の近きによつて幽深玄遠の旨をうしなはず、中和をいたして天地
位し萬物育するの極功、神聖の能事、ここにある事をしれり。孝經は句ごとに
心をとどむべからず。尤とどむべき所もあれども、先は大抵に見樣あり。易は
勿論大意あれども、句ごとに窮りなき道理あり。畢竟易をば近く見、孝經をば
高く見を習とす。いかんとなれば、易は天道なり、近く人道に合すべし。孝經
は人道なり、遠く天道に合すべし。程子の云く、易は、文象に因つて變化を論
じ、變化に因つて神を論じ、神に因つて人を論じ、人に因つて德行を論ず、大
體、易道を通論して、默してこれを成し、言はずして信あることは、德行に
存すといふに終はる。この故に、易は畢竟人の德行を成に歸するなり。人の德
行は孝より大なるはなし。」

德形上學。他曾說「太虛者理氣爾，更言之則唯一氣，理為氣之德也。
一氣屈伸而為陰陽，陰陽而為八卦，八卦而為六十四。」[162]，使用自太
虛、陰陽兩儀到六十四卦的成卦之序來比擬宇宙生成。他又說：

> 萬物一體者，天地萬物皆生於太虛之一氣，故仁者於一草一
> 木，非當其時，非當其理，則不除……人為天地之德、萬物之
> 靈，有殊優之處……人為小體之天，天為大體之人……天地造
> 化之神理主帥為元、亨、利、貞，於人有仁、義、禮、知。故
> 木神為仁，金神為義，火神為禮，水神為知，天、地、人為三
> 極。其形雖異，其神則一貫周流而無隔。理無大小，故方寸、
> 太虛本同……我心則太虛也，天地四海亦在我心中。[163]

此處以「太虛之一氣」作為萬物之共同來源，「太虛」也同樣可以被理
解為無形之自然全體。人心具有感通、認識萬物之理的能力，因此同時
也是太虛之全體具現。以元亨利貞與仁義禮智相搭配，是朱子學用來說
明天地間生化之理與人世間道德之理一致的方式，在前文已略有觸及。
而以五行與仁義禮智相配，亦出於朱熹之說。他曾說：「氣之精英者為
神。金木水火土非神，所以為金木水火土者是神。在人則為理，所以為
仁義禮智信者是也。」[164] 所謂的「神」，朱熹在此的用法是指決定五行之

---

162 熊澤蕃山：《集義和書‧卷三‧書簡之三》，頁47。原文：「太虛は理氣のみな
　　り、いへばただ一氣なり。理は氣の德なり。一氣屈伸して陰陽となり、陰陽、
　　八卦となり、八卦、六十四となる。」
163 熊澤蕃山：《集義和書‧卷一‧書簡之一》，頁13-14。原文：「萬物一體とは、天
　　地萬物みな太虛の一氣より生じたるものなるゆへに、仁者は、一草一木をも、
　　其時なく其理なくてはきらず候……人は天地の德‧萬物の靈といひて、すぐれ
　　たる所あり……人は小體の天にして、天は大體の人といへり……天地造化の神
　　理主帥を元‧亨‧利‧貞といひ、人に有ては仁、義、禮、知といふ。故に木神
　　は仁なり、金神は義也、火神は禮なり、水神は知なり。天‧地‧人を三極とい
　　ふ。形は異なれども、其神は一貫周流へだてなし。理に大小なきが故に、方
　　寸‧太虛、本より同じ……我心則太虛なり。天地四海も我心中にあり。」
164 黎靖德編：《朱子語類》卷1，頁9。

氣之性質的背後依據，其位階較高，具有無形之作用，而稱作「神」。可以看到蕃山沿用了朱熹這種思想，這也反映了蕃山曾接觸朱子學的那一面。但其直接將五行與「神」字搭配，與朱熹之間即產生差異，顯然更依賴「神」字，也不完全可以用「神妙之作用」來解釋，反而有宗教性的味道，也使得「神理」一詞顯得偏向宗教性。

　　另外，貫串此處的核心思想仍然是「太虛」，他使用此概念來說明人與天之間的連結處，並強調透過心的功能來參贊萬物的想法。另外，太虛之思想亦與神道相連結，蕃山在解釋《孝經》的作品《孝經小解》中，說：「孝為太虛之神道，造化之含德也。於人為萬善之淵泉，百行之源也。故為德之本也。」[165] 這與藤樹思想若合符節，同樣以世界本體之高度來描述「孝」。而「太虛之神道」一詞，更表示蘊涵人格神之存在的神道教思想，是太虛的核心，也呼應了蕃山於《集義和書》與《集義外書》中肯定神道的部分。

　　至於與《易》學相關的表現，蕃山雖無像藤樹一樣以具體的神明之名來描述《周易》，但他亦正視《周易》與神明之間的連結，也就是說他與藤樹皆抱持著宗教性的態度。他曾說：「《易》有無卜之卜、無筮之筮……神明雖不測，然無違於神明、理之事，故於理之必然，則不用卜筮。」[166]《周易》中所出現的「神明」一詞，與其說指的是人格神，不如說是指涉一種靈妙的作用，用來描述察往知來卜筮之功，如「通神明之德」、「幽贊於神明」等皆然。但蕃山所用之「神明」一詞，特別是其「無違於神明」的這種用法，便顯然不能用察往知來之功的這種意思來充分解釋，指的應是超越於人之上的人格神。《周易》本為卜筮之書，用於向神明祈求占問之答案。然若掌握神明的意志本身，也就是天地間

---

165 熊澤蕃山：《孝經小解》，收入早稻田大學編輯部編：《漢籍國字解全書》第一冊（東京：早稻田大學出版部，1910年），頁3。
166 熊澤蕃山：《集義和書・卷十四・義論之七》，頁273。原文：「易に無卜の卜、無筮の筮あり……神明は不測なれども、神明、理にたがふことなし。故に理の必然なる事には卜筮を不用。」

的自然規律，那麼便不須依靠卜筮儀式，亦可達到同樣功效，此謂無卜之卜，無筮之筮。蕃山此處當然也可說是透過《周易》來提倡人掌握理的能動性，但也等於將神明意志作為一種《周易》背後終極的根據，其宗教性態度是很明顯的。[167]

　　接著，來看蕃山自身對於《周易》元素的運用。前面提到，他將《周易》描述為「依天地而發明道德」、「《易》乃天道，近合人道」、「字句中有無窮道理」，也就是說他主張須發掘《周易》中所蘊涵的人世道理。這種想法頗似前一節所提到的朱子學使用《周易》來闡發理氣二元論的第二種模式，具有可與朱子學會通的面向。《集義和書》中第七卷的部分名為〈始物解〉，其內容為闡述《繫辭傳》中觀象制器說的部分。該卷以解釋觀象制器說之涵義為主，並未有獨特創新之處。但此

---

[167] 又例如他說：「吾心之靈明，則造化天地萬物之主宰也，則鬼神施吉凶災祥之精靈也。無天地鬼神之精靈主宰，則亦無吾心之靈明；無吾心之靈明，則亦無天地鬼神之靈所。」見熊澤蕃山：《集義和書・卷十四・義論之七》，頁278。原文：「吾心の靈明、則天地の萬物を造化する主宰也、則鬼神の吉凶災祥をなす精靈也。天地鬼神の精靈主宰なくば、吾心の靈明もなからん。吾心の靈明なくば、天地鬼神の靈所もなからん。」這容易令人想起王陽明說的：「良知是造化的精靈，這些精靈，生天生地，成鬼成帝，皆從此出，真是與物無對。」見王陽明：《傳習錄》，據陳榮捷：《王陽明傳習錄詳註集評》，頁323。兩者語言雖相似，但內涵上有一重大差別：從王陽明曾提出的「巖中花樹喻」可知其認為，世界的面貌對人來說，總是須透過人心認知、開顯來被感知，在這種意義上形成。此處「良知是造化的精靈」，指的是良知作為人心之本質，也是認知並參贊外界的根本途徑；蕃山此處則不是這種類似唯心論（idealism）的想法。他不僅高舉良知，也就是「吾心之靈明」的地位，也強調若無鬼神，則無人心之良知。這當然可以說是因為萬物同出於太虛之一氣，故人心良知與鬼神為一體。但更重要的是從此處看來，在蕃山思想中，談論人心良知時便不能抽離鬼神，前者不能取得獨立且大於後者的位階。所謂的「無吾心之靈明，則亦無天地鬼神之靈所」，在這段論述中，很難理解為人心良知為天地鬼神之根本，充其量只能算是在強調兩者同出於太虛，而能互相感通。在此可以看到，蕃山的宗教性意識實較陽明來得深厚，這與其和藤樹之間的關係不能謂無涉。《集義和書》中已有不少自神道教觀點肯定神明存在的想法，例如其中說：「日本乃神國也。昔雖禮儀未備，而神明之德咸也嚴屬。」見熊澤蕃山：《集義和書・卷二・書簡之二》，頁42。原文：「日本は神國なり。むかし禮儀いまだ備はらざれども、神明の德咸嚴屬なり。」

處最主要的意義在於，蕃山將整卷的篇幅都用於此主題上，就《集義和書》的架構來說無疑顯得較為特殊，這充分顯示蕃山特別重視《繫辭傳》的這個部分。觀象制器說並不合乎歷史事實，僅是用來提高《周易》的地位。但考慮到蕃山認為《周易》已蘊涵自然規律與人事之理的話，就不難明白為何他重視觀象制器的段落，因為這正是其《周易》觀點的具體體現。就《繫辭傳》的說法，抽象的卦畫，係伏羲觀察天地事物，洞見其所依循之規律後，用八卦的形式將之表現出來。八卦相重而為六十四卦，每一卦由上下二卦組成，也就代表兩種事物交互作用的結果。《周易》的六十四卦作為萬物規律的體現，其抽象的形式足以提供啟發，使人們根據其中的萬物規律，發明相應的事物，建立漁業、農業、商業、政治、交通、建築等文明制度。在蕃山看來，無非就是「《易》乃天道，近合人道」的例證，乃至於安排一整卷的篇幅來陳述此部分原典內容。

　　除了人文制度之外，具體的道德情感也是「人道」的一部分。他曾經利用形而上下之概念來陳述道德情感之根源，說：

> 《易》曰「形而上者謂之道，形而下者謂之器」，此語上下之義分明。總言之，有形色者皆器也，故五倫亦器也。父子、君臣、夫婦、兄弟、朋友之交，形而下之器也。父慈子孝而父子親，形而上之道也。故於五倫之交處，行道成德，乃下學上達也。「窮理盡性以至於命」，乃在其中。不以五倫為本，空窮理見性，乃異學之悟。雖高遠然為虛見，故不能入德立業，其所悟者亦非真。不能明人道，故不知造化。不能辨造化之神理，故徒惑於其跡。不能下學而求上達，上達亦不可得。[168]

168　熊澤蕃山：《集義和書・卷四・書簡之四》，頁85。原文：「易に、形より上なる者を道といひ、形より下なる者を器といへり。此語にて上下のこころ分明に候。惣じて形色ある者は皆器也。故に五倫も器なり。父子・君臣・夫婦・兄弟・朋友の交は、形より下なるの器也。父は慈に、子は孝にして、父子親ある

在此，雖然蕃山沒有明確像朱熹一樣設定了兩層存有論，但也同樣透過《繫辭傳》的形而上下概念，來區分人際關係與道德情感二者，指出二者之間的上下位階關係，又引用《說卦傳》「窮理盡性以至於命」一句，說明此區分的必要性。蕃山所要強調的，自然是人倫道德的重要性。《周易》的文句提供一種關於上下位階差異的思考模式，蕃山即據以強調具體之道德情感的超越性地位。這也反映了「《易》乃天道，近合人道」的衡定。另外更重要的是，他認為明白人倫道德，即是掌握萬物造化的規律，這與他所說過的「吾心之靈明，則造化天地萬物之主宰也，則鬼神施吉凶災祥之精靈也」可合而觀之。「神理」一詞，固然可以解釋為「神妙的道理」，但理解為神明造化萬物之道理，當更能切合蕃山的宗教性意識。而神明造化萬物之道理，與具體可見之人倫道德，亦屬於上下位階差異的關係。換言之，蕃山此段所引述的形而上下概念，既表述道德情感與人際關係之間的結構，又更進一步用在神明之造化原理與人倫實踐兩者之上，而以「窮理盡性以至於命」來指涉體察此一上下關係的工夫。這也是蕃山援用《周易》來申述具有宗教性意識的道德思想之表現。

　　而更具體地表現蕃山《易》學與道德思想之關聯者，乃是其談論「心法」的部分，亦可視作蕃山思想的核心之一。「心法」一詞乃宋代儒者借自佛家之語，並指涉心性之學上的內在修養工夫以及思想上的蘊奧之處，且在其後被廣泛運用之。而對於陽明學的「格物致知」心法，他說：

　　學友問：「格物致知之心法，不見於古昔之經，亦不見於孔聖

　　は、形より上なるの道なり。故に五倫の交りにをいて、道を行ひ德をなすは、下學上達なり。理を窮め性を盡し命に至こと、其中にあり。五倫を本とせずして、空に理を窮め性を見るは、異學の悟りといふものなり。高しといへども虛見なるが故に、德に入業を立ることあたはず。其悟と云ものも真ならず。人道を明かにせざるがゆへに造化を不知。造化の神理を辨へざるがゆへに跡のみ見てまどへり。下學せずして上達をもとめ、上達も亦得ざるものなり。」

之語，乃子思所初發明乎？」答：「《易》之六十四卦，無非
應其位而格致之心法。易簡明白，無所不通，其率先揭示者，
乃堯傳於舜之執中心法也。孔子傳顏子『非禮勿視，非禮勿
聽，非禮勿言，非禮勿動』者，皆格物致知之義也。如曾子
以忠恕貫之，子思又述孔曾相傳之心，而作經一章，曰格物致
知。」[169]

這裡正屬於以經解經的表現。「古昔之經」指的是包括《周易》在內，
形成時間較早的五經，而「格物致知」出於五經以外的《大學》。《大
學》八條目之首的「格物致知」，在朱子學中是具有基礎性的工夫，在
陽明學中則是重要的「為善去惡」心法，而蕃山認為《周易》之義理正
是格物致知之義。《周易》爻位及其相對應的吉凶，乃至當位、承乘比
應、中正等《易》例，在王弼、程頤、朱熹等人的義理解《易》模式
中，正是一種藉由觀察自身處境，體悟與周遭之關係，而能洞見吉凶，
採取相應行動的修身之道，這也成了蕃山眼中的格物致知心法。

　　而所謂「堯傳於舜之執中心法」，係來自於朱熹《中庸章句‧序》
所說的「《中庸》何為而作也？子思子憂道學之失其傳而作也。蓋自上
古聖神繼天立極，而道統之傳有自來矣。其見於經，則『允執厥中』
者，堯之所以授舜也」。[170]「允執厥中」作為朱熹引用《尚書‧大禹謨》
之文句來描述《中庸》義理的心法，其涵義與朱熹建構的從堯至舜的心
法相傳順序，又為蕃山引述之，以切合陽明學脈絡下，「格物致知」一

---

169 熊澤蕃山：《集義和書‧卷八‧義論之一》，頁 139。原文：「學友問。格物致知の
　　心法は、古昔の經にもなく、孔聖の語にも見え侍らず。子思初て發明し給たる
　　か。答云。易の六十四卦、其位に應じて格致の心法あらずと云ことなし。易簡
　　明白にいづれへも通へる樣に、初てかかげ出し給ひしことは、堯の舜に傳給ふ
　　執中の心法也。孔子の顏子に傳給ふ『非禮、視聽言動することなかれ』と、こ
　　れ皆物致知の義なり。曾子の一貫を忠恕とやはらげ給ふごとく、子思、又、
　　孔‧曾の傳の心を述て經一章とし給ふ時、格物致知といへり。」

170 見朱熹：《四書章句集注》，收入《朱子全書修訂本》第六冊，頁 29。

句所被開展的內在心性之面向。顯然他有意透過以經解經的作法，連接《周易》與《大學》，再連至《中庸》，貫串《論語》的相關部分，並賦予其相當於道統的地位。

　　師從佐藤一齋的江戶末期陽明學者山田方谷（1805-1877），在其著作《集義和書類抄》中對這一段文獻評論曰：「此亦為見先生讀書大意之妙用，不可以尋常經生之解論之。然以六十四卦為格致之心法，果合於王子之學乎？讀者不可不究其義。至於執中復禮，則照然明白而不待論。」[171] 方谷對於蕃山結合《大學》格物致知之說與《中庸》、《論語》的作法表示贊成，而對於此與《周易》之間的關係建構則稍有疑慮。王陽明雖然利用「格物致知」一句來闡明其心學思想，然在其中，《周易》並非絕對必要，故方谷不能無所疑。這也顯示出蕃山連結《周易》與格物致知心法的論述，係其個人一家之言，而與前說不同，但這也正是蕃山思想的獨特之處。

　　在這段論述中，可以看到蕃山試圖讓六十四卦系統成為格物致知之心法道統的一部分，這再次說明了他對《周易》的重視程度。此外，在這一連串以經解經作法所形成的道統序列中，《周易》實居於首位，在時間順序上享有優先性，乃心法傳承之始。蕃山此處的以經解經，雖然可以說是讓各經彼此互為主體性，但筆者認為，就心法傳承之始的這個角度來說，更可說是以《周易》作為核心而統貫眾經，而使得真正的主體性落在《周易》上。蕃山透過有關格物致知心法的論述，強調《周易》的地位，使用個人的獨特詮釋來賦予其位於相續道統上的這種性質。另一方面，《周易》也就此成為蕃山有關心法的思想中，不可抽離的核心成分。這無疑揭示了蕃山之學與《周易》之間的緊密關係，既提

171　山田方谷：《集義和書類抄·卷上》，收入山田準編：《山田方谷全集》第二冊（岡山：山田方谷全集刊行會，1951 年），頁 988。原文：「是モ亦先生ノ讀書大意ヲ見ルノ妙用ナリ。尋常經生ノ解ヲ以テ論ズベカラズ。但、六十四卦ヲ格致ノ心法トス。果シテ王子ノ學ニ合スルヤ否ヤ。讀者其義ヲ究メザルベカラズ。執中復禮ニ至リテハ、照然明白論ズルヲ待タズ。」

供了有關《易》學，乃至陽明學中
相關部分的新面向，同時也顯示了
理解蕃山思想時的一條必備途徑。

　　蕃山所談論之心法，除了陽明
學脈絡下的「格物致知」之外，另
有根據其他儒家經典字句來談的系
統。他將自身有關心法的學說以圖
示之，並輔以文字解說，在其中更
可看出《周易》的援用之跡。《集義
和書》第六卷皆為心法相關之圖解，在第一幅圖〈天道〉中，蕃山建立
了關於天道的論述，說：

> □為寂然不動之象也，○為流行活動之象也。□示理，○示
> 氣。太虛者理氣爾，天道至誠無息也，故於中書誠字。誠者天
> 之道，其中有元、亨、利、貞之條理，是謂天之四德……感此
> 元理，木氣流行而萬物生，是為春；感此亨理，火氣流行而萬
> 物長，是為夏；感此利理，金氣流行而萬物收，是為秋；感此
> 貞理，水氣流行而萬物藏，是為冬。土位乎中央，土氣之神為
> 誠，然土用應四季，故書於四隅。相生之序為木、火、土、
> 金、水，火為土之母，土以未申為盛位，是成天地鬼神造化而
> 無盡藏之道理也。[172]

172　熊澤蕃山：《集義和書・卷六・心法圖解》，頁 101-102。原文：「□ハ寂然不動ノ
　　象也。○ハ流行活動ノ象也。□ハ理ヲ圖シ、○ハ氣ヲ圖ス。太虛ハ理氣ノミ。
　　天道ハ至誠無息也。故ニ誠字ヲ中ニ書ス。誠ハ天之道ナレバ也。其中ヲノヅカ
　　ラ元・亨・利・貞ノ條理アリ、是ヲ天ノ四德ト云……元理感ジ木氣流行シテ萬
　　物生ズルヲ春トス。亨理感ジ火氣流行シテ萬物長ズルヲ夏トス。利理感ジ金氣
　　流行シテ萬物收マルヲ秋トス。貞理感ジ水氣流行シテ萬物藏ルヲ冬トス。土ハ
　　中央ニ位ス。土氣ノ神ヲ誠トス。シカレドモ、土用ハ四季ニ應ズルガ故ニ四隅
　　ニ書ス。相生ズルノ序ハ木・火・土・金・水ナリ。火ハ土ノ母ナレバ、土ハ未
　　申ヲ盛位トス。是天地鬼神ノ造化ヲナシテ無盡藏ナル道理ナリ。」

這幅圖所蘊涵之思想立場，大致近於朱子學。蕃山取《中庸》突出
「誠」之概念的段落，援用之以代表世界創生之終極原動力。接著第
二層為元、亨、利、貞四德，即脫胎於朱熹對乾卦卦辭的詮釋。《文言
傳》率先以所謂的四德來將乾卦卦辭四字分別斷開並賦予道德涵義，然
其屬於人事德行層面之論述。到了朱熹手上則提升到天地創生萬物之德
行的層次，蕃山所依循者即為此。在元亨利貞之後，該圖以方圓來區分
理氣，分別以「寂然不動」和「流行活動」形容之，代表理氣各自的性
質。在此蕃山並未對「理」之概念多所著墨，只能推測其是在字面上沿
襲朱熹之說，本質上則不著重在理氣之分，而是在理氣共同構成世界之
整體。[173] 屬於理的誠以及元亨利貞，可理解為無形之創生動力；屬於氣
的四季五行，則可理解為有形之世界元素。而將元亨利貞與四季五行搭
配之說，同樣來自朱熹。[174] 前面提到，蕃山曾經說過「天地造化之神理
主帥為元、亨、利、貞」，也可與此圖互相搭配。

　　總而言之，從這幅〈天道〉圖中，可以看到蕃山大抵依循朱熹
《易》學的元素。雖然在理氣論觀點上並未一致，但以元亨利貞為核
心，再搭配四季五行的作法，也顯示蕃山對此結構的認同，而以之為自
身學說的重要內容。這種搭配的思想自然沒有嚴謹的經驗根據，不免帶

---

173 考慮到上文提到蕃山所說的「太虛者理氣爾，更言之則唯一氣，理為氣之德也」，
則並不能說其全盤接受了傳統朱子學的形上學論點，後世亦無人視之以朱子學
者。

174 元亨利貞與四季和仁義禮智相配之說，可見《周易本義》。關於五行，朱熹曾說：
「太極、陰陽、五行，只將元亨利貞看甚好。太極是元亨利貞都在上面；陰陽
是利貞是陰，元亨是陽；五行是元是木，亨是火，利是金，貞是水。」見黎靖
德編：《朱子語類》卷94，頁2378。以土分配四季之間，乃源於漢代的土旺四季
說。朱熹亦繼承之，說：「金木水火分屬春夏秋冬，土則寄旺四季。如春屬木，
而清明後十二日即是土寄旺之時。每季寄旺十八日，共七十二日。唯夏季十八日
土氣為最旺，故能生秋金也。以圖象考之，木生火、金生水之類，各有小畫相牽
連；而火生土，土生金，獨穿乎土之內，餘則從旁而過，為可見矣。」見黎靖德
編：《朱子語類》卷94，頁2368。未申之方位，正當南與西之間，於時則配屬夏
季十八日。蕃山所謂「土以未申為盛位」，即為此意。

有神秘成分。其用意當在於建立一個有機聯繫的世界觀，以追求其系統化。朱熹將元亨利貞之道德詮釋從原本《文言傳》的人事德行之層次提升到天道創生之層次，成為天道與人事之聯結系統的中心，也是「理一分殊」結構的體現。蕃山的〈天道〉圖，雖然談不上具有朱子學的理一分殊概念，但確實含有這種透過元亨利貞卦辭所建構的天道與人事之間的聯結系統。

而蕃山利用《周易》資源所作之圖中，還有另一幅〈心法〉圖十分特殊。其解說云：

> 心法之圖，□內書一「中」字者，中為天下之大本也。其上書「無形、無色、無聲、無臭」者，未發之本然也。靜虛、無欲者，中之德也。「寂然不動感而」者，中之神理也，故皆書於□之內。「神明」書於□○之間者，知為心之神明也，雖本為寂然不動之理，然於五德之中最先感也，掌天下之萬事而無所不照也。動而無徵，有無之間故也。於無聲無臭之本然，無可下手之處。聖人設教，學者好問學，而窮理入門之德也。故心之神明書於□○之間，以慎獨為心法之要。○之內書「和」字及「動直」、「無為」、「遂通天下之故」者，發而中節之義也。寂然不動感而之本立，遂通天下之故也。靜虛故動直，無欲故無為。無為者非不為任何事，無人欲之私，循此天理，不得已而應之時，即便行事終日，仍屬無為也。縱同一文字，利貞之「利」與利欲之「利」，有如黑白。此天德利物，故道也；凡人利己，故欲也。夏禹當洪水之時，在外八年，三過家門而不入，亦無為之至也。○之下，書「視善、聽善、言善、行善」者，人，動物也，以行為性之義也，不為善則德不積。善者非刻意為之，遊於六藝亦善也，為今日所正當為之事，皆善

也。[175]

可以看到這裡的核心觀念也是來自
《中庸》和《周易》，包括「喜怒哀樂之未
發謂之中，發而皆中節謂之和」、「君子慎
其獨」以及「寂然不動，感而遂通天下之
故」等句。方圓二部分之分，以及對應的
文字，可以看出大致上是依循朱子學透過
《中庸》的「中和」概念而建立的性體與
情感之架構。性體為未發之本然，稱之為
「中」，情感發而中節，能符合善之規範，
稱之為「和」。以「寂然不動，感而遂通天
下之故」一句來描述性情之分，亦為程朱

---

[175] 熊澤蕃山：《集義和書・卷六・心法圖解》，頁 106-107。原文：「心法ノ圖ニ、
□ノ內ニ中字ヲ書スルモノハ、中ハ天下ノ大本ナレバナリ。上ニ無形・無色・
無聲・無臭ヲ書スルモノハ、未發ノ本然ヲ云ナリ。靜虛・無欲ハ、中ノ德ナ
リ。寂然不動ニシテ感ズルモノハ、中ノ神理ナリ。故ニ皆□ノ內ニ書ス。神明
ヲ□○ノ間ニ書スルモノハ、知ハ心ノ神明ナリ。モト寂然不動ノ理ナリトイヘ
ドモ、五德ノ中ニ先感ズルモノナリ。天下ノ萬事ヲツカサドリテ、照サズト云
事ナシ。動テアラハレズ、有無ノ間ナルガ故ナリ。無聲・無臭ノ本然ニヲイテ
ハ手ヲ下スベキ樣ナシ。聖人ノ、教ヲマウケタマヒ、學者ノ、問學ヲ好デ理
ヲ窮メ德ニ入ノ門ナリ。故ニ心ノ神明ヲ□○之間ニ書シ、慎獨ヲ以テ心法ノ要
トス。○ノ內ニ、和字及ビ動直・無為・遂通天下ノ故ヲ書スルモノハ、發シテ
節ニアタルノ義ナリ。寂然不動、感ズルノ本立テ、遂通天下ノ故也。靜虛ナル
ガ故ニ動直ナリ。無欲ナルガ故ニ無為ナリ。無為ト云テ、何事ヲモナサザルニ
ハアラズ。人欲ノ私ナク、天理ニシタガッテ不得已シテ應ズル時ハ、終日為コ
トアリテモ無為ナリ。同ジ文字ニテモ、利貞ノ利ト利欲ノ利ト、黑白ノカハリ
アルガ如シ。天德ニアリテハ、物ヲ利スル故ニ道ナリ。凡人ハ、己ヲ利スル故
ニ欲ナリ。夏ノ禹ノ、洪水ノ時ニアタッテ、外ニ八年、三度其門ヲスギテ入タ
マハザルモ、無為ノ至ナリ。○ノ下ニ、視善・聽善・言善・行善ヲ書スルモノ
ハ、人ハ動物ナリ。行ヲ以テ性トスルノ義ナリ。善ヲナサザレバ德ヲ積コトナ
シ。善と云て事を作為するにはあらず。六藝ニアソブモ善ヲスルナリ。今日マ
サニナルベキ事ヲスルハミナ善ナリ。」

以下援用之以建立性情體用思想的作法，從中可以再次看到蕃山採用這套架構的表現，但值得注意的是他將此句斷為「寂然不動感而，遂通天下之故」。這種斷句方式就漢語語法而言無法成立，中國《易》學者歷來無此解讀，於日本也是絕無僅有。在日本當時已能接觸到眾多《周易》訓點本的情況下，只能認為，這絕非蕃山個人的誤讀，而是有意為之的結果。

　　「性」作為「理」在心中的顯現，被形容為寂然不動之理。五德指仁義禮智信，在上文曾提到朱熹以此五德為理，蕃山即沿用之。就中，蕃山特別重視知（與「智」字通），認為其代表一切德行的起點。知即為認知事物，也就是感知外在對象，故稱為「掌天下之萬事而無所不照」。德行反映的是自我主體與外在對象之間的正當關係，其成立必然蘊涵對自我以外事物之感知，故蕃山的這種想法確實有其道理。於是乎他將「感」作為關鍵字，劃為性體中不可分割的一部分。如果是以「寂然不動」屬於性，「感而遂通」屬於情，那麼等於是將「感」劃歸為有形的情感活動，與無形之性體有別。若是在朱子學脈絡下，相關論述自然會嚴分理氣，也隨之嚴分性情，理與性的靜態義、不動義自然會被強調，以確保其恆常性，而以「寂然不動」一句來表示。在蕃山眼中，寂然不動之性，不可能不蘊涵感知外物的功能，才能作為發用的起點。五德中的「知」，在朱子學中是靜態的，在蕃山思想中則是動態的。因此蕃山打破《繫辭傳》原句的架構，重新組合為「寂然不動感而」，將剩下來的「遂通天下之故」歸於情之發用，不顧與原典語脈和語法之間的牴觸，而突出「感」的地位，此實為該〈心法〉圖中的一大關鍵。這樣子的心性論思路，當然與朱子學不同。這種強調內在心性之能動性的想法，反倒近似於陽明學的良知呈現，也顯示了蕃山所具有的陽明學色彩。

　　方圓交會處的「神明」和「慎獨」代表心體，頗有朱子學脈絡下心統性情之意味。《大學》與《中庸》的「慎獨」原本即是在表達對於內心無時不刻進行的戒慎工夫，蕃山亦視為「心法之要」。心之「神明」，

可理解為神妙之作用，書於正中央代表心體。牛尾春夫在分析蕃山此〈心法〉圖時，也提到了此處以「感」作為體用之別中「體」的一部分，也以良知的概念來說明。而對於「神明」，則專就心中內在之功能來談。[176] 然筆者認為，正如前文所述及的，蕃山思想中的「神明」，不完全可用靈妙作用便能充分解釋，其中實帶有宗教性意識，這種宗教意識是他的心學論述之重要部分。而神明的存在遍布於世界，也就是太虛中，涵蓋人之內心與外在環境，這也是事物、人我彼此感通，共同屬於一個具有內在聯繫的有機系統的基礎。良知的發用呈現，就是神明造化萬物的體現，蕃山所說的「無天地鬼神之精靈主宰，則亦無吾心之靈明」一句，正可以此來理解。

於是乎可以說，在蕃山思想中，基於宗教意識，肯定神明作為萬物存在的依據，並以之作為內在的性體，或是說心中的靈明、良知的顯現。同時又因為自身與外界同出於太虛之一氣，也就是神明的造化，故能彼此感通。內心所具有的感知之作用，也就是靈妙作用義的「神明」一詞，在這種宗教意識中，其來源有所交代，相對的也正因為與太虛之神道有密切的關聯，故成為蕃山論心性時不可忽視的面向。此〈心法〉圖，實可謂蕃山道德論述中的一個綱領。而其結構正可理解為：以具有宗教意識的神祕性道德論為核心，進而強調心之感通功能，因而利用打破《繫辭傳》原文結構的作法來建立相關詮釋。這正是蕃山利用《易》學資源來結合其神祕性道德論的表現。

本節探討了藤樹與蕃山兩位江戶時代的儒者，說明了其對《周易》之重視，以及援用《易》學資源入其思想體系的表現。此二人為江戶時代陽明學者中最具代表性的人物，也都對神道有高度的推崇之情。他們的宗教性意識促成一種含有神祕性的道德論述，而在援用《易》學的過程中展現出相應的方向，或將《周易》視作神明之體現，或以其中字句

---

176 見牛尾春夫：〈知の性格について─蕃山学の場合─〉，《広島大学教育学部紀要》第二部第二十三期（1974年12月），頁13-23。

來肯定神明之地位。他們也同樣重視《孝經》，但在與《周易》相比較時，後者對其而言，更具有深遠而具超越性的地位，與前者的平易親切正相對。《周易》本有的神祕性成分，在他們手上被加以利用，而又成為鞏固其神道思想的重要材料。從中正可以看到《周易》所開展出的，具有日本本土特色的詮釋。

第三節　皆川淇園獨樹一幟的「開物學」

　　《繫辭傳》言：「子曰：『夫《易》何為者也？夫《易》開物成務，冒天下之道，如斯而已者也。』是故聖人以通天下之志，以定天下之業，以斷天下之疑。」「開物」一詞，孔穎達《正義》解釋為「開通萬物之志」，此解釋脫胎於《繫辭傳》贊《易》時所說的「唯深也，故能通天下之志」，意指承載著天地規律的《周易》，能解人疑惑，促成事態正向發展，使各種事物發揮其功用，達成整體的穩定與和諧。朱熹《周易本義》解釋此段曰：「開物成務，謂使人卜筮以知吉凶，而成事業。」此大致也就《周易》本身之功能而論。這是中國對於「開物」的主要解釋。

　　在上一章提到皆川淇園利用《周易》來建立自身專門的學問「開物學」，此未見於中日其他儒者之手，可謂日本《易》學史上獨樹一幟的思想。雖然並未對後世產生影響，但在探討江戶時代儒者吸收《周易》資源以融入自身學說的情形時，淇園這種獨特的開物學絕對是具有十足代表性的範例。本節擬專就淇園開物學之內容進行析論。歷來對於淇園的研究中，專以開物學為主的論著較少。[177] 這些論著探討了開物學的架構本身，但彼此互有出入，原因在於各學者雖談到了開物學的內容，卻

---

177 筆者管見所及，有濱田秀：〈皆川淇園論──「九疇」概念を中心に──〉、佐田智明：〈皆川淇園の九籌說について〉、佐田智明：〈皆川淇園の語分析の方法──「易學開物」を中心に──〉、野口武彥：〈開物と声象──皆川淇園の「怪物学」解読のこころみ──〉、肱岡泰典：〈皆川淇園の開物学〉。

未必窮盡了開物學架構中所有的重要元素，難免會讓我們在觀察開物學實際應用情形時產生未能完全理解的空間。另外，目前的先行研究仍是以介紹為主，至於對開物學整體的評論工作，在這些論著中的分量相對而言並不多。因此，雖然已有前人的研究基礎存在，但確實還有進一步探討的空間。而由於淇園開物學的相關著作並未大量流通，限制了能見度，加之以開物學本身的晦澀難明，種種因素皆使得相關研究數量極為有限。因此筆者擬在此針對淇園開物學之架構及應用，作一較全面的觀察，並探討其理論系統之性質優劣。

一、「開物學」的原理與架構

所謂「開物學」之名的由來，並非簡單指出其來自《繫辭傳》即可，重點在於「開物」一詞對淇園的意義。上一章也提到，淇園曾說「且學之重名物也尚矣。名者字也，物者字義也」、「名，字也；名物，字義也。蓋字生於名，名出於聲，是故字義之所成其實，是曰物」，將「物」理解為「字義」，則「開物」指的是便是探究字義，更進一步說，指的是探究字義的產生源由與規則。這自然無關乎透過卜筮以促成事態正向發展、讓事物發揮其功用的原義，而是著眼於人們思考、交談等活動所賴以順利進行的字詞、概念之「意義」，較《繫辭傳》原文中的「物」更加抽象與根本。如果說《繫辭傳》原文中的「開物」針對的是人依循卜筮而妥善應對事物的「行動」，那麼淇園開物學的「開物」則是將重點放在人對於意義的「認知」上，此乃包括言語在內一切行動的基礎。雖然以行動為主的「開物」解釋，不可能不涉及認知，「知吉凶」這件事本身即關係到對外在事物的理解。但這種意義下的認知，是將事物放到一個更大的情境脈絡中來掌握，此外也不會關注人們得到「知」的過程，與淇園的開物學有本質上的差異。淇園此思想一言以蔽之，便是透過《周易》的架構，提煉己說，探討人們的「認知」與意義之形成。

上一章談到淇園於《周易繹解》中解釋「開物成務」時，表達了開物學的基本想法，也就是事物之概念與表達該事物的言語音聲具有緊密相連的關係。在解釋《文言傳》「同聲相應，同氣相求」時，也認為具有認知功能的人心，在接觸到事物時，即會在心中形成一種指涉該事物的心象，以及該事物的意義內容。人們根據心中所感知到的意義內容，以言語音聲將之表達出來。根據所說出口的語言，即可正確地認知到事物概念之意義。他在《易學開物》中說：

> 夫上古草昧之世，民俗愨實，而中含至精，其相通情也。文書未作，一藉聲氣。聲氣之用，蓋各象其物類。蓋凡民之有言者，皆言乎物者也。物必有其象也者，立乎民心所像者也。類之以聲氣，則其象得寫。其象得寫，然後其物可得喻焉矣……文王就其道演之，以作六十四卦。[178]

淇園認為在文字產生之前，人們賴以溝通的語言，正關乎其所表達的事物。而言語音聲與事物意義之間的對應關係，是有一定規律的，這種規律即體現在《周易》的卦爻系統中，此為開物學之核心思想。因此，開物學可以說是一門結合《周易》與聲韻訓詁之學的獨特學問。必須要注意的是，在淇園的開物學中，《周易》乃是專門揭示音聲與名物對應關係的符號系統，與卜筮、儒家義理經典等往昔中日儒者所接受的定位皆無關。他在《名疇》中說：

> 雖然夫形氣之合者，固法天地而成焉，而民不自知其所以然者也，唯聖人識天地而知之別，象其文理作八卦，以通神明之德，以類萬物之情，用以開名物。於是名物之義大晰，而民之性情皆統于己……自《易》學失傳，後世獨以為卜筮之書，而開物之道湮晦不見。[179]

---

178 皆川淇園：《易學開物・總敘》。
179 皆川淇園：《名疇》(京都：京都書肆，1788 年)，頁 1-2。

故淇園在此並不關心以往對於《周易》成立之緣由的通說,而逕將其撰
作旨趣歸為文王為闡發開物之學而作。對其而言,這就是《周易》最根
本的道理所在,其成立猶在卜筮之前。

　　淇園之開物學,以聲韻為主要探究對象,因此研究時勢必牽涉到其
所採用之聲韻系統。上一章談論《周易繹解》以聲韻入《易》的詮釋作
法時,曾提到淇園對《文言傳》「雲從龍,風從虎」一句的解釋。其對
於雲、龍、風、虎四字的聲韻分析,可以從《廣韻》和《韻鏡》代表的
六朝至唐宋的中古音系統來理解。另外,淇園也在《易學開物》中自述
其所採用之資料:

> 是以竊自執所得,以作開物音記,因聲設畫,而緣畫觀其物
> 義焉。夫諸名物聲音,於《易》之開物尤為至重,於是據宋
> 鄭樵《七音略》,以訂聲音,以其圖專本唐音,而唐音近古故
> 也。[180]

鄭樵(1104-1162)的《七音略》見諸其《通志》,是現今所存較早的等
韻圖之一,與《韻鏡》雖互有出入,但大致上可說系出同源,同樣反映
中古音的系統。[181] 淇園除了採用中古音系統下對字音的規定,也依循了
相關的開合、韻等、清濁等分類的架構。除了《七音略》之外,也大量
仰賴《韻鏡》之名詞。

　　以等韻圖為骨幹的中古音系統,橫列將聲母依發音部位分為唇、
舌、牙、齒、喉、半舌、半齒七種,謂之七音。七音內隨著送氣與否之
別,又有清音、次清音、濁音、清濁音之分。縱列則配以韻母,依聲調
分為四大列。而韻母本身隨著開口程度,又分為四等,以及伴隨著的內

---

180 同上註。
181 陳新雄(1935-2012)曾指出,《韻鏡》與《七音略》同出一源,編排方式相近,
　　在內容上則有轉次不同、內外開合(《七音略》不言開合而言輕重)安排不同、等
　　列不同、聲類標目不同等等之處。彼此各有是非,未可單以一方為準。詳見陳新
　　雄:《等韻述要》(臺北:藝文印書館,1974 年),頁 27-34。

外開合之別。依此六個要素，構成表格式的等韻圖表音方法。以上是
《韻鏡》所用之名詞，而《七音略》所用之稱呼雖有不同，但實質上是
完全可以對應的。對於這套系統，淇園則說：

今世人唯知名之聲有六物，而不能知其增為七之可以為開其物
之用也。六物者何？曰韻、曰內外開合、曰七音、曰四聲、曰
四等、曰清濁即是也。古聖人用《易》以開名物實，亦皆用此
六物，且別又多一物。然而七物之名，後世或存或亡，今因興
存補亡，以明古《易》開物之所用焉。其物七，一曰部，今所
謂韻之屬也，古謂之均……一（按：疑當作「二」）曰勢，今
所謂內外開合……古者開稱闢，合稱闔，外開內合曰來，內開
外合曰往，往來乃以其勢言者也，故今立名曰勢。三曰蓍列，
今所謂七音……蓋《易》蓍策數之所本生者，而有蓍列，故曰
蓍列……四曰開標，今所謂四聲……此於名物，先開其義之大
標者也，故今立名曰開標。五曰喻實，今所謂四等。此於名
物，喻實其義之詳實者也，故今立名曰喻實。古者四聲四等，
俱曰法、器、象、神……六曰終，今所謂清濁，其類四：清曰
爻，次清曰等，濁曰物，清濁曰文，今立總名曰四終。爻、
等、物、文者，古《易》所用之名也。以上六物，古《易》所
用。別又多一物者何？遠近之數是也。蓋開物之法，審其所欲
開名之聲物，而先用其部立之，以為其名物大義之所在。次用
其勢乘之，次用四終乘之勢，為名物彼我往者（按：此「者」
疑為衍文）來之情，終為其情相會交際深淺之分。次用其蓍列
所當者，以與前三者相乘，是為其名物彼我動靜之情狀……以
勢乘蓍列，則其變或與靜相依，通或與動相依……此乃所謂遠
近之數者也。次用開標，以開其物所為要之大標。次用喻實，
以盡其情偽之詳實。次用終，以盡其神。此開物之法之大署

也。[182]

　　筆者之所以耗費篇幅引用淇園此說，實因此處陳述了開物學結構大要之故。淇園將構成聲韻的六個要素，再加上一個「遠近之數」，以之為表達事物意義的「七物」。所謂的表達事物意義，以上述引文來說，即是區分「彼我往來之情」、「其情相會交際深淺之分」、「彼我動靜之情狀」。這指的是分辨語言所指涉的對象具有何種性質。對於該對象性質之認知，即構成主體心中對象所擁有的意義。淇園認為這些性質繫乎聲韻的七個要素，但他不只是新增一個「遠近之數」，還另立新名來稱呼傳統的六要素，甚至說此新名才是真正的古名。然而這些所謂的古名，其實並沒有歷史考證上的根據，而多是淇園拆解《周易》字句，或是純粹自鑄偉詞而成，這也是他拋棄《周易》傳統定位而另賦新解的表現。其中除了較明顯的「蓍列」之外，被淇園用來稱呼聲調與韻等的「法、器、象、神」，實來自於《繫辭傳》讚揚《易》道時所說的「見乃謂之象，形乃謂之器，制而用之謂之法，利用出入，民咸用之謂之神」；用來稱呼清濁音的「爻、等、物、文」，同樣來自《繫辭傳》的「道有變動，故曰爻。爻有等，故曰物。物相雜，故曰文。文不當，故吉凶生焉」。表示開口程度的「開合」被淇園以「闢闔」稱之，此引用自《繫辭傳》「闔戶之謂坤，闢戶之謂乾」。這種種例子一方面顯示了淇園開物學與《周易》之間的密切關聯，一方面也使《周易》經歷了一種徹底的質變過程。以下循著淇園在此所說的「審其所欲開名之聲物」之作法，探討其結構及運用，最後再加以評論。

　　所謂的七部，乃宮、商、角、徵、羽、變宮、變徵，本為中國音階之名，淇園則以之為韻部之分。現將七部所對應的中古音韻部表列如下：[183]

182　皆川淇園：《易學開物・開物總論》。
183　據皆川淇園：《易學開物・七部貴賤》內容整理而成。

	宮（反喉入鼻之音）	商（以舌抵上齶之音）	角（紬舌居中之音）	徵（衝唇接齒之音）	羽（闔唇之音）	變宮（鼻之音）	變徵（懸舌響齶之音）
平	東冬江	真文元寒刪先	蕭肴豪尤	支微齊佳灰	侵覃鹽咸	陽庚青蒸	魚虞歌麻
上	董腫講	軫吻阮旱潸銑	篠巧皓有	紙尾薺蟹賄	寢感琰豏	養梗迥拯	語麌哿馬
去	送宋絳	震問願諫霰	嘯效號有	寘未霽泰卦隊	沁勘豔陷	漾敬徑	御遇箇禡
入	屋沃覺	質物月曷黠屑			緝合葉洽	藥陌錫職	

鄭樵在《七音略》中，也使用宮、商、角、徵、羽、變宮、變徵之名，但其所指稱者為聲母，與淇園用以指稱韻母的作法不同。關於以此七部為韻部之名的緣由，淇園說：「余自少時，讀清朝先儒毛奇齡所著《古今通韻》，辨七均之說，乃大得有所發云。」[184] 據其所言，乃自毛奇齡處得到啟發。然此不無可疑之處：一、《古今通韻》中並無「七均」一詞；二、毛奇齡將韻分為五部而非七部。若將淇園所言之宮部與變宮合併、角部與變徵合併，乃為毛說之五部。《古今通韻》中也使用五音之名，例如在談論第一部時說：「東、冬、江、陽、庚、青、蒸七韻相通，此是一部，按之五音為宮聲，為反喉入鼻之音。」[185] 然其在書中只使用宮、商、角、徵、羽五音，而無變宮變徵，這自然是因為其主要架構為五部的緣故，而以五音配五部的作法，在《古今通韻》中更絕非關鍵。因此關於淇園的七部之說，並不能說與毛奇齡有多大關係，毋寧說是淇園個人的獨創。韻部之中有有無入聲字之別。以七部架構而言，

184　皆川淇園：《易原》，序頁 2。
185　毛奇齡：《古今通韻》，收入《景印文淵閣四庫全書》，第 242 冊，頁 9。

宮、商、羽、變宮有入聲字，其餘則無。淇園稱無入聲字者為「貴」，
有入聲字者為「賤」，於《易學開物》中合稱為「七部貴賤」。《繫辭
傳》言「三多凶，五多功，貴賤之等也」、「天尊地卑，乾坤定矣。卑高
以陳，貴賤位矣」、「列貴賤者存乎位」，貴賤位階之別在此本為重要概
念，作為一套運用於有機體世界觀中的分類方式，用以解釋爻位內涵。
當然，淇園在此不過是拆解《周易》元素而挪作開物學中的聲韻概念而
已。

　　內外開合為《韻鏡》分判各韻性質的方式，與韻等，也就是韻母的
開口大小程度和發音部位前後密切相關。開與合即為粗略地二分開口大
小程度，以現代語言學角度來說，可用有無〔i〕介音來定義；《韻鏡》
共四十三轉，有內轉與外轉之別，此內與外表示有無純二等韻的差異。
蓋《韻鏡》有所謂「真二等」「假二等」現象，若該轉為內轉，則其上
之二等字非真屬該韻，而是莊系之三等字因韻圖空間不夠，寫於齒音二
等字的位置，乃「假二等」；反之則為外轉，表示其上之二等字為「真
二等」。關於此內外轉之定義，未見淇園詳論，其重點在於開合。他
說：

> 四十三轉各有其內外闢闔，錯綜不同，而後各轉始見其不得不
> 分異。如今《韻鏡》止有內外闢闔四變，則古韻七部不堪其重
> 複，此可以益驗古必有闢闔、闔闢之聲矣。[186]

除了開與合之外，他認為應當還存在「開合」、「合開」兩種音，如此一
來與內外相搭配，共有八種可能。此固然更趨精細，但所謂的「不堪其
重複」，並未詳細說明，且其所言之古韻七部，本就出自其套用中古音
之框架的想像爾，缺乏實際針對上古音的堅實考證，故有關「開合」、
「合開」的說法，也只能停留在為了開物學架構而強為之說的層次。
　　與內外開合密切相關的四等概念，被淇園依發音位置而稱為開、

186　皆川淇園：《易學開物・訂正韻鏡說》。

發、收、閉，另外又以法、器、象、神稱之，而與平、上、去、入四聲調的概念相混。淇園認為，古代言語音聲中，即已存在四等與四聲之分，《繫辭傳》所言見之、形之、制而用之、利用出入，民咸用之者即為四等與四聲。而一、二、三、四等分別為法、器、象、神，但平、上、去、入則倒過來，分別為神、象、器、法。何以四聲與四等皆同稱？淇園這樣解釋：

> 四聲其別在喉，藉氣以成其響，乃因氣感者也。四等在口，藉形以成其分，乃因形感者也。所感者不離夫天地與神，是以雖氣形不同，而其所為四者則一也。[187]

淇園精確地描述了聲調與韻等所形成的位置，並同樣歸諸於「感」，也就是心中的認知。天地與神，泛指一切被認知的事物以及內心的感知功能。其在心中形成心象，而被透過聲氣口形表達出來。四聲與四等，也就是淇園所謂的「開標」和「喻實」，乃決定音聲之關鍵，又同樣繫乎心中之感知，故淇園皆以法、器、象、神稱之，也以此來理解《繫辭傳》。

　　被稱為「菁列」的聲母，在《韻鏡》系統中分為七種。上一章在論及《周易繹解》以聲韻入《易》之作法時，提到淇園將聲母之發音方式分為八種，與《韻鏡》之七音不同，分別是格—齶聲、循—細齒聲、作—正齒聲、體—舌聲、會—淺喉聲、掉—唇聲、于—深喉聲、裏—舌齒聲。淇園說：「其所應時，相為比耦之，八卦與之相配，而以數之，而以為其為道之始而已。」[188]可知淇園之所以立此八音，而非依循《韻鏡》傳統之七音，乃是認為此可配合八卦之數。聲母之下有清濁，《韻鏡》系統中，唇、舌、牙各四種聲，其清濁順序分別為清音、次清音、濁音、清濁音。齒音有五種聲，分別為清音、次清音、濁音、清音、濁

---

187 皆川淇園：《易學開物・法器象神說》。
188 皆川淇園：《易學開物・菁列說》。

音。喉音亦四種聲，前兩者為清音，後兩者為濁音與清濁音。半舌與半齒則皆為清濁音。淇園藉由《文言傳》「雲從龍，風從虎」一句而肯定古即有清濁音之分，並從《繫辭傳》摘出爻、等、物、文四字稱之。至此，《韻鏡》的要素大抵皆為淇園所利用，但他更改了原本的名稱，也將橫列的七音改為八音，打破原本的脣、舌、牙、齒、喉架構。那麼清濁音，也就是爻、等、物、文之別，勢必要重新安排。淇園將之表列如下：[189]

循	裏	于	會		于	循		作			格			體			揵						
文	文	文	物	爻	爻	物	爻	物	等	爻	文	物	爻	文	物	等	爻	文	物	等	爻		
																						法	神
																						器	
																						象	
																						神	
																						法	象
																						器	
																						象	
																						神	
																						法	器
																						器	
																						象	
																						神	
																						法	法
																						器	
																						象	
																						神	

此即為淇園依照《韻鏡》原本的圖表架構，再填入自身另立之新說而成。他說：

189　皆川淇園：《易學開物・等子按位改目說》。

等子者，今世所有韻圖是也。欲以音記開物者，必查其名所當
於韻圖。而韻圖所分其別之目，皆與開物所用異，則其查求之
間，或易致混錯。今因據等子之圖，改書《易》所用之目，以
示其當。等子四十三轉，皆準此以求之可也。[190]

如此一來，淇園不只是從《周易》中取字來為聲韻要素另立新名，更強
調此方為正統之古名。作此新韻圖，無非是要將原本韻圖的要素涵攝於
《周易》中，確立《周易》在開物學中的地位。

　至於淇園新加入的「遠近之數」要素，其內容雖同樣取自聲韻學與
《周易》，但並沒有語言學上的嚴謹根據，純粹是淇園自身建構的連貫
性體系。第三章提到淇園設定的八音，是有固定順序的。格、循、作、
體、會、捭、于、裏依照順序，再以奇偶數序列分之，可分為格、作、
會、于和循、體、捭、裏兩組。外轉合、外轉開、內轉合、內轉開均有
此兩組聲母。而內外開合的四種情形，都各自有「上下」和「動靜」，
彼此相對。其相配方式為：循、體、捭、裏這一組發音部位較淺，乃上
動下靜；格、作、會、于這一組發音部位較深，乃上靜下動。另外還有
「變通」的要素。《繫辭傳》云「夫乾，其靜也專，其動也直，是以大
生焉。夫坤，其靜也翕，其動也闢，是以廣生焉。廣大配天地，變通變
四時，陰陽之義配日月，易簡之善配至德」，「動靜」與「變通」同樣為
淇園自《周易》此處摘出之詞。淇園論其搭配方式曰：「內轉開則命下
為變，而上為通；合則命下為通，而上為變。外轉開則命上為變，而下
為通；合則命上為通，而下為變。而變與動合，通與靜合者為近數；變
與靜合，通與動合者為遠數。」[191] 如此則可表列如下：[192]

190　同上註。
191　皆川淇園：《易原》，頁9。
192　整理自皆川淇園：《易原‧內外開合因生遠近數圖》，頁8。

內轉合			內轉開			外轉合			外轉開		
靜	動	通	靜	動	變	靜	動	通	靜	動	變
動	靜	變	動	靜	通	動	靜	變	動	靜	通
遠	近		近	遠		近	遠		遠	近	
格作會于	循體捭裏		格作會于	循體捭裏		格作會于	循體捭裏		格作會于	循體捭裏	

像這樣，淇園在內外開合和八音兩者之上，又分配了遠近之數。至此，已可看到他如何取用《周易》詞彙，結合聲韻學內容來重新建構自身體系。他強調，只有先辨識一字之聲韻，才能得知其真義。在談完此七個要素後，他說：

> 自開物之學不明以來，儒者詮諸名物，率多用轉注，不知其因害真義。譬如孟子四端，孟子唯不欲用他字，而告曰「端」。而後儒乃強亂孟子所不欲用之文字，來作之注釋，曰「端，猶緒也」，或曰「端，本也」。雖是轉注借此喻彼之法，不得不然者，然彼注家率因，遂舍本文「端」字，依己所注「緒」、「本」字作說，以為孟子本文之旨直如是而已矣。而讀者亦以為然而不疑，而不知失其真之已遠也。夫每分失其毫釐，而積以至於寸，則寸已非其真寸也。寸且非其真寸，況尺乎？是故開物之學不明，則古賢聖之言旨皆闇蔽。古賢聖之言旨皆闇蔽，則道終不可復於三代之故也。然此是必然之理，易知之事，而漢儒以來迷而不悟者，亦甚可怪也。[193]

開物之學的目標是透過一字的聲韻分析，確立其意義。依此方式，則確實與傳統詮釋法有別。正由於他敏銳地注意到了詮釋所帶來的誤差可能，而使他對一般的訓詁作法不能苟同。對淇園來說，據開物學而立足於該字之聲韻，直探該字原義，而不仰賴「端，猶緒也」這樣的他字為

193　皆川淇園：《易學開物・遠近動靜說》。

訓，才是最有保障的進路。

在上述探討開物學基本元素的過程中，可以看到淇園強調其所據之聲韻系統秉承古音、《周易》真正的撰作意圖乃為開物學而作、取自《周易》的詞彙方為聲韻元素之古名等等，無非是為了要取得時間序列上的原初地位，以建立其論述之正當性，達成其「與古義相合」的宣稱，儘管其並無來自《易》學史或聲韻學史上的堅強根據。淇園深信，只有確實掌握字義，才能談論下一步的倫理、制度等等的應用。他又說：

> 昔伏羲氏何以作八卦，文王何以演《易》，並皆為開夫名物，精其義之設也。孔夫子何以言仁、知，子游、子夏何以問孝，並皆以名物之所當，而以正其義者也。蓋晚周之世，開物之學甚微，而名物之義，率失其正。孔夫子獨能上達以通其道，以正名為己任，故曰「文王既沒，文不在茲乎」。由是觀之，名物於治教之為至重，其義可見也。漢儒以來，人率多不察是旨，仁義道德定之以其私意，不知名同而物訛，言類而趣異，名日以轉異而道日以凌遲，豈不悲乎？要之開物之學不明故也。[194]

淇園又援引《論語》中有關解釋道德概念的部分，說明探求名義乃是孔子思想之宗旨，可上接伏羲、文王作《易》以明開物學之本懷。儒者之要務正在於掌握名物之義，以奠定教化之基礎。而在他看來，周代以降的禮崩樂壞，去三代之道日遠，根本原因在於已不懂得依循《周易》中的開物之學。淇園所處之時代為江戶中期，彼時主張恢復古文辭之義，以徂徠為代表的古文辭學派大行其道，與朱子學分庭抗禮，又連帶掀起了反徂徠學之思潮，以及相應的折衷學派。但淇園雖然也以恢復古義為要務，其思路卻顯然與古文辭學派大異其趣。也就是說，淇園處於當時各家爭鳴的江戶儒學環境中，而對其他各家均不以為然，甚至可以說

中日的儒學發展結果及詮釋經典的方式都在他的批判之列。因此他深入
漢文聲韻結構，堅守就本字以確立其意義的立場，而提倡開物學，避免
「仁義道德定之以私意」的這種紛紛擾擾的狀況。

　　明白了淇園開物學中有關聲韻的結構之後，接下來的問題是：聲韻
結構與意義的對應關係為何？首先，在七部的部分，淇園分別列出了各
部所反映的該字意義，表列如下：[195]

宮均	訓為持彼於我內。
商均	訓為於我內持之。
角均	訓為於我方持而越之。
徵均	訓為於彼方持而越之。
羽均	訓為持我於彼內。
變宮均	訓為於彼內持之。
變徵均	訓為持之於彼而內持之。

所謂的彼我，指自身主體與外在客體。「持」指的是該字意義中所蘊涵
的主客對待關係。淇園舉例說：

> 譬如宮均「東」字，其稱我者，乃稱之於天地間己所居之境者
> 也；稱彼者，乃稱之日者也。譬如宮均「忡」字，其稱我者，
> 乃稱之於其心內者也。稱彼者，乃稱之憂愁之氣者也。他皆以
> 此準擬，以求其方可也……均蓋實為字聲音之終始，是故凡人
> 以聲音象事物之初，先有其全象已著，在於其意相之中，而後
> 其人始據其口、唇、舌、齶、齒等物形理，以氣鼓舞動之，以
> 象其物，乃有諸聲發於其中，各類其情。是以外人得聞其聲，
> 感以通其意矣。是故聲音之將發也，其意已蘊其物之全象，而
> 其發之初，其形理亦已有設之終勢，而中間諸物之旨象，皆因
> 歸結焉。《周易》所言「聖人立象以盡意」者，即亦因是義以

---

195 整理自皆川淇園：《易學開物‧明均畫之旨》。

言之者也。是故音記初立均畫者，譬猶工人欲構宮室，先設繩
經也。[196]

韻母決定口形，淇園認為此乃一字音聲之主要部分，乃是以音聲表達心
中意象時的關鍵所在。淇園引用《繫辭傳》「聖人立象以盡意」此句，
其實已將其中的「象」字涵義，從「卦象」轉移到「心中之表徵、意
象」了。藉由音聲探尋字義時，最基本的要素亦為韻母。因此他從韻
母，也就是七部談起，進而規定意義中的重要部分，也就是關於主客之
間的關係。「東」為東韻，屬宮均，為淇園訓為「持彼於我內」，意思是
說「東」的意義中包含有「客體存在於自身主體之中」的部分。「東」
為方位義，為日出之所在，也就是說自身之主體「東」的概念中，還包
含著另一獨立的客體概念「日」而使其意義得以完整，故稱為「持彼於
我內」。「忡」亦為東韻，意為憂愁貌。此概念表示心中有憂愁之情，主
體為內心，客體為憂愁之情，同樣為「持彼於我內」。而「東」、「忡」
的這種主客體關係之性質，乃透過屬於宮均之韻母表現出來。淇園在此
依七部規定了七種主客體關係，將各字概念分門別類。其他的聲韻要
素，大抵上也具有類似功能。

接著在聲母，也就是著列方面，他則規定如下：[197]

格	此義為我境之所當。
循	此義為彼道之所從。
作	此義為我方之所攝。
體	此義為彼物之所著。
會	此義為我神之所感。
捭	此義為彼識之所別。
于	此義為位承於我。
裏	此義為隱背於彼。

---

196 同上註。
197 整理自皆川淇園：《易學開物・明著列畫之旨》。

前面曾提到，此八者在淇園開物學體系中的順序是固定的。而在此處與事物意義的聯繫上，淇園亦將之視為一序列，說：「此八物以次相因生者，即亦自遠而近，自淺而深之義也。」[198] 那麼，蓍列在此又是以何種脈絡而形成序列？淇園一一譬喻說明：

> 「格」之為我境之所當者，譬如己身坐堂中，而目睹其當前之牆壁。目之所及即我境也，牆壁即其所當也。「循」之為彼道之所從者，譬如飛鳥之過虛空於我前，飛鳥之所循從，即彼之道也。有我在，故曰「彼」也。「作」之為我方之所攝者，譬如張羅以待鳥之離之，鳥自從其飛路者，而我設其所當離之物，欲以取之，是羅之內，我方也，欲取之於其飛路，故曰「攝」也。「體」之為彼物之所著者，譬如人在彼自引其衣，彼著之於其體也。「會」之為我神之所感者，既「作」既「體」，則我神起於中，以感其「作」「體」相合之際。譬如我與人相搏之間，我心感知彼力之強弱是也。「掉」之為彼識之所別者，我感於其「會」，則彼神亦起感於彼內，是其所識別之神機為，既不在其際所而欸存其相離遠之處。譬如彼亦其心感我力之強弱也。「于」之為位承於我者，我感已立，則內設位以承物焉，即「于」也。「裏」之為隱背於彼者，指彼感之所在於其體內之隱背也。[199]

也就是說，這裡表達的是一主體感知另一主體的過程，此序列以因果關係而向前推進。「我境之所當」即主體認知活動下的視域（horizon），「彼道之所從」為另一主體活動而即將進入自身視域中。「我方之所攝」即主體自身準備進行認知活動，「彼物之所著」乃兩主體相接觸。「我神之所感」為主體自身認知到對方，而對方主體亦具備認知功能，

198　同上註。
199　同上註。

故有「彼識之所別」。認知內容於心中成立，為「位承於我」，對方的認知內容亦於吾心中成立，而自身主體則無法直接以經驗得知其他主體的認知內容，故曰「隱背於彼」。此一序列放到名物之概念意義下來看，也等於依照主客關係來作說明。例如「東」字之聲母，以此蓍列架構來說屬於「體」，則其意義中原本所具有的天地方位概念可說是其「境」，當更進一步詳細規定其意義內容，而引入「日」的概念，以表明其所指涉之方位為日出處時，兩者乃相結合，可說是「彼物之所著」。

關於內外開合，首先淇園將原本表示有無真二等韻的內轉和外轉概念，轉換為自身主體的內與外概念，仍舊是就主客關係而論。相配之關係為：「外開」為「自彼來」，「外合」為「內之彼」，「內開」為「自我往」，「內合」為「內之我」。「來」與「往」有具體行動義，表示外在動作；「內之彼」、「內之我」則屬靜態，乃內心思緒之活動。

剩下的開標（四聲）、喻實（四等）、遠近之數，淇園引入了《周易》八卦的結構，但與原本的脈絡幾無關聯，而是自創一套象數體系。與開物學此處相關核心象數概念為「四象」，今以表格形式繪於下：[200]

離	巽	兌	乾
■	■		■
	■		
■	■		■
	■		
坤	震	艮	坎
夏象、靜通	春象、動變	秋象、動變	冬象、靜通

《易學開物》中，以著色之格子代表陽爻，未著色之格子代表陰爻。「四象」並非《繫辭傳》「兩儀生四象」之「四象」，而是淇園將八卦兩

---

200 整理自皆川淇園：《易學開物‧明開標》。

兩相配，分屬四季而成，名之為「四象」。在解釋四象意義之前，必須先了解其來源。淇園曾於《易原》中的〈四象之原圖說〉說明四象形成過程，現同樣將其圖以表格方式繪製如下：[201]

左	右二變	左三變	左二變	左一變	右
	在天成象，在地成形	物以群分	方以類聚	卑高以陳，動靜有常	天尊地卑

可以看到淇園此處以《繫辭傳》首章的「天尊地卑」一段作為骨幹，以著色格子代表陰籌，未著色格子代表陽籌。在最右邊一列，乾坤二卦上下分列，代表「天尊地卑」。接著，淇園認為「卑」指乾卦之賤處，「高」指坤卦之貴處，故兩者上下相易，而成「左一變」列之圖。上下相易者為動，未變化者為靜，此乃「動靜有常」。此時陰與陽皆相隔相對，為「剛柔斷矣」。接著，淇園稱中央第六、第七籌處為「方」，表交界義。左一變之「方」處陽在下陰在上，不合原本陽尊陰卑之性，故交易之，而成「左二變」列之圖，是謂「方以類聚」。至於「物以群分」，淇園認為「群」有雜著義，故將上下兩處之陰陽彼此相雜，而成「左三

變」列之圖，讓陰陽彼此結合。另外，他以乾卦初爻為「在天」，坤卦上爻為「在地」，兩者相易而成巽卦與艮卦之形，而又有陰陽交會處，此乃「在天成象，在地成形」，為「右二變」列之圖。至「物以群分」時為三變，同時也是最左邊一列，上為離兌，下為震坎。「在天成象，在地成形」時，上為乾巽，下為艮坤。此艮與巽之間有坎象，而此艮與巽本為乾卦初爻變換而來，故淇園取乾卦與坎卦相配，而成四象第一列；取下方艮卦與左三變時交界處上方之兌卦相配，而成四象第二列。取上方巽卦與位於左三變交界處下方的震卦相配，而成四象第三列。最後剩下的離卦與坤卦則成四象第四列。於是蘊涵《繫辭傳》「天尊地卑」的四象基本架構便成形了，此謂「變化見矣」。坎、兌、震、離為四正卦，各配四方與四季，故其所在之列亦分別稱為冬象、秋象、春象、夏象。另外，冬夏兩象中含乾坤兩卦，稱為靜；春秋兩象亦有乾坤之象，然居於互體中，稱為動。冬象二、四、上爻同為陰爻，夏象初、三、五爻同為陽爻，此稱為通；其餘兩象無此現象，稱為變。這也是取自《繫辭傳》「動靜」與「變通」之詞。

　　淇園援引了來自《周易》的八卦，則八卦各自之象徵、與事物意義之聯繫關係又為何？其說法可表列如下：[202]

乾	象天意遼遠，與人絕通者也。其訓為距絕。
兌	象日月星辰過於西而逸逝者也。其訓為脫涉。
離	象日月星辰停於中天而懸著者也。其訓為著彼。
震	象日月星辰當於東紀界而放出者也。其訓為外出。
巽	象人在地上仰承諸天象者也。其訓為承嚮。
坎	象日月星辰當於地底下而以含之者也。其訓為內含。
艮	象天象運旋在地底下，而人唯指地以紀其所底止者也。其訓為底止。
坤	象地下之面抱空虛以容物者也。其訓為內窾。

可以看到此處率以天地日月星辰之運行來解釋八卦，再從中擷取象徵。

202　整理自皆川淇園：《易學開物・明八卦畫象之旨》。

為何八卦之涵義為此？淇園另有一番解釋：

> 凡八卦之情，起於四紀二界。四紀者何也？紀道於東西南北四
> 方之謂也。道者日月之行，自東而南，而西，而北，而復東。
> 東者自幽之明之分界也，日月出焉，故曰震。震，出也。南者
> 明也、上也。日月自東而南，麗於中天，故曰離。離，麗也。
> 西者自明之幽之分界也，日月脫焉，故曰兌。兌，脫也。北者
> 幽也、下也。日月自西而北，含於地內，故曰坎。坎，含也。
> 二界者何也？自東迄西，地上明界也。日在明界，則其物在上
> 而與人距絕，故曰乾。人在地上，仰承諸其象，故曰巽。巽，
> 承也。自西迄東，幽之界也。人思其容物之處，故曰坤。思物
> 之所止，故曰艮。[203]

以東西南北方位配四正卦，大致上是依循《說卦傳》的說法。[204] 但淇園
不直接以方位為主，而是以日月星辰運行為主來說明。現代的天文知
識，在彼時尚未普及。因此在淇園此處的架構中，日月不見於天上時，
乃處於地下，至隔日又循東方而出。而東南西北並不是指平面上的方
位，而是包含平面上方與下方的立體範圍。因此日月自東方出，至正中
天位置時，乃東西兩端之中點，是為南方；沉入地底中，與南方相對
處，是為北方。定出此四方位（四紀）後，再依《說卦傳》說法分配予
四正卦。因此各卦配方位的涵義，也都以日月星辰運行為主而被重新詮
釋。四正卦以外的乾、坤、巽、艮四卦，則依可見之天上（明界）與不
可見之地下（幽界）分為乾、巽與坤、艮兩組。淇園按照這套四紀二界
之說，將八卦分別賦予距絕、脫涉、著彼、外出、承嚮、內含、底止、

---

203 同上註。

204 《說卦傳》以八方配八卦的說法，淇園只直接認同四正卦的部分而已。他曾將八卦
　　依八方位置繪成方位圖，但巽改配西南方，坤改配東南方。改為此新式配置法，
　　則凡於四象中相對之卦者，皆可直接以直線相連，故淇園認為《說卦傳》文字有
　　誤。見皆川淇園：《易原》，頁19。

內竅等涵義。

接著，八卦也被淇園納入法、器、象、神的架構，包括內外開合，以及與之相關的遠近之數。現將淇園對此分配之作法及相關說明加以整理表列如下：[205]

	神	器	象	法
外開近	震	艮象而坤	艮而坤形	巽而乾用震
外開遠	震化巽	坤尚艮象	坤形尚艮	乾尚巽用坎化離
外合近	離	乾象而巽	乾而巽形	坤而艮用離
外合遠	離化坎	巽尚乾象	巽形尚乾	艮尚坤用兌化艮
內開近	兌	巽而乾象	巽形而乾	艮而坤用兌
內開遠	兌化艮	乾象尚巽	乾尚巽形	坤尚艮用離化坎
內合近	坎	坤而艮象	坤形而艮	乾而巽用坎
內合遠	坎化離	艮象尚坤	艮尚坤形	巽尚乾用震化巽

從這樣的分配方式中，可以看出一套大致上的規律。四正卦被分配在近數的「神」之處，遠數之「神」則取四正卦及其變卦之卦形。震與離較近於明界，屬外；兌與坎較近於幽界，屬內。四正卦以外其餘四卦屬於「器」、「象」之部分。四象中，震、坎兩卦與巽、乾配，離、兌兩卦與坤、艮配。在此則顛倒之，形成震、坎配艮、坤，離、兌配乾、巽的關係。同屬一內外開合的遠近之數，則彼此先後關係相對。而「法」的部分則又更與「器」、「象」相對。「而」、「象」、「尚」、「形」、「用」、「化」等字之意義為何，則無明確跡象可循。而最主要的重點在於，此處依四象之架構，而採「相對」模式進行配置，將八卦之名納入開物學體系之中。

內外開合之意義，在前面已提到，與往來彼我有關。而加上遠近之數以及爻、等、物、文之後，淇園又各自規定其象徵涵義。現表列如

---

205 整理自皆川淇園：《易學開物・明開標》。

下：206

	爻：實為物光之暎，虛為神景見暎。	等：實為物態對峙，虛為物況相耦。	物：實如地之成其全形，虛為所執之成合立。	文：實為物之停居，虛為所止之托著。
外開近	為自彼來之物光交暎，如「卑」字，為日來照之義是也。	為自彼來之物態對峙，如「天」字是也。	為自彼來之物實相結成，如「田」字是也。	為自彼來之物止相停居，如「禮」字是也。
外開遠	為俾自彼來之物光交暎，如「哀」字、「政」字是也。	為俾自彼來之物態對峙，如「開」字是也。	為俾自彼來之物實相結成，如「前」字是也。	為俾自彼來之物止相停居，如「硯」字是也。
外合近	為俾內之彼之物光交暎，如「會」字，為使比往遠之義是也。	為俾內之彼之物態對峙，如「宏」字是也。	為俾內之彼之物實相結成，如「全」字是也。	為俾內彼之物止相停居，如「願」字是也。
外合遠	為內之彼之物光交暎，如「歲」字也。	為內之彼之物態對峙，如「孤」字是也。	為內之彼之物實相結成，如「旋」字是也。	為內彼之物止相停居，如「晚」字是也。
內開近	為俾自我往之神景暎見，如「喜」字是也。	為俾自我往之物況相耦，如「豈」字是也。	為俾自我往之所執成相合立，如「其」字是也。	為俾自我往之所相托著，如「疑」字是也。
內開遠	為自我往之神景暎見，如「信」字是也。	為自我往之物況相耦，如「恕」字是也。	為自我往之所執成相合立，如「盡」字是也。	為自我往之所止相托著，如哀樂之「樂」字是也。
內合近	為來我內之神景暎見，如「非」字是也。	為內之我之物況相耦，如「嘖」字是也。	為內之我所執成相合立，如「垂」字是也。	為內之我之所止相托著，如「門」字是也。
內合遠	為俾來我內之神景暎見，如「貴」字是也。	為俾內之我之物況相耦，如「春」字是也。	（闕）	為俾內之我之所止相托著，如「音」字是也。

---

206 整理自皆川淇園：《易學開物・明加畫》。

爻、等、物、文又為淇園依內外而分虛實。其中「內合遠」的「物」處疑書寫時脫漏，內容不得而知。連此在內，共三十二種結果，淇園稱之為「三十二變」。他說：「其在外開、內合者，其情皆來而內嚮；其在內開、外合者，其情皆往而外嚮。」[207] 這也等於是在陳述概念中包含的主客關係。然此處淇園在舉例時並未詳細說明為何可以該字為例，只能認為這表示，該字意義中所包含之性質，即為此爻、等、物、文與內外開合遠近之數相配的結果。此外，爻、等、物、文除了被用來與內外開合相配之外，又被分別配予八卦，如此一來亦有三十二種結果，現表列如下：[208]

	爻	等	物	文
乾	為其方之距絕	為外段	為外物	為外域
兌	為其理不當	為不當對	為物端	為脫之之處
離	為物屬彼	為相持於彼	為著彼之物	為外面
震	為入	為出於所對之外	為物張出	為出位
巽	（闕）	為相持於內	為物受	為入位
坎	為物屬我	為相持於內	為會我之物	為內面
艮	為理當	為對當	為物止	為置之之處
坤	為其方之內竅	為內段	為內物	為內域

此表中，有問題的地方在於巽卦之「爻」、「等」處以及坎卦之「等」處。筆者所見之《易學開物》，於該頁巽卦「爻」處疑因漏寫而闕。但觀察此表，可發現以乾、兌、離、震為一組，巽、坎、艮、坤為一組，彼此概念互為相對關係，故可知巽卦「爻」處應為「為出」。而巽、坎二卦之「等」處重複，應亦為書寫時造成之誤。考量此相對關係，可知巽卦「等」處應為「為入於所對之內」。此處之對應方式，規定了該概念與使用該概念之對象之間的關係，同時也是淇園再一次援引

207　同上註。
208　同上註。

《周易》元素而入其開物學的表現。當然，此處的八卦性質，也是與前述脈絡下的八卦定位相關，而脫離《周易》自身固有之內涵的。

在完成了開物學中結合《周易》與聲韻學，利用《周易》架構制定一套新的聲韻元素規則，再分別規定其所反映之概念性質的工作後，淇園便以此來解釋字義。他說：

> 凡開物者，因名以開其物，而非開名也。是故《繫辭傳》曰：
> 「書不盡言，言不盡意。聖人立象以盡意，設卦以盡情偽。」
> 蓋所開之名，以為文字，則書也；民稱是名，則言也。其言之
> 意及情偽，乃物也。[209]

此處等於是借用《繫辭傳》文字以強調開物學之法才能有效地掌握概念之真義。另外，將「意」與「情偽」解釋為概念意義，則「立象」與「設卦」也就等同於制定開物學之法，這也是淇園高舉《周易》在開物學中地位的表現。他在《易學開物》中列出了天、地、日、月、春、夏、秋、冬、水、火、土、金、石、山、川、宮、室、門、庭、父、子、君、臣、孝、悌、忠、信、也、矣、焉、乎、哉等字作為範例，以開物之法加以解釋。這些字包括了自然事物、人為事物、人際關係、道德倫理、助字等五種類別的名物概念，亦可見淇園欲將一切具體或抽象之事物皆囊括入開物學適用之範圍中的企圖。另外比較特別的是，他為七部、內外開合、著列、八卦、清濁等元素都重新制定一個符號，而在實際解釋字義時，也會將該字發音所對應到的符號畫出來。至於實際解釋的部分，首先他以一般聲韻學上的名詞對該字進行描述，再轉換為開物學中所用之名，並列出其所對應之概念性質，最後再加以解說。以下就各類範例，來具體觀察其解釋方式。

以「天」字為例，淇園的說明如下：

209　皆川淇園：《易學開物・籌色式》。

山攝，次清，舌音，外開第二十三轉，平聲第四等字也。山攝
為商均，次清為等，舌音為記動上動體，平聲為開標神震，
第四等為喻實神離，加畫等同前。呼法近。[商均]當於我內持
之，而[加畫等]自彼來之物態對峙之事，[記動體]於彼物之所著
也。[勢]彼之來之所對峙，[開標]以外出而[喻實]著彼，而[加畫]自
彼來之物態對峙。解曰：「我內」者，人寰也。「持之」者，
仰以觀持其象也。「自彼來之物態對峙之事於彼物之所著也」
者，其後象運出，以此人寰相對嚮之事，於彼前象之所著也。
「彼之來之所對峙以外出而著彼」者，其象之來，變換出現，
而登著於觀仰之所，而以與此人寰相對嚮之名也，象轉運代出
而下覆萬物之義為名也。[210]

　　平上去入共兩百零六韻，於宋元以降被分為通、江、止、遇、蟹、
臻、山、效、果、假、宕、梗、曾、流、深、咸等十六攝。以「攝」統
韻之作法，首見於南宋韻圖《四聲等子》。「天」字為先韻，在《韻鏡》
中屬外開第二十三轉，於十六攝系統中即屬山攝。將山攝、次清、舌
音、外開、平聲、第四等字這些性質轉換為開物學之稱呼，則為商均、
等、體、震（開標）、離（喻實），其後乃分別代表各自所反映的主客關
係敘述。

　　「天」之意義，若以一般的方式來理解，則可說其下蓋萬物，處
於與人相對之位置，而人們抬頭仰望之。天象運轉不已，隨時間而有前
象與後象不同面貌之別，然其發生位置皆同，也就是同樣存在於與人們
相對之處。因此，以開物學中用主客關係來描述概念意義內容的作法來
說，「天」為外在於自身之物，與自身相對，乃為「彼」。人於自身有仰
觀之動作，故「天」有「於我內持之」之性質。天象相對於人，乃「自
彼來之物態對峙」。天象運轉不已，能展現於其外而為人所得見，此為

「外出」、「著彼」。淇園列出「天」字在開物學中所被分析出的性質內容，再解說其涵義，以對應到一般說法中「天」字的意義。而這些性質內容，係來自「天」字之聲韻結構。依開物學的解釋，「天」之意義包括與人相對，使人仰觀、運轉不已而有不同之象等內容，而這些內容在人們認識「天」這個概念時，透過言語音聲表達出來。「天」字的山攝、次清、舌音、外開、平聲、第四等字這些聲韻性質，即反映了該概念為人們所認知的全貌。透過《周易》所揭示的開物學規律，便得以明瞭聲韻性質與概念意義間的聯繫為何，乃能透過分析，得知「天」字的真正內涵。這也等於是直扣該字，更精確地說是該名物所本有之性質，不假轉注而對之加以理解。此乃以開物學之法，從聲韻結構著手，針對屬於自然事物的「天」字來解釋其意義的方式。

接著來看其他類型的範例。對屬於人為事物的「宮」字，淇園解釋為：

> 通攝，清，齶音，內開合第一轉，平聲第三等字也。通攝為宮均，清為爻，齶音為記動下動格，平聲為開標神兌化艮，第三等為喻實巽尚乾象，加畫同前。呼法遠。宮均當持彼於我內，而加畫爻俾內之我之神景暎見之事，記動格於我境之所當也。勢自我往之所於暎見，開標以脫涉為底止，而勢內之我之所暎見喻實於承嚮以距絕之象，而加畫俾內之我之神景暎見。解曰：「持彼於我內者」，思著他人於我宮內也。「俾內之我之情（按：疑當作「神」）景暎見之事於我境之所當」者，俾內之我之情景為暎於我身之所居也。「自我往之所於暎見以脫涉為底止」者，以其自我往出去為其止也。「內之我之所暎見於承嚮以距絕之象」者，其內之於我也，待之以外人而俾暎見也。此蓋以己身專有其宅內之義為名也。[211]

211　皆川淇園：《易學開物・宮》。

就淇園之解釋，「宮」為自身所居之所，其意義以開物學之名來表現，為「持彼於我內，俾內之我之神景暎見於我境之所當，自我往之所於暎見以脫涉為底止，內之我之所暎見於承嚮以距絕之象」。自身處於宮內，而可思及遠在別處之他人，是為「持彼於我內」。「神景暎見」，指一事物之存在可與另一事物發生關係而被感知，如景色映照於鏡子中。處於宮內之自身可映照於宮，而自身認知活動下的視域亦為此宮，是為「俾內之我之神景暎見於我境之所當」。宮必有其範圍，超過其範圍則自身與宮便分開，自身於宮之間的映照關係也於焉終止，是為「自我往之所於暎見以脫涉為底止」。外人無法直接得見處於宮內之自身，必有待於自身出宮或外人入宮，方能映照於彼之關係。而在一般狀態下，自身與外人之間乃為宮所隔絕，是為「內之我知所暎見於承嚮以距絕之象」。可以看到以「宮」字的通攝、清、齵音、內開合、平聲第三等字等聲韻元素轉換為開物學脈絡下所具之概念性質，便是「宮」字所蘊涵的與自身主客關係敘述之間的連結。

人際關係之類方面，在此來看「父」字的解釋。淇園說：

遇攝，濁，唇音，內合第十二轉，上聲第三等字也。遇攝為變徵均，濁為物，唇音為記動上動捭，上聲為開標坤而艮象，第三等為喻實乾象而巽，加畫同前。呼法近。變徵均當持之於彼以著我，而加畫物內之我之所執而成相合立之事，記動捭於彼識之所別也。勢內之我之所成相合立開標以內竅之，而以底止之象，而喻實以距絕之象，而以承嚮，而加畫內之我之所執而成相合立。解曰：「持之於彼以著我」者，「彼」指父也，「我」子之謂也。「持而著」者，以生命與子也。「內之我之所執而成相合立之事於彼識之所別」者，教子以其所自識為子之方也。「內之我之所成相合立以內竅之而以底止之象」者，教子以其可以成為子之性也。「以距絕之象而以承嚮」者，以其可成性教之而以其可以終身而以成相合立也。此蓋以

其教子成其終身為之子之義以為名也。212

此處對「父」字的解釋，著眼於父親概念的一些重要性質，包括其乃透過血緣而使自身（子）得以存在之人、擔任教導者，而使自身恪守為人子所應遵循之倫理等，而對應到開物學所用之名。父親賦與自身生命，是為「持之於彼以著我」。父親明瞭為人子者所應遵循之倫理，以之教導自身，使自身擁有相關之德行，而具有合乎規範的人子身分，是為「內之我之所執而成相合立之事於彼識之所別」。自身之父使人子相關之道德規範內藏於自身中，至自身順利成長而後止，是為「內之我之所成相合立以內竅之而以底止之象」。為人子者所應遵循之規範，並非自身出生後即可習得，也就是說此時自身尚未具備為人子者所應有之「性」。為人子者之性，與自身本有距離，必須經過教育的過程方可得之，而這也是父親對自身所作之施與，是為「以距絕之象而以承嚮」。

再看道德倫理類中的「孝」字。淇園解釋為：

效攝，清，淺喉音，外開第二十五轉，去聲第二等字也。效攝為角均，清為爻，淺喉音為記動下動會，去聲為開標坤形尚艮，第二等為異形尚乾，加畫同前。呼法遠。角均當於我方持而越之，而加畫爻俾自彼來之物光交暎之事，記動會於我神之所感也。勢自彼來之所交暎開標於內竅之形以底止，而喻實於承嚮之形以距絕，而加畫加畫俾自彼來之物光交暎。解曰：「我方」，其子及孫自謂其身也。「持而越之」者，承父及祖之志而以達之也。「俾自彼來之物光交暎之事於我神之所感」者，以意迎承其志也。「自彼來之所交暎於內竅之形以底止」者，以其志所至為己身任也。「於承嚮之形以距絕」者，其所迎承之身能以其遠絕而俾交暎也。此蓋以其善繼志，述其

---

212 皆川淇園：《易學開物・父》。

事之義為名也。[213]

「孝」作為一種德行，其實踐方式不限單一之具體行為。而淇園在此則以能繼承、祖述父祖輩之志為「孝」。子孫身懷父祖之志而努力實踐，是為「我方持而越之」。「物光交暎」意為自身所感知之物。自身感知到來自父祖的其人之志，是為「俾自彼來之物光交暎之事於我神之所感」。感知到父祖之志後，將之內化於自身中而固定，是為「自彼來之所交暎於內竅之形以底止」。自身之於父祖之志，有迎承之關係。而父祖雖不等同於自身，有獨立之心志，甚至在過世之後距離渺遠，但其志仍能為子孫所感知並繼承，是為「於承嚮之形以距絕」。

最後來看助字類的「也」字。淇園將之解釋如下：

假攝，清濁，深喉音，外開第二十七轉，上聲第四等字也。假攝為變徵均，清濁為文，深喉音為記動下動于，上聲為開標（按：此處疑脫「坤形」二字）尚艮象，第四等為神離化坎，加畫同前。呼法（按：此處疑脫「遠」字）。變徵均當持之彼以著我，而加畫文俾自彼來之物止相停居之事，記動于於位承於我也。勢自彼來之所停居，開標於內竅以底止之象，而喻實以著彼為內含，而加畫俾自彼來之物止相停居。解曰：「持之彼以著我」者，「彼」，聞者也；「我」，言之之辭物也。「持之而著」者，聞者以其所聞知者而以麗於我者言也。「俾自彼來之物止相停居之事於位承於我」者，俾其所聞知之物，止於位承於我之處也。「自彼來之所停居於內竅以底止之象」者，其物止之所停居於我所言之物之內竅，以其止就之象也。「以著彼為內含」者，以彼所聞知以想之物為我所言之物，而以相停居也。此蓋俾人知物於我所言之辭也。[214]

213　皆川淇園：《易學開物・孝》。
214　皆川淇園：《易學開物・也》。

「也」作為句末語助詞，具有表達肯定語氣的功能，而淇園描述為使他人理解言語內容。「也」字使對方能了解話語內容，而構成與自身（話語本身）之間的完整連結，是為「持之彼以著我」。「也」字位於言語句子之末，讓對方的認知內容至此字而完結，是為「俾自彼來之物止相停居之事於位承於我」。句子之內容也至此字而完結，是為「自彼來之所停居於內竅以底止之象」。透過表達肯定的語氣，以使對方之理解切合言語所表達之內容，是為「以著彼為內含而俾自彼來之物止相停居」。

　　透過這五類範例，已可明瞭淇園將開物學之法運用在解釋名物意義的作法為何。我們從中可以看到一種類似於漢代象數《易》學中推象通辭解經方式的思維。推象通辭解經方式的目的在於將抽象的卦爻畫元素與具體事物一一相對應，以解釋由具體事物所組成之卦爻辭的內容來由。在淇園的開物學中，可以說名物概念相當於卦爻辭，該字之聲韻元素相當於卦爻畫。推象通辭法透過對卦爻畫結構的分析，以明白卦爻辭之內容來源；開物學則透過探討聲韻組成，再轉換成抽象之象徵，以探求概念之真正面貌。而背後的理論依據則是肯定人們所使用之言語音聲，與所感知到的名物概念內容有密切關聯，因此人們也可透過聆聽言語音聲而正確地掌握意義。於是乎開物學與推象通辭解經法的共同之處，在於仰賴一套抽象架構，以盡最大可能地囊括各種事物。於是乎可以說，在轉換聲韻元素之名，對應到開物學所規定之主客關係性質時，《周易》原有之卦畫系統，既本就容許人們填入與各種事物之間的對應關係，因此也讓淇園得以運用之來加強原有架構的抽象性。甚至透過抽換《周易》原有脈絡，代以自身站在開物學立場而作的《易》學詮釋，來主動強化此功能。

二、「開物學」的限制與新意

　　淇園建構此開物學，以之作為解釋字義的方式。憑藉自創的象數系統以及對漢語聲韻學的鑽研，援聲韻入《周易》，結合二者而自成一

家，其苦心孤詣著實罕見。縱觀江戶儒學史，使用《周易》資源來作為自身思想體系重要一環者，淇園絕對是就中不可忽視之一人。更甚者，以淇園在其開物學中幾乎完全拋棄《周易》本有脈絡而另立新解的現象來看，他可以說是江戶時代儒者中，將《周易》消化得最徹底、最別開生面之人。然開物學未有傳承，在儒學史上僅及於淇園一人，轉瞬即逝，形成獨樹一幟而又孤立的學問，幾無影響力可言，這也使我們不得不正面面對開物學的缺陷。

　　野口武彥曾表示，淇園的這套開物學，就我們現代人的角度來說，會發現根本沒有存在的必要，其基礎也不可能成立。[215] 筆者則想進一步指出，開物學的缺陷，尚且不在於其過於艱澀或是對《周易》的看法如何違反歷史事實，其重大之處更在於整套方法體系本身的合理性不能無弊。首先，以聲韻來規定字義，第一個必須面對的問題就是有關同音異字的部分。若一字之義繫於其音聲，則漢字之發音並非漫無規律，能組成之聲韻形式甚為有限，同音異字多不勝數，又如何辨其名物之異？對此，淇園如下說道：

> 但凡聲物之義，一音率兼數名。譬如「室」字，臻攝，清，細齒音，內開第十七轉，入聲第三等，而「鞊」、「失」字亦皆與之同聲物即是也。如是之類，並皆當從其名以推其物義。「鞊」字蓋以其有鞊形，與外成別區，而其鞊口通藏其刀劍之義為名者也。「失」字蓋以其可為我所持之物而往之於彼距絕之義為名者也。然此不精意以審推，則物不能入神，而以致失其真義，乃誤人不少，不可不慎也。[216]

「室」、「鞊」、「失」三字同音，其義如何分辨？淇園的答案是「並皆當從其名以推其物義」。「名」為文字本身，換言之，仍舊須憑肉眼得見字

---

215 野口武彥：〈開物と声象—皆川淇園の「怪物学」解読のこころみ—〉，頁26。
216 皆川淇園：《易學開物・哉》。

形以辨義。例如見「鞈」字，從其部件結構，得知其義之關鍵在於形聲字左邊的形符「革」。又如「失」字，「我所持之物而往之於彼距絕」，亦即自身所有之物產生了不在身邊的狀態，也就是遺失之義。這也是依靠得見此「失」字之形而明瞭其義。總而言之，所謂的「精義以審推」，其實正仰賴著人們對字形的認識作為前提，將認知的主要對象從音聲變為文字，是為「從其名」。這也表示靠聲韻元素便能自足地掌握意義的想法是不能成立的。淇園只簡單地說「精意以審推」，然不得不說其絕對無法迴避此困窘之處。

　　淇園身為未曾涉足中國的日本人，而欲以漢語系統來建立一家之言，確實頗有雄心壯志，但既然如此，則不得不依據中國漢語聲韻學角度來檢驗之。也因此，必須要面對的另一個與開物學之聲韻元素基礎密切相關的問題是，淇園試圖將六朝以下的中古音，直接等同於上古音。其所據之聲韻系統皆來自於反映中古音系統的韻書韻圖，然在開物學脈絡下，這些中古音聲都被定位為自遠古有名物概念之初，就流傳下來的意義承載者。其與意義之間的聯繫確定不移，而為《周易》所揭示。換言之，若依開物學的規定，則中古音變為自《周易》成書以前便存在的，固定不變的語音系統。他除了說「唐音近古」之外，又說：

> 夫開物之學，尋聲明意，通音詮義，故聲音之辨，寔為切要矣。而欲通古義，當先求古音。蓋周漢之音，李唐之世尚存典刑。胡僧《七音鑑》作於唐代，而今之《韻鏡》蓋其胚膜者也。[217]

所謂的「周漢之音，李唐之世尚存典刑」，此句頗為曖昧。確實不管是上古音還是中古音，皆屬於漢語系統，絕對有其共通性，而非截然不同，徹底異質的兩種語言。因此兩者必有某種程度上的繼承關係，上古時期的韻文文學作品，在中古時期亦有某些部分繼續保持押韻。但音隨

---

217 皆川淇園：《易學開物・訂正韻鏡說》。

時變，畢竟造就了許多類隔現象，隋代陸法言於《切韻》〈序〉中所說的「古今是非，南北通塞」，更說明了漢語系統不論是在歷時面或共時面，皆非固定不變的單一體系。

自宋代吳棫（約1100-1154）開始針對《詩經》進行古韻的重新分部後，中國對上古音的研究便已逐漸興起，例如明代的陳第（1541-1617）以及清代顧炎武以降之諸儒，皆有透過《詩經》古韻研究來重新探討上古音面貌的成果。在上古音聲母方面，亦有錢大昕（1728-1804）提出「古無輕唇音」、「古無舌上音」之說[218]，蔚為的論。清末民初之間，在章太炎（1869-1936）、黃侃（1886-1935）、曾運乾（1884-1945）等學者的研究下，對於上古音聲母乃有更多的認識。在此脈絡之下，已可確定，上古音與中古音有不得不正視的差異，萬萬不可混為一談。淇園的「唐音近古」云云之說，只能說是一廂情願的想法。其開物學無論如何另立新名，將聲母韻母重新分類，其基本骨幹實自中古音系統而來。七部之分，終究不脫十六攝，也就是四聲兩百零六韻；菁列八音之分，在本質上也實同於唇、舌、牙、齒、喉、半舌、半齒這樣的架構。內外開合、韻等、聲調、清濁等亦然。既然如此，則開物學所使用之聲韻系統，絕非如淇園所設想的可直通「上古草昧之世」，而實與上古音有相當大的距離。

淇園以其所使用的開物學之法試圖解釋先秦文獻，乃至於造字定聲之時所確立的概念意義，則一大前提正是「唐音近古」、「周漢之音，李唐之世尚存典刑」。此前提在現實歷史上既不可能成立，則整套開物學，也只能說是建立在虛幻的地基上，搖搖欲墜，注定無法取得來自聲韻學上的說服力。從淇園提及毛奇齡之名的這一點來看，在毛奇齡之前

218　錢大昕曾於《十駕齋養新錄・卷五・古無輕唇音》云：「凡輕唇之音，古讀皆為重唇。」又於同卷〈舌音類隔之說不可信〉中云：「古無舌頭舌上之分，知、徹、澄三母，以今音讀之，與照、穿、牀無別也。求之古音，則與端、透、定無異。」見錢大昕：《十駕齋養新錄》，收入王雲五主編：《國學基本叢書四百種》第15冊（臺北：臺灣商務印書館，1968年），頁101、111。

的中國儒者著作，皆在其可能的閱讀範圍之內。究竟是淇園實際上並未得見清初儒者有關上古音研究的論著，抑或是有意地不予參考，則不得而知。然無論何者，皆造成了淇園開物學缺乏信度的局面。

　　此外，從淇園所列之七部對應韻部內容來看，其所根據之韻部，事實上屬於較為晚出的詩韻系統，而非真正《廣韻》系統所代表的中古音。這又造成開物學體系內部產生不一致，在具體操作層面上也終將留下瑕疵。筆者認為，原因可能在於以詩文聞名的淇園，既慣於作詩，故未經詳查，便將習用之詩韻誤作為中古韻。這或許也是淇園對上古音、中古音本質認識不清的一種反映。

　　以上兩點是來自於漢語聲韻學理本身所引發的問題。但就算我們姑且假設同音異字與古今音變等現象皆不存在，純以開物學本身解釋字義的模式來看，仍然可以看到根本性的缺陷。前面引述了淇園如何使用開物學解釋「宮」字來作為示範，說明「宮」字的性質如何反映在該字的聲韻結構上。而他所著重的性質在於「自身所居之所」這一層意義。然誠如陸德明（約 550-630）所言：「古者貴賤同稱『宮』，秦漢以來惟王者所居稱『宮』焉。」[219]「宮」字已轉化出不同的含義，蘊涵著與帝王相關的概念。若自秦漢以降的文獻中見此「宮」字，當然不可單以「自身所居之所」來解釋，更不可認為其用法違反古義。以開物學之法來解釋「宮」字，若是於先秦文獻語境中尚且可通，例如《周易》困卦六三爻辭「入于其宮，不見其妻」，此處之「宮」字可單純以「居所」來解讀，問題不大。但面對用作表示帝王居所的「宮」字時，則無法反映該概念最重要的本質，其解釋形同失去效力，只能呈現某個側面而過於貧弱。「古」與「真」本非完全等同，此「宮」字即為明顯之例，這足以證明開物學作法的另一不完備之處。

　　此一問題也進一步引發出需要注意的另一點：字義內容隨約定俗成

219　陸德明：《經典釋文・卷二十九・爾雅音義上》，收入《景印文淵閣四庫全書》第182 冊，頁 897。

而有所更迭，未必能充分反映在開物學所作的意義解釋上，更何況是同一字被使用在不同脈絡時，會有完全相異的詞性與用法。在字音字形皆同的情況下，不論是「尋聲明義」，還是「從其名以推其物義」，皆無法成為自足的釋義方式，而終究需要仰賴對整體文脈的閱讀以掌握其概念內容，同時也使得開物學喪失其存在之必要性，淪為疊床架屋之說。這正是開物學被用來作為解釋字義的方法時，在漢字訓詁的層面上本已蘊藏的先天缺陷，使其實用性頗有可疑之處，而終將被拋棄。

　　至此，也可以進一步分析這種缺陷之所以形成的根本原因。與其說是因為開物學沒有辦法照顧到字義在歷時面上的約定俗成而產生的變化，不如說是因為以這套方法來解釋字義時，本來就會導致過於狹隘的結果。淇園根據一字的聲韻元素，轉換出若干條象徵，並進一步將這些象徵對應到該字的意義中。但從上述五例也可發現，這若干條象徵必然圍繞著同一個主要的性質來展開，譬如「宮」字的「自身居所」、「孝」字的「繼承父祖之志」等。這一個主要的性質確實合乎該字之意義，但絕不能說已充分道盡其內涵。如前所述，「宮」字在秦漢以降，產生「帝王居所」這一面的意義，並不單純為「自身居所」爾。若以開物學之解來面對秦漢以降文獻，則其效度大有疑問；「孝」之概念更為複雜，不可為單一行為所限，也因此《論語》論孝，因不同對象而有不同解釋，又豈是「繼承父祖之志」一句所能概括？換言之，以開物學之法去解釋字義時，其範圍在一開始就受到極大的限制，只能針對該字義涵的某一側面來解讀，所能據以分析的象徵幅度，事實上也不會超過聲韻元素的數目。也就是說，開物學之法由於其結構之故，非常有可能無法窮盡一個字所擁有的內涵，使得其解釋看起來狹隘而不全面。

　　另外還可以繼續追問下去：為何以開物學解釋字義，會變成只針對一個主要性質來論述的狀況？或是說，其架構中有什麼因素導致這種狀況？筆者認為，最主要的因素就在於開物學力求將名物概念內容抽象化。這可以說是一把雙面刃，既是淇園最大的企圖，也是開物學最核心的缺陷。前面曾經提到，淇園學術的重點雖在於追求古義，但其本質與

古文辭學派截然不同。借用肱岡泰典的說法：相對於仁齋、徂徠的文獻學方法，淇園的進路則屬於哲學方法。[220] 也就是說，開物學的建立宗旨，不是一般傳統的文獻考證，而是要找到一種可以解釋「意義」這個個體（entity）本身如何產生、如何為人們所表達、是否具有某種共相可以掌握等等問題的途徑，來確保對意義真貌的獲得。這已經超越了文獻學的層次，並非只以解釋字詞為滿足，而是將「意義」本身當作一個思考對象，因而可以說是哲學方法的進路，所以我們也不能簡單地將之等同於清儒乃至章太炎的「因聲求義」作法。但問題在於，開物學作為一種哲學思考，究竟是否具有說服力呢？淇園曾說：

> 夫名所緣以喻其實之具也，是以民生日用，開名輒以就其實，而人皆視名以為弁髦芻狗也，不知名有聲，聲有物，聲物乃以象其實者也。聲物之所象其實，以虛象立。以虛象立，故能生萬義。而其義乃天地之道之所以物感於民性情，而以成事行之常故者也。[221]

在此，他不僅強調音聲與概念實質意義之間的連結，更表示「以虛象立，故能生萬義」，也就是說此音聲與意義之間的連結形式，乃是以抽象的方式表現出來。越為抽象的事物，其所能填充之內涵也就越多，而能涵蓋之外延幅度也就越廣。正如《周易》卦象符號甚為抽象，而在《易傳》以降源遠流長的《易》學史中，為後來的詮釋者們填充了各式各樣的內涵，被當作眾多事物、情境等等的象徵。蓋抽象的卦爻畫系統，並無固定的詮釋方向。而在《易傳》以降逐漸脫離卜筮之書定位的情況下，更開啟了供人自由利用的詮釋空間。淇園的意圖在於找到音聲與意義之間的連結，並歸納出這套連結中的規律。面對各式各樣繁多龐雜的意義，則越為抽象的架構，越能以其龐大的外延幅度而概括之。淇

220　見肱岡泰典：〈皆川淇園の開物学〉，頁 1566。
221　皆川淇園：《易學開物・遠近動靜說》。

園選擇以《周易》為中心，並將之定位為為了闡明開物學而作的典籍，進而利用其卦爻畫系統，重新建構四象、四紀二界等獨創的象數之說，正是以其抽象性，來填充各種關於主客關係的描述，以將一切名物概念收攝於其中，是為「以虛象立，故能生萬義」。對淇園而言，自然是越為抽象的學說，越能為我所用，重新置換為切合自身思想的詮釋及定位。

但與此同時，抽象的主客關係描述，終究要對應到具體概念的性質，以達成詮釋字義的功能，因此該字之聲韻元素所揭示的各種主客關係描述本身也成了有待解釋的對象，例如「天」字，分析出了「於我內持之」、「自彼來之物態對峙」等句子之後，該如何理解？如何運用？都成了必須追問的問題。而在這過程中，這些聲韻元素與主客關係描述的對應規則中，有相當的成分是用《周易》貫串的，或是原本就必須與其他元素相搭配而被給予定位，難以各自獨立，更何況這些主客關係描述之句，實不脫「彼」、「我」之動作。則主體與客體為何，一經規定，便無法更動。例如「孝」字，規定了「我」為子、「彼」為父祖之志後，其餘性質之詮釋皆無法逾越之，共同被收束在「孝＝繼承父祖之志」這樣的命題下，而看不到「孝」所可能對應到的其他行為，甚至是眾多合乎「孝」之行為所能歸納出的內在情感與德行之描述。因此，抽象的主客關係描述之句，其最後被詮釋的結果終將落入固定的範圍內，並不如一字原本所可能具備的內涵那樣的多元，顯得較為片面。這正是被開物學自身之架構所限制的。

限制字義詮釋的開物學內在因素還有一點，就是淇園所自創的四象之說。淇園經由對《繫辭傳》作的一番象數詮釋，訂出獨特的四象架構，並以之為開物學的一大基礎。此架構的最大特性在於四象中，八卦的搭配組合是固定的。冬象為乾、坎，秋象為兌、艮，春象為巽、震，夏象為離、坤，這樣的組合決定了內外開合、四聲、四等、清濁等元素所代表的象徵。而在其中，能夠展現出來的主客關係性質論述，就算再怎麼抽象，也不脫固定的配對結果。例如法、器、象、神與八卦之相應

關係，乍看之下複雜，但同時也可發現，其中器、象兩類所對應的結果只有兩種，不外乎艮、坤與乾、巽，也就是只有「底止、內歛」與「距絕、承嚮」兩者而已，連帶地也就影響到爻、等、物、文的部分。八卦的架構在此也等於無形中被簡化了，縮小了詮釋的空間。恐怕只能說，淇園援引《周易》象數進行改造，再以之為開物學核心資源，卻採用如此有限的方式來分配予聲韻元素，這非但不能達到「以虛象立，故能生萬義」的目標，反而適足以成為一種束縛。

接著，這種抽象架構本身成為有待被解釋者的現象，也正足以使整套開物學成為一種無效論證。依照淇園對開物學的說明，上古未有文字之時，人們透過言語音聲表達概念。而內心活動乃與自身身體中口鼻喉等發聲部位具有一體之關係，因此人們能夠將內心對於概念意義的認知內容，利用發聲部位的不同動作表達出來，也因此，言語音聲的結構即對應到所欲表達之概念內容，是最直接的探求意義之進路。聖人作《周易》以明此因聲求義之法，後人則需循此開物之學，以確實掌握字義，正確地了解先人文獻，才能實踐其中之義理。而我們必須注意的是：若依此，則站在上古先人的角度來看，乃先認知到概念意義之內容，再針對其性質創造具有指涉功能的語言，最後乃有《周易》將此中規律彙整為卦爻畫及《易》學相關論述。而站在後世習開物學之人的角度來看，則必須先研讀《周易》，了解其中的象數概念及卦爻系統，再研究漢語聲韻學，掌握言語音聲之架構，進而理解《周易》與聲韻學之間的關係，知悉八卦之象徵、與聲韻元素如何相應、各自反映何種意義中包含的主客關係論述等等。最後再分辨所得到的抽象敘述分別說明了該概念的何種性質，藉由這些性質來得知該概念的真正意義。換言之，已遠離上古時空環境、喪失開物學素養的後人，只能如同讀《詩》之人「以意逆志」（《孟子・萬章上》語）一般，摸索聲韻結構，而倒推出該概念內容之抽象描述，最後再加以詮釋之。

「持彼於我內」、「我境之所當」、「自彼來之物態對峙」等等這些用來形容各種主客關係的抽象語句，既然勢必也要成為被詮釋的對象，

那麼「如何詮釋」就成了無可迴避的問題。可以看到淇園規定了該意義的一個主要面向，從中析出若干性質以配合聲韻元素導出的抽象語句，而宣稱靠著這套方式才能得知該概念之真義。但事實上，不論淇園本人是否有意識到，我們都無法免除這樣的可能性：在這套模式中，並不是從各種抽象語句歸納出該概念所包含的性質，而是淇園先帶著原本對該意義的理解作為前見，再將之套用在這些抽象語句上，以求得到一套通貫一致的詮釋。例如「孝」字，是由於淇園本身已經擁有「繼承父祖之志」這樣的理解，作為他的前見，也就是關於「孝」之概念的基本框架，才使得他面對有關「孝」字的抽象語句時，能分辨出抽象語句指涉之面向為何。因此順序正好相反，是由於淇園已認識該字，才能使開物學之法導出的抽象語句看起來具有解釋效力，而非透過開物學之法的抽象語句來真正認識該字之義。

　　為了證明這個可能性，我們可以作一個簡單的思想實驗（thought experiment）：想定一個漢字「X」，其具備漢字的一切特徵，獨體單音節，構成此字的部件皆可於其他漢字中得見，該字亦可合理地依照漢語語法而被使用。我們只知其讀音，而不認識該字意義，從字形上也無法提供我們任何有助於理解該字意義的更進一步資訊。因為知其讀音，所以可以利用開物學之法，得到「持彼於我內」、「我境之所當」、「自彼來之物態對峙」等性質分析結果，這也是唯一所能據以利用的線索。接著我們隨即會發現，這些字句因屬抽象，並非針對特定情境，因此無法得知所指涉之具體性質為何，當然也就無法據以了解「X」的意義為何。也就是說，光憑讀音就想要利用開物學之法來了解該字意義，實際上窒礙難行。對於該概念內容的先行理解，反而正是辨別抽象語句所指為何的必要條件。而一旦能透過開物學之法來掌握字義，事實上正免不了包含對該字先有所理解。以此先行理解來套用在所得出的抽象語句，再以此結果來解釋該概念內容，這只能說是一種循環論證（circular argument），自然是無效的。既然光憑開物學所據以為核心的一字之讀音，不足以幫助我們了解該字意義，則勢必要同時具有對於該字形體結

構的認識，甚至是對該字意義的預先理解。於是乎原本的目的——掌握該字的意義其實早已達成，開物學的必要性終究蕩然無存。儘管淇園可以宣稱，不靠開物學之法而得到的該字意義，會與原義有所落差，但既然開物學本身其實不能成為一獨立自足的方法體系的話，則這套大費周章提出來的新說，也就沒有足以取代原有訓詁方式的力量。

淇園門下弟子眾多，乃一時大儒。然其身後，無人繼承其苦心建立的開物學，這套獨樹一幟的思想遂成絕學。可以說開物學從建立到沒落，在儒學史上都不能說有什麼影響力。而透過上述的分析也可以明瞭，開物學內部的各種先天缺陷，事實上也使得其註定要走向衰亡的結局。然而縱觀這套學說，亦不乏值得肯定之處。雖然淇園的思路往錯誤的方向發展，但在其原先的問題意識中，其實含有具備理性而足以闡發的部分。

淇園之學，著重在辨名審物。上一章曾提到，這可以說是一種以知識論為首出的思想，將根本著重在「人的認知」這一面，將正確地理解字義視作一切的前提。這與清代考證學所謂「訓詁明而後義理明」這樣的態度不可一概而論，前面也提到，淇園探求古義的思想，不同於仁齋、徂徠的文獻學進路，而可說是哲學進路，這也是因為他是直接從「人如何認知到意義概念」這一點開始去思考。[222] 儘管將重心放在聲韻學上這一點缺乏說服力，其後也很快地轉為解釋文字、文獻的方向，但不妨礙其出發點較文獻學來得更為基礎、更為深遠。

與朱子學脈絡下的「格物致知」相較，則也可以說，由於朱子學所欲「致」之「知」並非停留在對象，而是眾多對象背後之「理」，因

---

[222] 同樣試圖探討淇園開物學的知識論性格者，在先行研究中有濱田秀的〈皆川淇園論——「九疇」概念を中心に——〉，但他最多只認為從中可看到知識論的「象」，而仍然將淇園之學術性格判定為「解釋學之先行性」，而非「知識論之先行性」，見該文頁 47-48。但筆者認為，濱田氏之所以會有如此判斷，是因為他仍然著眼於淇園的「重視字義解釋」這一點。而誠如肱岡泰典所指出的，淇園的方法與仁齋、徂徠在本質上有所不同，未可完全一概而論。這一點是首先要留意的。然肱岡氏對於所謂的「哲學方法」，僅點到為止，並未細論。

此反倒較為強調豁然貫通的那個飛躍性過程，而非當下對一事物的認知活動。但事實上，人對於單一對象的認知活動，可以說是往後一切其他求知工作，乃至於歸納、演繹等推論進行的基礎，因此自有其重要性。雖然淇園之學畢竟不屬於真正現代哲學意義下的知識論領域，但將「人如何認知」這個問題列為首要，正有機會開出其相關研究，進而可探問「人的認知範圍為何」、「人如何確定所認知之內容為真」等問題。對知識論問題的關心，並不代表道德問題不重要，而是這原本就是一門可獨立於道德，又具備基礎地位的學問，也可以提供思想體系中的重要論證來源。很可惜淇園雖然曾觸及到這個契機，但隨即轉往《周易》與聲韻訓詁方面的論述，並未具體地開出知識論向度，這自然有其時代上內因外緣各方面的限制。但相較於其他人而能夠意識到人的認知活動之根本性地位，仍然是其值得肯定的特色。

另外，淇園在開物學架構中所展現出的，將各種意義性質進行抽象化描述的作法，固然如前文所述，造就了其體系中的一大缺陷，但其實也帶有進步的一面。在這些抽象語句中，我們可以看到淇園試圖將概念性質中所反映的主客關係進行分類，也等於是從不同角度來說明這些主客關係有哪些可能的呈現樣貌。儘管淇園為了配合《周易》八卦系統以及漢語聲韻架構下所固有的相關數字，而使得其列出的主客關係分類不僅帶有附會與缺乏理據的成分，也很難說已充分完備。但他確實努力地試圖用一套歸納過後的分類方式，去面對這些概念意義之性質所形成的集合。雖然就開物學本身的思想來說，從聲韻之規律到字義之間的掌握過程，應當是演繹而非歸納，但就建立此開物學的過程而言，確實經過了一番針對各種意義內容而歸納出「持彼於我內」、「我境之所當」、「自彼來之物態對峙」等這些描述的工作。

全體概念意義之性質的集合，事實上也就等於一切的事物。面對或抽象或具體，種類不一，千差萬別的各種事物，淇園以「主客關係」這個大框架來予以定位，根據此概念以及涉及該概念的其他個體之間的互動情形，列出可能的模式，再分配予八卦及相關的聲韻元素。於是乎

我們可以看到，淇園嘗試用一種較為超越性的眼光在看待各種不同的現象。這種超越性並非訴諸於形上學中另一層世界的安排，而僅是在現實世界中，從彼此殊異的現象提煉出隱藏在其背後的規則。這也不像「理一分殊」的宣稱一般，著重於一個具有統貫性的「理」，而是以複數的類別彼此交織形成由聲韻到意義的對應架構。因此，這裡所呈現的是一種更複雜的工作，需要對各種主客關係的可能性作出詳細的思辨，以求達到一種較抽象而超越，進而能以一套通則來涵蓋各種殊異現象的目標。

原本在《周易》的脈絡下，八卦也被各自填入所謂的卦德，此始於《彖傳》以「剛」釋乾卦、以「動」釋震卦、以「險」釋坎卦等作法。這也可以抽象性地作為事物運動形態的象徵，然淇園所制定的架構，同樣具備抽象性，且更為詳細地呈現不同個體間的互動情形，又能夠在不倚賴《周易》原本卦德的情況下另立新解，可以說是較為進步的。而淇園所設定的八卦象徵，固然也與原本《周易》中乾、坤分別象徵天地有所關聯，但也僅止於此而已。八卦原本的靜態事物象徵，如水、火、山、澤、雷、風等，大多不為淇園所取，而只專注於動態性的主客關係論述，這就顯得較原本的具體事物之象徵更為抽象，更能達到涵蓋眾多對象與情境的效果。

前面提到「以立虛象，故能生萬義」之言，以此為淇園開物學中一大缺陷，但事實上問題是出在淇園後續操作上的不當，使得抽象性淪為一種阻礙。就原本的初衷而言，將事物之現象描述抽象化，以求跨越限於具體情境的對象，而達到掌握通則的這一點，是十分合理又具有進步意義的。這種思維使人們得以用一種後設性的眼光，免除眼前現象的干擾而直探本質。淇園並未說明為何要特地重新制定符號來表示聲韻結構，且事實上由於開物學具有整體性的內在危機，故符號能起的作用也就十分有限。但不可否認的是，符號比起文字更為抽象，距離一般的有限而又容易造成混淆的自然語言更為遙遠，因此正適合用來進行抽象性的、全體性的分析。這可以說是一種將所欲探討的對象加以形

式化（formalize）的作法，也就是將之轉換為一種人工語言（artificial language），而能夠從複雜的現象中擷取重要的成分而形成系統性的架構。另外其實也可以說，就算淇園不自創符號，那些抽象語句由於不限定在任何單一情境事物中，因此也能夠被視作一種符號。這種試圖將眾多現象利用形式化的方式加以掌握的思想，不僅是日本江戶時代，在中日《易》學史乃至思想史中皆屬罕見。可以看到淇園的抽象思維已經達到一種獨特的高度，非一般沿襲舊有卦爻之象或單純操作數字來比附的象數作法可相比擬。準此，也可以說淇園為《周易》原本的卦爻象系統提供一種新的抽象思維，同時也不失為關於仔細分析事物概念成分而又能予以統整，形成一個具有刺激思考之功能的結構，並能夠應用在所有概念上的一種示範。

總而言之，淇園的開物學，在實際運用上是失敗的，絕對無法在歷史上長久立足。但是就其中的問題意識與架構來看，不乏高度原創性的一面，頗具哲學性。雖然淇園尚無法突破時代窠臼，而導致其僅仍舊具有揮之不去的神祕性，形成中村幸彥所說的「近代性與中世性不可思議的混合」，但其中的這個「近代性」，也就是關照到人類認知之問題以及展現出高度的抽象思維，就當時思想環境而言，實有其獨到之處。就《易》學的角度而言，他拆解《周易》元素並重新鑄造新定位，等於賦予《周易》新的面貌，其創新程度，在中日儒學史上恐無出其右者。因此，我們可以不用關心開物學在解釋字義上的效力為何，也無須依循開物學的方法。但不妨對淇園在《易》學史上的獨特性，以及其思想中所包含的進步元素給予肯定。

第四節　小結

本章探討了江戶時代儒學中，與《周易》相關的三個議題，分別為理氣論觀點、神祕性道德論以及開物學。而這三個議題也分別以不同的學派為主軸，理氣論觀點著重於介紹朱子學派與古學派、古文辭學派的

相關立場，神祕性道德論的焦點則放在陽明學派，開物學則屬於自成一家的皆川淇園。在這三個議題中所涉及到的人物，皆為江戶儒學史中具有代表性的儒者。本章用意在於藉由這樣子的安排，以《周易》作為切入點，呈現出這些議題下的相關重要人物的學說，並對其思想結構加以分析，除了反映江戶儒學史的某個面向之外，也同時觀察《周易》在其中所開展出的新面貌。

透過這些議題，可以看到這些各學派中具有代表性地位的儒者們，如何將《周易》納入自身思想體系中的核心，同時也利用來自《周易》的資源，建立具有特色的說法。在第一節探討的理氣論觀點中，可以看到朱子學者如同程頤、朱熹一般，宣揚其中所包含的體用、太極、形而上形而下等重要概念，以作為理氣二元論的依據。同時，在直方、絅齋、尚齋等崎門學者手上，又展現了日本本土思維中對「理」的去超越化性格，而連帶影響到其對《周易》的運用。但大致上仍然是屬於理氣二元論的立場。而以仁齋、東涯為代表的古學派、立場與古學派相近的素行以及晚年的益軒，以及以徂徠為代表的古文辭學派，作為江戶時代朱子學的質疑者，乃以子之矛攻子之盾，同樣利用《周易》來表達對超越性之「理」的反對，或主張氣一元論，或著力於對普遍而一貫之「理」的存在表示否定。不管這些儒者是否以朱子學繼承者自任，都可以看到《周易》乃是他們甚為重視的武器，而這同時也可以說是中國理氣論問題的延續與拓展。

第二節處理的對象是陽明學者的神祕性道德論，在此相關學說的建構下，我們看到屬於陽明學派的藤樹與蕃山二人，皆試圖極力抬高《周易》的地位。強調《周易》地位這一點在思想史上並不罕見，但此二人特殊之處在於融入了人格神的色彩，而又與他們固有的宗教意識極為相關。藤樹以《周易》為太乙尊神的體現，蕃山拆解《繫辭傳》文句而作〈心法〉圖，來宣揚其具有神性意味的良知之說，這些表現就儒學角度而言可謂十分特殊。而正因為兩人皆具有對日本傳統神道思維的關懷，使其思想皆與宗教意識不可分割，乃在利用《周易》建立其論述時開展

了此充滿神秘性之向度。

　　第三節談到了「開物」一詞在江戶儒學中有益軒將之作為認知意義的前例，而主要將焦點集中在淇園從人類認知過程出發，目標在於正確解釋字義，以求切實掌握義理的開物學思想。淇園的原創性不僅在於結合《周易》與漢語聲韻學兩者，還在於他幾乎將《周易》原有的脈絡盡數扭轉，以達成其建立自身體系的目的。雖然就結果而言，開物學幾乎可以說沒有實際應用的價值，但淇園所展現出的對抽象思維的敏銳程度，以及運用《周易》資源來建構自身體系的原創性，仍然使得他值得被記上一筆。

　　利用《周易》來建立自身思想的表現，無非是因為對於這些儒者而言，《周易》不僅僅是因為其屬於儒家經典而具備重要性，更重要的是因為其本身就含有極大的詮釋空間，兼論天道與人道而營造出一個有機聯繫的世界觀，而卦爻象符號系統又因其抽象性，而足以供人根據其思想體系之需要而塑造脈絡，開展出相應之《易》學哲學。經過本章的探討之後，可以看到《周易》確實參與了江戶時代儒學思想的發展，不僅有延續中國思想問題的一面，也有對屬於日本儒者之獨特思考提供養分的一面。江戶時代儒者對《易》學元素的運用，正說明了《周易》在跨疆域視角下的重要性以及用途。

　　下一章將從儒學論爭的角度，選取與《周易》相關的部分來探討，觀察《周易》在此所具有的地位。

第五章
江戶時代儒學論爭議題中的《周易》

Chapter 5

　　所謂的思想史，或是說學者的思想，並非孤立的個人所能自足建立，而是在眾人彼此間的互動中開展。學者們在學習、築基以確立自身學思體系的階段中，勢必要經過與前人思想搏鬥的過程，必須對典籍與詮釋進行理解，予以吸收或批判，凝煉自我觀點，可以說自身學習的過程已然蘊涵著與他人的互動。而在其後的自我思想表述階段，也等於是在同樣的問題上回應他人，提出自己的答案。投身於思想研究者，莫不含有這樣的學思歷程，而使思想史得以持續不斷地向前發展。此外，就共時面而言，由於各人先天後天環境不同，自然會造就不同的思考與偏性，而使思想不可能絕對地定於一尊。學者彼此之間會進行對話，會在共同的論域上交會，這又與思想發展有密不可分的關係。因此可以說，思想史的進行，不是點與點連成一直線的這種靜態模式，而是彼此交織成網，互相影響的動態模式。

　　在各種交會互動中，「論爭」是較為重要的一種形式。論爭意味著雙方在思想上產生根本性的歧異，而在陳述自身主張的同時又批駁對方與己相異處。透過論爭，可以看到某學者的思想體系受到挑戰，從而披露其中潛藏的缺陷，或是為自身思想進行辯護甚或反擊。這之中展現的是一種即時性的、多方面的思維運用，也勢必會與獨白式的表述不同，而是含著與人對話的意識，因而往往有更深刻的面貌，並具有刺激思想進步的正面功能。於是乎學者之間的論爭自然也成為思想史上的重要面向。學派內部與學派之間，都會產生思想論爭。例如觀察百家爭鳴的中國先秦思想時，若忽視涉及學派之間的批評之見，則將會遺漏學者

思想的部分本質；探討唐代道教所擁有的「道性」這種新概念時，若不考慮六朝以來的佛道論爭，則終將未能窺見全豹。明代興起的三教會通風氣，更是不妨放在思想史經過長期的三教互相衝突而引起的改變，終致產生同質性這個背景來理解。就學派內部而言，例如荷澤神會（684-760）掀起的「南頓北漸」之爭，是提到禪宗史時不可迴避的事件；研究朱熹思想時，也不能忽略其與陸九淵、陳亮（1143-1194）等人之間的立場差異所導致的論戰。論爭作為一種思想活動，或是說思想史事件，其在研究上的重要性無庸置疑。

　　經典既然在思想體系之形成上有不可或缺的地位，那麼在思想論爭中又有何種作用？在前兩章討論了《周易》在江戶時代儒學中重要的解經著作以及思想體系影響，接下來將以儒學內部論爭中與《周易》相關的部分為主題加以析論。本章揀選發生於崎門朱子學的「敬內義外」論爭，以及針對徂徠學進行批判的反徂徠學思想這兩個課題作為探討對象，此皆為江戶時代儒學史中的重要論爭活動，並同樣在相當大的程度上涉及《周易》。再者，朱子學乃江戶時代儒學之底蘊，而徂徠學則代表日本儒學原創性之高峰，兩者可謂江戶時代儒學之兩大中心。故與此相關的論爭活動，當值得關注。筆者擬藉此呈現《周易》在這方面的影響，作為江戶時代儒學史的一個面向。

第一節　崎門弟子破門事件：《文言傳》「敬內義外」詮釋論爭

　　前一章所提到的崎門三傑，也就是佐藤直方、淺見絅齋、三宅尚齋三人，為闇齋門下一時俊秀。其中尚齋入門甚晚，真正在闇齋門下長時間學習的乃是直方與絅齋。但此二人卻與闇齋之間產生嚴重齟齬，而被逐出門牆，在儒學史上留下許多值得探討的空間。《先哲叢談》中的相關記載如下：

　　及闇齋晚年唱神道，（直方）則不能無疑，是以竟削弟子籍。

直方又作〈敬義內外考論〉，曰：「《易‧文言》『敬義內外』，此乃以心與身言之『敬義』。先生以為身與內，家國天下為外。予辯之不止，由是遂得罪於先生，不出入於師門者幾二年。」由此觀之，其為闇齋所絕者，非推不奉神道。[1]

（絅齋）後不從闇齋敬義內外說，又不喜神道，遂不見容。闇齋沒，後悔其叛師，炷香謝罪云。蓋闇齋倡神道，一時及門弟子皆靡之。而堅守舊說，不少變動者，不過絅齋及直方、尚齋數子耳。[2]

闇齋學思歷程中即已包含神道之面向，曾從神道家吉川惟足（1616-1695）學習。晚年創立含有朱子學元素的「垂加神道」，招致直方、絅齋等人之不滿，終生衝突，乃有破門事件。而另一重要的衝突點便是對《周易‧坤卦‧文言傳》「敬內義外」一段的詮釋差異。此乃與《周易》相關的江戶時代儒學論爭之一。

一、程頤與朱熹的「敬內義外」之解

坤卦六二爻辭云「直方大，不習无不利」，《文言傳》詮釋為：「直，其正也；方，其義也。君子敬以直內，義以方外，敬義立而德不孤。『直方大，不習無不利』，則不疑其所行也。」若依此解，則「直」、「方」作動詞，具有匡正、規範、以道德修飾，使其往正向發展之義。「敬」與「義」則為德行，分別用來匡正內外，也就是內心與外在行動。以恭敬之情作為心性上的工夫，使意念之發動源頭處得到善的保證；以正確的道德規範來指導外在行為，使自身行動能合乎善行的標準。確立此「敬」與「義」之德行，則立身處世皆能遵循正道而無所不利，並能不致迷惘。除了「直」、「方」二字來自爻辭本身之外，「敬」、

---

[1]　原念齋：《先哲叢談》，頁 259。
[2]　同上註，頁 265-266。

「義」、「內」、「外」四字皆為《文言傳》進行轉化性詮釋而增字解經的結果，且成為此段詮釋的最核心概念。雖屬增字解經，但也開出了龐大的道德論述，尤其是內在心性論的向度，而成為後世朱子學所利用的資源。因此，《文言傳》雖本為解經而作，但後世關注之重點卻落在原本六二爻辭所無的「敬」、「義」、「內」、「外」四字之上。

接著來看程頤與朱熹對此的理解。程頤在解釋《文言傳》此處時說：

> 直，言其正也；方，言其義也。君子主敬以直其內，守義以方其外。敬立而內直，義形而外方。義形於外，非在外也。敬義既立，其德盛矣，不期大而大矣，德不孤也。无所用而不周，无所施而不利，孰為疑乎？[3]

程頤的詮釋中又稍微對原意作了些許改變。「直」與「方」除了動詞之外，在此又同時被當作形容詞，形容經由「敬」、「義」之德行加以匡正後的狀態。另外，雖然《文言傳》原文脈絡中建立了內外之別，但程頤此處言「義形於外，非在外也」，大有以內在心性統攝外在行為的意味。首先要考慮的是，何以程頤又特地加入此《文言傳》所無之義？關於這一點，或許可以解釋為程頤試圖將之與孟子思想調和。眾所皆知，告子持「仁內義外說」，而為孟子所批評。在《孟子·告子上》中記載了相關論辯。告子的「義外」與孟子的「義內」相對，而之所以有此差別，乃在於兩人對「義」所規定的內涵不同，出發點自然也就不同。告子的理由是「長楚人之長，亦長吾之長，是以長為悅者也，故謂之外也」，也就是著重於合乎「義」的行為所施予的對象，是就外在情境的角度來看待「義」，將決定「義」的本質放在外在對象上，故歸之於外；而孟子以「嗜秦人之炙，無以異於嗜吾炙」之譬喻，來主張「義」屬於人內在之性。作為四端之一的「義」，本為人內心先天所具的行善

3　程頤：《易程傳》，頁712。

動能之一，故具有普遍性。孟子以味覺作譬喻，正顯示出他認為此為產生於內在的本能，而非外在對象不存在，則其亦不存在。

其實嚴格來說，並無法藉此認為孟子已成功反駁告子，尤其是在《孟子》書中並未交代論辯後續的情況下。蓋兩人對於「義」的內涵規定自始便不在同一立基點上，此中無絕對的對錯之分。然而隨著《孟子》的經典化，告子成為異端[4]，孟子思想獲得主流地位，則如何以孟學為核心元素，去貫通其他儒家經典，便成了後世儒者的任務。[5]孟子以「義」為內，《文言傳》則言「義以方外」，程頤將之調和的方式便是加一「形」字，表示「義」係以內在之敬為根本，而成形於外表，使外在行為能稱得上是「義」。如此則「義」仍屬於內在之德行，故曰「義形於外，非在外也」。當然這很難說是《文言傳》此處的原義，然將「敬」、「義」皆作為內在之德行，確實有助於心性工夫論述的建構，也成為朱子學中修養論的資源。此外，再來看程頤另一處使用「敬以直內」一詞的方式：

> 「敬以直內」，有主于內則虛，自然無非僻之心，如是則安得不虛？「必有事焉」，須把敬來做件事看。此道最是簡，最是易，又省工夫。為此語，雖近似常人所論，然持之必別。[6]

這裡論述的是一種道德修養工夫，而以「敬以直內」為綱領。從「主于內則虛，自然無非僻之心」來看，指涉的工夫正是在內心層面上的涵

4　例如朱熹在弔祭陸九淵時，形容為「可惜死了告子」，隱有貶意。見黎靖德編：《朱子語類》卷124，頁2979。

5　如果以現在的角度，將出土文獻納入視野中的話，根據郭店楚簡中〈六德〉一篇提到的「仁，內也；義，外也；禮樂，共也」一句，事實上可以得知仁內義外之說確實曾在先秦儒學，或是說子思學派中佔有一席之地，有其理路存在，未必可簡單地加以拒斥。然此已非本文重點所在，姑不詳論。〈六德〉之仁內義外分析，可參考陳麗桂：〈先秦儒學的聖、智之德──從孔子到子思學派〉，《漢學研究》第三十卷第一期（2012年3月），頁1-25。

6　程顥、程頤：《河南程氏遺書》卷十五，《二程集》，頁149。

養，從心靈狀態下手，以作為最根本的實踐方式，也正因如此，才可說是「最是簡，最是易，又省工夫」，這也可以說是程頤「涵養須用敬」工夫結構的一環。總而言之，「敬以直內」之「內」，在程頤手上係屬於內心義。

至於《周易本義》則將之解釋為：

> 此以學而言之也。正，謂本體。義，謂裁制。敬，則本體之守也。直內方外，《程傳》備矣。不孤，言大也。疑故習而後利，不疑則何假於習。[7]

朱熹以「本體之守」來解釋「敬」，也等於是引入「本體」的概念來作為內在的道德本源，也可以說是反映天理的「性」。而「敬」此一德行的實踐乃是為了確保此本體不被蒙蔽，持續顯現，以促成外在的道德行為。另外，朱熹曾盛讚道：「只是『敬以直內，義以方外』八箇字，一生用之不窮。」[8]可見此句於朱子學中之地位。眾所周知，朱子學之修養論，特別是中和新說的架構中，「敬」為一大要素。所謂「學者工夫，唯在居敬、窮理二事」[9]，正表現出朱熹所重之為學下手處。《文言傳》中此有關「敬」的段落，正可為其所用。因此他說：

> 敬，只是收斂來。程夫子亦說敬。孔子說「行篤敬」，「敬以直內，義以方外」。聖賢亦是如此，只是工夫淺深不同。聖賢說得好：「人生而靜，天之性也；感物而動，性之欲也。物至知知，然後好惡形焉。好惡無節於內，知誘於外，不能反躬，天理滅矣。」[10]

這正是朱熹引用《文言傳》該處來強調「敬」之工夫的例子，也可以

7　朱熹：《周易本義》，頁44。
8　黎靖德編：《朱子語類》卷69，頁1739。
9　黎靖德編：《朱子語類》卷9，頁150。
10　黎靖德編：《朱子語類》卷12，頁208。

說他對於內在之「敬」德的理解係繼承程頤而來。「敬」為內心所為之工夫，因此朱熹亦以「心」之本體來解釋「內」，例如他曾說「卓然堅起自心，便是立，所謂『敬以直內』也」[11]、「未發之際，便是中，便是『敬以直內』，便是心之本體」[12]，皆屬此類。

　　而正如同程頤試圖就內在角度，將「敬」與「義」合為一體一般，朱熹也採用這種作法。他說：「方未有事時，只得說『敬以直內』。若事物之來，當辨別一箇是非，不成只管敬去。敬、義不是兩事。」[13]「須是徹上徹下，表裏洞徹。如居仁，便自能由義；由義，便是居仁。『敬以直內』，便能『義以方外』；能『義以方外』，便是『敬以直內』。」[14]「若無『敬以直內』，也不知義之所在。」[15]「『敬以直內』，便能『義以方外』，非是別有箇義。敬譬如鏡，義便是能照底。」[16] 這些想法表明，「義以方外」需以「敬以直內」作為根本，也就是說持敬之工夫仍舊是心性修養第一義。「義以方外」是持敬的結果，以內在之恭敬整肅態度，使外在行為得以保持方正。依此理解，即可充分體現朱熹重持敬工夫的理由。連帶的，「敬以直內，義以方外」也就成為朱子學派中用以表述工夫論的重要典籍文句，亦為其援引《周易》文句而加以轉化詮釋之一例。

二、山崎闇齋的「敬內義外」之解

　　闇齋對「敬內義外」的解釋，可以其〈記朱書抄略後〉一文為代表。全文皆圍繞《文言傳》此句而展開，現將其引用於下：

11　黎靖德編：《朱子語類》卷 59，頁 1415。
12　黎靖德編：《朱子語類》卷 87，頁 2262。
13　黎靖德編：《朱子語類》卷 12，頁 216。
14　黎靖德編：《朱子語類》卷 15，頁 287。
15　黎靖德編：《朱子語類》卷 45，頁 1160。
16　黎靖德編：《朱子語類》卷 69，頁 1739。

「『敬以直內，義以方外』八簡字，一生用之不窮。」朱子豈欺我哉？《論語》君子「脩己以敬」者，敬以直內也；「脩己以安人」、「脩己以安百姓」者，義以方外也。《孟子》「守身，守之本」者，敬以直內也；「君子之守，脩其身而天下平」者，義以方外也。《大學》「脩身」以上，直內之節目；「齊家」以下，方外之規模。明命赫然，無有內外，故欲明明德於天下也。《中庸》九經「脩身也，尊賢也」，此直內之事，其餘則方外之事也。「誠者非自成己而已也，所以成物也。成己仁也，成物知也，性之德也，合內外之道也。故時措之宜也」，夫成己內也，成物外也。是故程子曰「敬以直內，義以方外，合內外之道也」，又曰「敬義夾持，直上達天德自此」。夫八字之用不窮如此，朱子不我欺矣。[17]

在此可以看到闇齋說法的最大特徵：有關「義以方外」一句的解釋，在其手上往外王之道，也就是朝向政治實踐的方向發展。透過上述對程、朱「敬內義外」之解的整理，可以看到在原本的朱子學脈絡下，「內」與「外」事實上都鎖定在個人的層面，甚至大有合而為一歸之於內在心性的傾向。但若是照闇齋的解釋，則「敬內義外」的工夫修養論述，就不僅僅是側重在個人道德實踐的成立而已，而是必須有關乎外在的功業，建立穩定的政治秩序，以使眾人受其教化並得以安居。

在此，他將「敬內義外」一句連接到《論語‧憲問》中子路問君子，孔子答以「修己以敬」、「修己以安人」、「修己以安百姓」之篇章，又結合《孟子‧離婁上》「守身，守之本也」以及〈盡心下〉「君子之守，修其身而天下平」兩個不同篇的文句，以分配與「內」、「外」代表的內聖和外王之實踐。同樣為之引用的，還有《大學》八德目所包含的，達到「明明德於天下」的序列。此序列以「修身」和「齊家」為

17　山崎闇齋：〈記朱書抄略後〉，《垂加草》卷十一，據《山崎闇齋全集》上卷，頁90。

界，亦可分作內聖與外王兩部分，而成為闇齋詮釋的根據。而此處最重要者乃《中庸》之句，就闇齋看來，明確講出「合內外之道」（原文為「合外內之道」）的《中庸》該段落，與《文言傳》同樣使用了「內」、「外」字眼，其義理相通，所言之「成己」與「成物」，正對應到「敬以直『內』」和「義以方『外』」兩者，分別揭示了培養內在德行與使他人得以於穩定秩序下安居的兩種道德之功。

　　闇齋此處作法，係為「以經解經」。所謂「以經解經」的詮釋方式，可分為訓詁層面與義理層面兩種。訓詁層面的「以經解經」，乃是基於經書之間彼此成立年代相近，在字詞用法上有較可靠的同質性，故可以其他經書中尋找同一字的用法，以作為本經該字意義之解。這種層面的目標是確實的文獻考據，自有一套嚴謹的訓詁模式以及文字學、語法學脈絡作為指導。而義理層面的「以經解經」，並不是建立在嚴格的歷史考證上，而是出於想要將經書共同組織在一個一貫的思想架構下的企圖。蓋所謂的五經乃至於十三經，係皆於儒學系統下取得經典化的地位，儒者們大多以之為最終極的真理承載者。因此自然而然地產生一種思想，認為經書所言之內容是共通的，揭示了同一種道德體系而彼此相融貫，故可以此經證彼經。闇齋所引述的程顥之言[18]，以《中庸》「合內外之道」一句釋《周易》，無非也是此思維的體現。當然，就歷史事實而言，我們知道各經書成立的脈絡並不相同，非成於一人一時一地之手，更絕非如傳統說法中的係出於孔子所作。因此這種義理層面的「以經解經」作法，正是一種轉化性詮釋的表現。儘管依循此方式來解經的儒者，會認為自身所持的正是經書原義，但就此思維模式來看，確實不得不說這只能是詮釋者自行設想出的經書面貌，而非取得了來自考證方法上的根據。然而另一方面也可以說，重點不在於所導出的詮釋是否真合乎經書原義，而是解經者灌注於詮釋中的思想內容為何、如何透過申

18　程顥曾言：「『敬以直內，義以方外』，合內外之道也。（自註）釋氏，內外之道不備者也。」見《河南程氏遺書》卷十一，《二程集》，頁118。

述此融貫的道德系統來呈現，能否對道德教化與實踐的行動有所助益。

　　回過頭來看闇齋此解，可以說是基於將《周易》、《論語》、《孟子》、《大學》、《中庸》等經書視作一貫之系統，而在詮釋上進行連接。朱熹解釋「敬義內外」時，著重的是《文言傳》此處所蘊涵之內在心性論的色彩。而闇齋之解，不僅為《文言傳》原文所未言之思想，且與朱熹說法之間又有大幅度的差異。雖然此處首引《朱子語類》之句，強調「朱子不欺我」，大有祖述朱熹思想之意，而且也可以說闇齋擴大「敬內義外」的內涵，用意在於呼應朱熹所說的「一生用之不窮」，但無論如何，總是對朱熹之言作了一次的轉化性詮釋。在此固然不能說朱熹對「義以方外」的理解完全排斥有關外王性質的、屬於外在政治事功的向度，但這不妨礙朱熹並未將之明言表現出來的事實，尤其是在其著力於強調「義」與內在之「敬」之連結的情況下。因此，以朱子學者自居的闇齋，卻對作為朱子學心性論重要根據的「敬內義外」之句抱持著這樣的理解，確實可以說是非常特殊的表現。

　　另外在《文會筆錄》中，也存在著關於這方面問題的線索。上一章曾介紹過，《文會筆錄》為闇齋收集朱子學者相關文獻的成果，可以視作闇齋朱子學思想的體現。闇齋試圖透過這樣的編輯工作，呈現其心目中完備而可靠的朱子學面貌。然而在其中，闇齋也表現出與朱熹不同的想法，「敬內義外」的相關理解正是一例。有關朱子學「敬內義外」部分的文獻彙整，見於《文會筆錄》七之三。其中引用了程頤、朱熹及其他著名宋儒對此句的相關說法，但其中頗有耐人尋味之處。首先，闇齋引述《文言傳》原文後，特地說：

> 嘉謂：此「內」、「外」與《中庸》同，故程子曰：「敬以直內，義以方外，合內外之道也。」《本義》：「正，謂本體。義，謂裁制。敬，則本體之守也。直內方外，《程傳》備矣。」此《易》之本指，平淡中有餘味焉。程、朱專指心為內之說，有之為喫緊切要，但非《易》之本指也。朱子或以窮理

說「義方」，亦非本指也。各自致詳可也。[19]

號稱「學朱子而謬，與朱子共謬也，何遺憾之有」，對朱子學抱持著崇敬之心的闇齋，卻在此明言朱熹所言非《周易》本旨，值得注意。程、朱強調內心的「敬」之工夫，擴大了「敬內」一詞的心性論向度，而闇齋則不認為《文言傳》原文所謂的「內」為內心，顯然不完全認同朱熹之說。另外，此處又不以朱熹對「義方」之理解為是，這又可見之於《文會筆錄》的另外一條札記：

> 《語類》曰：「『敬以直內』，是持守工夫；『義以方外』，是講學工夫。」又曰：「『敬以直內，義以方外』，只是此二句。格物致知，是『義以方外』。」嘉謂：此義方之說，非本指也。[20]

朱熹將「義以方外」連結到格物致知之概念，係其所作之轉化性詮釋。如此一來，即可與「敬以直內」分別對應到居敬與窮理兩項重要工夫，而闇齋則專以《中庸》「成物」、「合內外之道」等強調事功面的角度來理解「義以方外」的思想。關於這一點，又可從《文會筆錄》中所引的另外一條文獻中看出端倪：

> 《中庸輯略》：「楊曰：『《大學》自正心、誠意至治國家天下只一理，此《中庸》所謂「合內外之道」也。孔子曰：「子帥以正，孰敢不正？」子思曰：「君子篤恭而天下平。」孟子曰：「其身正而天下歸之。」皆明此也。』又曰：『知合內外之道，則禹、稷、顏子之所同可見。蓋自誠意、正心推之，至於可以平天下，此內外之道所以合也。故觀其意誠心正，則知天下自是而平。觀天下平，則知非意誠心正不能也。茲乃禹、

19　山崎闇齋：《文會筆錄》七之三，《垂加草》卷十七，頁341。
20　同上註，頁344。

稷、顏回之所以同也。』」[21]

程顥以《中庸》的「合內外之道」釋《文言傳》之「內」、「外」，究竟詳細的思想結構為何？由於在《河南程氏遺書》中只有如此短短的語錄式話語，難以看出程顥的用意。只能保守地說，其乃是基於義理層面的以經解經作法，而將文字相近的《中庸》與《文言傳》相關段落合在一起，有圓融之風，但未必經過嚴格的思想論證。也就是說，光從這段話來看，也難以得知程顥是否確實以「成己」、「成物」的概念去理解「敬內義外」，是否與程頤在《易程傳》中的想法不同。儘管如此，這卻對於闇齋產生近乎指導性的作用，因而在《文會筆錄》中引用之，進而引述《中庸輯略》的相關段落。《中庸輯略》成於石𡷗之手，並經過朱熹刪定，可視為代表朱子學思想的著作。但問題在於，此處引文與「敬以直內，義以方外」無涉，為何被闇齋引用，且與其他「敬內義外」相關的文獻放在一起？最好的解釋就是：闇齋依循程顥之言，以《中庸》「合內外之道」作為「敬內義外」的註解。因此在編纂《文會筆錄》時，於「敬內義外」部分加入《中庸輯略》的相關內容。接著從《文會筆錄》引述的內容中，可以看到《中庸輯略》此處乃宣揚政治事功的價值，並以《大學》八條目為「合內外之道」的體現。

這也表示，闇齋於〈記朱書抄略後〉中所顯現的思維，其實早已顯露在《文會筆錄》中。闇齋作〈記朱書抄略後〉的時間為延寶八年（1680），與直方、絅齋之間的衝突亦勃發於此時。該年距離闇齋過世尚餘兩年，故〈記朱書抄略〉中對「敬義內外」的詮釋，可視作闇齋晚年定說。但事實上，此並非興起於闇齋晚年，而應當將之視為其長時間思索，而從朱子學文獻（非朱熹本人之言）中得到的結論。這一點從〈記朱書抄略後〉中將《文言傳》與《中庸》結合《論語》、《孟子》、《大學》的作法，其實早已表現在《中庸輯略》上，而為《文會筆錄》

21　同上註，頁 343。

所引的這個現象中即可得證。比起闇齋於〈記朱書抄略後〉所宣稱的
「朱子不欺我」，其於《文會筆錄》中所說的「非《易》之本指」，恐怕
才真正表達了闇齋對朱熹之解的看法。

　　至此，可以看到程顥與《中庸輯略》，都是闇齋將「義以方外」往
外王性的、政治事功方向詮釋，進而與朱熹產生距離的影響來源。那
麼，闇齋又何以排斥以「心」來解釋「敬以直內」？關於這一點，必須
先暫時放在一邊，從直方和綱齋如何不滿於師說，而提出自身的「敬義
內外」詮釋來談起。

三、佐藤直方、淺見綱齋的「敬內義外」之解及其反對者

　　根據直方所著之〈敬義內外考論〉，其中提到：

> 《易・文言》「敬義內外」，此乃以心與身言者。而程、朱明
> 說，不可移易矣。往年敬義先生（按：即闇齋）講《近思錄・
> 為學》「敬義內外」，有身為內，家國天下為外之說。當時門人
> 或信或疑，信疑相半，辯論紛然，至為學友之爭論焉。予時偶
> 有疾，不待于講席日久。同友之徒，日來問內外之說者眾。予
> 亦以先生之說為非，辯之不止，由是遂得罪於先生，不出入於
> 師門者幾二年。淺見安正（按：即綱齋）不得已而著《敬義內
> 外說》，以發明程、朱之正意，而解釋學者之疑惑。今讀孔孟
> 程朱之書而曉其文義者，一觀之則不待辯詰而可以自識其旨，
> 何疑之有乎？[22]

　　闇齋對「敬內義外」的詮釋，不僅與《文言傳》原義有異，亦已與
朱子學產生距離，故其解招致門下直方、綱齋的質疑。雙方衝突愈形劇
烈，終致闇齋一怒之下，將直方破門逐出。綱齋因此特地著述以駁之，

22　佐藤直方：《韞藏錄・卷二・敬義內外考論》，《佐藤直方全集》，頁15。

亦遭破門。因較先寫下論著者為絅齋，故在此先來看其所持之論。

　　絅齋著有《敬義內外說》，以自設問答的形式鋪陳，在其中稟承朱子學傳統說法，而不從其師說。他開宗明義說：

> 「內」謂心也，「外」謂事物也。敬則守心之道，而義則心之制事之宜也。「直內」者，正心之本體而無邪曲也；「方外」者，處事接物各制其宜而截然方整也……此程、朱之說，聖學之實也。23

這種想法依循朱熹之解，大致上與《周易本義》吻合。他又強調：

> 上文既曰「直，其正也」，則是指本體而名之。而又謂之「直內」，則是正其本體之謂也。既曰「方，其義也」，則是以本然之制，事物之宜而言之。而又謂之「方外」，則是制其事物之謂也。24

也就是說，絅齋既肯定傳統朱子學對《文言傳》該處的解釋已合乎原義，又認為以心為「內」、以外在事物為「外」的這種思想，已可作為完備的為學之道。接著，絅齋又引程、朱有關「敬內義外」工夫之諸說，以佐證此於朱子學思想中的重要性。例如前文所引述的「卓然堅起自心，便是立，所謂『敬以直內』也」一句，不載於《文會筆錄》中，可看出闇齋對此的排斥態度，相對的則在此成為絅齋所引文獻的一部分。對於所謂的「內」、「外」，絅齋又說：「『內』、『外』字本以表裡主客彼此相對為義，故隨其所用，各有所主，不可以一事指定也……而惟因其語求其意，則所指之實可見。」25 闇齋依循程顥之言，連結《文言傳》與《中庸》之「內」、「外」，而成為其論述骨幹。絅齋此處所言，

23　淺見絅齋：《敬義內外說》，收入關儀一郎編：《日本儒林叢書》第六冊，頁1。
24　同上註，頁1。
25　同上註，頁3。

則顯然是針對闇齋「敬內義外」之解的結構中，運用義理層面之以經解
經方式而作的批判。

至於從程顥之言又延伸到《中庸》的「成物」與「合內外之道」的
部分，絅齋又表示：

> 曰：「程子又嘗有曰：『敬以直內，義以方外，合內外之道
> 也。』夫《中庸》『合內外之道』，正以成己成物言之，則程子
> 之言，非專以心而言也。且以內為心，則離身而指心，不務躬
> 履之實，徒恃警惺之約，以為存心，方將陷于異端之流而不自
> 知也。其悖于修己以敬之訓，而得罪于聖門也甚矣。而子以為
> 聖學之實，其說可得聞乎？」曰：「《中庸章句》曰：『仁者體
> 之存，智者用之發，是皆吾性之固有，而無內外之殊。已得於
> 己，則見於事者。以時措之，而皆得其宜也。』以此詳味之，
> 則本文之旨，程子之說，實亦以心言之也⋯⋯而其為本體也，
> 實主乎一身，而萬事所根。是以一體一用，雖有內外之分，而
> 其要歸樞紐，則心焉而已矣。此又直內所以為聖學之本領也。
> 故程子以寂然感通為心之體用，張子有心統性情之說，而朱子
> 亦曰『人之為學，心與理而已矣。心雖主乎一身，而其體之虛
> 靈，足以管乎天下之理。理雖散在萬物，而其用之微妙，實不
> 外乎一人之心。初不可以內外精粗而論也』⋯⋯然人之有心，
> 既已為一身之主，而賦受之初，與生俱生，則其根苗脈絡，實
> 與身體混融通貫，未嘗相離焉。故凡身之視聽語默動用食息，
> 無非即是心之實。而心之所以藏往知來，制事宰物，亦未嘗不
> 與身相關焉。是以凡聖賢之言，未始分為判然二物。而其用力
> 也，則又不令徒存心，而必使即其身就其事⋯⋯惟此便是所以
> 為心之全體，而其涵養積累，固已與身熟而無間矣。程子所謂
> 『制于外，所以養其中』，可謂一言以蔽之。而《中庸》『成己
> 成物』，所以為性之德，而合內外之道者，正為此也爾⋯⋯而

　　若懲離身指心之弊,諱以內為心,必欲解以身,則雖如端的有
　　餘,而反不免分身心為兩塗。不直指心地之為本源,則仁義體
　　用之實不明。況此章之義,《程傳》、《本義》,簡易明著已如
　　彼,而終身雅言反復喫緊又如此,則內之為心,於聖門之訓,
　　有何所悖,而不敢信而守之哉?……苟不察乎此,輒以其遺身
　　之弊斥之,則吾又恐聖賢之言,不勝其可病,而朱子所謂聖學
　　之本統者大頭腦者,將或反不見其端的矣。夫能明乎此,則與
　　彼釋氏直指人心之說,不特天壤也,其又何患亂吾直內之實功
　　哉?」[26]

　　筆者之所以不避繁瑣冗贅而大幅引用之,實因此處可謂絅齋之要旨所
在。《敬義內外說》之撰作緣由,本因絅齋與闇齋思想之間的衝突而
生,故其中立論皆針對闇齋「敬義內外」之解的要素而發。在此,設問
形式中的提問者,其實正可視作闇齋想法的體現。這一段圍繞的主題是
闇齋不認同程頤乃至朱熹以「心」來解釋「內」的作法,從中可以大
致抽繹出幾點原因:一、程顥以《中庸》「合內外之道」來解釋「敬內
義外」,而循之以連結到《中庸》的「成己成物」時,該段落僅言「成
己,仁也」,是整體德行行為的確立,未深入內在心性層面,且整段之
重點在於「誠者非自成己而已」以及「成物」,而非心性上的論述;
二、強調內在心性,等於將心抽離身來討論,容易流於袖手空談心性,
為佛家異端之說,而不以外在實踐為重,與《文言傳》、《中庸》之言相
違背。這就是闇齋不以心性義來詮釋「敬以直內」,又試圖將「義以方
外」導向政治事功層面的原因。[27]

　　而絅齋引《中庸章句》的文字來主張《中庸》與程顥之言的主旨,

26　同上註,頁 3-8。

27　直方所留下的記載在這方面亦可與之相呼應。他曾提到闇齋的想法是「以『心』
　　為『內』,則為佛見」(原文:「內ヲ心ト計リ云エバ、佛見ニナル」)。詳見佐藤直
　　方:《韞藏錄》卷九,《佐藤直方全集》,頁 156。

其實在說服力上不免有點薄弱。因闇齋的主張正是《中庸》該處並未言心性，連帶地使其不以內在心性來理解《文言傳》，判定朱熹所言並非本旨。若絅齋仍僅以《中庸章句》之言當作根據，則等於僅以闇齋所斥之對象來反駁之，並未取得超出闇齋論證結構之外的資源。然而相對的，絅齋在其後雖用意仍在於祖述朱子學，但也並非單純羅列文獻，而是同時提出心身位階之思想論述，以說明何以須以「心」來解釋「內」，而又無空談心性之弊，較值得重視。就絅齋此處之想法而言，心為所有意念與行動的終極驅動來源，人之身心未嘗有所分離，表現在外的所有行動，皆為心之內容的體現。相對的，若欲使外在人事行為真正自然地合乎道德規範，則不可能不從內在心性著手。透過對內心的涵養，使意念之發即為善，而作為行為之指導，以從根源處使表現出的外在行為可稱得上是達到儒家成德之教的目標。絅齋所言，乃是朱子學強調內在心性修養的本懷所在。

　　另外他又強調，朱子學所提倡的工夫，並非單純停留在向內觀其心性的層次，而是同時要求在外在行為上有所實踐，一來透過對於舉止、容貌等與身體動作密切相關的規範，輔助內心保持恭敬整肅的狀態；二來藉由於人倫日用具體之事上的德行落實，使內心修養能夠達到確實的效果，並讓自身更習熟於躬行道德規範，以能逐漸趨於自然。而這些也是道德涵養工夫的一部分，等於是從身體規定來培養內心活動的正向性，同時也保障具體的實踐，使個人修養不致流於空談心性，於世無補，又缺乏對於內心意念是否真合乎道德的判準。絅齋藉此指出，朱子學不會因為以心性為重，以「心」為「敬以直內」之「內」，就遺落躬行實踐之身體面向，並產生陷於佛家異端之嫌。相反的，若是輕易有所忌諱，而在解釋「敬以直內」時排除心性論的解釋，則終將無法安立朱子學所指出的道德本源、無法透過體用論以及上達天道的內在心性來使外在行為得到合乎道德的穩定保證。這不只是與《文言傳》之原義距離甚遠而已，而是涉及到思想體系上的根本性缺陷。因此絅齋主張，須依程頤、朱熹之解來詮釋「敬內義外」，此即儒學大要之所在。

　　至此，已大致可以歸納出，絅齋對「敬內義外」的理解，係一依程頤、朱熹之詮釋，分別以內心與外在之行為為《文言傳》該處所言之「內」、「外」。而對於闇齋之說，絅齋則先不主張可直接以其他經典的「內」、「外」二字套用到《文言傳》上，繼而認為即便是《中庸》「合內外之道」一句以及程顥之言，仍然是以內在之心性概念為首出，此乃其觀點的第一部分。接著，在身心彼此不曾分離，身體行動係源於心之意念的大前提下，對內在心性所施加的修養工夫，乃一切成德之教的根本，因此不能避談之。另外，朱子學的工夫論述並未只重心性，而同時強調對身體行為之規定，以收涵養此心之功，故無所謂「離身而指心，不務躬履之實，徒恃警惕之約」，更與佛家之說不同，此乃其觀點的第二部分。這兩部分，分別回應到闇齋「敬內義外」之解中，以《中庸》「合內外之道」釋「敬內義外」，以及避開程頤、朱熹於「敬內義外」一句中強調的心性論涵義這兩個主要作法，全面性地反對了闇齋之說，堅守傳統朱子學的立場，以此來理解「敬以直內，義以方外」的意義，及其作為朱子學工夫論述的價值，而使得闇齋引起的「敬內義外」相關論爭產生更具體的輪廓。

　　破門事件發生之後，論爭並未就此止息。正德四年（1714），也就是闇齋去世後三十餘年、絅齋去世後三年，崎門後學友部安崇（1668-1740。又作「伴部安崇」，「伴」與「友」日文訓讀同音）著《敬義內外考》，發揚闇齋之說以駁直方、絅齋。這可以視作闇齋這一方的說法對反對派的回擊。而此書之撰述時間，猶在直方〈敬義內外考論〉之前，故須先岔出去，對安崇該書進行介紹。

　　《敬義內外考》全書卷首附有闇齋於《文會筆錄》中收集的一些有關「敬內義外」的朱子學文獻，並說：「今舉其大略，以列于卷端，足以見『敬義內外』之本指也。其條理之精密，考諸《筆錄》可也。」[28]此即開宗明義表達遵循闇齋之教的立場。值得一提的是，上文曾提到

28　友部安崇：《敬義內外考》，收入《日本儒林叢書》第六冊，頁2。

《文會筆錄》整理「敬內義外」相關文獻的段落中，加入了與《文言傳》該處本無關聯的《中庸輯略》「合內外之道」相關說法，而又隱隱具有極重要的地位。而在《敬義內外考》此處所附的《文會筆錄》節選中，亦收錄此《中庸輯略》之說，這也顯示其確實掌握了闇齋「敬義內外」解釋中的重要部分。接著，安崇在全書序文中說：

> 夫人之為學工程，不過知與行，條件不出心知念慮容貌執事接
> 物治人之數件者。有身則有倫，有心則具理之故也。是以隨其
> 所指，各以內外本末體用說之，皆成學者之身，而切日用之
> 實，則未始有異也。說為學之統體，則修身治人，自為內外；
> 說工夫之麄密，則心上事上，自為內外；說用力之實地，則身
> 體事物，自為內外，各有所當，自不相妨也，而不外「敬義內
> 外」之旨也，是合內外之道也。[29]

安崇肯定「敬內義外」代表了儒家為學之道的綱領，而人同時具有身心，故內心之活動與外在之行為均有相應的工夫，可總稱為「知」與「行」。接著，安崇肯定「內」與「外」可在為學之道的共同框架下同時具有不同的解釋。而觀察這三項安崇所列舉的「內」「外」之義，可以看到，雖然「說工夫之麄密，則心上事上，自為內外」一句，似也包含傳統朱子學的定義，但其餘兩項，則是更進一步擴大解釋的結果，為闇齋之解提供理論上的合法性。尤其是將「修身治人，自為內外」置於「為學之統體」處，顯然特別重視之。而以「修身」和「治人」分配「內」與「外」，事實上也正是闇齋於〈記朱書抄略後〉中對「敬內義外」所作的詮釋。故僅此一段，已可看出安崇以闇齋之解為重的企圖。接著他說：

> 體用內外、本末始終等字，不可執一而言也。或以仁為體，又

29　同上註，頁1。

以為用；或以智為體，又以為用之類，不暇枚舉也。讀書求
義，須要得條理焉。條貫曲暢旁通，而後或體、或用、或本
指、或推演，毫分縷析，渙然冰解，怡然理順也。邇者有扣敬
義內外之說，疑難垂加先生敬義內外之說者。粵繕寫積年所講
究之說，以資講明云爾。[30]

安崇所謂的「邇者」，係指直方、絅齋，或是接受兩人「敬內義外」之
解的人們。這種說法與闇齋相衝突，故安崇起而代表闇齋以駁之。而在
這段文字中，已可看到其為闇齋辯護的一點：「體用內外，本末始終等
字，不可執一而言也」。在序文部分之後的正文開頭處，安崇又說：「凡
聖賢之言，廣大而精深，細密而通暢，故讀經要須知縱橫錯綜，主意
所在，本指所指，餘意所推，末義所及，勿膠柱而調瑟也。」[31] 前面曾
經提到，絅齋以「隨其所用，各有所主，不可以一事指定也」的想法，
來反對闇齋以《中庸》「合內外之道」及其相關聯的「成己成物」之說
來解釋「敬內義外」，也就是義理層面的以經解經之法。相對於此，安
崇則認為為學者本應靈活地鑽研典籍箇中條理，建構足以貫通其中的體
系，如此方能掌握儒學義理的真正面貌。這也等於是在說闇齋之解確有
其合法性，乃真正得其條理者。

蓋義理層面的以經解經法，追求的正是超越典籍原有文脈的共同性
義理結構，這種詮釋方式仰賴的正是對於詮釋者個人外加於經典之中的
連貫性體系思想，以使各自不同脈絡的經典具有關聯性，供讀者出入於
其中，擴大自身的義理理解規模。因此，肯定這種作法，自也就會肯定
闇齋以《中庸》「成己成物」的外王向度來理解《文言傳》「敬內義外」。

接著，安崇在《敬義內外考》中，同樣以羅列文獻並附加自身按語
的方式，收集儒家典籍、朱子學原典、李退溪和闇齋著作等相關部分來
申述己說，形式類似《文會筆錄》，而又較之有更多作者之言。以下就

30　同上註，頁 1。
31　同上註，頁 2。

其中較重要之部分進行介紹，以呈現箇中的論證。首先，安崇試圖降低《易程傳》的地位，說：

> 程朱之說，有自然與用力之同異，程說非其本指也。朱子於四書解，以「章句」、「集註」名之也。至《易》則以「本義」名之無謙者，以本象數也。故朱子曰：「程先生說『《易》得其理，則象數在其中』，固是如此。然泝流以觀，卻須先見象數的當下落，方說得理不走作。不然事無實說，則虛理易差也。」詳味此朱說，則《程傳》《本義》之別，可以知也。[32]

眾所皆知，朱熹以卜筮之書為《周易》本質，故對象數有所重視。其雖推崇《易程傳》，但亦因程頤專講自身發明之義理，而以之為有缺乏根據之嫌。也由於程頤解《易》有如此之面向，故安崇稱之為「用力」，與兼顧象數的朱熹不同。但問題在於，《文言傳》「敬內義外」部分，朱熹在《周易本義》中也說「《程傳》備矣」，整體解釋上並未與程頤有重大差異，則安崇此處特地區分《易程傳》與《周易本義》之價值高下意味著什麼？事實上，安崇表面上肯定《周易本義》，實際上正是利用這種方法來避開程頤、朱熹之解。一旦《易程傳》地位降低，則也等於暗示了讀《周易本義》時，不須著重「《程傳》備矣」的部分。因此，安崇引述《周易本義》對《文言傳》該處之解後，從另一方面來解釋「敬內義外」：

> 其正，謂地道之正靜也；其義，謂地道之生物有常也。《本義》所謂「本體」「裁制」，皆就地象而為言。「君子敬以直內」以下，則賢人之學也。於坤之六二，最見地道之正靜有常，又見賢人之學，己立而利物也。夫地之為物，隤然正靜，卑而法禮，是以品物流形於地，截然一定，無不遂其性也。故

所謂敬，所謂義，皆地道之象，而以成己成物，內外相對而為
言，以明內外合一之旨也，且以「敬者本體之守也」之一句總
括之，其旨深哉。[33]

安崇轉而援引地之意象，避開程、朱原本偏重內在心性的說法，而提出
切合闇齋之說的解釋。「敬內義外」本從《文言傳》解釋坤卦六二爻辭
處而來，因此安崇將之連結到坤卦所象徵的「地」來談。當然這不是只
專注在物質性的「地」而已，而是從「地」可以抉發出的道德象徵，也
就是《文言傳》所謂的「坤道」。以「坤道」釋「敬內義外」，已見於朱
熹之言。例如他曾說過「坤道靜重而持守，如『敬以直內，義以方外』
之類是也」[34]、「坤只是從持守處說，故云『敬以直內，義以方外』」[35]、
「坤六二，賢人之學……『敬以直內，義以方外』，坤道也」[36]，凡此類
皆是。

　　然而對於坤道的內容，朱熹理解為「靜重而持守」，確實能合乎
《文言傳》原本的思想。也就是說坤道代表的是內斂的性格，這也能
呼應其釋六三爻辭時所說的「陰雖有美，含之以從王事，弗敢成也」。
在此思想下，代表坤道靜重持守的「敬內義外」工夫，係著重於個人自
身道德修養的成立，頗具有內在性。也就是說，朱熹以所謂的坤道來解
釋《文言傳》該處時，所稟承的仍是來自程頤的解釋模式，也就是著重
於內在心性，闡發內在之敬與外在行為之義的關聯，也可以說是以心為
內，以身體行動為外，且其中未涉及到《中庸》「成己成物」。至於安崇
則將坤道往「己立而利物」的方向詮釋，強調「地」讓萬物順利生長的
性質，灌注外王事功面的積極意義。從「賢人之學」、「本體之守」等
語句，可以看出安崇在表面上仍然以朱熹為宗。不過經由上述的整理，

33　同上註，頁3。
34　黎靖德編：《朱子語類》卷42，頁1077。
35　同上註，頁1078。
36　黎靖德編：《朱子語類》卷61，頁1471。

可以看出其用意在於先降低《易程傳》的地位，使重點從朱熹所言的「《程傳》備矣」轉移開來，進而代入安崇自身對坤道的解釋，以符合闇齋之說。

接著，安崇引了數條儒家經典中有關「修身」概念的文獻，說：

> 三綱八目之所本所根，在於身而已矣……謂以修身為本者，於格物致知也，亦就身而格致；於誠意也，亦就身而誠；於正心也，亦就身而正；於齊家也，於治國也，於平天下也，莫不皆然也……說心而不及身者，儻多也，未有說身而不及心者也，雖小技曲藝亦然也。今論為學之統體，必以內為身，以外為物，而不昧所從也……就身而取之，則學術有所統理總括，而一以貫之，庶乎無所違也。所謂「守身」字之本，敬身為大，嗚呼深哉。[37]

這裡強調的是將「敬以直內」的「內」理解為「身」而非內心，正如同闇齋以內聖之教，也就是個人道德修養之成立來解釋「內」一般。從這段文字中可以看到，安崇所說的「身」，並不是單純指與心靈相對的身體，而是自我全體的總稱。八德目之一的「修身」之「身」，正為此義。「修身」係為自我道德修養的確立，以使一舉一動合乎規範。其中確實包含身體具體的動作，但其內涵遠大於此。安崇指出此乃為學之根本，學術之整體性目標所在，真正地涵蓋了內在心性與外在身體行為，不只是身體上的主體，更指涉了道德性的主體，只是由於此乃藉由具體的肉身表現出來，故以「身」字言之。比起以心為內，應以此修身之「身」為「內」，方能掌握為學整體之綱領，而涵蓋身心兩方面的修養。《大學》所謂「自天子以至於庶人，壹是皆以修身為本」，係為此義。而相對於此的「外」，就是完成修身後的外王之道的實踐。要之仍回歸到闇齋的作法，將「敬內義外」分配與內聖之修身與外王之齊家至

---

37 友部安崇：《敬義內外考》，頁4-5。

平天下兩部分。

隨之安崇又繼續言道：

> 嗚呼！如垂加翁〈跋朱書抄畧〉，敬義內外之說，真可謂道學
> 之正脈也。朱子曰：「孟子曰『學問之道無他，求其放心而
> 已』，後來遂有求心之病。」據此朱說宜致思也。且謂敬須還
> 「敬」字，義須還「義」字。纔言「敬」，則有收斂向裏之
> 意。凡正衣冠尊瞻視，潛心以居，足容手容，大賓大祭之氣
> 象，皆屬之於身，為收斂底；纔言「義」，則有區處得宜向外
> 之意。凡應事接物，得於上得於下，於家國天下，左右逢其源
> 者，皆屬之於事物，為得宜底。若說敬義內外之本指者，專言
> 本於心，一言不及身，只謂說心而身在其中，則無實處可據，
> 卻不免內外之判也。[38]

也就是說，道德主體性的顯露，要以身體上的表現為目標，使之成為持敬的結果，此乃「敬以直內」；而將道德修養的結果合宜地作用於家、國、天下等他者身上，乃「義以方外」。這裡又看到安崇排斥以內心為首出的想法，以「無實處可據」來形容，表示其認為必須要透過身體行為表現出來，才能算是道德主體的完成。而只在內心上作工夫，則缺乏實際上的、可公開得見的道德判準，亦不能算是道德行動的實現，故不應以心為「內」，而須以身為「內」，才可稱得上是完整的內聖工夫。

最後，安崇敘述撰作宗旨曰：

> 右所抄畧，聖經賢傳之語，親切的當，不可移易也，足以窺所
> 傳之正脈，在以修身為本，敬以貫之也。夫我　國　神聖土金
> 之教，礦駁盧扈龍雷之傳，可謂至矣盡矣。而異邦聖賢之密
> 旨，亦不外於此。而和語簡約圓轉，親切精明，非若異邦之言

38　同上註，頁6。

說難輒曉也。嗚呼妙哉，垂加先生兩得之，併教之，晚年特尊神道，以導來學，真可謂出類拔萃之學也。然先生之門人淺見安正悖師說，著《敬義內外說》，予亦初從其說。近歲受先生神道之傳於源光海翁，　翁謂僕曰：「垂加先生敬義內外說，確然不可移，實契神道碾馭盧島之妙旨，宜致思也。」粵予曉淺見之內外說，不得先生之本指，孜孜用力於敬義之功，今舉其說以推明之云。[39]

光海翁，指神道家跡部良顯（1658-1729），亦為推崇闇齋之人。《敬義內外考》後另附有良顯之跋言，說：

「敬以直內，義以方外」者，修己治人之道也。修己者，敬以直內也；治人者，義以方外也。聖賢之德行，不外于此，而學者亦終身之業也。我　國神道所謂土金正直三種之德自妙契，則學神道者，亦不可不講也。然自古敬義內外之意，無詳考之。明辨之者，獨垂加先生發明之，尊聖言，自名「敬義」。晚年著《朱書抄略》，跋以詳述此說，先生豈欺我哉？然淺見安正悖師說，著《敬義內外說》，鏤梓以行于世，故雷同者多，而他門之學者，亦是之焉……蓋釋氏之道，主心以為內，捨身以為外。此道自古行于世，妨神儒之道。於是學者亦世習成性，自有主內之病，悖于合內外之道。故內外之說，不可不詳辨矣。今此書成，實可謂垂加靈社之感應矣。學者敬仰之，宜致思焉耳。[40]

這兩段話語中透露出諸多訊息，最重要之處有二：一、闇齋乃至良顯、安崇等人有關「敬內義外」的想法，與神道思想相關。其中「碾馭盧

39　同上註，頁 17。
40　同上註，頁 17-18。

島」一詞，係為「日本」之借代[41]，表示日本自身的文化主體。因此神
道的色彩亦為闇齋「敬內義外」之說的一部分；二、從良顯的說法中可
以得知，排斥以內在心性為首出的作法，確實與排佛思想脫不了關係。
關於這些的進一步探討，先留待後文。總而言之可以確認的是，安崇作
此書，確實是針對絅齋之言而發，不妨將之視為「敬內義外」相關論爭
中，闇齋本人想法的延續。

　　安崇在《敬義內外考》中的主要論證，大率如此。其餘部分較為零
散，且主旨不出上述論點，故至此已可了解安崇全書大義，以及其延續
闇齋論點的企圖。而在這一來一往、正反交辯之間，也已可看到闇齋、
安崇以及直方、絅齋之間的主要核心差異。安崇此書成後，絅齋已過
世，無法答辯，只能看到直方對該書之看法。直方之回應見於〈敬義內
外考論〉，他說：

> 夫經傳「內」、「外」二字，有以己與人言者，有以本與末言
> 者。其餘猶多，不遑悉舉焉，讀者就其所言而考之，則各有
> 當而不可亂也……友部氏欲排斥國枝氏之論，作《敬義內外
> 考》。然其論初不對值國枝氏所論，唯泛歷舉諸書「內」、
> 「外」說，強為身內事外之證，終無就敬義之「內」、「外」而
> 詳論之，則固非辯論考證之體。而於主靜持敬之方，亦可以見
> 其平日缺講究焉。請更深考周、程、張、朱之書，而識得道學
> 名義之大端，可以左袒於程、朱之門矣。孟子不云乎？五穀之
> 不熟，不如荑稗。吾輩豈可不思之哉？[42]

41　根據《日本書紀》中所記載的日本島誕生神話，相關內容提到：「天地之中生一
　　物，狀如葦牙，便化為神……次有神伊奘諾尊、伊奘冉尊，凡八神矣。乾坤之道
　　相參而化，所以成此男女……伊奘諾尊、伊奘冉尊立於天浮橋之上，共計曰：『底
　　下豈無國歟？』迺以天之瓊矛指下而探之，是獲滄溟。其矛鋒滴瀝之潮，凝成一
　　島，名之曰『磤馭盧島』。二神於是降居彼島，因欲共為夫婦，產生洲國。」見舍
　　人親王編：《日本書紀》，頁 1-4。
42　佐藤直方：《韞藏錄・卷二・敬義內外考論》，頁 15。

國枝氏其人與其論為何，今已不詳。但其言既為安崇所排，而安崇著書之旨又係反駁絅齋之說，則國枝氏所持之論，想必與直方、絅齋相近，係為闇齋之對反面。而直方得見安崇之《敬義內外考》，乃著有此論以批判之。從本節首段所引之〈敬義內外考論〉文中可以得知，直方所持之論，係與絅齋相同。因此也可以說直方亦在安崇所批評的對象之列，對於《敬義內外考》一書，勢必不能苟同。而他在〈敬義內外考論〉中表達的論點，篇幅雖短，卻可說是攻擊到該書的缺陷所在。

　　在直方看來，安崇所為實不能合乎書名的「考」字。實際上安崇並未針對《文言傳》該段進行嚴格的考證，不如說是結論先行般地直接拿身為「內」、家國天下為「外」的想法來套用之。而安崇在書中，確實列舉了許多與「修身」、「內」、「外」等關鍵字相關的文獻來證成己說，但既然是靠著義理層面的以經解經，就終究只能仰賴詮釋者自身主動的系統建構，難逃強為之說之嫌。就直方看來，可以說安崇不論列舉再多文獻，都和《文言傳》原文之脈絡無關，更非程頤、朱熹使用「敬內義外」時的用意。事實上，安崇所引的文獻中，儘管包含許多出於朱子學典籍者，然重點都不在於「敬以直內，義以方外」一句，而是抓住「修身」、「敬身」概念或是「內」、「外」二字便開始以之為自身說法的根據，也就因此被直方大加批判。

　　安崇為了呼應闇齋，宣稱「體用內外、本末始終等字，不可執一而言也」、「讀經要須知縱橫錯綜，主意所在，本指所指，餘意所推，末義所及，勿膠柱而調瑟也」，透過羅列文獻的方式來使得其他經典的段落成為《文言傳》原文部分之詮釋的相關資源。這在義理層面的以經解經模式中，隨著自身創造的思想體系，自有其合法性，但很難稱得上是「考證」，甚至由於結論先行的立場，反而有造成循環論證的可能性。直方強調「夫經傳『內』、『外』二字……讀者就其所言而考之，則各有當而不可亂也」，顯然正與絅齋所說的「隨其所用，各有所主，不可以一事指定也……而惟因其語求其意，則所指之實可見」，將詞句脈絡嚴格區分的想法一致，也正是針對安崇的詮釋方式而發。

　　此外，直方與絅齋一樣，抱持著內在心性工夫為道德主體挺立之基礎的想法，同樣不認為「內」可簡單以「身」來解釋，而是應依循朱子學思想，以「心」為「內」，並強調「持敬」、「居敬」的內在心性工夫，而不認為有所謂的「離身言心」狀況的存在。對於不談內在心性工夫的安崇之論，自然就會認為其欠缺「主靜持敬」論述，而不識朱子學思想真義了。事實上直方與絅齋以「心」為「內」，本就較闇齋與安崇以「身」為「內」的說法，來得接近程頤、朱熹使用「敬以直內」一句時的思想。安崇雖然表面上仍強調朱熹的地位，並以之為《敬義內外考》書中的重要文獻來源，但實際上與其說是在祖述朱熹，不如說是在祖述闇齋。也無怪乎直方會暗批其未入程、朱之門了。

　　與「敬內義外」論爭相關的崎門重要文獻，大致上以上述所探討過的雙方言論為代表。至此，可以初步看出雙方主要的差異：以身為「內」，以家國天下為「外」的闇齋、安崇等人，雖然宣稱了對朱子學的崇敬之情，但他們實際上與朱熹距離較遠。他們認為以內在心性為首出，則近於佛家之說，且缺乏實踐上的必然保證。他們尋求《中庸》「成己成物」、《大學》「修身」的概念，以及其他相關典籍，利用義理層面的以經解經模式，強調以身為「內」的解釋，才符合儒家正宗的成德之教義理；直方、絅齋這一方則認為朱熹所言本為以心為「內」，以自身之行事為「外」，此亦為《文言傳》之原義。以內在心性為首出，方能徹底地建立身心一貫的道德實踐根源，透過具備眾理的心，而確保道德的穩定根據。另外，基於確保程、朱對《文言傳》該處的解釋原貌，他們也不贊同任意連結其他經典之內容來強自為說，而無視「內」、「外」兩字在不同經典中有不同脈絡的現象。事實上，這不僅僅代表雙方對朱子學以及《文言傳》「敬以直內，義以方外」一句之詮釋的差異，更代表了有關道德論述的思想立場之對立。然而，在探討此論爭的意義之前，必須回過頭來面對上文所提到的，有關神道與排佛思想的部分，以更進一步明白造成此論爭之原因的另一面向。

四、「敬內義外」論爭與神道和排佛思想

　　不論是就闇齋在〈記朱書抄略後〉所持之論，還是直方和絅齋兩人各自的相關論述著作來看，都沒有涉及到神道思想相關的部分。正如《先哲叢談》敘述直方相關史事時，謂其「其為闇齋所絕者，非推不奉神道」。上述在探討雙方論證的過程中，文獻範圍其實也都限於儒典，且已足以窺其論述全貌。然而，安崇特地在《敬義內外考》書中跋文中大力推崇闇齋在神道思想上的成就，良顯亦宣稱此神道之說與「敬內義外」之解相契，因此至少就同樣深入於神道中的安崇、良顯看來，闇齋的「敬內義外」之解與其神道思想之間不能謂毫無關係。原本屬於《周易・文言傳》的「敬以直內，義以方外」，本就係對坤卦六二爻辭進行道德性的轉化詮釋而成，接著經過朱子學賦予工夫論的意義，而又傳入日本，在崎門朱子學中造就了相關的論爭。如果此「敬內義外」與闇齋的神道思想另有關聯，那麼其面貌又為何？此處將就闇齋之神道與「敬內義外」相關的部分來進行探討。另外，從良顯特地在跋文中批評佛家來看，又似乎與闇齋回答直方的「以『心』為『內』，則為佛見」，以及絅齋批評闇齋時說的「與彼釋氏直指人心之說，不特天壤也，其又何患亂吾直內之實功哉」之間隱然有所關聯，亦為「敬義內外」論爭中值得關注的一個部分。關於這一點亦將在此處觸及。

　　江戶時代不乏與神道頗有關聯的儒者，朱子學派的林羅山、陽明學派的中江藤樹、熊澤蕃山，另外還有山鹿素行等人均是。就中，闇齋可說是最具代表性的其中一人。前面曾經提到，闇齋具備神道相關的素養，並於晚年建立「垂加神道」一派。此名出自「神道五部書」中的《倭姬命世記》：「神垂以祈禱為先，冥加以正直為本」。[43]「神垂」意為神明降臨，「冥加」意為蒙受庇佑。闇齋曾師從屬於伊勢神道的度會延佳（1615-1690），而「神道五部書」正為伊勢神道中的經典，大致形成

43　《倭姬命世記》，收入大隅和雄校註：《中世神道論》，《日本思想大系》第十九卷（東京：岩波書店，1977 年），頁 263。

於鎌倉時代。故「垂加」之名，正顯示了闇齋的神道之學傳承源流。[44]

而在上述良顯與安崇的跋文中，可以看到與「敬內義外」相關的一個神道關鍵詞為「土金」。闇齋曾師從的吉川惟足，為「吉川神道」一派之開創者。惟足傳世之作中有〈土金之祕決〉一文，當可從中得見闇齋土金說之來源。該文包含漢文部分，以及口授的日文部分，後者可視為前者的註解。首先，惟足在全文開頭部分即說：

> 妙哉道體之微也，難哉甘誠也。累年工夫畢而後嘗道體之誠味，以當窺神明之妙用。誠即土味也。土有君土，金有君金，渾沌未分之土氣含牙，未發寂然不動，是則陰極矣。靜極而又動生陽，動極而生陰，從是生生無窮至於今日矣。[45]

「寂然不動」一詞，亦透露了此處與《周易》的關聯性。但考慮到後半段闡述陰陽的部分，則與其說此處思想來自《周易》，更可精確地說係受到周敦頤《太極圖說》的影響。以「誠」作為道體的本質，或亦與《太極圖說》有關。然而此處主旨在於其中提到的土與金，且又將道體之誠以「土」為代表。周敦頤《太極圖》中，五行的部分以土居中，朱熹解曰：「土沖氣，故居中。」[46] 此或為土金說以土為重的原因。惟足於口授部分又說：

> 我國之道係以土金而成……土金為天地未分處所具之真，為道體之誠……天地可分而混沌未分之時，含一氣一理，可生天地

---

44 另外，有關闇齋神道之說與《易》學相關處，例如借用《太極圖說》架構說明神代之神譜、以《洛書》之數與天御中主尊並論等表現，可參考高島元洋：《山崎闇齋　日本朱子学と垂加神道》及王鑫：《日本近世易學研究》。本文則將重點放在與敬義內外思想相關的部分上。

45 吉川惟足：〈土金之祕決〉，收入平重道（1911-1993）、阿部秋生（1910-1999）校註：《近世神道論・前期國學》，《日本思想大系》第三十九卷（東京：岩波書店，1972 年），頁 67。

46 詳見周敦頤：〈太極圖〉，《周敦頤集》，頁 2。

人物。其一氣謂君土，其中所含之一理謂君金。此非今日有形
之土金，乃未生之土金，是天地人之本也……此陰極為一氣之
土也，從中使一理之金發動者，是土生金也。清陽之氣昇而為
天，金生水，重濁之氣降而為地，爰為陰陽兩儀。此謂靜極
而亦動生陽，動極而亦靜生陰也。其中水生木而成國土之體，
生人生物。亦木生火而天地人物盛成也，物盛為火德。火昇水
降，昇降循環而火生土，土生金，金生水，水生木，幾度相生
而生成無窮也。[47]

可以明顯看到惟足吸收了《周易》、《太極圖說》、宋學理氣論、五行相
生，以及來自《淮南子》的《日本書紀》神話宇宙論等各種資源，來建
立其神道思想。其以土為宇宙論架構的核心，而五行相生順序中土生
金，故以土金兩行為首。此中的「一氣一理」，看似雖來自宋學的理氣
論思想，然將氣配與土，顯然是以氣為凌駕於理的真正核心根據。總而
言之，藉由這些思想資源的吸收搭配，土與金成了特別具有神聖性的元
素。不僅是在宇宙論上有根源性地位，同時也被賦予了道德性涵義。惟
足繼續說：

故土者萬物之母，即肉也；金者萬物之父，即骨也。骨即金
矣。五行各雖雙立，以骨肉為要，兩要亦尚以骨為貴。所以天

47　吉川惟足：〈土金之祕決〉，頁 67-68。原文：「我國ノ道ハ土金ニテツクル……
土金ハ天地未分ノトコロヨリソナワル真ナリ、ソレヲ道體ノマコト云……天地
ト分ルベキ混沌未分ノ時二含テ居ル天地人物ヲ生ズルベキ一氣一理ト云モノア
リ。其一氣ヲ君土ト云、其中二含マレテ在ル一理ヲ君金ト云。コレハ今日ノ形
アル土金デナイ、未生ノ土金ゾ、是ガ天地人ノ本也……此陰極ガ一氣ノ土也。
ソレヨリ一理ノ金カラ發動サセル者ガアリ、是土生金也。ソレヨリ清陽ノ氣ハ
昇リテ天ヲナシ、金生水ト重濁ノ氣ハ降リ地ヲナス、爰ガ陰陽兩儀ゾ。ココヲ
靜極而亦動生陽、動極而亦靜生陰ト云也。其ヨリ水生木ト國土ノ體ヲ成シ、人
ヲ生ジ、物ヲ生ズ。亦木生火ト天地人物サカンニ成也。モノ盛ナルハ火德ゾ、
火ハノボリ水ハクダルモノゾ。昇降循環シテ火生土土生金金生水水生木トイク
度モ相生ジテ生成無窮也。」

者為金氣，人猶以金氣立，金氣者即義也。義者人心之要，人
心無義則等於禽獸也。義是金氣，敬之用也。敬義一本而人倫
之道之所立矣。48

接著又以口授云：

金氣即義也，義為判事，一切萬事之善惡正邪明確判之，為義
勇之心，不可或缺。善惡邪正無差別，則無道……夫〈神代
卷〉中「有豐葦原千五百秋瑞穗之洲，宜汝二神往治之，乃賜
伊奘諾尊、伊奘冊尊天瓊矛」，此瓊矛為義也、賞罰也。瓊者
玉也，即一氣而未生之土也，賞也；矛者刀也，即一理也，未
生之金也，罰也。治國以此二者也……國與身若無義則不修，
其義為金氣也。金氣即敬之用也。敬者內藏於心，出於外顯於
行則為義也。敬義本為一物，依內外而變其名也。此乃以敬義
立人倫之道。「敬」訓讀為「土」，土凝固而為金，敬亦土金二
者。土金為一氣一理，天地亦以敬而開，故一元一理之混然乃
敬之本體也，乃神聖者也。49

　　土與金分別在此被配與「敬」與「義」兩種德行，而其中的關聯性
在於日語訓讀上。「敬」之日語訓讀可唸作「つつしみ」（tsutsushimi）

48　同上註，頁 68。
49　同上註，頁 69-70。原文：「金氣ハ即チ義也。義ハ事判ト云訓義デ、一切萬事ノ
善ト惡ト正ト邪トヲキッパリト判ハ義勇ノ心デナクテハナラヌゾ。善惡邪正ガ
無差別デハ、道ト云モノハナクナルゾ……夫ヲ神代卷二豐葦原千五百秋瑞穗ノ
洲アリ、汝二神ユイテ治メヨトテ伊奘諾尊伊奘冊尊二天瓊矛ヲ賜フトアル、此
瓊矛ガ義也、賞罰也。瓊ハ玉也、即一氣ニテ未生ノ土也、賞也。矛ハ刀ニテ即
一理也、未生ノ金也、罰也。国家ヲ治ムルハ此二ツ也……国家モ身モ義デナケ
レバ修整ヌゾ。其義ハ是金氣也。金氣ハ即チ敬之用也。敬ハ內ニシテ心ニソナ
ワル、コレヲ外二出シテ行二顯セバ義也。敬義ハモトーツ物ゾ。內外二依テ名
ヲ替タマデ也。此敬義ヲ以テ人倫ノ道ハ立ナリ。敬ミハ土シマルト云訓義、シ
マル者ハ金也、敬モ土金ノニツゾ。土金ハ一氣一理ゾ。天地モ敬ミヨリ開ケタ
リ、故二一元一理ノ混然タルハ敬ノ本體也ト神聖モノ玉ヒシゾ。」

（漢字又可寫作「謹」、「慎」），「土」則唸作「つち」（tsuchi），聲音上相近，惟足認為彼此有連帶關係。將「敬」之訓讀寫成動詞形式，可變為「つつしまる」（tsutsushimaru），其中「しまる」（shimaru）又有緊密相連、凝結、凝固的意思。與土緊密相連者為自土而生的金，在此，金由土凝固而成，故「其中有金」。而金作為重要的元素，被規定為與「義」相連，表示「義」於人世秩序不可或缺之地位。藉由土生金的這種連帶關係，惟足指出「敬」與「義」分處於內心與從外可見之身，兩種德行在本質上是相同的，僅以心內與身外之分而有不同之名。總而言之，便是在強調「敬」與「義」作為基本德行的重要性。雖然通篇並未提到《文言傳》「敬以直內，義以方外」之句，但既然以「敬」和「義」作為關鍵字，又於其神道之說中顯露出來自宋學的成分，則很有可能係與朱子學強調「敬內義外」之工夫大有關係。縱然此處與《文言傳》該段的關係不是那麼明顯，但也可以說惟足的這套架構對闇齋產生影響。

　　闇齋的土金說，可從其《神代卷講義》一窺究竟。該書乃絅齋紀錄闇齋授課之語而成，內容為對〈神代卷〉的解說。《古事記》與《日本書紀》均有〈神代〉之卷，描述有關日本創生的神話。將神話置於正史之前，以示神明為國體之一部分。闇齋以〈神代卷〉為題來授課，自然可說是其神道思想的展現。他在其中說：

> 土金之傳授，此為先神道重要之傳……〈神代卷〉之說可記得否？伊奘諾尊斬軻遇突智為五段……則彼為以土為五之處……此土必不可不由火而生，火則心也，心中有神明宿之……若無心，則「敬」無由所生，此豈不有趣乎？若無心，則神亦無從宿之，故斬火神軻遇突智為五段，由火生土觀之即可知之……若土無凝結處，則無從生物。故訓讀之「つつしみ」，乃使土凝固之謂也……其凝固之處，而物生之……因此凝固之故，而金氣生……若無土，則物不能生……其「敬」則在人心……於

神前參拜時之心情，無非為金氣……若不自土，則金無由生，
乃土生金之道理。[50]

要解讀這段內容，必須先從伊奘諾尊與軻遇突智的神話談起。以《日本
書紀》所記載的內容來說，大致上為伊奘諾尊與伊奘冉尊生育其他眾神
時，因伊奘冉尊生下火神軻遇突智後，遭其嚴重灼傷而死，故伊奘諾尊
憤而拔劍將軻遇突智砍成五段，每一段又各自變為其他神明。在《日本
書紀》所收之不同版本的敘事內容中，亦有砍成五段或砍成三段之異，
但大致上來說均有伊奘冉尊因生下軻遇突智而死，導致伊奘諾尊將其
斬殺之事。[51]而就闇齋此處所言，其所取者乃砍成五段的版本。在日語
中，「五個」唸作「いつつ」(itsutsu)，亦與「土」之「tsuchi」音近。
因此，將火神斬為五段即象徵著「火生土」，亦符合五行相生之序，此
即「以土為五」。而火同時也對應到心，這來自於中國傳統的五行配五
臟之說，朱熹亦曾以之為自身理學之說的一部分。《朱子語類》記載：
「問：『五行在人為五臟。然心卻具得五行之理，以心虛靈之故否？』
曰：『心屬火，緣是箇光明發動底物，所以具得許多道理。』」[52]、「以五
臟配之尤明白，且如肝屬木，木便是元；心屬火，火便是亨；肺屬金，

50　山崎闇齋：《神代卷講義》，據日本古典學會編：《續山崎闇齋全集》下卷（東京：
　　日本古典學會，1937 年），頁 207-211。原文：「土金ノ傳授ト云事ゾ。此ガ先神
　　道一大事ノ傳ゾ……神代卷デ覺ヘテイルカ，伊奘諾尊ノ軻遇突智ヲ斬テ五ツニ
　　ナサレタ……則チアレガ土ヲ五ツニナサレタ處ゾ……コノ土ハ火カラデナケレ
　　バ出来ヌゾ。火ト云ハ則心ゾ。心二神ハヤドラセラルルゾ……ツツシミト云モ
　　ノハ心デナケレバ生ゼヌゾ。面白イコトデハナイカ。心ニテナケレバ神ハヤド
　　ラセラレヌゾ。ソレデ火ノ神軻遇突智ヲ斬テ五段ニナサレタ。火生土ノワケヨ
　　リ合點ノユクコトゾ……土ノジツトカタマリタ處デナケレバ，物ノ生ズルト云
　　コトハナイゾ。ソレデつつしみト云訓ハ，土ヲシムルト云コトゾ……其ヂツト
　　シメヨスル處デ，物ハ生ジタモノゾ……そのヂツトシマルノデ金氣ハ生ジタモ
　　ノゾ……土デナケレバ物ハ生ゼヌゾ……其ツツシミハ則人ノ心ニアルゾ……神
　　前へ參ヲ時ノ心持ゾ。金氣ト云ハ，別ノモノデハナイ……土カラデナケレバ金
　　ハ生ゼヌ。土生金ノ道理ゾ。」
51　詳見舍人親王編：《日本書紀》，頁 11-19。
52　黎靖德編：《朱子語類》卷 5，頁 87。

金便是利；腎屬水，水便是貞。」[53] 先行研究中已指出朱熹此言對闇齋相關說法的影響。[54]

當然，日本接受中國的五行配五臟之說，很難說一定始於朱子學的傳入。但由於此處心屬火之說，在闇齋論述中具有道德學說上的意義，而不是單純的有機世界觀論點而已，且垂加神道本就含有吸收朱子學內容的性質，故亦可將朱熹的心屬火相關說法作為闇齋思想的一個影響來源。接著，闇齋說「心中有神明宿之」，這可以令人聯想到朱熹說的「心是神明之舍」。[55] 然而很明顯地，朱熹說的「神明」是功能義，宣揚神道的闇齋指的則是人格神義。但此亦可說是垂加神道吸收朱子學說法的一個範例。

另外，心中亦是持敬之所在，而「敬」與「土」之訓讀相近，這一點闇齋與惟足抱持著相同之說[56]，同時闇齋也說明了何以「敬」訓讀為「tsutsushimi」。「tsutsu」乃「tsuchi」一音之轉，而後面的「shimi」，轉換成動詞形式後有緊密相連之義，闇齋認為這即是在說土之凝結、凝固。土本為無形之元素，須凝結成有形之土，方能再依五行相生之序而生出金，也就是達成生物的功能。土金既為宇宙生成之核心要素，則可說土之凝結、凝固乃是箇中必要條件。接著，土之凝結與「敬」又有何關係？火生土，而土凝結後生金。另一方面，心屬火，而同時又為神明寄宿之所在，故心與神明的關係，正如同火生土一般。土須凝結才能生金，故又可說神明在心中的寄宿，也必須經過「凝結」的狀態，才能真正停留，否則亦無法進入人之內心。這種「凝結」的狀態就是「敬」，

53 黎靖德編：《朱子語類》卷 68，頁 1689。
54 可參考高島元洋：《山崎闇齋 日本朱子学と垂加神道》，頁 417。
55 黎靖德編：《朱子語類》卷 98，頁 2514。
56 闇齋另外又曾說：「夫我神國傳來唯一宗源之道，在乎土金，而土即敬也。蓋『土』與『敬』倭訓相通，而天地之所以位，陰陽之所以行，人道之所以立，其妙旨備于此。」見山崎闇齋：〈土津靈神碑〉，《垂加草》卷二十七，據《山崎闇齋全集》下卷，頁 645。「土津」乃會津藩主保科正之（1611-1673）之靈號，其人亦為惟足與闇齋之弟子。

透過恭敬的態度，使神確實地留駐於心中。闇齋指出，於神明之前進行參拜時，即須以此「敬」之態度，來使神明降臨，而讓整個人進入肅穆、虔誠，身心皆受相關儀式規定的狀態，此則為所謂的「金氣」。由「敬」之態度而產生參拜神明時所擁有的肅穆虔誠，是為土生金。這時候亦可以說，外在行為是合乎規範的。

至此可以看到，闇齋繼承了惟足的論述模式而又予以發揚，將「敬」之道德論述與屬於神道的土金之說相結合，而成為垂加神道中的一個重要部分。雖然此處亦無談論到《文言傳》，但「敬」本為朱子學修養工夫之代表，「敬以直內」也隨之被重視。既然朱子學本身乃是一完整的體系，則吸收朱子學而建立垂加神道的闇齋，其土金說也會與「敬以直內，義以方外」產生關聯。

從上述有關土金說的論述，可以看到闇齋強調內心之「敬」的重要性，這也予朱子學工夫論相符，但闇齋仍以「身」為「敬以直內」之「內」，這是必須要注意的。事實上，我們可以看到闇齋這套神道論述的結構，與朱子學心性論確有對應之處。心中之神明寄宿，正可相當於內在於人心的「性」，也就是天理的體現。「敬」可說是使此天理之體現常存而不失的工夫。只不過基於神道的宗教性本質，而將之以人格神的方式來詮釋，並結合〈神代卷〉所述之神話，以及五行、訓讀等元素，以轉化出日本的本土色彩。而就此處的神道論述來說，以土金之教來理解神明常存於心的要求的話，則對神明之「敬」，勢必要表現在參拜、祭祀等宗教相關的儀式規定上，以及日常生活中，基於對神明信仰的虔誠而展現出的正直行為上，亦可直接用「神垂以祈禱為先，冥加以正直為本」這兩句話來表達。因此雖然「敬」是從內心發起的德行，但完整的「敬」的實踐，必然包含全副的身體，以使道德主體挺立。從闇齋的說明中，事實上正可看出以上的面向。

在朱熹專門談「敬」，而非從「敬以直內」一句來論述的表現中，不乏對身體的規定，這也成了闇齋的思想資源。朱熹曾著有〈敬齋箴〉一文，談論以身體動作、威儀、氣象來實踐「敬」的表現。闇齋特別重

視此文，曾對之加以註釋，並為之作序文。他在其中說：「人之一身，五倫備焉，而主乎身者心也。是故心敬，則一身修，而五倫明矣。」[57] 可以說，闇齋確實是認同身心一致的，也不會否定心對於身的根源性。但仍可看到他的終極目標是「五倫明矣」，也就是道德行為的徹底完成。而道德行為的完成必須要由身體去建立道德主體，才能進行行為，而「心敬」則是起點，是為了修身而存在。透過身體建立的全幅性的道德主體，也正相當於土金說中的「土生金」的完成。因此也可以說土金說與闇齋對「敬內義外」的解釋，是可互相搭配的。尊崇神道的良顯和安崇，自然也就會隨之強調闇齋「敬內義外」之說不可移易。更由於〈敬齋箴〉原本即針對身體容貌方面來規定，顯得如此詮釋可說是符合朱子之意，也就更加深了其來自朱子學方面的權威性。就神道的角度來說，土金之教本為自神話中代代流傳的道理，因此朱子學的相關論述不會使自身喪失主體性，而是使自己獲得來自異國學說的佐證。安崇說的「異邦聖賢之密旨，亦不外於此」，正是此意。

　　從神道方面的角度進行探討，可以幫助我們釐清另一個問題。「敬內義外」論爭牽涉到闇齋對身心關係的態度。高島元洋在探討這問題時，根據〈敬齋箴序〉中所說的「心敬，則一身修」，而說明闇齋的「敬內義外」相關思想中確實包含身心一致的想法。[58] 而田尻祐一郎則根據〈記朱書抄略後〉，認為闇齋在其中並不談論身心關係的問題。[59] 對於這兩種不同的分判，筆者認為，雖然〈記朱書抄略後〉確實沒有像〈敬齋箴序〉一樣明確地提到身心關係，但身心一致的想法，實為闇齋自始至終並未改變的大前提，深深內化為其核心思想之一部分，無須特意提及。就闇齋本身的朱子學立場來說，無從否定心對身的指導作用，不可能拋棄身心一致的想法。

57　山崎闇齋：〈敬齋箴序〉，據《續山崎闇齋全集》下卷，頁 6。

58　詳見高島元洋：《山崎闇齋　日本朱子学と垂加神道》，頁 394-410。

59　詳見田尻祐一郎：《山崎闇斎の世界》（東京：ペリカン社，2006 年），頁 174-180。

　　而就垂加神道的相關論述來說，火生土、土生金是一連貫的相生順序，闇齋反覆強調「此土必不可不由火而生」、「若無心，則『敬』無由所生」、「若無心，則神亦無從宿之」、「若土無凝結處，則無從生物」、「若不自土，則金無由生」，事實上也等於，若無火，也就無所謂土生金；若無心，也就不可能有後來的神明寄宿以及肅穆虔敬。換言之，不可能「離心以言身」。若是將身心一致的大前提抽離，則不僅違反一般的直覺，也將與朱子學基本預設及相關詮釋產生嚴重的牴觸，更重要的是將會使土金之教的相關系統面臨土崩瓦解的局面。相對的，從土金說的角度，可以理解闇齋不可能放棄身心一致的想法，即便是在〈記朱書抄略後〉中未言及之，亦不妨礙這一點。更何況，闇齋與直方、絅齋之間的差異處，並不在於是否接受身心一致，而在於是否以內在心性工夫為首出。因此〈記朱書抄略後〉中展現的思想，實已蘊涵身心關係。

　　還有一個必須要討論的問題是：是否可以認為闇齋基於垂加神道的相關結構，才主張以身為「內」，以家國天下為「外」的「敬內義外」之解？平重道曾表示，闇齋之說在儒學內部中已具有充分的根據，且其儒學研究活動早於神道研究，故兩者之間並非祖述關係，而是相互相發之關係。[60] 筆者認為此說甚是。此外，闇齋的「敬內義外」詮釋，並非始自〈記朱書抄略後〉，而是如同上文所探討的，在《文會筆錄》引《中庸輯略》處即已顯露端倪。《文會筆錄》刊行於天和三年（1683），彼時闇齋雖已去世，但考慮到該書係闇齋長年以來的朱子學學思歷程的反映，很難說《文會筆錄》內容為晚年之作，故也不能說闇齋到了晚年才確立以身為「內」，以家國天下為「外」的想法。畢竟撇開神道不談，也可以單純地從儒學內部思想來探討其說法之來源。因此即便神道之說與闇齋「敬內義外」之解確有關聯，且附和的良顯與安崇皆有神道背景，反對的直方與絅齋也並無以神道為尊的傾向，仍然不能直接說垂

60　詳見平重道：《近世日本思想史研究》（東京：吉川弘文館，1969 年），頁170-171。

加神道之思想體系是闇齋「敬內義外」之解得以成立的必要條件。

　　比較合適的說法是，闇齋垂加神道中的土金說，主要的來源是惟足的吉川神道。而闇齋對「敬內義外」的理解，具有諸多來源，包括朱子學相關文獻中，有關於修身、外王，以及《中庸》「成己成物」的相關概念。闇齋本著鑽研神道的企圖，吸收朱子學而創立垂加神道，進而讓「敬內義外」之己見融入其中，使其成為一個整體。這也使得探討闇齋「敬內義外」說的同時，也可延伸到垂加神道土金說的相關部分。也就是說，就闇齋思想的完整探討工作而言，土金說是值得一提的，也能解釋良顯與安崇在跋文中的持論之所由。但在沒有充分證據可認定土金說乃闇齋「敬內義外」之解不可或缺的基礎時，則仍專就儒學系統本身來探究為宜。

　　接著，還有另一項涉及闇齋「敬內義外」思想之來源的可能要素，就是出於排佛的要求。闇齋回答直方時認為以心為「內」是佛家異端之說，絅齋必須特地在《敬義內外說》中表明自身說法稟承朱子學之本懷，且與佛家不同。良顯在《敬義內外考》跋文中提到「蓋釋氏之道，主心以為內，捨身以為外。此道自古行于世，妨神儒之道」。這些跡象都顯示出排佛企圖與闇齋的「敬內義外」之解脫不了關係。排佛在中國的理學中，原本就是核心的企圖之一。佛教的世界觀與倫理思想皆和儒家大有出入，為了捍衛儒家自身學說，儒者必須對之加以排斥，爭取地位，在自身內部也要區分是否有可能流入佛家異端的成分。因此我們可以看到朱熹斥謝良佐（1050-1103）、陸九淵的手段是謂其流入禪學，是為一例。日本朱子學者接收了中國朱子學，自然也接收了其中的排佛意識。事實上不只朱子學者，我們可以在江戶時代初期的一些不同學派儒者那裡看到排佛言論，如藤原惺窩、林羅山、熊澤蕃山等等。面對與自身學說截然不同的佛教，他們不得不像中國的理學家一樣予以批判。[61]

61　從社會角度來看，江戶時代施行寺請制度（每位人民均須隸屬於某一寺院），佛教徒佔壓倒性的多數。在這樣的情況下，儒者的排佛也是為了要確立自身的存在意

　　除了惺窩、羅山等人之外，闇齋也是留下排佛言論的代表儒者之一。闇齋幼時本為僧侶，其後從土佐地區（今高知縣）南學派朱子學者谷時中（1598-1650）學習，之後逐漸對朱子學產生興趣，乃於二十五歲時蓄髮還俗。他蒐集中國儒者排佛之說，而成《闢異》一書，充分展現其抨擊佛教以維護儒家的立場。《闢異》卷末跋文中提到：

> 吾幼年讀四書，成童為佛徒。二十二、三本於空谷之書，作三
> 教一致之胡論。二十五讀朱子之書，覺佛學之非道，則逃焉歸
> 於儒矣。今三十而未能立，深悔吾之不早辨，又懼人之可終
> 惑，故此篇之述，不得已也。[62]

事實上，闇齋自少年時期，即已對佛教有所不滿。他之所以出家為僧，並非自願，而是被父親送入寺院中。《先哲叢談》中有如下記載：

> 闇齋幼桀驁不可制，父為托諸妙心寺，剃髮名絕藏主，乃一意
> 修禪無解息，然性行猶不悛。嘗與倫筆論議，闇齋詞理塞，即
> 其夜竊就彼寢火紙幬。或讀佛典，深夜忽拍案放聲大笑。眾起
> 怪問，曰：「笑釋迦虛誕。」其豪邁不羈，皆此類也。[63]

可以看到，闇齋並非真心向佛，其後轉為儒者，更是以排佛為己任。從這些事蹟以及晚年以「以心為內，則為佛見」來回答直方的表現看來，對佛教的敵意實為其長久以來的思想特徵之一。佛教不論在義理上或是社會影響力上，都與儒學產生對立，故闇齋自始至終保持對佛說的戒心。另外，同為宗教的神道，地位自然也受到佛教影響，也可以說佛教是儒學與神道的共同敵人。良顯所說的「妨神儒之道」，即為此意。可以推定，「妨神儒之道」也可用來理解闇齋排斥佛教的原因。

義。詳見佐藤弘夫編：《概說日本思想史》（京都：ミネルヴァ書房，2010 年），第十四章〈儒学と仏教〉，頁 163-164。該章執筆者為中村安宏。

62　見山崎闇齋：《闢異》，據《續山崎闇齋全集》中卷，頁 450。

63　原念齋：《先哲叢談》，頁 115。

　　因此以心為「內」之說，使闇齋認為此與佛教之心性說一致，將讓人以為專就內心上作工夫，即可保證道德的完成。這似乎與朱熹斥陸九淵為禪學的思路相近。程、朱對「敬以直內」所賦予的心性工夫義，是否與佛教之說具有同質性，此固可再討論。但重要的是，闇齋強烈主張以身為「內」，以家國天下為「外」，不肯妥協而終至破門事件的發生，其中包含的這種與佛教「異端」之說保持距離的用意，比起神道，恐怕更是在觀察「敬內義外」論爭時，需要被作為根本原因之一來提及的。

五、「敬內義外」論爭的意義

　　在觀察完「敬內義外」論爭的面貌後，最後來探討其意義。如同上文所述，闇齋避免將「內」詮釋為「心」，而發展出以身為「內」的說法。由於「敬內義外」一句畢竟是來自《文言傳》，因此其本身自有在中國所被詮釋的背景。王弼並未對《文言傳》此處多加說明，而若是看孔穎達《周易正義》，則可明顯看到其曰「內謂心也，用此恭敬以直內理」，可見以心為「內」之解，已有前說可徵，非程、朱之獨創。就《周易》本身之詮釋而言，以心為「內」是有其合理性的，連帶的，直方與絅齋之解不僅合乎程、朱之意，也可說合乎舊註。相對的，闇齋以身為「內」的說法，反而才是在《周易》內部及其詮釋中找不到根據的一方，這一點從闇齋以及安崇的詮釋模式中主要仰賴《周易》以外的經典，而看不到《周易》內部中，《文言傳》該段以外的文獻即可知曉。也就是說，如果以誰的詮釋較接近《周易》原義以及朱子學思想本身來當作判準的話，恐怕不得不說直方、絅齋這一方才是正確的。但如果我們不以此為判準，而是直接將闇齋的「敬內義外」之解，當作是一種他利用《周易》來建立自身思想體系的表現的話，則正如同其他與《易》學相關的思想一樣，是否吻合《周易》原義並非重點，其展現出何種義理價值才是值得關注之所在。闇齋對「敬內義外」所持之論，雖然不合《周易》及朱熹原義，但不能說毫無義理價值可言。筆者認為，「敬內

義外」論爭的思想史意義，主要還是在於闇齋所提出的新解釋之上。

　　《文言傳》有關坤卦六二爻辭的部分，原本就是一種基於道德論述企圖的轉化性詮釋。其所新增的「敬」、「義」、「內」、「外」等字眼，也是其受到朱子學重視而被用作工夫之表達的原因。而同時不可否認的是，朱熹談「敬」，本就並未只就「敬以直內」一句來申述，而是同時談了許多身體方面的具體規定，這也正是「敬」之工夫的具體展現。箇中身心關聯，絅齋《敬義內外說》已明言之。因此，在完整地探討「敬」之工夫時，本就不可避免地會涉及到身體的層面而不只是內心而已。此外，闇齋並未反對內心活動是身體活動的根源，重點在於完整的「敬」須包含身體層面，才能徹底建立道德主體，故主張以身為「內」。若將《周易》的框架移到一旁，只觀察這些有關道德工夫的論述時，將會發現闇齋與直方、絅齋的說法並非互斥，而只不過是從不同的角度來談論工夫而已。

　　至於「義以方外」一句，闇齋試圖連結到《大學》中「齊家」以下的德目，強調政治事功的實踐，這固然與朱子學原本對「義以方外」之詮釋的脈絡不同，但不論是原始儒家抑或朱子學，皆不只是將關注重點放在個人自身道德主體性的建立，而是含有經世濟民、穩固社會秩序的目標，以作為道德實踐的極致。因此可以看到闇齋從《中庸》的「成己成物」、《大學》的八德目序列中尋得根據，這正是因為有關政治事功的論述，本就內在於儒家思想本懷之中。因此，闇齋的說法雖然在「敬以直內，義以方外」一句之架構下與朱子學產生歧異，而導致論爭的發生，但就思想義理而言，仍然是正統儒家本質的展現。若非扣緊「敬內義外」而發的話，也很難說與朱子學之本懷有悖。

　　另外，本論爭的進行，終究是以「敬以直內，義以方外」一句為核心。因此無論如何，闇齋所試圖表現的，是對《文言傳》該句的重新詮釋。因此從中，我們不僅可以看到該句在朱子學、乃至日本朱子學的作用，也可以看到其在日本儒者手中所轉化出的新面向。闇齋對「敬以直內，義以方外」所作的新詮釋，從掀起論爭這一點即可得見其影響

力，而這個新詮釋本身，事實上也可以說是《周易》在日本儒學中發揮作用，並於其思想建構中產生質變的一個實例。因此「敬內義外」之論爭，不僅是江戶時代儒學史內部的一個事件而已。對後世非日本人的儒學研究者來說，也等於看到了《周易》乃至於其他經典，在東亞儒學視角下的豐富面貌。

第二節　「欲斥性理，必自《周易》始焉」：反徂徠與《周易》

　　荻生徂徠的出現，可謂象徵著江戶時代儒學發展高峰的里程碑。他以龐大的著作量、文藝及經史等多方面的涉獵，成為當時儒林中頗具分量的代表性人物。其門下弟子眾多，形成大規模的學派，並綿延許久，幅度極廣，充分說明了徂徠在江戶儒學史中的影響力。此外更重要的是，以江戶時代各學派的儒學來說，徂徠代表的是儒學在日本本土化，形成所謂的日本儒學時，所展現出之最高度成就。此成就並非表示徂徠之說不可移易，而是其原創性鮮有人能及。蓋朱子學與陽明學的主要架構係由中國傳來，而直到山鹿素行、伊藤仁齋等古學派儒者的出現，才使得日本儒學自主地透過對朱子學進行反省、批判而孕育出屬於日本本土的儒學發展方向，並與中國反朱子學活動中產生的回歸先秦經典想法互相輝映。而到了徂徠，更建立了一套「古文辭」方法的詮釋原則，以及以六經為核心，強調外在規範、政治本位的儒學，而成一家之言。其後的折衷學派及考證學派，在思想義理之深度及體系性上，皆無法超越之。因此可以說，就江戶時代的日本儒學內在活力來說，徂徠實在是核心人物也不為過。其作品傳入中國時，能引起迴響，亦與此原創性脫不了關係。[64] 另外，就近代以降的日本儒學研究來說，從丸山真男在《日

64　關於徂徠著作傳入中國並與清代儒者產生關係的情況，可參考藤塚鄰（1879-1948）：〈物徂徠の論語徵と清朝の經師〉，收入斯文會編：《支那學研究》第四編（東京：斯文會，1935 年），頁 65-129。

本政治思想史研究》中，以「從自然到作為」這樣的思想史觀點來給徂徠作定位開始[65]，便開啟了探討徂徠及其在江戶儒學史中之關鍵作用的研究視角。這也顯示出江戶儒學史研究中，以徂徠學為中心的切入角度，確實有其重要性。

　　徂徠之說在當時所引起的龐大爭議，也是其影響力之展現的一部分。他形成一種巨大的存在，流風所及，使得其論敵不得不正視之。針對徂徠思想之批評，同樣構成了一個思想史上的論爭事件。正如第二章所引述的廣瀨淡窗《儒林評》之言所說的：「徂徠為吾邦古今第一人也。當時日本文學大開，此人居功為多。其流佈天下之毒亦甚多。或評之為功首罪魁，實然也。」「功首」與「罪魁」，正是徂徠的一體兩面。從《周易》的角度來對此問題進行觀察，自然也是有待進行的研究進路。蓋《周易》為徂徠所重的六經之一，也就是徂徠學中核心經典的一員。在上一章時也提過，徂徠雖未留下以《易》學為主題之著作，但絕不代表《周易》並未參與其思想體系。透過徂徠學，我們也可看到有關《周易》內涵的新側面，不啻為日本儒者展現主體性的一個範例。後來對徂徠的批評中，不滿其對《周易》之說法者有之，利用《周易》來反駁其思想者亦有之，也就是說《周易》同時參與了徂徠學的建構以及反徂徠學的論述，扮演著論爭事件中的要角之一。在反徂徠學的論爭中，《周易》展現出什麼樣的作用？其與雙方思想衝突之關係為何？這些問題，將於本節進行探討。

一、反徂徠學思想概述

　　有關於反徂徠學思想的大致面貌，小島康敬曾經對之加以整理探

65　詳見丸山真男：《日本政治思想史研究》第一章〈近世儒教の發展における徂徠学の特質並にその国学との関連〉與第二章〈近世日本政治思想における「自然」と「作為」〉，頁 1-318。

討。他在〈反徂徠学の人々とその主張〉[66]一文中，分析了徂徠學與朱子學、陽明學思想架構的特徵及差異，並指出徂徠學受到來自其學派內外的批評。徂徠學派內部的批評者正是太宰春臺，其批評包括文藝修辭以及道德修養兩方面。春臺認為蘐園門人執著於擬古，過度追隨古文辭的作法，使得擬古形式凌駕於文章的義理與邏輯之上，不過綴合古人成語而已。對於其師徂徠，亦認為徂徠所用之字未必為古，但求奇僻而已。另外，在道德修養方面，春臺不滿徂徠學派不以德行為重而徒事文學，以致行為缺乏道德約束。小島氏又說明，徂徠與春臺同樣重禮制，但徂徠只強調用禮制來規定外在行為，春臺則談論到以禮治心的層面，雖然同樣都認為要以外在約束為主，但兩人對心，也就是內在性的態度已產生差別。[67]

　　接著，對於享保年間（1716-1736）中期以降，紛紛湧現的反徂徠言論與相關著述，小島氏指出，其主要的來源是官方以及懷德堂等不同系統的朱子學，以及折衷、考證等其他學派。關於從反徂徠學的立場出發而產生的批判進路，小島氏將之歸納為四種：一、批判其輕視修身論；二、批判其對文獻的考證；三、不滿於徂徠學中展現的中華主義；四、對徂徠有關「道」的思想持反對意見。關於第一種進路，諸如朱子學者尾藤二洲（1745-1813）、折衷學者井上金峨（1732-1784）等，都站在傳統儒家修身成德之教的宗旨上，批評徂徠學過於追求政治功利，忽視自身道德修養，造成學風敗壞，使人以為儘可放蕩不羈。第二種進路，像是懷德堂的中井竹山、折衷學者片山兼山（1730-1782）等，指責徂徠的字詞解釋不夠嚴謹，不乏過於主觀之處。他們以實證性的文獻考證角度，認為徂徠之說的效力大有問題，將個人意圖凌駕於文獻解讀之上。

66　小島康敬：〈反徂徠学の人々とその主張〉，收入小島康敬：《徂徠学と反徂徠》（東京：ペリカン社，1994 年），頁 177-223。

67　同上註，頁 197-201。

　　第三種進路，是對徂徠言論中顯示出的對中國之崇拜進行批判，認為徂徠忽略來自中國的「道」與日本本土之間的差異性，缺乏「道」之普遍性的根據。各國原有制度皆不同，並有自身文化脈絡，不可單以中國之「道」來解釋之。兵學者兼儒學者松宮觀山（1686-1780）、國學者賀茂真淵（1697-1769）等人，皆曾作出此類批判。而最後的第四種進路，牽涉到徂徠對於「道」的後天性解釋。蓋徂徠主張「先王之道，先王所造也，非天地自然之道也」，將「道」視作聖人的「作為」結果，而去除其自然性，也就是說不承認自然之理的存在。對於肯定「道」之自然性的儒者而言，徂徠此論是必須要反對的。例如尾藤二洲、雨森芳洲、中井竹山、松宮觀山等持朱子學立場之人，以及折衷學者細井平洲（1765-1831）等人，皆有相關的駁斥之論。另外，正由於徂徠將「道」規定為聖人所制定的禮樂刑政這樣的後天作為，與其不信任人的內心自主修養有關，故這部分也在反對者批判之列。尾藤二洲、龜井昭陽（1772-1836）即曾反對將秩序建立的關鍵放在禮樂刑政制度之上，大田錦城亦不認為治心之事可以忽略。

　　以上是小島氏於該文中所作的整理結果，大致可以從中得見有關反徂徠學思想的著眼點。而以此四種批判進路來說，除了第三種的中華主義相關問題之外，其他三種都與包括《周易》在內的儒學經典解讀及闡發有關，特別是第四種，直接關係到徂徠學結構的探討，最為重要。在上一章曾經提過徂徠的反理學思想與《周易》之間的關係，從中看到徂徠將其對《周易》性質的理解，以及對相關字詞的解釋，跟他對於「道」的說法相結合，而形成其思想中的重要一部分。也因此，反徂徠學思想與《周易》交涉之處，便也涉及到對《周易》文句的解釋、對《周易》性質的定位、相關道德觀念的闡發等等環節。以下便從這些角度，來觀察《周易》在反徂徠學論點中的作用。

二、反徂徠《易》學的外在問題：字詞解釋進路

　　筆者選擇將所欲探討之內容稱為「反徂徠《易》學」，此稱呼同時具有兩種涵義：其一為徂徠對《周易》的解釋與運用，可稱之為徂徠《易》學。而反徂徠思想針對其說法進行批判，乃為徂徠《易》學之對反；其二為反徂徠思想透過《周易》詮釋來達到其目的，故這部分可說是反徂徠思想中的《易》學。在此，先探討有關《周易》字詞解釋的問題。反徂徠《易》學中的這種進路，相當於上述小島氏所指出的第二種進路。但小島氏認為，這種方式並未針對徂徠思想結構本身而論，因此並非與徂徠在思想論述上正面對決。[68] 確實，字詞解釋層面上的爭議，與思想內涵層面是不同的。然而《易》學乃至儒學這樣的學術體系，係就經典詮釋之模式來展開，故即便是字詞解釋活動，亦有通往思想結構內部的向度。再者，徂徠學的一大根基，正是所謂「古文辭」的方式。徂徠本人著力於透過對字詞的解釋，使其取得來自「古」之性質的正當性，進而宣揚其透過此方式所得知的「先王之道」。因此，即便針對字詞解釋的批判進路並未直接針對六經之政治性定位、對心性論之否定等等思想要點，但也不能說毫無關係。故現將之作為外在問題來進行觀察。

　　上一章曾提過，徂徠將《繫辭傳》「形而下者謂之器」的「器」字解釋為「觀象制器」意義下的器物制作，而對春臺的《周易反正》產生影響。另外，他在《學則・附錄》中的〈答安澹泊書〉中說道：「大氐孔子時學問，專用力於禮，而宋儒不爾，其所主張理氣之說，六經無之，唯《易》有形而上下之言。然所謂器者，亦『制器』、『尚器』、『藏器』之器，本文可證，豈氣之謂乎？」[69] 此見解引起了谷口元淡（1677-1742）的質疑。元淡從徂徠習古文辭學，然徂徠的這些言論，使得他特地寄信表達無法認同之意。在信中他說：

68　同上註，頁218。

69　荻生徂徠：《學則附錄》，《日本儒林叢書》第四冊，頁10。

《易》曰「形而上者謂之道，形而下者謂之器」，器者指乾坤
之卦爻而言。無卦爻非陰陽，而乾坤即陰陽是已。所以上文
曰「乾坤《易》之蘊耶？乾坤成列，而《易》立乎其中矣」。
《易》即道是已，所以曰「一陰一陽之謂道」、「化而裁之」、
「推而行之」、「舉而措之」，皆就乾坤之卦爻而論之，觀其會
通一節可證。兩「是故」亦皆承上啟下之辭，首尾貫串，意義
明確，無難解者矣。此章「器」字與制器、尚器、藏器，本自
不同，所以造語之法亦異矣。以器為氣之說，未有考之。惟
程子有「陰陽亦形而下者」之言，〈附錄〉宜為「豈陰陽之謂
乎」。[70]

元淡對《周易》此處的理解，以有形之陰陽卦爻為「器」，而以其背後
之規律為無形之「道」。雖未明言，但其想法隱然與朱子學相通。不過
縱觀其論點，最主要的理據還是在於考量原文整體語意脈絡之後，認為
徂徠之解過於牽強。事實上，若依照徂徠之說而將「形而下者謂之器」
的「器」以觀象制器說法來解釋，則等於將《繫辭傳》不同篇章不同文
脈混作一談。姑且不論其說背後的思想企圖，總之就文章詮釋方法的角
度而言，徂徠之解實難不啟人疑竇。而面對元淡這種就字詞解釋角度所
提出的質疑，徂徠在其信上批曰：「以宋儒之解讀之，故無難解者。吾
不知其以為易讀者，果何如哉？」「一篇中『器』字，此以為卦爻，彼
以為器物，古書未有此例。且以卦爻為器，有何證據？」也就是說，在
徂徠看來，元淡不過是因襲朱子學說法而已，故以卦爻為器。徂徠之根
據在於，「器」字用例，於《周易》中理應統一。既然以卦爻作解，無
甚根據，則應統一作器物解。接著，徂徠在回信中說：

　　所見雖異，足下不能外孝弟忠信別為道，不佞亦然，則均是孔

門之徒也，何必爭其異同……是足下蓋於宋儒之學，心深好
之，故不佞之言不入耳……大氐宋以後，不啻經術，至於文
章經濟，旁及醫卜雜諸書，亦皆程、朱流風所浸淫。故所讀益
博，理學之蔽益牢，不復自覺已。不佞則殊于此，因學古文
辭，日熟古書，目不涉宋後者十有餘年，稍稍知有古言而不與
後世之言同也。以古言讀之，宋儒之解，無一合者……夫宋儒
縱聖，不知古言，而得古聖人之心，萬萬無此理。故不佞終不
能棄己所見，以強從宋儒耳。觀足下所引諸文，皆用宋儒之
解，是足下滿腔皆宋學，更無他物。不佞雖辨，豈能使足下了
然無疑乎？足下既以不佞為非，則付不佞之說不用，是無憾
矣。萬一或以為有理，則伏請自今已往，絕目不視宋儒書，一
熟讀漢以前書，則足下聰敏，年尚少，數年間必知有所謂古言
者。夫然後宋儒之解，罅漏百出，不復竢不佞之辨焉。[71]

在徂徠看來，「器」字作器物解，於《繫辭傳》有可循之例，是為古
言。宋儒昧於此，乃以不合古言的陰陽、卦爻等解釋來誤導他人，而元
淡正是受宋儒影響，導致無法接受古文辭者的其中之一。徂徠的這些想
法，也正是建立在字詞解釋的進路上，取消朱子學甚至漢代以下之說的
正當性，並以此作為與元淡之間論爭的答覆。而元淡既不認同徂徠的字
詞解釋方式，自然也就不可能接受這些回答。因此他針對徂徠在信上的
批語，又回信說：

先生批曰「以宋儒之解讀之，故無難解者。吾不知其以為易讀
者，果何如哉」，惡是何言也？孔子尚韋編三絕，僕何為者，
敢以為易讀者乎？但此章通論乾坤兩卦，不可遽插入器物而說
也。以器為乾坤之卦爻，則文義通貫，是為易解而已矣。又曰
「一篇中『器』字，此以為卦爻，彼以為器物，古書未有此

例。且以卦爻為器，有何證據」，不遠引他經，《繫辭》一篇
中如「易」字，或以為書名，或以為天道；如「象」字，或以
天地之象言，或以卦爻之象言，彼是非同。上章云「見乃謂之
象，形乃謂之器」，所顯見者，皆可謂之象；有形容者，皆可
謂之器。然此章通論乾坤兩卦之義，則乾坤所見之象，卦爻有
形之器，證據甚著明也。[72]

可以看到，雖然徂徠直接論定元淡之所以與自身意見不合，係因
「滿腔宋學」之故，而元淡之說也確實未與宋學衝突，但至少就這些部
分來看，元淡是專心鎖定在字詞解釋的層面上反對徂徠之說的。他扣緊
《繫辭傳》原典結構，指出徂徠所謂的「古書未有此例」並非事實，同
一字本會隨文意語脈不同而有適於個別情境的意義，不可互相淆亂。既
然觀象制器之說與「形而下者謂之器」一句本非屬同一段落，自當分別
視之。因此，採取能形成穩定解釋的卦爻為器之說，乃是合理的作法。
兩相比較之下，不得不說在字詞解釋上，徂徠有其武斷之處，無法僅靠
批評宋儒不識古文辭便能說服元淡。而其對元淡的答覆，也沒有正面針
對其說法，這使得徂徠在這場論爭中無法說取得優勢。然而他顯然不欲
與「滿腔宋學」的元淡在此議題上糾纏，其後並未回信，雙方論爭就此
不了了之。這種字詞解釋上的反徂徠《易》學，其實也可以說動搖了徂
徠思想的基礎。

同樣針對形而上下道器之句所衍生的解釋論爭，亦可見於石川麟
洲（1707-1759）之說。麟洲為藤原惺窩之四傳弟子，師從向井滄洲
（1666-1731），基於朱子學立場而反對古學派與古文辭學派，著有《辨
道解蔽》一書以抨擊徂徠。在其中談到道器詮釋問題時，他說：

《大傳》曰「見乃謂之象，形乃謂之器」，又曰「形而下者謂
之器」，是「形」與「見」為虛字，「器」與「象」為實字。

72　谷口元淡：〈再寄物徂徠書〉，《徂徠學則附錄問答》，頁7。

物子反以「形」為實字，以「器」為虛字，語脈已錯，何問意義？且形而下者，謂之制器，既不成語，必欲以形為中間一物，由而上下，亦非善讀書者。「而上」「而下」之解，疏家得之。[73]

所謂的「虛字」，並非指語助詞、語氣詞等，而是指涉非具體事物的動詞。相對的，「實字」則是指用在具體事物上的名詞。若依徂徠以制器之說來解釋「器」字，則「形而下者謂之器」意為形體之出現是為制器，此時「器」字帶有動作義，故為虛字。而在麟洲看來，此與《繫辭傳》使用「器」字之慣例不合，在文法上窒礙難通，其背後之思想涵義亦不需再究。可以看到麟洲專就文法問題對徂徠之《易》說進行批判，這也是透過字詞解釋進路來申述反徂徠《易》學的其中一例。此外麟洲也在乾卦《文言傳》的部分反對徂徠之解。他說：

貞者不變屬智者強，所見略同。嘉會如婚姻賓客之事，未盡之。嘉會者，嘉其所會也。合禮猶合樂，乃是。利用利器者否，使物各得其所利也。物各得其所利而不相悖，謂「義之和」。令義和，故曰「和義」，非和順於義也。[74]

眾所皆知，朱熹在解釋乾卦卦辭時，以「元亨利貞」和「仁義禮智」相搭配，此固為附會爾。而徂徠在《辨道》中說：

貞者不變之謂，訓「正」而屬諸智者，強矣。嘉會者如婚姻賓客之事，合禮猶合樂之合。婚姻賓客之事，所以大合禮也。利物者利用利器類，和義謂和順於義也，謂義之合宜處者非也。不變其守，乃所以幹事。豈智哉？故下文曰「行此四者」。故

73　石川麟洲：《辨道解蔽》，《日本儒林叢書》第四冊，頁10。
74　同上註，頁35。

　　元亨利貞配諸仁義禮智者，傅會之甚矣。[75]

祖徠將「貞」訓為「不變」，這一點在第三章探討春臺《周易反正》之解經時已觸及之。而他除了反對依朱熹之說以「智」配「貞」之外，也對《文言傳》該處提出解釋。《文言傳》謂「元者，善之長也；亨者，嘉之會也；利者，義之和也；貞者，事之幹也。君子體仁足以長人，嘉會足以合禮，利物足以和義，貞固足以幹事。君子行此四德者，故曰：『乾，元、亨、利、貞。』」，其中的「嘉會足以合禮」，若依孔穎達《周易正義》的解釋，其曰：「君子能使萬物嘉美集會，足以配合於禮，謂法天之亨也。」「嘉會」作為君子所行之事，意為使美好事物聚集，而合乎禮儀，正如天之創生力量使萬物順暢發展，此亦為君子之德行。朱子學解《易》代表的《易程傳》、《周易本義》，大致上不與此衝突。祖徠將「嘉會」解為「婚姻賓客之事」，其實將「嘉會」的涵義大大限縮，且此解於《文言傳》原文中無所徵，更是問題所在。麟洲在此提出反對之意，對祖徠之解未盡贊同。

　　同樣針對此處表示懷疑者還有龜井昭陽。昭陽之父為龜井南冥，在第二章中曾提過其為祖徠學派中人。昭陽秉承家學，以祖徠學為根基，然其後並不停留於此，亦接觸朱子學內容，並對兩者均不墨守，從而參與了反祖徠思想的潮流。他在《讀辨道》書中說：「元亨利貞，配諸仁義禮智，寔後儒以孟子讀《易》之傅會也。然物子嘉會之解，曷其望洋矣，或者難以拄後儒乎。」[76] 這裡明顯不贊成祖徠的說法，無法認同缺乏根據的「婚姻賓客之事」這種詮釋。

　　與昭陽同時期的佐藤一齋，也是談到反祖徠思想時值得一提的儒者。第三章介紹一齋生平時，曾提到其著有《辨道薙蕪》一書。此書為一齋二十歲時完成的首部著作，確立了其批判祖徠並認同朱子學的傾向。例如元亨利貞與仁義禮智相配之問題，他說：

75　荻生徂徠：《辨道》，頁 207。
76　龜井昭陽：《讀辨道》，《日本儒林叢書》第四冊，頁 17。

「貞」訓「正」，古來相傳之訓，殊不知「正」則為不變也。
無是非之心，則不能固守幹事，非智而何也？其餘嘉會合禮利
用等解，實訓詁一小異同之閒耳，並無害元亨利貞為仁義禮智
也。以此配彼，經文既見焉，則不可坐以宋儒也。[77]

一齋認為元亨利貞與仁義禮智的相配關係，已於《周易》經文中可見。
但揆諸《文言傳》原文，並未出現「智」字，難以認定其中有仁義禮智
並列之結構，只能將一齋此言理解為迴護朱子學的表現。然重點在於，
他堅守以「正」訓「貞」的傳統說法，並認為「正」代表固守正道，即
已包含「不變」之概念，故無必要依循徂徠之解。另外，對於《繫辭
傳》中的「一陰一陽之謂道，繼之者善也，成之者性也」，徂徠解曰：
「『繼之者善』，如繼天之繼，善者謂善人也。訓流行者，失『繼』字
義矣。『成之者性』，謂人各隨性所近而成務也。」[78] 由於徂徠不認同先
天道體的存在，故將「一陰一陽之謂道」的「道」解釋為《易》道，也
就是聖人作《易》所蘊涵之道理。《繫辭傳》該句被徂徠解釋為善人繼
承《易》道，而人們隨著自身性分而完成所作之事。朱熹將「繼之者善
也」解釋為天道流行[79]，這種思想是不可能被徂徠接受的，而主要也是
因為朱熹在講這句話時，係思想上與《論語・公冶長》「性與天道」處
的有意連結，並非嚴謹的文獻詮釋，故在徂徠看來，自然就與「繼」字
之義不合了。對此，一齋大力批判曰：

「一陰一陽之謂道」，以物家制作之說，則可謂之聖，不可謂
之善人也。且不聞以「善」為善人之說，「善」果為善人乎？

77　佐藤一齋：《辨道薙無》，據岡田武彥監修：《佐藤一齋全集》第一卷（東京：明德
　　出版社，1990 年），頁 399。

78　荻生徂徠：《辨道》，頁 207。

79　《朱子語類》載：「問：『《集注》謂「天道者，天理自然之本體」，如何？』曰：
　　『此言天運，所謂「繼之者善也」，即天理之流行者也。性者，著人而行之。』」
　　見黎靖德編：《朱子語類》卷 28，頁 725。

> 一陰一陽豈制作之云哉？其說果屈矣。成之者性，性於道也，
> 何必補一「務」字而解哉？若從物子之說，兩處「之謂」二字
> 游矣。讀者簡之為可也。[80]

很明顯地，徂徠之解無非是增字解經，而只是為了配合個人思想體系而已，在一齋看來毫無根據。他不僅反對徂徠對「道」的相關概念，更反對其字詞解釋，從此一進路來攻擊「古文辭」方式所得之理據。且不論一齋此時所具備的朱子學立場，就此處而言，可說是專憑字詞解釋的層面來指出徂徠之問題所在。

以上針對反徂徠《易》學中的字詞解釋進路，列舉了一些在這方面有所申述的儒者及其論點。可以看到來自朱子學立場的批評為大宗，但亦不乏如昭陽這樣的與徂徠學派有關之人。這顯示出，字詞解釋進路雖然只是外在問題，而沒有許多針對思想結構的思辨成分，但也正因如此，才能容許不同學派的人在此進路上參與論述。更何況，以經典詮釋為開展模式的儒學，終究要回歸到字詞解釋上以取得自身說法上的理據。因此也可以說在儒學論爭中，此進路是不可能從小島氏所謂的「思想上的對決」活動中分離而被獨立看待的。

接著，在觀察完雙方在《周易》字句上的詮釋差異後，其實也可以發現以古文辭、古言為號召的徂徠，其說也並非絕對的善解。而其他反對徂徠之解的儒者，固然可能帶有朱子學之前見，但即便將之抽離，亦無礙於其對字詞之解釋頗有優於徂徠之處。也就是說這並不是將反徂徠《易》說者一概歸因於「滿腔皆宋學」便可充分解釋的。面對徂徠在解釋上的缺陷，當然也可以說，這並不代表「古文辭」之方法上有毛病，只不過是徂徠本人基於考證上的失誤，而並未確實地認識到真正古文辭的內容而已。但重點是，在徂徠之解並無穩固的保證，而又無法否定朱子學其實亦有延續古來之解的情況下，便沒有必要全面放棄宋儒之說而

80　佐藤一齋：《辨道薙蕪》，頁 399。

接納徂徠的詮釋。且就這些例中，亦可看出徂徠有為與宋儒有所區別，而刻意標新立異，採取前所未有之說的情形，這也使得字詞解釋進路的反徂徠之說顯得有其存在之必要性。

也就是說，江戶時代儒學史上，以徂徠為中心造成的論爭活動，不完全可定位為朱子學的反擊，更重要的是打著恢復古言之旗號的徂徠學內部，即已存在著能動搖整套體系的字詞解釋缺陷。且正因徂徠以六經為重，所以從屬於六經之一的《周易》來觀察，更能明顯地看出此一面向。由儒者們發動的反徂徠學思潮，在著力於觀察儒學於江戶時代之解體過程的丸山真男看來，都只是站在舊有立場上的陳腐批判，不值一提。[81] 但這些批判都毫無任何一處具有批判效力嗎？從反徂徠《易》學的上述探討，已可稍微開啟對丸山此見解的懷疑空間。

接下來將進入反徂徠《易》學就思想層面上批判徂徠的部分，也就是內在問題。這部分可以說處於外在問題背後而產生指導的作用，同時也是徂徠學與反徂徠學真正針鋒相對之處。而在這之中，也將可看出《周易》在反徂徠學思想中所具有的特殊地位。

三、反徂徠《易》學的內在問題：思想內容進路

面對徂徠高舉六經，以批判後世儒者對《論語》《孟子》的尊崇，中井竹山對此曾批評道：

> 是其家言，欲主張六經，以壓倒宋儒之崇思、孟也。然渠所以
> 為說者，於《易》、《書》、《詩》，則寥寥乎。其所崇主，特在
> 三經，而取印證於《戴記》甚多矣。又以《左傳》為命，蓋以
> 二書之駁雜浮艷，可因以左支右吾，彌縫其怪僻之見也。然則
> 雖口譚六經，而其實三《禮》而已矣，《左傳》而已矣。是亦

81　詳見丸山真男：《日本政治思想史研究》，頁142。

可以發一嘅焉。82

竹山認為徂徠雖宣稱以六經為重，然實際上較仰賴內容「駁雜浮艷」的
《禮記》與《左傳》。我們當然不能光憑竹山此言就斷定徂徠對六經之
重視程度又各自有異，但事實上，徂徠對《周易》的相關之言，相較之
下確實不算豐富，以致他雖未在江戶時代儒家《易》學中缺席，但龐大
的著作量中卻沒有以《周易》為主題的專著，也沒有留下對《周易》全
面性的解釋。儘管徂徠基於對六經的著重，而曾運用《周易》來使之為
己說所用，創造新的《易》學脈絡，但也同樣留下許多空間沒有觸及，
而成為反徂徠《易》學的論述材料。在《周易》成為反徂徠學攻擊徂徠
學的戰場時，我們除了看到《易》學對江戶時代儒學面貌之影響以外，
不妨也可以試著思考：是否《周易》中有某些要素，是徂徠無法以自身
體系去消化、去自圓其說的，而成為反徂徠《易》學的發揮之處？

　　首先來看關於「道」之概念的部分。眾所皆知，徂徠將「道」定位
為「先王之道」，他所說的「道者統名也，舉禮樂刑政凡先王所建者，
合而命之也，非離禮樂刑政別有所謂道者也」83、「先王之道，先王所造
也，非天地自然之道也……豈天地自然有之哉……後儒不察，乃以天
理自然為道，豈不老、莊之歸乎」84，可說是其思想的一大特徵。若只
以先王之道而論，則道可說是後天性的、偏重於人為社會秩序方面的
規律，並非先天即已存在。而對於自然性的「道」，例如「天道」、「地
道」這樣的詞彙，徂徠是這樣理解的：

> 蓋日月星辰繫焉，風雷雲雨行焉，寒暑晝夜往來不已，深玄也
> 不可測，杳冥也不可度。萬物資始，吉凶禍福有不知其然而然
> 者，靜而觀之，亦似有其所由焉者，故謂之天道。載華嶽而不

82　中井竹山：《閑距餘筆》，《日本儒林叢書》第四冊，頁 17。
83　荻生徂徠：《辨道》，頁 201。
84　同上註。

重，振河海而不洩，磅礴不可窮，深厚不可盡。萬物資生，不
為乏焉，死皆歸藏，不為增焉。親而可知，而有不可知焉者，
徐而察之，亦似有其所由焉者，故謂之地道。皆因有聖人之
道，借以言之耳。[85]

也就是說，徂徠肯定自然間確實有所謂的規律存在，可稱之為「天
道」、「地道」等。但這種徂徠學中自然之道的性質，重點有二：第一、
此自然之道純粹指涉物理性的規律，不含價值性之規範；第二、自然之
道的概念被人們認知的時間點，晚於後天形成的聖人之道。係因有聖
人之道的存在，人們才以之比擬天地間存在著的自然規律，而有「天
道」、「地道」等語。因此恐怕不得不說，若無聖人建立人為秩序，則亦
無所謂自然之道的概念，是故一切都歸因於後天成立的聖人之道，也就
是先王所建之禮樂刑政制度。以此看來，作為先天上的價值判準、道德
規範根據的「天道」，其存在為徂徠所否定，這也等於從形上學角度，
對朱子學進行根本上的推翻。相對的，反徂徠《易》學所作的，便是利
用《周易》來強調自然之道的存在。

　　直接斷言徂徠不通《易》學，故不識自然之道者，可以森東郭
（1729-1791）為代表。東郭著有《非辨道》、《非辨名》，合刊為《非辨
道辨名》一書。他在該書〈自序〉中說：

夫道可道，非常道，名可名，非常名。常道何？不知其所以然
而然。常名何？陰陽動靜，自然之象。可道之道何？人道。
人道何？聖人察法象於天地而所建立。可名之名何？聖人因事
物之象形而所寓理數。故《易》云「有天道，有地道，有人
道」。天地人之謂三才，三才者名之本，所以生三才之謂道。
故非道則名不立，非名則道不明。道與名，人道之所興，是以
聖人盡心推而廣之，以脩身，以治天下，所以聖人之道稱名教

85　荻生徂徠：《辨名》，頁211。

也，豈不然哉？而徂徠物子不知名教之本，妄以名教之末為先
王之道……予少學《易》、《老》於先子……尚無卓見，食粟
耳。然愚心欲唯道是從，免先王之罪人也。[86]

學術根源在於《周易》、《老子》的東郭，會對具有先天性質的「道」如
此重視，乃是理所當然。《老子》固不待言，而吸收儒道兩家思想，堪
稱先秦哲學大成者的《易傳》中，「道」自然也是關鍵字之一。「道」之
概念在先秦時即已是不限一家的思想要素，具有秩序、規律、規範、境
界等義。不論在各家手上被賦予何種內涵，詳細分析之，則均可提煉出
一種「終極」之性質，涵蓋其普遍性與先天性。用於稱呼自然界運行規
律的自然之「道」，以及人們行為之應然價值規範的人文之「道」時，
均有此義。眾所皆知，「道」字原指道路，引申出所當行之路的概念，
而用以表示規律、規範義。

　　然而筆者認為，事實上也可以說比起「道」之字源為何，重點在
於人們需要表達這種概念。這可以說是哲學活動的必然發展，而背後
反映出的是對於尋找終極實體的渴求，正如希臘哲學中產生代表規律的
「logos」之概念一般。這種終極實體必然含有先天性，才足以成為穩
固而具有可靠性的概念。如果我們肯定尋找終極實體是哲學發展中的一
個必然趨勢，那麼先秦時代以「道」字代表先天性規律、規範的表現，
也就理所當然了。而徂徠對「道」的詮釋，其實不得不說勢必與《周
易》乃至其他先秦典籍中使用「道」字的脈絡相衝突。東郭此處首引
《老子》之句，強調有一「不知其所以然而然」之道的存在，而又引
《繫辭傳》中「三才之道」的相關字句，無非是要說明人為建立之有形
秩序為「末」，其背後真正的自然與人事先天規律為「本」，進而批評徂
徠「不知名教之本，妄以名教之末為先王之道」，顛倒後天人為秩序與
先天規範的先後關係。

86　森東郭：《非辨道辨名・自序》，《日本儒林叢書》第八冊，頁1。

東郭於全書開頭處說：

> 道者自然之稱。天之所以為天，地之所以為地，人之所以為人
> 也。物子所謂先王之道者，此三五相承。人之所以為人，因時
> 損益之道也。羲皇仰俯，所以建立人道之外，非特有先王之道
> 矣……此物子不熟讀四聖之《易》，唯以為卜筮之書，不讀而
> 可也，信秦火餘燼，《詩》《書》《禮》《樂》之弊也……昔孔子
> 讀《易》韋編三絕，遂贊作《十翼》。夫《易》者三才自然大
> 道，三五先王，治天下之書也。漢後《易》注，大抵失玄珠者
> 手爾。道之不明久矣，智者匿笑不言，愚者不及焉。物子不
> 知《易》亦宜哉。雖然，不知《易》則不知道，不知道者謂之
> 儒，可哉？[87]

可以看到東郭認為徂徠最大之弊正在於不懂《周易》。在東郭看來，《周
易》未經秦火之劫，完整地保存了聖人之言。而《周易》中所言之三才
之道，說明了作《易》者體會到此自然之道，而表現在《周易》中。唯
有徹底掌握《易》學，才能明白三才之道的內容。而此道互古以來即已
存在，包含自然與人事之規律，並非所謂後天形成的先王之道。而徂
徠認為先王所建之禮樂刑政制度以外，不存在其他的「道」，正是僅將
《周易》視作卜筮之書，而不識其中精蘊的結果。若是對《易》學詳
加鑽研，應當不會認為「非離禮樂刑政別有所謂道也」。另外東郭又認
為：

> 物子所謂道，道之枝葉，禮樂耳，弗思之甚也。昔羲皇初作八
> 卦，假形寓理，以修身，以治天下，因時變化，順物為法，以
> 為萬代龜鑑，大矣哉。後聖孔子道，即羲皇之道，豈有它哉？
> 潛見躍飛之妙，雖秦政李斯之輩，而不能加害焉，可謂神矣。

87　森東郭：《非辨道辨名》，頁 1-2。

古經脫秦火唯《易》耳，老、莊、思、孟者，《易》之羽翼
也。日月未墜地，學者其察諸。[88]

首先要注意的是，以《周易》與《老子》為學術根基的東郭，終究以
《周易》為重，而以《老子》為其輔翼。可以說東郭基於對《周易》的
重視，而肯定「道」的先天性存在，而《老子》思想則強化了這種立
場。雖然兩者對「道」的內涵認定不完全相同，但很明顯地乃以先天性
這樣的共同性質而在東郭手上相結合。具體的禮樂刑政制度，是「道」
中包含的人事規律之結果，故稱之為「枝葉」。而《周易》乃是為了呈
現此囊括自然與人事的先天之道而作，以為行動之準則，使人們可以因
時、順物，形成穩定的秩序。儒者之要務乃是體察此先天之道的內容，
實踐修己治人的目標，而這也是《周易》之所以具有特殊地位的原因。
東郭的這種想法是根據《周易》中有關先天性秩序的部分而發，在《易
傳》中確實可以看到許多強調《周易》與此種秩序之間的承載關係的論
述。因此東郭正是意圖利用《周易》，從根本上的形上學問題去反駁徂
徠。

最後在該書〈附錄〉中，東郭以問答形式再度強調此想法：

客謂森子曰：「子因《易》、《老》非物子，以予觀之，似再率
宋儒敗卒敵物子堅陣。且先王之教，似非自然之道。湯武征伐
禮樂之政，豈潔清精微虛無恬澹之道耶？」森子曰：「……大
道一，故自然……察法象于天地，中時為政，則人道也。時乎
時乎，知時者所感，不知時者所惑也。時自人立，其人存則
有，其人歿則亡，與四時之天時殊矣。若夫湯武之心，虛無恬
澹，其感時不得已，勢猶猛虎驅群羊，時乎武，時乎文，亦
猶龍乎？千變萬化，自然之妙，不可為典要，豈如竹林面壁
騷墨之徒哉？」客曰：「大哉言。然則宋儒以老佛為異端，非

手？」森子曰：「予於金粟之道，未學焉，請姑舍之。如《老
子》五千言，為關尹子所著，真《易》之羽翼。孔子問禮稱猶
龍，豈異端乎？所謂不笑吾道不貴，固非腐儒所知矣。雖然，
予豈以宋儒為腐儒乎？其以為異端，有為言之也。以何知之？
以其注《易》也，非腐儒之事，然人心如面，程子以《易》為
治天下之書，朱子以為卜筮之書，王弼以《老子》之意解。孔
子以後無孔子，誰折衷焉……以三為一，正謂之《易》注可
也。」[89]

東郭於《老子》用力甚深，自然不會將之視為異端。前面已提過他如何
認為《周易》與《老子》的「道」之概念具有共通性，而在此他也主
張須以王弼、程頤、朱熹三人當作最重要的《易》註者。另一方面這
也表示：即便東郭並不以宋儒繼承者自居，程、朱之《易》說仍然為其
所肯定。這也是他重視先天之道的體現。另外，東郭扣緊對先天之道的
肯定，在此融攝另一個《周易》中的重要概念「時」。有形之制度、行
動，正須配合時機，也就是因時而動，才能達到最好的效果，此乃人事
規律，也就是「人道」的一部分。而人道係與天道相通，這也就是配合
萬物運行之規則而採取相應行動的思想。既然聖人所立之行動與制度，
實乃合乎《周易》所揭示的先天之道，則自當以此為首出，而不可以道
為徂徠所說的後天建立的先王之道。以上我們看到東郭基於《周易》中
「道」與「時」的觀念，並輔以《老子》之道論，來論證具體的人事制
度，無一不出於先天之道，皆為此先天之道展現的結果。事實上，東郭
的這些看法確實可以說合乎《周易》內含之思想。回歸《周易》，特別
是《易傳》部分的話，自然可以發現對先天之道的肯定，乃是其中的一
大骨幹。

接著看另一與此論題有關的儒者石川香山（1736-1810）。他著有

89　森東郭：《非辨道辨名・附錄》，頁 1-2。

《讀書正誤》，其中包含批判徂徠的表現。針對徂徠以禮樂刑政為先王後天所立之秩序，並以之為道之全體的想法，他說：

> 《易・大象》：「上天下澤，履，君子以辨上下定民志。」
> 《序卦》：「物畜然後有禮，故受之以履。」《繫辭》：「禮卑法地。」《記・禮運》：「禮必本於天效於地。」〈樂記〉：「禮者，天地之序。」〈禮器〉：「先王之立禮也有本，忠信，禮之本也。」〈祭統〉：「治人之道，莫急於禮，禮莫重於祭。祭者，非物自外至者也，自中出生於心也。」〈坊記〉：「禮者，因人之情而為之節文，以為民坊者也。」漢董仲舒曰：「聖人法天而立道。」據此觀之，則禮者，聖人因天地與人性，以立其中制，導以流之也……而謂「禮，先王所作，道也，非性非德」，如此則禮出於聖人偏好，強人以其所無也……「漢儒宋儒以為性，非也。」徂徠非宋儒，固其所也。欲徵於古者，捨漢儒無可依之。欲張己之見，合漢儒排之，自名以徵，其徵者是何所本也？[90]

「禮，先王所作，道也，非性非德。漢儒宋儒以為性，非也」一句，乃徂徠於《論語徵》釋《論語・學而》中「有子曰禮之用和為貴」一段時所言[91]，其用意在於強調禮作為先王之道的一部分，乃後天形成的制度，從而否定朱子學中賦予禮的心性論定位。而這種思想，也等於將禮的起源歸結於制禮之聖人，也就是先王。在此，香山強調的是禮的起源並非繫乎聖人，而是在背後作為禮之效法對象的自然秩序。他引用《大象傳》和《序卦傳》中履卦的部分、《繫辭傳》「禮卑法地」一句，以及《禮記》中的其他相關文句，認為禮之本源在於普遍性的自然秩序與人

90　石川香山：《讀書正誤》，《日本儒林叢書》第四冊，頁 4-5。
91　荻生徂徠：《論語徵》，收入今中寬司、奈良本辰也編：《荻生徂徠全集》第二卷（東京：河出書房新社，1977 年），頁 494。

性（不一定為朱子學脈絡下的「性」），而這些處於禮制背後的規則皆為先天性的、非人為建立的存在。因此香山認為若依照徂徠的說法，則禮將淪為聖人一人之私意，卻強求大家遵守。考慮到徂徠強調的聖人與一般人的差距[92]，或許他會回答說，制禮之聖人聰明睿智，凡人不可及，唯依循聖人所定之禮即可。但對香山而言，想必是不會接受這種說法，而仍以「自中生出於心也」、「因人之情」為禮之重要本質。而這些與生俱來的人性、人情，正是先天之道的一部分，其後體現為禮。在香山看來，這種想法是先秦兩漢之儒家本懷，而徂徠盡皆捨棄，只以先王之道來定義禮，此絕非古有所徵之說。

再來看另一相關例子。一齋在《辨道薙蕪》中說：「《易》曰：『形而上者謂之道。』物子謂非自然之道，則既與《易》畔矣，已不得一端，而罪先儒，何邪？」[93]前面已提過，徂徠對「形而上者謂之道」的解釋，與傳統說法有異，將「道」鎖定在「《易》道」，而這也是其否認有先天自然之道存在的作法。一齋則執傳統解釋，據此批評徂徠說法不合《周易》之旨。平心而論，「形而上者之謂道」的「道」，確實具有先天的、自然之道的涵義。一齋據此以駁徂徠，實有其理。另外，面對徂徠說的「後世貴精賤粗之言，昉於濂溪，濂溪乃淵源於《易》道器之言。殊不知『道』謂《易》道也，『形』謂奇偶之象也，『器』謂制器也」[94]，他又說：

> 夫形而上者，無形之謂也，故謂之道，天地自然之稱，何容疑其間哉？形而下者，有形之謂也，故謂之器，何可與制器尚象

---

[92] 徂徠曾說：「夫聖人聰明睿智之德受諸天，豈可學而至乎？其德神明不測，豈可得而窺乎？故古之學而為聖人者，唯湯武孔子耳。故古之善學聖人者，必遵聖人之教，禮樂以成德，子思所言是已。孟子雖言不及禮樂，然其所謂人可以為堯舜者，亦唯謂服堯之服，誦堯之言，行堯之行而已矣，不必求為聖人也。」見《辨名》，頁 218。

[93] 佐藤一齋：《辨道薙蕪》，頁 366。

[94] 荻生徂徠：《辨道》，頁 201。

渚哉？其下文曰「化而裁之謂之變，推而行之謂之通，舉而措
之天下之民謂之事業」。倘以物子之說，則於下文不通。大凡
物子之弊，在以己意足字而解經也。如作為是道，導民心者是
也。道器之說亦復爾。奇偶之象而上者，謂之《易》道；奇偶
之象而下者，謂之制器，則於文不成語，何疎漏之至此邪？物
子固執制作之說，以張己意矣。至其所不通處，則以《易》為
別書，抑不聖典勻紙鳶竹馬者，寡矣。[95]

關於徂徠對「形而上者謂之道，形而下者謂之器」一句採取的說法，在
字詞解釋問題上受到何種攻擊，已於上一節有所觸及，同時在此也可看
到一齋順此進路批評徂徠有不通之處及增字解經之嫌。而重點在於，他
扣緊「道」字在《繫辭傳》此處的涵義，強調天地自然之道的存在，除
了藉此反對徂徠《易》說之外，也無非是要瓦解支撐徂徠學整套體系的
基本立場，也就是「非離禮樂刑政別有所謂道也」的思想。

　　以上我們看到了一些利用《周易》有關先天之道的文句來建立反
徂徠《易》學思想的表現。若只是單純引述某本書的內容，自然無法
構成思想上的批判。但這些反徂徠論述的表現，之所以有其效力，更重
要的原因係在於利用了《周易》，也就是同樣為徂徠論述核心的經典。
《周易》相較於其他儒家經典，顯得特殊的原因，便在於其貫通天道與
人道，具有通往抽象性的形上學思考之面向，論及自然世界整體性的運
作規律。對於先天之道的肯定，將人事之道與其相連接等思想，不能簡
單地歸諸於宋儒所造。這本來就是傳統詮釋的一部分，其真正源頭乃是
先秦時代的道論本身。而徂徠為了建立一套以先王、聖人、禮樂刑政制
度為中心的秩序觀，而將政治性功能作為六經的主要性質，則面對《周
易》這樣含有先天之道相關論述的經典，勢必要進行一番改造，去除其
中原本的面向，代之以合乎自身體系的詮釋。也就是說，徂徠面對《周

95　佐藤一齋：《辨道薙蕪》，頁 372。

易》，恐怕不是在閱讀時發現其中強調的是自己所思考的先王之道，而是抱持著使其前見先行的立場，才能扭轉《周易》中許多肯定先天之道存在的成分，而將之納入自己所強調的，代表先王之道的六經之列。

　　但面對以貫通天道與人道作為重要特徵的《周易》，這畢竟不是一件簡單的工作。或許正是基於此點，而使得徂徠對《周易》的相關論述，會如竹山所言一般的「則寥寥乎」，同時又留下這些讓後人批判的空間。上述這些儒者，以引用《周易》文句的方式來批評徂徠不曉《易》學而不識「道」，事實上可以視作一種以子之矛，攻子之盾的作法。面對徂徠為了配合自身體系而對《周易》進行的改造，他們以恢復《周易》真正的原義作為反徂徠學的手段，也等於從徂徠賴以為根基的「六經」著手來加以對抗，而不僅僅是表面上的引述原典文句而已。主張具體的制度背後，另有先天之道作為指導，更是在思想層面上與徂徠針鋒相對的表現。

　　徂徠試圖取消《周易》中先天之道相關部分的作為，尚不止有針對「道」字而已。上一章曾提到，他重新解釋《繫辭傳》中「太極」一詞，認為該詞指的是《周易》所具備的一種「可作為人們形式之準則」的性質，這是基於「極」字所含有的極致之義，引申為「準據」義所作的詮釋。徂徠又說：「《易》太極，謂聖人作《易》，有此太極耳，故曰『《易》有太極』，初不以天地言之。」[96] 這種作法導致太極的實體義被去除，而背後當然含有迴避《周易》所具備之先天性向度的意圖，同時也是攻擊朱子學的一種手段，亦將漢代時賦予太極的氣論意義納入批判範圍中。而徂徠的這種解釋，自然也引來了批評者，主張太極代表形上學意義上的終極實體。中井竹山、履軒兄弟之師，屬於懷德堂朱子學派的五井蘭洲是提出批評的其中一人。他所寫的《非物篇》乃批判徂徠《論語徵》之作，在其〈附錄〉中則針對《辨道》提出反對之說。關於太極之概念，蘭洲說：

96　荻生徂徠：《辨道》，頁 207。

「《易》有太極，是生兩儀」，可見兩儀所出，是太極也。不然則何以曰「是生」？今謂《易》有此太極似焉，舉兩儀四象八卦總言之，豈有此理？蓋彼不欲言陰陽上又有此一物，又不欲言陰陽非道矣。求其說而不得，強為之解也。蓋陰陽天之道，剛柔地之道，仁義人之道，是太極分賦三才之道也。《易》不可為典要，故推之天地，亦如斯，驗之人事，亦如斯。今言初不以天地言之者，不知《易》也。凡徂徠解《易傳》文義，全無意義。今不詳辯焉。[97]

蘭洲指出，徂徠之所以將太極強以準則義作解，是因為不承認作為萬物根源之太極的存在。但太極乃具超越性的全體秩序之總集，為三才之道的共同來源，天道與人道亦在此相通。因此人文秩序也勢必歸諸於具有實體意義的太極之中。蘭洲本身帶有朱子學的立場，必然要維護與「理」相通的太極概念。因而在此他根據《繫辭傳》原文來強調太極的實體義，同時又試圖將之聯結到《說卦傳》中的道論，進而批判徂徠不明《易》理。

麟洲在《辨道解蔽》中亦不認為太極與天地無關。他說：「太極雖不以天地言之，《易》與天地準，則天地本有太極之義也。」[98] 也就是說，《周易》涵蓋天地間所有的秩序，而太極作為筮法意義上《周易》卦爻系統之起源，自然也就代表著天地全體。在此想法下，太極亦可說是一終極實體，承載著普遍而先天的規律。麟洲沒有正面批判徂徠對太極的解釋，但其背後之形上學立場已與徂徠截然對反。一齋採取了類似的作法，而更直接強烈地抨擊徂徠之說：「《大傳》曰『《易》有太極，是生兩儀』，兩儀，乾坤也；乾坤，天地也，豈不以天地言之哉？又曰『《易》與天地準，故能彌綸天地之道』，執此視之，以天地言之，固無

97　五井蘭洲：《非物篇‧附錄》，據大阪大学懐德堂文庫復刻刊行会監修：《非物篇》（東京：吉川弘文館，1989 年），頁 114。

98　石川麟洲：《辨道解蔽》，頁 35。

妨矣。」[99] 大致上可以說，一齋同樣是在捍衛太極的實體義，賦予其宇宙論上的生成根源以及世界秩序的承載者地位，同樣是站在朱子學立場而言之。

不可否認的是，無論是漢代的氣化宇宙論，抑或是宋代的朱子學，相較於《繫辭傳》原文，都對太極之涵義有所擴充。朱伯崑已指出，「太極」一詞於先秦首見於《莊子‧大宗師》的「在太極之先而不為高，在六極之下而不為深」，表空間之至高義。《繫辭傳》借用之以指涉進行卜筮時，卦爻未分之狀態，此係就筮法過程而說。[100] 據此，確實可以說《繫辭傳》中的太極概念並未很明確地帶有形上學意義上的實體義，但顯然具有某種「根源」的意味，才會被安排在兩儀、四象、八卦這樣的序列之首，而又使用「生」字來連接後文。隨著《周易》本身地位提高，在思想史演進過程中不斷地在內涵上有所擴充，原本就帶有「根源」意味的太極，在其後變為形上學意義上的一種終極實體，而不僅僅是卜筮過程中的一個序列起點，是很合理的。尤其是以《周易》作為世界整體秩序之體現的想法，早已在《易傳》中存在，故也可以說「《易》有太極」之概念，自始即蘊涵著對於終極實體、整體性規律等等之思想的向度，很難僅以「初不以天地言之」便加以否定。而徂徠對太極的解釋，不免顯得牽強，有無視「太極」一詞本身被使用的脈絡之嫌。這無非是為了要配合其思想體系所致，使得《周易》內容亦遭到扭曲。因此在這個問題上受到批判，留給反徂徠《易》學著力點，實屬必然。也正因為徂徠將其對經典的詮釋當作其論證的地基，故反對者得以抓緊《周易》中的這些有關先天性秩序的概念，動搖徂徠學的基礎。

此外，上一章在探討徂徠《易》說時，曾提到其主張「《易》自卜筮書，不可與他經一視焉」，認為《周易》專為卜筮所用，因此在思想發揮運用上，可以衍伸到其他角度，但在其文字本義上，不能脫離卜筮

99　佐藤一齋：《辨道薙蕪》，頁 398-399。
100　詳見朱伯崑：《易學哲學史》第一卷，頁 58-59。

之書的本質。而在思想發揮運用的衍伸上，也隨之不具有必然性，因此也使得先天之道、朱子學之「理」之類的概念，與《周易》之間的聯繫被斬斷。這其實也是徂徠在其六經相關之論述上否定先天之道表現的一環。那麼，反徂徠《易》學在這方面的批判為何？

在此先來看高志泉溟之言。泉溟原從東涯習古義學，後改入朱子學派，轉而批評仁齋與徂徠。他著有《時學鍼炳》，在其中對《周易》「不可與他經一視焉」的問題說：

> （徂徠）又斷六經曰「《易》說陰陽，《春秋》正善惡，《書》記政教，《詩》本美刺，《禮》明升降，《樂》事和協，一經各有一經大旨，不相交涉」。每事乃曰「此是《易》之意，而不關于《書》」、「此是《詩》之說，而不關于《春秋》」。如此說將去，遂做斥周子《太極圖說》，謂非吾道之所宗之張本，是明儒之遺意，而其語出于《莊子》。然蒙叟之意反異之，惟傷末世學分道裂，不相統攝云爾，非謂不相交涉以可也。夫耳目鼻口手足之於人也，雖各為一官，而其所以視聽臭味，把持運奔者，莫不屬一心之知覺。否則泰山墜前，雷霆起側，不能避就。不能避就，則耳目鼻口手足之官廢。耳目鼻口手足之官廢，則六尺之軀殼，徒一土塊而已。是謂之不知類矣。[101]

在泉溟看來，各經典內涵之道理可相貫通，並非截然無涉的書籍。他以人之身心運作來譬喻，認為各官能可彼此交涉於內心，正如同共同之道展現在各經書之中。我們可以認為這是站在朱子學立場的泉溟，基於「理一分殊」的想法，而主張各經典彼此之間具有可互通之元素。然此處泉溟所言，主要仰賴譬喻，其實並未仔細地論證自身想法。

麟洲亦曾就此批評徂徠，而說：「物子已以禮樂刑政為道，而

101　高志泉溟：《時學鍼炳》，《日本儒林叢書》第四冊，頁28。

《易》不可牽合，則目以《易》道而殊別之，自便偏旨也。」[102] 這裡雖然講得簡單，但卻道出一個有力的攻擊點。對徂徠而言，確實「非離禮樂刑政而別有所謂道也」，而這種想法正如前面所探討的，會在《周易》特殊的人道天道相貫通之思想上頗有窒礙之處，故勢必要經過一番改造，以維持作為六經之一的《周易》在自身體系中的定位。這種窒礙之處，正是麟洲所言之「不可牽合」。徂徠的解決方式是將《周易》中的「道」字鎖定為「《易》道」，為了顧全其體系，顯然便偏離《周易》原文之內容了。麟洲此批評的背後，正反映出徂徠的思想體系建構策略所導致的弊病。畢竟《周易》，特別是《繫辭傳》、《說卦傳》中，已明確表達「《易》與天地準，故能彌綸天地之道」、「兼三才而兩之」等思想，《周易》之內涵已在此大幅擴充，形成一種超越於《周易》卜筮層次，而涵蓋自然與人事的整體性秩序，也隨之提供了讓儒者們將之與其他經典內涵相連接的空間，而這同時也是儒者將各經典賦予一體性，進行義理層面以經解經的理論根據。既然徂徠的詮釋很明顯地與《周易》原文產生衝突，那麼自然就會被批評為「牽合」、「偏旨」了。

同樣是有關《周易》「不可與他經一視焉」的問題，一齋的批評是：

> 宜乎物子不解《易》也。以制作之說，則至《易》而不通，遂至謂不可與它經一視焉，何其自便也。不可與它經一視焉，則其論道亦不可一視焉。其論道不可一視焉，則其稱吉凶悔吝，亦不可一視焉。吉凶悔吝不可一視焉，則《易》亦何裨益矣？可謂無稽之言已。子曰：「《易》其至矣乎。夫《易》，聖人所以崇德而廣業也。」又曰：「聖人以通天下之志，以定天下之業，以斷天下之疑。」物子之言，不思之甚也。[103]

---

102 石川麟洲：《辨道解蔽》，頁 10。
103 佐藤一齋：《辨道薙蕪》，頁 372。

一齋也指出，徂徠的《易》道之說之所以牽強，根本原因在於以先王之道的制作之說來解釋人道並作為六經之定位，與《周易》原旨不相容，而必須發明「《易》道」之說，來切斷《周易》與其他經典，乃至其它規律、秩序之間的連繫，限縮《周易》之內涵，也等於使《周易》空洞化了。一齋在此又引用《繫辭傳》中的語句，用意即在於強調《周易》與先天之道、整體性秩序的緊密連結，以反駁徂徠「不可與它經一視焉」之說。

徂徠以六經為先王之道的呈現，卻又將六經各自的要旨與性質作區分，平心而論，並非毫無可正視之處。《周易》、《尚書》、《詩經》、《儀禮》、《春秋》諸經，在尚未經典化之前，本即有各自形成的背景與用途，非出於一人一時一地之手，因此確實有彼此不同的內在脈絡與撰作意旨。就這一點而言，徂徠所言未必不合乎史實。但問題在於徂徠所言之六經，實乃經典化之後的六經。一旦經典化，則勢必產生新的脈絡。在《周易》而言，若單就以卦象及卦爻辭為主要結構的《易經》來說，則確實是專門為卜筮而設，自有其脈絡，與其他經典不同。然而至《易傳》成立，經傳結合為一體，形成被經典化的《周易》之後，對於《周易》內涵的衡定便與只有《易經》之時大相逕庭。蓋《周易》經典化之後，便成了思想史演進過程中發展出新概念的載體。這種新概念，就是在形上學上尋求一個可以統貫萬物的終極實體的結果，也因此才會看到《易傳》中顯露出有機體世界觀、天道與人道相貫通、彌綸天地之道等等思想，而成為先秦時代之哲學集大成著作。這固然不是《易經》的原貌，但肯定是成立於戰國末至漢初的，經過經典化歷程的《周易》之本質，從而決定了往後《易》學史的面貌。因此，試圖對《周易》的成立進行歷史還原以探索其內在本質時，有必要抱持著經傳分離的觀點來進行。這當然不是為了要否定《易傳》的解經效力及思想史地位，而是用更嚴謹的角度去釐清從《易經》到經傳合一的《周易》之間的變化情形，以精確地掌握不同階段的思想史內容。

但事實上，徂徠在以先王之道的定位看待六經中的《周易》時，並

未很明顯地帶有經傳分離的意識，也不像仁齋、東涯父子一樣關心《易傳》本身性質的問題。他曾在《學則・附錄・對西肥水秀才問》中說：

> 蓋六經之外，文章之妙，無過《左傳》者。古之文章，乃先王禮樂之化所生，故其絢爛乃爾，如《左傳》、《易傳》、〈禮運〉、〈樂記〉是也。至於《孟子》時，禮樂之化漸漓，其辭質勝，是為變調。[104]

此處推崇《左傳》，將之定位為六經以外文筆最為殊勝者，形成於先王之道成立以後。接著又將《易傳》與《左傳》並列，言下之意，似亦以《易傳》為先王之道成立以降之產物，如此則蘊涵著經傳分離的觀點。且若依徂徠想法，孔子為祖述先王之道之人，則成立於孔子之後的《易傳》，亦當與《易經》前後有別。但事實上也不得不說〈對西肥水秀才問〉此處頗為曖昧，畢竟沒有明言論及《易傳》與《易經》的分別。更重要的是，徂徠在《辨名》中大唱古文辭學，羅列來自六經中的字詞使用情形時，凡引用《周易》文句處，有極高之比例係來自《易傳》部分，可見其並沒有堅決的經傳分離意識，仍以經傳為一體的《周易》作為其思想體系中承載先王之道的六經之一。即便《易傳》非作《易》之先王、聖人所撰，但既然以《易傳》為「古文辭」的一部分，則勢必要面對《易傳》中可見的，有別於《易經》成立時之思想表現。

　　然而正如前述的探討中可看到的，《易傳》中所包含的這些《周易》本質，勢必與徂徠思想相衝突，而使其不得不進行一番改造，且尚無法充分說服他人。徂徠固然可用其回答元淡時所言之「滿腔皆宋學」來反駁這些意見，批判其不識古文辭。但問題不在於反徂徠《易》學者原本即戴著來自宋學立場的有色眼鏡，而是徂徠想要將本質上與己身學說互斥的《周易》納為武器之一，因此留下了可再商榷的空間，使反對者得以進行攻擊。這不僅僅是經典詮釋層面上的問題，更重要的意義在

---

[104] 荻生徂徠：《學則附錄》，頁23。

於：如果徂徠其實牽強地解釋先秦經典，並誇大了宋儒與經典古義之間的鴻溝，使其論證從一開始就有不穩固之處的話，那是否需要推翻《周易》詮釋中相關的形上學觀點，並順著徂徠學思維而切斷自然秩序與人為秩序之間的連繫，也就值得懷疑了。從原本即帶有貫通天道與人事之思想的《周易》出發，來觀察反徂徠學對徂徠進行的批評時，便可以看出這一點。

在探討完反徂徠《易》學中與屬於形上學問題的道論相關的表現之後，接著來看有關道德心性論的部分。簡單粗略地來說，這部分可說是朱子學與徂徠學的主戰場。《周易》在原本朱子學脈絡下，即與道德心性之說有密切關聯。而上一章談到徂徠利用《周易》提出的反理學思想，也等於是試圖從根源處對朱子學進行打擊，瓦解其心性之說的根據。「理」之概念等於是先天之道與道德內在根據的共同部分，因此面對徂徠的攻擊，反徂徠《易》學勢必要為「理」進行辯護來反擊，延續朱子學運用《周易》來建立以「理」為主之世界觀的思想。

關於「理」本身之存在，其思想內涵及相關問題，大抵同於上述有關先天之道本身之存在的部分。而從「理」之概念衍生的問題，則是關於教化與道德修養工夫的面向。徂徠於《辨道》中說：

> 蓋先王之教，以物不以理。教以物者，必有事事焉。教以理者，言語詳焉。物者眾理所聚也，而必從事焉者久之，乃心實知之，何假言也？言所盡者，僅僅乎理之一端耳，且身不從事焉，而能瞭然於立談，豈能深知之哉？[105]

言下之意，乃欲以實際之事物應對取代對理的探討。他認為對理的探討乃是憑藉語言而非行動，將流於空談。這在朱子學者眼中顯然是必須要反對的意見，例如一齋即批曰：

---

[105] 荻生徂徠：《辨道》，頁205。

凡先王之教，以理而不以物。何哉？無無理之物也。桀受齒屬
之時，豈無禮樂哉？然而其亡也忽焉，以物不以理也。三皇五
帝之世，既有禮樂，而未及周之郁郁也，猶能垂衣裳而治焉，
以理不以物也。若夫孔子之教弟子也，未聞以禮樂也，猶且曰
「易簡則天下之理得矣」，又曰「窮理盡性，以至於命」，又曰
「理發諸外，而民莫不承順」，又曰「君子無理不動」，豈僅
僅一端之云哉？物子所謂物者，禮樂也。夫禮樂之至在敬與和
也……所謂敬與和，迺理也。夫明理者，致知力行之楷（按：
疑當為「階」）梯也。物子廢理與力行，則物孤行矣。然物之
實，既在敬與和，則未免為理。既未免為理，則亦未免為力
行。既未免為力行，則亦復未免為宋儒之徒也。[106]

「孔子之教弟子也，未聞以禮樂也」，熟悉《論語》中「割雞焉用牛
刀」故事之典故者，恐怕會反對一齋此言。然必須注意的是，一齋此處
主張的是對「理」之探討，本即已蘊涵身體力行來應對實際事物，非如
徂徠所言僅僅瞭然於立談。且「理」乃是對一切道德行為認知之根本，
從掌握「理」下手，方能確保行為合乎道德，獲得先天而普遍的根據。
因此不能僅僅停留在具體事物的表面上，而是要深入掌握具體事物背後
的所以然之「理」，此即「未聞以禮樂也」之意，非謂孔子不談禮樂。
一齋依循朱熹之說，將《易傳》作者定為孔子，故在此亦引用「易簡則
天下之理得」、「窮理盡性以至於命」等《易傳》文句以為孔子之教，此
即為反徂徠《易》學強調「理」之優位性的一個表現。出於《說卦傳》
的「窮理」一詞，在朱子學手上轉化出工夫義，本即為朱子學與《周
易》之間的重要連結，因此也必然成為一齋在此重視之所在。以此處來
說，「窮理」意味著探求禮樂制度背後之精神，也就是「敬」與「和」。
在一齋看來，徂徠正是因為廢棄「理」之探求，故不能掌握比禮樂制度

106　佐藤一齋：《辨道蕕蕘》，頁391。

更深層的教化關鍵之所在。

　　徂徠對「理」之概念的攻擊，正包含對「窮理」一詞的重新理解。他以古文辭學方法的角度說：「後世人不識古文辭，故以今言視古言。聖人之道不明，職是之由……窮理、研幾，皆贊聖人作《易》耳。後儒以為學者事，誤矣。」[107]關於將「窮理」一詞之原義定為贊聖人作《易》而非工夫，不能說完全錯誤。即便是朱熹《周易本義》，也在《說卦傳》該處詮釋曰「此聖人作《易》之極功也」。[108]但朱熹儘管確實借用了《說卦傳》之詞來闡發其工夫論，卻已指涉到新意義，與《說卦傳》原文脈絡不盡相同。蓋宋學中往往有借用先秦儒典詞彙來賦予新義的作法，隨意發揮，而成一新體系。「窮理」一詞即為一例。然徂徠對此的批判，並不僅止於字詞詮釋之差異，事實上也是要推翻朱子學脈絡下有關窮理之工夫，這也是反理學思想的一部分。故朱子學者勢必要對此加以反對。先來看平瑜於《非物氏》一書中的相關言論。對於徂徠反對「理」之概念的作法，他曾說：

> 茂卿廢窮理，妄乎妄乎。《易》曰：「窮理盡性，以至命。」又曰：「將以順性命之理。」又曰：「天下之理得，而成位乎其中。」此聖人之窮理者甚明矣。夫聖人之所為，則安非學者之事？茂卿不學聖人之所為，而欲學何者所為？[109]

此處關鍵在於「夫聖人之所為，則安非學者之事」一句。朱子學與徂徠學的聖人觀，彼此本就大相逕庭。依朱子學之傳統，聖人這種道德上的至高境界，是所有為學者的共同目標。他們相信以一定的工夫持續進行自我之修養，則終可達至此境界，或是說雖然此修養之路永無止盡，但他們相信自身確實是朝著此目標前進著。而在徂徠學中則如前所述，認

107　荻生徂徠：《辨道》，頁207。
108　朱熹：《周易本義》，頁267。
109　平瑜：《非物氏》，《日本儒林叢書》第四冊，頁7。

為聖人為制作制度之人，聰明睿智，一般凡人不可企及，僅需依循聖人所定之制度，達成整體政治秩序之穩定即可。這種聖人觀的差異，自與雙方對經典之定位有關。既然對朱子學而言，聖人可學而至，那麼《周易》之所言，自然也是成德之教的體現，而非僅僅是贊《易》之詞。因此平瑜便以《周易》的這些相關文句來反駁徂徠，要之乃是為維護作為工夫的「窮理」概念，也就是朱子學修養工夫之根基。

抱持著朱子學立場的一齋，同樣也意圖宣揚窮理的重要性。他說：

> 物子徒知有養之之術，而不及所以養之之理也。夫人有所以養之之理，故有所以養之之術，豈不曉然明徵哉？「窮理」見于《大傳》，窮理緞格物也。格物有本末，窮理亦有次序，豈躐等之云哉？既非躐等之云，則豈與浮屠法身並日而語，同席而譚哉？寧從文公似浮屠法身者，不從物子類申、韓法律者也。[110]

所謂的「浮屠法身」，是針對徂徠在《辨道》中說的：「大氐先王孔子之道，皆有所運用營為，而其要在養以成焉。然後人迫切之見，急欲以仁盡一切，是以不得不跳而之理，乃不過浮屠法身遍一切之歸，悲哉。」[111] 反對朱子學者，自會以其「理」之概念近於佛說來批判之。[112]而一齋則強調窮理之工夫，本身包含與具體事物相即的精密次序，非玄虛空想而已。而憑藉窮理，才能掌握事物制度背後的所以然之理，以達到道德教化之功能。這也是一齋批評徂徠宛如申不害（前 420- 前337）、韓非（前 281- 前 233）等法家之流的原因。這些對於窮理工夫的辯護，反映的也是對於作為道德先天性那一面的內在性理的肯定。

---

110 佐藤一齋：《辨道薙蕪》，頁 383。
111 荻生徂徠：《辨道》，頁 203。
112 上一章已觸及到江戶時代反對朱子學者如何認為「理」之思想近於佛說。而關於程頤、朱熹與華嚴宗之間的思想淵源關係，學界已有相關研究。可參考荒木見悟著，廖肇亨譯：《佛教與儒教》（臺北：聯經出版事業股份有限公司，2008 年）。

對於強調內在性理的道德心性論，徂徠大加反對，說：

> 善惡皆以心言之者也。孟子曰：「生於心而害於政」，豈不至理乎？然心無形也，不可得而制之矣。故先王之道，以禮制心。外乎禮而語治心之道，皆私智妄作也。何也？治之者心也，所治者心也。以我心治我心，譬如狂者自治其狂焉，安能治之？故後世治心之說，皆不知道者也。[113]

也就是說，徂徠將道德約束之途徑全數歸於外在的禮制，完全否定內在性理之道德內省功能。正因為他將人定為聰明睿智不及聖人、自我無法進行本質改變的個體，因此也不可能接受朱子學中的心性論。更何況道德的先天秩序對強調後天制作之先王之道的徂徠而言並不存在，當然就更不可能認為有上通於天道的內在性理存在，不承認其功能，而認為「以我心治我心，譬如狂者自治其狂」了。面對朱子學的自我修養要求，他形容為：「故《通鑑》之於治國，性理之於脩身，人與我皆不勝其苛刻焉，遂使世人謂儒者喜攻人，豈不悲哉？」[114] 這便是將朱子學心性論形容為行不可能之事而造成攻訐之病的思想了。

對此，我們可以來看一齋的批評。他說：

> 欲擯《通鑑》，必自《春秋》始焉；欲斥性理，必自《周易》始焉。所謂苛刻者，謂任法舞文，而不從自然之理也。宋儒每每唯自然是理，何苛刻之有？物子謂道禮樂刑政，而不知有自然之理，則其不辨己之為苛，亦復甚矣，豈不荀卿、韓非之歸歟？[115]

肯定自然之理存在的一齋，當然要強調順應理之規定，亦合乎自然之

113　荻生徂徠：《辨道》，頁 205。
114　同上註，頁 203。
115　佐藤一齋：《辨道薙蕪》，頁 385。

人性，而非徂徠所言之苛刻。但值得注意的是，他特地提到「欲斥性理，必自《周易》始焉」，更道盡了宋學心性論與《周易》之間的深厚關係。經過前面的探討，已經看到徂徠在反對朱子學的過程中，如何將《周易》詮釋進行改造，去除其中有關先天之道和窮理工夫的成分，也隨之引起了反徂徠《易》學的產生。如果從一齋這段話中，可以肯定《周易》是朱子學的重要理論根據，那徂徠透過《周易》詮釋所持的反朱子學論點，可說是直接揮軍進攻對方大本營，這也間接顯示出《周易》在反徂徠學相關論爭中的關鍵地位。

在反徂徠《易》學為心性論辯護的表現中，要先從整套心性論體系的根據，也就是對道德先天性之強調看起。關於對道德之先天性的想法，在前面探討有關反徂徠《易》學主張先天之道存在時，即已有所觸及。《周易》中可見之先天之道的概念，是貫通自然與人事兩方面之秩序的。反徂徠《易》學對先天之道的肯定，除了陳述自身的形上學立場之外，也包含了以先天的角度來解釋道德來源的企圖。在道德具有先天性的前提下，心性論者會主張人之內心中已有道德認知與實踐的內在動力，此為與生俱來之先天存在。而反徂徠《易》學表現此思想之例為何？對此，可以先來看平瑜的說法：

> 荀子有性惡之論，仁齋泥之，乃謂《孟子》性善之言，為自暴自棄而發，茂卿亦謂有所為而言也。予讀二氏之書，幾斷韋編，皆此主張斯義之言，乃以仁義禮智為外物，而欲招之於我也。以若所為求仁義，猶蔽其耳目以求聽視也，終不可得也已。殊不知孟子之說性，推其本精其義，以詔諸後世也。其全篇所說道德者，皆是莫不以性善為本者，何為自暴自棄而發乎？何有所為而言乎？且夫性善之言，徵諸聖言，果爾。《書》曰「惟人萬物之靈」，《易》曰「立天之道，曰陰與陽。

立人之道，曰仁與義」，此互而相言。陰陽既為天之固有，則
仁義之為人之固有，昭昭乎明矣哉。[116]

平瑜此處用意在於批判仁齋與徂徠，而本文在此將焦點放在對徂徠的反
駁之上。孟子的性善論，可說是中國思想中心性論早期的代表，而在其
後為宋儒所發揚。不接受心性論的徂徠，則認為孟子此論別有目的。他
說：

如仁義禮智，亦孔子時所無，孟子始言之，亦備楊、墨所不有
者，以見吾道之備矣。[117]

子思、孟子蓋亦有屈於老、莊之言，故言性善以抗之爾。[118]

孟子則欲使不信我之人由我言而信我也，是戰國游說之事，非
教人之道矣。[119]

子思言先王率人性以立道，非強之耳，亦非謂率性則自然有道
也。孟子性善，亦子思之意耳。觀其曰……「仁義禮智根於
心」，則所謂性善，亦非謂人性皆與聖人同矣。祇如告子杞柳
之喻，其說甚美；湍水之喻，亦言人之性善移，孟子乃極言折
之，以立內外之說，是其好辯之甚，遂基宋儒之謬焉。其與荀
子性惡，皆立門戶之說，言一端而遺一端者也。[120]

孟子固以仁義禮智根於心為性，非以仁義禮智為性。然其說本
出於爭內外立門戶焉。觀其與告子爭之，議論泉湧，口不擇

116　平瑜：《非物氏》，頁2。
117　荻生徂徠：《辨道》，頁203。
118　同上註，頁204。
119　同上註，頁205。
120　荻生徂徠：《辨名》，頁241。

言，務服人而後已，其心亦安知後世有宋儒之災哉？[121]

也就是說，徂徠認為孟子之言不過是為了在戰國時代，百家爭鳴風潮中立自身門戶，故設別家所無之言，以突顯自身獨特性，是為有為之言，未必可從。性善論及其所蘊涵的道德先天性思想，乃後世朱子學心性論之基礎。故面對徂徠如此批評，勢必得有所反駁。平瑜引《說卦傳》中「立人之道，曰仁與義」一句，指出《周易》已揭示陰陽之於天道，與仁義之於人道之間的相對應關係。雖然《說卦傳》此處並未提到有關內在心性的思想，但很顯然是基於一種有機世界觀而產生的道德先天性論述。仁義對言，亦與孟子所謂四端相呼應。相似之言亦可見於一齋所說的：

> 惻隱羞惡，情也，故孟子謂之端，固非謂以盡仁義，何須物子之言？《易》云「立天之道，曰陰與陽。立人之道，曰仁與義」，然則仁義既根于性也。既根于性也，則其發於情者，不可謂無之矣。孟子自謂之「端」，咎以一偏，何居乎？[122]

一齋更直接地將《說卦傳》該處視作孟子四端之說的延伸，這自然是義理層面的以經解經方式。仁與義為「立人之道」，也就是人事上的先天秩序。一齋基於將之與孟子思想相結合的企圖，說明此先天秩序即內在於心性中，也就是「根於性」。

以上我們可以看到，「立天之道，曰陰與陽」，「立人之道，曰仁與義」這段話，成為反徂徠《易》學中用作說明道德之先天性，以作為心性論基礎的主要論據。而回到《說卦傳》該處原文來看，可以說這反映的是一種戰國晚期儒家思想的面貌。仁義連言，而又以先天規律視之，這可以說是該處原文與《孟子》之間的相似性。即便兩者形成之脈絡與主旨有所差異，但應該可以說它們共同分享了戰國中晚期儒家思想發展

---

121 同上註，頁 241-242。
122 佐藤一齋：《辨道薙蕪》，頁 367。

的結果。而在徂徠拆解先天之道架構的過程中，亦曾略為提到《說卦傳》此處，只不過重點並非在於道論，而是用將之排除在古文辭範圍之外的方式來論證其不可靠。他說：「多謂人有仁義，猶天有陰陽也，遂以仁義為道之總，是後世之言也。當先王孔子之時，豈求一言以盡乎道焉？求一言以盡乎道者，務標異聖人之道者也。先王孔子之時，豈有是哉？古者禮義對言焉耳矣。」[123] 雖然徂徠此處並未明言，但顯然其所批判者，與《說卦傳》脫不了關係。他主張，古文辭中係禮義對言，非仁義對言。且先王之道涵蓋許多內容，正如六經各有其內容，不可一視，「道」亦不可以簡單之字詞概括。

　　這另外也牽涉到徂徠對「仁」的解釋：「仁者，為長人安民之德也，是聖人之大德也。天地大德曰『生』，聖人則之，故又謂之好生之德。」[124] 在徂徠手上，「仁」成了外王事功的結果，而非內在心性之德行。一旦取消「仁」的內在性，則以「立人之道，曰仁與義」一句來說明仁義作為先天性道德的作法，想必也不會被徂徠接受。認為古文辭中只有禮義對焉的說法，也表示「仁」並非先王之道的直接內容，更不足以代表「道」。面對徂徠此言，也仍有儒者持續引《說卦傳》作為反例，如麟洲說：「《說卦》、《中庸》、《老子》、《管》、《晏》及莊周，與孟子同時，皆並言仁義，其為古言可知矣。備楊、墨所不有，以見吾道之備者，何其言之鄙也。」[125] 一齋說：「《大傳》曰『立天之道，曰陰與陽。立人之道，曰仁與義』。〈樂記〉曰『春作夏長，仁也。秋斂冬藏，義也』。謂之後世之言而可哉？不思之甚也。」[126] 這些都是據《說卦傳》而持「古已有仁義對言之例」的表現。[127]

123　荻生徂徠：《辨道》，頁 203。
124　荻生徂徠：《辨名》，頁 213。
125　石川麟洲：《辨道解蔽》，頁 20。
126　佐藤一齋：《辨道薙蕪》，頁 383。
127　類似的例子還有東郭與蘭洲，分見《非辨道辨名》，頁 2-3、《非物篇》，頁 110。然其言大抵相似，今不贅引。

　　然而不管是對於「仁」的新解釋，還是對於「立人之道曰仁與義」的否定，都可以也應該要放到去除《周易》中的內在心性道德向度來談，糾纏在各說各話的「古言」層次意義不大。故在觀察完道德先天性的相關問題後，我們仍須回歸到對於《周易》與心性論本身之關係來探討。前面提到，一齋批評徂徠「欲斥性理，必自《周易》始焉」，這正說明了徂徠以對《周易》重新詮釋為手段，攻擊朱子學心性之說的大本營，來對之加以否定。因此在反徂徠《易》學中，便產生了強烈主張《周易》本質與心性論有關的聲音。例如泉滇即主張心性論乃儒家之正宗所在，亦與《周易》等經典密切相關：

> 夫二〈典〉、〈禹謨〉，未嘗說「仁」字，堯、舜豈無仁乎？〈仲虺〉始曰「克寬克仁」，未嘗加「義」字，仲虺豈無義乎？孔子並說仁智，至孟子並說仁義禮智，猶結繩變而為古文科斗，科斗變而為大小篆隸八分行草。雖種種變易，而取用於書契者，未始不同也。若謂科斗二篆體異而用亦別者，非惑之甚乎……凡六經《語》《孟》，莫不一字而繫之心性……《詩》之「思無邪」、《禮》之「毋不敬」、《書》之「人心」「道心」、《易》之「寂然不動」、《春秋》之「心賞筆罰」，孰有離心性而說乎……夫宋儒理氣體用之說，以《易》為本。《易》有太極，乃是上天之載，無聲無臭，造化之樞紐，品彙之根柢也……蓋《易》之為書也，廣大悉備……漢唐諸儒，附之卜筮，未深究之。周濂溪重著《圖說》，而理氣體用之分，明白昭晰，莫可復疑。於是始知夫子之所謂生直，孟子之所謂性善，共有根據矣。[128]

縱觀泉滇之意，不外乎以朱子學角度，主張心性論之系譜不繫乎具體出現的文字，而是在其中所隱然具備的義理。《繫辭傳》所言之「寂然

不動，感而遂通天下之故」，亦在此系譜中。此外，他又將孟子的性善說之根據定於《周易》，要言之，乃是完全以心性論作為《易》學的本質，更以《周易》中蘊涵的太極與陰陽之間的體用關係作為心性論的最高依據。

另外，引述《周易》文字作為心性論者，還有上月專庵（1704-1752）。專庵乃淺見絅齋再傳弟子，係為崎門朱子學派中人。他在其著作《徂徠學則辨》中說：

> 天命之謂性，則子思《中庸》開卷之辭。董仲舒謂「道之大原出於天」，原原於斯焉……孔子《大易》「性（按：疑當作「成」）性存存道義出（按：今本作「之門」）」、「成之者性，繼之者善」，《論語》「人之生也直」之意，實本然之性也。性相近，「聞義不能徙」，是氣質之性也。不分氣質本然，則孔子之言，有方柄圓鑿。[129]

專庵依循朱熹之說，以孔子為《易傳》作者。故在此將《繫辭傳》與《論語》合而觀之。而他認為，按照朱子學心性論中的本然之性與氣質之性說法，正可將《周易》、《論語》中之性論通貫解釋。也就是說，作為儒家正宗思想的心性論，正表現在《周易》中。故若以徂徠之解來看待《周易》，則將與孔子本懷相牴觸。

以上之解固能成一體系，然而要之也可以說不過祖述朱子學，謹守其《周易》詮釋而已，恐怕不能真正產生批判效力。如果要舉不依賴朱子學解釋者，則可以香山於《讀書正誤》之言為例。徂徠於《論語徵》中說：「敬皆本於敬天、敬鬼神，其無所敬而敬者，未之有也。朱子創敬工夫，是無所敬而敬者也，自謂無為，以余觀之，亦病耳。」[130] 對此，香山說：

---

129 上月專庵：《徂徠學則辨》，《日本儒林叢書》第四冊，頁6。
130 荻生徂徠：《論語徵》，頁492。

《易》「敬以直內」、《論語》「脩己以敬」、《大戴》「起敬於微
眇」、《小戴・曲禮》「毋不敬」、〈哀公問〉「君子無不敬也，
敬身為大」、《左傳》「敬德之輿」，是無所敬而敬者耶？非
耶？……如《易》所謂「履虎尾，愬愬，終吉」、「其亡其亡，
繫于苞桑」、《詩》所謂「戰戰兢兢」、「臨深淵」、「履薄冰」
者，亦無所敬而敬之意也……如事天、事鬼神者，敬中一事，
以是解敬者，抑末也。且《徵》訓惡言心，而心者一身之主，
萬事之根也。若捨心，則身為虛器，道將焉依之？[131]

由於徂徠試圖取消心性工夫，故認為「敬」只代表一種對某對象表示尊
崇的動作，無此對象則無所謂「敬」，亦非指道德修養工夫。香山歷舉
各經典文獻，指出其中的「敬」字都代表一種源自於恐懼而保持恭肅謹
慎的狀態。其中並未明顯地有依賴朱子學之處，但確實不失理據。而就
其中有關《周易》的文句來看，上一節在探討崎門內部圍繞著「敬以直
內，義以方外」一句所展開的論爭時，即已提到「內」字原本即可解釋
為「心」，「敬以直內」代表著內心修養工夫，此解甚為合理。履卦九四
爻辭「履虎尾，愬愬，終吉」以及否卦九五爻辭「其亡其亡，繫于苞
桑」，說明的正是作為「敬」之根源的恐懼意識。就思想的層面來說，
關鍵在於「敬」作為一種不預設特定對象的心理狀態是否存在，顯然其
存在是無可否認的，故經典之作者乃將之呈現出來。可以說香山成功地
運用了包括《周易》在內的經典資源來反駁徂徠。

　江戶時代的反徂徠《易》學思想大要，大抵如上。其中固然有單
純墨守朱子學之解，而無從真正對徂徠產生批判效力者。但也不乏實際
針對徂徠在思想上的弊病及為了迎合己說而強為之解的地方，運用《周
易》來確實反擊的表現。在徂徠本身的思想體系建構中，古文辭學之方
法佔據了核心的地位。因此攻擊古文辭學方法，事實上也對徂徠學產生

131　石川香山：《讀書正誤》，頁 5-6。

一定程度的動搖。而反徂徠《易》學的大宗，係來自朱子學。正如一
齋形容徂徠時所說的「欲斥性理，必自《周易》始焉」，對關乎朱子學
根基的《周易》進行重新詮釋，乃是重要手段。但《周易》自身所帶有
的性質，在道論、心性論等方面，也確實與徂徠學的一些基本預設格格
不入，也終究使得反徂徠《易》學有回擊的空間。在這過程裡，我們可
以看到《周易》在徂徠學與反徂徠學之相關論爭中的關鍵地位，此亦為
《周易》在江戶時代儒學中所具有的地位之一。

第三節　小結

在江戶時代儒學中，朱子學毫無疑問地具有相當大的影響力。尤
其是來自民間的崎門學派，更是具有充沛的活力，代表著日本朱子學的
高度成就。而荻生徂徠的出現，更可以說是日本儒學中最不可忽視的焦
點。作為古文辭學派開山宗師的徂徠，以其高度的原創性，建立別開生
面的體系，流風廣及全國，實乃一代豪傑。可以說，朱子學與徂徠學乃
江戶時代儒學史中的兩大中心也不為過。本章以崎門學派內部發生的破
門事件，以及反徂徠學思潮作為主要探討對象，此兩種論爭各自關係到
朱子學與徂徠學這兩大中心，而《周易》均在其中享有重要地位。

崎門學派內部之論爭圍繞著《文言傳》「敬以直內，義以方外」一
句而展開，在義理解釋及工夫內容上產生分歧，最終造成了山崎闇齋將
其最傑出的兩名弟子佐藤直方與淺見絅齋破門逐出的結果。闇齋以身為
「內」，以家國天下為「外」，形成特殊的詮釋，其解亦在崎門內部產生
影響。直方與絅齋則堅持依照程頤、朱熹原本的理解，以心為「內」，
以身體外在行為事物為「外」，導致師生之間的衝突。闇齋所試圖表現
的，是對《文言傳》該句的重新詮釋。他基於排佛的企圖而創立新解，
避免涉及過多心性成分而有近於佛家之弊，且其所創立的垂加神道，亦
與此新解釋有密切關係。從中我們不僅可以看到《文言傳》此句在朱子
學、乃至日本朱子學的作用，也可以看到其在日本儒者手中所轉化出的

新面向。而這也可以說是《周易》在日本儒學中發揮作用，並於其思想建構中產生質變的一個實例。

而在徂徠方面，其所造成的反徂徠學思潮，正襯托出徂徠學派影響力的龐大程度。歷來對於反徂徠學，除了小島康敬的論著之外，較少有其他研究成果，也就是說朱子學對徂徠學的回答，在思想史上的能見度較低。但若是要完整地觀察江戶時代儒學史面貌，則這部分亦有探究空間，且不乏實際針對徂徠學結構予以回擊者。就中，反徂徠《易》學是一個關鍵的切入點。徂徠運用其古文辭學方法，重新詮釋包括《周易》在內的六經，建立一套與朱子學相對立的政治本位的儒學，而誠如一齋所言之「欲斥性理，必自《周易》始焉」，《周易》作為朱子學派性理之學論述的重要資源，實為徂徠之重要下手對象，可說是對《易》學內容作了一番改造。而在同樣的戰場上，自然也引起了來自朱子學派或其他儒者的反擊。在以朱子學為大宗的反徂徠《易》學中，包含屬於外在問題的字詞解釋進路，以及屬於內在問題的思想內容進路。透過對於反徂徠《易》學的觀察，可以看到由於《周易》所具有的貫通天道與人事之基本性質使然，造成其與徂徠學之間隱含著難以化解的衝突，留給反徂徠學一個據以駁斥之的資源。《周易》一方面成為徂徠批判朱子學的武器，但一方面也成為反徂徠學的特殊途徑，這也說明了《周易》在反徂徠學思想中的重要意義，藉由這方面的探討，可以看到徂徠學與朱子學衝突中的一塊重要部分，以及徂徠學相關的論述策略與缺陷。

本章藉由此兩項重要的江戶時代儒學論爭活動，探討《周易》在其中發揮的作用。可以看到《周易》作為儒家的重要經典，勢必開展出豐富的詮釋面向，並為不同學派所用，並激盪出火花。筆者希望透過此一進路，能成功地提供有關江戶時代儒學面貌的新成果，並突顯出《周易》在此時儒學發展過程中的地位。

第六章
結論

第一節　研究內容回顧

　　本文以江戶時代儒學與《周易》之關係為題進行研究，係以一部儒家經典為角度，來探討思想史之相關面貌。從一部經典出發來觀察思想史時，筆者認為可以得見三種思想活動，分別是解釋、鎔鑄與對話。「解釋」乃是學者們面對該經典，形成一套自己的理解，乃至更進一步形諸文字，撰寫註釋或是其他形式的解說著作。「鎔鑄」為學者吸收該經典或是歷來相關解釋的內容，而將之融入於自身思想中。可以說學者在鑄造自身思想體系時，將經典當作材料來進行發揮，使經典內容成為其思想的重要成分。在這過程中，經典本身的內涵也將發生變化。「對話」則是學者們彼此抱持著各自對經典的理解與相關之思想進行溝通互動，或形成學派，或引發衝突，凡此皆為思辨結果的展現。其實就思想史整體的巨觀角度來說，此三者活動並非截然劃分。在解釋的過程中，很可能即已帶有鎔鑄的意識。鎔鑄的過程中，亦有可能帶有對話的意識。三者在本質上雖有所不同，但作為思想活動而展現，並構成思想史時，彼此仍有一定的交集範圍。由於這些乃是思想「活動」，具有動態之展現，實可構成彼此交織、循環不已的結構，反映了思想史係由學者與時代氛圍互涉而成的性質，亦呼應了《序卦傳》最後一句「物不可以窮，故受之以未濟終焉」的往復循環世界觀。

　　本文在第二章中進行完歷史背景概述後，於第三至第五章即分別對應到解釋、鎔鑄與對話這樣的思想活動中，也就是儒者們對《周易》的

解釋、將《周易》鎔鑄到自身思想中的表現,以及以《周易》為共同平臺進行對話的種種相關的江戶時代儒學史面貌。而正如第一章所說的,這也分別包括了《周易》性質所衍生的兩種研究方式,也就是經學史的研究與哲學史的研究。基於這三種活動的彼此重疊和互涉之性質,我們可以看到貫串此三者的儒者實不乏其人。筆者希望透過這種方式,能突顯出思想家之活動的不同面向。

經由以上的研究,可以得知《周易》在傳入日本後,即逐漸在日本生根,參與日本思想的形塑過程,並在江戶時代儒學活動中佔有重要地位。以《周易》為進路進行觀察,可以看到江戶時代的儒者們留下了一些值得日本以外的學者們參考的《易》註,其中頗有獨特見解。此外,又可以在江戶時代的代表性儒者們的核心思想與論爭活動中,看到《周易》深深滲透的痕跡。《周易》為儒家經典之一,日本儒者對之有所鑽研,本屬必然。但同時也能看到,日本儒者不僅是吸收中國《易》學而已,也提出自身解釋並加以應用。面對江戶時代儒學史時,這些部分實具有探討空間。唯歷來研究中,不論是日本或是華人學界,相關成果均不多見。本研究絕不敢謂面面俱到,盡無遺漏,惟仍希望能藉由以上分析,呈現出較少為人關注的江戶儒學表現。

在第一章曾提到,先行研究中吳偉明和王鑫的部分,已為江戶時代《易》學大致探索出一些整體特色,如重本土化與實用、以朱子學為底色、努力吸收中國《易》學並有所回應等等。由於本研究的核心關懷與架構設定,與吳王二書均有同有異,因此這種同異之別,也會反映在筆者所見之江戶儒家《易》學圖像上。以下,筆者擬站在先行研究,以及前面各章討論結果的基礎之上,對江戶時代儒家《易》學之特色作一歸納。

其一是江戶時代儒家《易》學展現出日本的學術主體性。日本儒者除了如先行研究指出的,將《周易》化用在本土思想開展上,並對中國《易》說有所回應之外,筆者更想說明的,是日本儒家《易》學中表現出一種重視自身主體性的態度。透過第三章,可以充分看到日本儒者

們亟欲將自身放在與中國儒者平行的地位上，提出己說並對歷來之中國
《易》學論點進行褒貶。他們致力於提出自身認為正確的詮釋方式，其
眼光已突破地域限制，預設的對話對象當不只是日本人而已，且這種態
度也可在第四、第五章中得見。此學術主體性的意識，不一定非得透過
援用諸如神道之類的日本本土素材來表現，就《周易》這部東亞經典
的內部詮釋而言，即可發掘之。又例如山崎闇齋重新恢復《周易本義》
的編排原貌，擺脫明代三《大全》本的誤導，這其實也是具有高度主體
性自覺的工作，才能跨越來自中國的限制，非可以單純的考證視之。日
本儒學本非中國儒學的單純翻版與移植，關於這一點，江戶時代儒家
《易》學亦可提供佐證。

　　其二是儒者們的論述範圍廣闊，較以往研究所言來得更豐富。江
戶時代儒家《易》學涉及的部分，在經學意義上的《周易》相關問題，
包括義理闡述、象數探析上均有所顧及，雖然對《易》圖的關心似乎不
大，但以基本的中國《易》學問題而言，可以說皆有參與。重要的是，
在開展出的《易》學哲學部分，如理氣論問題，可以看到儒者們扣緊
《周易》的相關論述作為基礎，各有立論與攻駁，內容十分豐富。吳偉
明認為江戶時代《易》學的學術性格不追求抽象的形而上討論[1]，但事
實上，這些領域的問題確實可以見諸儒者們的《易》學思想中，且論述
自有深刻之處。王鑫的論著，由於將探討對象集中在朱子學與古學上，
故得出江戶時代《易》學以朱熹《易》學為底色的結論。然朱子學在江
戶時代當然重要，卻不見得是所有《易》學思想的對話對象。例如本研
究談到的陽明學者神秘性道德論，以及皆川淇園的開物學，就不適合放
在這樣的定位下觀察。相對的，他們更有另闢蹊徑，懷抱獨特問題意識
而建構自身《易》學哲學的作法，且已有別於中國《易》學之內容。我
們可以透過這些探討，對江戶時代儒家《易》學，乃至江戶儒學有一種
新的認識。

1　吳偉明：《易學對德川日本的影響》，頁 154。

第二節　江戶時代儒家《易》學的研究價值

　　《周易》作為儒家經典，在中國思想中的重要性無庸置疑。而分享中國文化進而創造出有自身特色的東亞其他國家儒學中，開展出何種面貌的《易》學，勢必也值得探討。而誠如第一章所提到的，目前的日本儒學研究中，關於朱子學、陽明學、古學，乃至以四書等其他重要典籍為研究核心的成果已十分豐富，但相較之下，不論是日本還是華人學界，針對日本儒家《易》學的研究則宛如足跡不多的廣漠，留下龐大開發空間。這或許是因為《周易》貫通天道與人事、包含兩派六宗之發揮等各種性質，構成一個廣大的、充滿獨特名相與抽象義涵的領域，增添研究難度與專門性，即便對中國哲學研究者來說也有一定門檻，當然也就使得日本儒學研究者與《易》學研究者的圈子不易產生交集。再加上這方面的重要原典材料，不乏未經刊行，而僅以寫本方式留存者，更使得研究工作面臨不少阻礙。

　　筆者之所以不揣淺陋，以日本儒家《易》學為研究對象，乃是為了突顯此兩種領域之間較少被關注的連結，填補先行研究的空白之處。在上述研究中，筆者挑選了若干代表性著作與思想議題來進行析論，探討了《周易》參與江戶時代儒學發展的情形。站在這些基礎上，以下筆者擬歸納出三點此研究之價值。

　　第一點為「有助於理解日本儒學某些議題的核心」。例如在探討代表性的解《易》著作時，像伊藤東涯《周易經翼通解》、太宰春臺《周易反正》這類《易》註，事實上都代表了一個學派中完整的解《易》實踐成果。他們都繼承了像伊藤仁齋、荻生徂徠等一派之代表人物的思想，在註解《周易》全書的過程中，完成了學派主張與《周易》相結合的未竟工作。透過對這類《易》著的觀察，可以從另一側面補充對於相應學派的認識，這正是此類材料的一大寶貴之處。

　　又例如在探討中江藤樹、熊澤蕃山這兩位陽明學者的思想時，透過上述研究，已看到《周易》所佔據的重要地位。可以說透過《周易》來

進入他們的體系，更能把握到其所重視之處與部分言語之所由。還有皆川淇園的開物學，實可謂其用力最深之所在。但由於充滿來自《周易》的元素，以及淇園的個人改造工作，導致對當時學者以及後世的研究者來說，都遭遇了重重迷障。唯有確實立基於《易》學進路，方能一探究竟，理解淇園苦心孤詣之所在。而從理氣論建構、朱子學與徂徠學之爭等議題來看，《周易》的關鍵性更是無庸置疑。這不僅表示《周易》在中國儒學中具備的地位，也同樣體現在日本儒學上，更揭示了儒學在日本的本土化過程中，《周易》的影響力確實是值得關注的。

　　第二點是「提供與中國《易》學對話的空間」。本文將視角置於東亞儒學的框架下，將《周易》視為中日兩國的共同經典，並在探討日本儒家《易》學的過程中，時時與中國《易》說並論，或是陳述日本儒者的說法來源及所欲贊否的對象，從而指出，在《易》註以及自身思想建構部分，都可以看到日本儒者們吸收、消化清初為止中國儒者學說後，將自身置於與中國對話的高度。在展開對日本儒家《易》學的研究時，我們不妨也將之納入歷來的《易》學發展脈絡中，形成一個可彼此對話、參照的整體性累積成果，作為東亞研究之一環。

　　例如中井履軒《周易逢原》、佐藤一齋《周易欄外書》及大田錦城《九經談》，展現了他們自身的思考結果，足可提供一家之言，值得參考。而同樣的情形也出現在日本儒者們與《易》學相關的思想開展上。換言之，只要其中包含談論中國學術的意識，或是試圖建立自身學說之普遍性的企圖，則可進一步開拓出與中國《易》學對話的空間。

　　第三點是「可探索日本近代以來儒學研究的基礎」。自明治時代，日本積極吸收西方文化開始，儒學的角色已不若江戶時代一般，具有基本素養之地位，而是轉換成較偏向專業、學術研究性格較濃厚的高深學說，與生活之間的距離顯得較遠。但這並不意味儒學已在日本斷絕，無論如何，提到東亞文化，儒學依然是極為重要的元素，相關的研究工作也依然進行著。而江戶時代儒學所累積的成果，亦可謂明治時代以降之儒學研究的資源。第三章在介紹伊藤東涯《周易經翼通解》時，曾引用

明治時代漢學家星野恆的評論，並提到武內義雄自述受到東涯的影響，
即為一例。現今日本學界，對於江戶時代儒家《易》學的關注較少，其
實也等於埋沒了對前人研究的繼承。相對的，對此一領域的開拓，也蘊
涵了正視來自江戶時代的全盤資源，發掘明治以來儒學研究之根基的進
路。如此一來，對於日本自身儒學研究的流衍，應當也會有更進一步的
理解。

　　以上三點是筆者所欲提出的本研究之價值，此外，或許亦適用於
其他經典、其他思想體系與其他地區的域外漢學上。而以江戶時代儒家
《易》學研究而言，在筆者拋磚引玉的工作之後，期待看到更多方家共
襄盛舉，開墾這一片廣漠，使此一領域有更豐富的發展。

第三節　未來研究展望

　　有關於本研究可開展出的未來發展方向，筆者認為有以下三點可
談，其一為持續深化江戶時代儒家《易》學探討，其二為對江戶時代其
他思想所包含之《易》學進行研究，其三為延伸至明治時代《易》學。

　　關於第一點，乃是本研究最直接的後續工作。筆者在本文中揀選
了一些具代表性的《易》學表現，當然不可能窮盡江戶時代兩百多年的
儒學中所有與《周易》相關的部分，此外也有一些學派未在探討之列，
例如石田梅巖（1685-1744）創立的石門心學等等。或是個別的儒者也
還可列入研究對象，例如師承佐藤一齋的佐久間象山亦頗好《易》，其
《易》學思想與他著名的「東洋道德，西洋藝術」有何具體關係，應當
也是頗具東亞視角意義的問題。[2] 總而言之，本文受限於筆者時間與學
力，尚有大量的儒者、議題與史料未及於本文中處理。若是能對這些後

2　江戶時代《易》學的先行研究中，吳偉明即曾對佐久間象山有所介紹。不過吳書
　　論述重點在象山的《礮卦》一書，係將象山放在《易》與軍事思想的脈絡下而
　　論。相關部分詳見吳偉明：《易學對德川日本的影響》，頁 138-139。象山的其他
　　《易》學表現，當值得學界進一步探討。

續研究加以開展，對更多思想結構進行探析，當能使本研究的價值獲得更大幅度的發揮。

　　第二點的其他思想，事實上也可以說是吳偉明《易學對德川日本的影響》一書中所涉及的諸多章節，包括佛教、國學、兵學、蘭學等。本文第二章提到，儒學是江戶時代教育的基礎，《周易》是其中的必讀經典，於是乎《易》學可說是江戶時代文化的底流之一，乃是共通素養的一部分。因此將後續研究工作延伸至其他思想領域，當是可行的作法，也等於是在擴充江戶時代思想研究的內涵。有關這部分的後續研究，可以站在吳偉明等人的先行成果之基礎上作進一步的開展，進行深化的鑽研，同時也可顧及到一些不屬儒者，但自成一家，立場十分特殊的學者，如安藤昌益（1703-1762）、三浦梅園（1723-1789）等人。或是將焦點轉向占筮活動之研究，或可得見更貼近於一般日本庶民的《周易》影響力。

　　第三點的研究方向，其重要性亦不在話下。明治時代，日本走向了所謂「文明開化」，也就是大幅吸收西學，著力於現代化的道路，隨之產生了一些前所未有的文化新局。也正是在此思潮之下，借用西方哲學術語（特別是德國觀念論）與思考方式來說明日本儒學的井上哲次郎《日本陽明學派之哲學》、《日本朱子學派之哲學》、《日本古學派之哲學》三大冊才應運而生。在思想上，產生許多融攝德國為主之西方哲學，而開出自身成果的業績，如曾為井上哲次郎學生的西田幾多郎（1870-1945）等人的京都學派即是。在翻譯、出版上，隨著吸收西學的腳步，西方關於文學與思想的許多經典名著，也都陸續被引進日本，經過翻譯後，成為知識分子們的素養來源，助長自由、民權等思想的傳播。可以說明治時代正是一個以雄大氣魄而獨立面對世界的歷史階段，用當代學者松本三之介的話來說，此時乃是橫溢著進取心與實驗精神的時代。[3]

3　松本三之介：《明治精神の構造》（東京：岩波書店，2012 年），頁 19。

　　明治時代的這些表現，反映出與傳統對反的一面。不過儒學並未因此斷絕，仍然在日本文化中延續著，甚至在明治時代興起的國家主義中，也參與了論述的構成。從當時的漢學家根本通明（1822-1906）試圖在《周易》詮釋中融入對皇權的強調，而與赴日考察並與日人交流的吳汝綸（1840-1903）之間產生論學上的爭議點一事來看[4]，箇中大有值得探討的空間。類似這樣的例子，可以引導我們思考：明治時代傳統漢學研究下《易》學相關部分有哪些？是否與中國士人有其他進一步的互動？是否有其他參與包括國體論述、傳統與西化之論爭等議題的表現？與江戶時代的傳統又有哪些連接點？諸如此類的問題，正是延續本研究，而下探明治時代儒家《易》學時可涵蓋的方向。

　　以上筆者試著提出本研究所蘊涵的未來研究展望，凡此皆可視作東亞視域下的文化探索工作，幫助我們明瞭經典傳播的痕跡，以及在域外開展本土化過程中激發出的多元面向。筆者深知，這些未來研究展望各自所具備的門檻，並不下於本研究，甚至可以說有過之而無不及。筆者目前尚無法克服，只能以此為目標自勉。同時也期待眾多學有專精的其他學界賢達共同投入，進行開拓，以創造出更多豐富的相關東亞文明研究論述，開顯出宏觀與微觀下的精神內涵，進而作為當代可用之資源。

4　可參考潘光哲：〈吳汝綸訪日考察與日本知識人的往來互動——以根本通明為中心〉，中央研究院中國文哲研究所主辦，「四海斯文自一家：東亞使節文化書寫」國際學術研討會，2009 年 9 月 4 日。另，黃沛榮：〈清人雜著中之易學資料〉一文中，收錄了吳汝綸與根本通明、信夫恕軒等人的論《易》書信文字，雖未作內容上的分析而僅是資料羅列，但實可視作相關研究的線索。見黃沛榮：〈清人雜著中之易學資料〉，《易學乾坤》（臺北：大安出版社，1998 年），頁 263-297。

附表

　　以下將本文相關的江戶時代儒者師承關係以簡表呈現，以明其系統脈絡與儒者間的關係。為清耳目，表中只列入本文所探討的重要儒者，以及在傳承關係中居於關鍵性連結者。

一、京學派朱子學

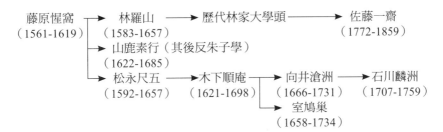

二、崎門學派朱子學

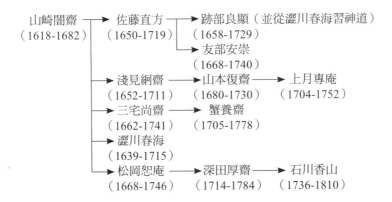

三、近江地區陽明學

中江藤樹 ——→ 熊澤蕃山
（1608-1648）　（1619-1691）

四、古學派（堀川學派）

伊藤仁齋 ——→ 伊藤東涯 ——→ 高志泉溟（其後轉向朱子學）
（1627-1705）　（1670-1736）　（生卒年不詳）

五、古文辭學派（徂徠學派、蘐園學派）

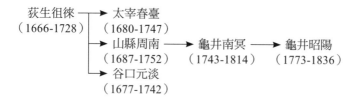

荻生徂徠 ——→ 太宰春臺
（1666-1728）　（1680-1747）
　　　　 ——→ 山縣周南 ——→ 龜井南冥 ——→ 龜井昭陽
　　　　　　（1687-1752）　（1743-1814）　（1773-1836）
　　　　 ——→ 谷口元淡
　　　　　　（1677-1742）

六、懷德堂學派

五井蘭洲 ——→ 中井竹山 ——→（問學關係）佐藤一齋
（1697-1762）　（1730-1804）
　　　　 ——→ 中井履軒
　　　　　　（1732-1817）

七、考證學派

皆川淇園 ——→ 大田錦城
（1734-1807）　（1765-1825）

八、一齋系統陽明學

佐藤一齋 ——→ 山田方谷
　　　　　　（1805-1877）

徵引書目

壹、中國古籍

一、經部

〔魏〕王弼、〔晉〕韓康伯：《周易注》，收入大安出版社編：《周易二種》，臺北：大安出版社，1999 年。

〔魏〕王弼、〔晉〕韓康伯註，〔唐〕孔穎達疏：《周易正義》，據〔清〕阮元校勘：《重刊宋本十三經注疏附校勘記》第一冊，臺北：藝文印書館，2001 年。

〔唐〕陸德明：《經典釋文》，據〔清〕紀昀等編：《景印文淵閣四庫全書》，第 182 冊，臺北：臺灣商務印書館，1983-1986 年。

〔唐〕李鼎祚：《周易集解》，收入王雲五主編：《國學基本叢書四百種》第 29 冊，臺北：臺灣商務印書館，1968 年。

〔五代〕《韻鏡》，據王雲五編：《叢書集成初編》，第 560 冊，上海：商務印書館，1936 年。

〔宋〕朱熹：《周易本義》，收入大安出版社編：《周易二種》，臺北：大安出版社，1999 年。

〔清〕秦蕙田：《五禮通考》，據《景印文淵閣四庫全書》，第 139 冊，臺北：臺灣商務印書館，1983-1986 年。

〔清〕惠棟：《易漢學》，據王雲五編：《叢書集成初編》，第 457 冊，上海：商務印書館，1937 年，臺北：臺灣商務印書館，1983-1986 年。

〔清〕朱彝尊：《經義考》，據《景印文淵閣四庫全書》，第 678 冊，臺北：臺灣商務印書館，1983-1986 年。

〔清〕李光地編：《周易折中》，據《景印文淵閣四庫全書》，第 38 冊，臺

北：臺灣商務印書館，1983-1986 年。

〔清〕毛奇齡：《仲氏易》，據《景印文淵閣四庫全書》，第 41 冊，臺北：
　　臺灣商務印書館，1983-1986 年。

〔清〕毛奇齡：《古今通韻》，據《景印文淵閣四庫全書》，第 242 冊，臺
　　北：臺灣商務印書館，1983-1986 年。

〔清〕戴震：《孟子字義疏證》，北京：中華書局，1982 年。

二、史部

〔漢〕班固：《漢書》，據楊家駱主編：《新校本漢書并附編二種》，臺北：
　　鼎文書局，1991 年。

〔宋〕周必大：《玉堂雜記》，據《景印文淵閣四庫全書》，第 595 冊，臺
　　北：臺灣商務印書館，1983-1986 年。

〔元〕脫脫：《宋史》，臺北：鼎文書局，1991 年。

〔明〕楊士奇等編：《歷代名臣奏議》，據《景印文淵閣四庫全書》，第 436
　　冊，臺北：臺灣商務印書館，1983-1986 年。

〔清〕邁柱等監修：《湖廣通志》，據《景印文淵閣四庫全書》，第 533 冊，
　　臺北：臺灣商務印書館，1983-1986 年。

〔清〕黃遵憲：《日本國志》，臺北：文海出版社，1981 年。

三、子部

〔唐〕杜光庭：《太上黃籙齋儀》，收入《正統道藏‧洞玄部威儀類》，據
　　《正統道藏》第十五冊，臺北：新文豐出版股份有限公司，1985 年。

〔宋〕陳淳：《北溪字義》，北京：中華書局，2011 年。

〔宋〕黎靖德編：《朱子語類》，北京：中華書局，2011 年。

〔明〕王陽明：《傳習錄》，據陳榮捷：《王陽明傳習錄詳註集評》，臺北：
　　臺灣學生書局，1988 年。

〔明〕唐樞：《禮元剩語》，收入王完編：《百陵學山》，據《景明刻本百陵
　　學山》第七冊，長沙：商務印書館，1938 年。

〔清〕顧炎武：《日知錄》，收入王雲五主編：《國學基本叢書四百種》第
　　14 冊，臺北：臺灣商務印書館，1968 年。

〔清〕黃宗羲：《明儒學案》，北京：中華書局，1985 年。

〔清〕錢大昕：《十駕齋養新錄》，收入王雲五主編：《國學基本叢書四百種》第 15 冊，臺北：臺灣商務印書館，1968 年。

〔清〕郭慶藩輯，王孝魚整理：《莊子集釋》，臺北：華正書局，2004 年。

四、集部

〔宋〕周敦頤：《周敦頤集》，北京：中華書局，2009 年。

〔宋〕《二程集》，北京：中華書局，2011 年。

〔宋〕朱熹：《晦庵先生朱文公文集》，收入《朱子全書修訂本》第二十二冊，上海：上海古籍出版社、合肥：安徽教育出版社，2010 年。

〔宋〕陸九淵：《陸九淵集》，北京：中華書局，2012 年。

〔明〕李東陽：《懷麓堂集》，據《景印文淵閣四庫全書》，第 1250 冊，臺北：臺灣商務印書館，1983-1986 年。

戴震研究會、徽州師範專科學校、戴震紀念館編：《戴震全書》，北京：清華大學出版社，1991 年。

五、其他

〔清〕永瑢等：《四庫全書總目提要》，據王雲五編：《國學基本叢書四百種》第四冊，臺北：臺灣商務印書館，1968 年。

貳、日本古籍

一、古代時期

家永三郎、藤枝晃、早島鏡正、築島裕校注：《聖德太子集》，《日本思想大系》第二卷，東京：岩波書店，1982 年。

太安萬侶編：《古事記》，收入《國史大系》第七卷，東京：經濟雜誌社，1898 年。

舍人親王編：《日本書紀》，收入《國史大系》第一卷，東京：經濟雜誌社，1897 年。

藤原忠平編：《延喜式》，收入《國史大系》第十三卷，東京：經濟雜誌
　　社，1900 年。
清原夏野編：《令義解》，收入《國史大系》第十二卷，東京：經濟雜誌
　　社，1900 年。

二、中世時期

中巖圓月著，入矢義高校注：《中正子》，收入市川白弦、入矢義高、柳田
　　聖山校注：《中世禪家の思想》，《日本思想大系》第十六卷，東京：岩
　　波書店，1982 年。
桃源瑞仙：《百衲襖》，京都大學附屬圖書館館藏抄本，1477 年。
《倭姬命世記》，收入大隅和雄校註：《中世神道論》，《日本思想大系》第
　　十九卷，東京：岩波書店，1977 年。

三、近世時期

三宅尚齋：《狼疐錄》，收入《甘雨亭叢書》，安中：板倉氏，1845 年。
三宅尚齋：《默識錄》，收入《日本倫理彙編七　朱子學派之部上》，東京：
　　臨川書店，1970 年。
上月專庵：《徂徠學則辨》，《日本儒林叢書》第四冊，東京：鳳出版，1978
　　年。
大田錦城：《九經談》，收入關儀一郎編：《日本儒林叢書》第六冊，東京：
　　鳳出版，1978 年。
大田錦城：《春草堂集》，據京都大學人間環境學研究科總合人間學部圖書
　　館所藏，東京：育德財團複製之抄本，1938 年。
大田錦城：《梧窗漫筆三編》，收入有朋堂文庫編：《名家隨筆集》上，東
　　京：有朋堂書店，1914 年。
山田方谷：《集義和書類抄》，收入山田準編：《山田方谷全集》第二冊，岡
　　山：山田方谷全集刊行會，1951 年。
山田思叔：《闇齋先生年譜》，收入關儀一郎編：《日本儒林叢書》第三冊，
　　東京：鳳出版，1978 年。
山崎闇齋：〈敬齋箴序〉，據《續山崎闇齋全集》下卷，東京：日本古典學

會，1937 年。

山崎闇齋：《朱易衍義》，收入日本古典學會編：《續山崎闇齋全集》中卷，
　　東京：日本古典學會，1937 年。

山崎闇齋：《文會筆錄》，收入日本古典學會編：《山崎闇齋全集》上、中
　　卷，東京：日本古典學會，1936-1937 年。

山崎闇齋：《神代卷講義》，據日本古典學會編：《續山崎闇齋全集》下卷，
　　東京：日本古典學會，1937 年。

山崎闇齋：《闢異》，據《續山崎闇齋全集》中卷，東京：日本古典學會，
　　1937 年。

山鹿素行：《聖教要錄》，收入田原嗣郎、守本順一郎校注：《山鹿素行》，
　　《日本思想大系》第三十二卷，東京：岩波書店，1970 年。

中井竹山：《閑距餘筆》，《日本儒林叢書》第四冊，東京：鳳出版，1978
　　年。

中井履軒：《中庸逢原》，收入《日本名家四書註釋全書　學庸部壹》，東
　　京：東洋圖書刊行會，1924 年。

中井履軒：《周易逢原》，收入大阪大学懷德堂文庫復刻刊行会編：《周易雕
　　題》，東京：吉川弘文館，1997 年。

五井蘭洲著，大阪大学懷德堂文庫復刻刊行会監修：《非物篇》，東京：吉
　　川弘文館，1989 年。

友部安崇：《敬義內外考》，收入關儀一郎編：《日本儒林叢書》第六冊，東
　　京：鳳出版，1978 年。

太宰春臺：《辨道書》，收入井上哲次郎、蟹江義丸編：《日本倫理彙編六
　　古學派下》，東京：臨川書店，1970 年。

太宰春臺：《周易反正》，據京都大學附屬圖書館所藏抄本，未著抄手及年
　　代。

太宰春臺：《易道撥亂》，收入關儀一郎編：《日本儒林叢書》第五冊，東
　　京：鳳出版，1978 年。

太宰春臺：《紫芝園漫筆》，據崇文院編：《崇文叢書》第四十五輯，東京：
　　崇文院，1926 年。

太宰春臺：《經濟錄》，收入賴惟勤校注：《徂徠學派》，《日本思想大系》第
　　三十七卷，東京：岩波書店，1972 年。

平瑜：《非物氏》，《日本儒林叢書》第四冊，東京：鳳出版，1978 年。

石川香山：《讀書正誤》，《日本儒林叢書》第四冊，東京：鳳出版，1978年。

石川麟洲：《辨道解蔽》，《日本儒林叢書》第四冊，東京：鳳出版，1978年。

伊藤仁齋：《易經古義》，收入關儀一郎編：《日本儒林叢書》第五冊，東京：鳳出版，1978年。

伊藤仁齋：《童子問》，收入家永三郎、清水茂、大久保正、小高敏郎、石濱純太郎、尾藤正英校注：《近世思想家文集》，《日本古典文學大系》第九十七卷，東京：岩波書店，1966年。

伊藤仁齋著，三宅正彥編：《古學先生詩文集》，《近世儒家文集集成》第一卷，東京：ペリカン社，1985年。

伊藤仁齋著，清水茂校注：《語孟字義》，收入吉川幸次郎、清水茂校注：《伊藤仁齋‧伊藤東涯》，《日本思想大系》第三十三卷，東京：岩波書店，1971年。

伊藤東涯：《周易經翼通解》，據服部宇之吉編：《漢文大系》第十六卷，臺北：新文豐出版公司，1978年。

伊藤東涯著，三宅正彥編：《紹述先生文集》，《近世儒家文集集成》第四卷，東京：ペリカン社，1988年。

伊藤東涯著，清水茂校注：《古今學變》，收入吉川幸次郎、清水茂校注：《伊藤仁齋‧伊藤東涯》，《日本思想大系》第三十三卷，東京：岩波書店，1971年。

吉川惟足：〈土金之祕決〉，收入平重道、阿部秋生校註：《近世神道論‧前期國學》，《日本思想大系》第三十九卷，東京：岩波書店，1972年。

成島司直：《德川實紀》第四冊，東京：經濟雜誌社，1903年。

佐藤一齋：《言志後錄》，收入相良亨、溝口雄三、福永光司校注：《佐藤一斎‧大塩中斎》，《日本思想大系》第四十六卷，東京：岩波書店，1982年。

佐藤一齋：《周易欄外書》，據京都大學文學部圖書館所藏抄本，未著抄手及年代。

佐藤一齋：《辨道薙無》，據岡田武彥監修：《佐藤一齋全集》第一卷，東京：明德出版社，1990年。

佐藤一齋著，田中佩刀譯：〈周易欄外書〉，岡田武彥監修：《佐藤一齋全

集》第九卷，東京：明德出版社，2002 年。

佐藤直方：《韞藏錄・卷三・學談雜錄》，日本古典學會編：《佐藤直方全集》，東京：日本古典學會，1941 年。

谷口元淡：〈再寄物徂徠書〉，《徂徠學則附錄問答》，《日本儒林叢書》第四冊，東京：鳳出版，1978 年。

谷口元淡：〈寄物徂徠書〉，收入《徂徠學則附錄問答》，《日本儒林叢書》第四冊，東京：鳳出版，1978 年。

貝原益軒：《大疑錄》，收入荒木見悟、井上忠校注：《貝原益軒・室鳩巢》，《日本思想大系》第三十四卷，東京：岩波書店，1970 年。

貝原益軒：《和俗童子訓》，據益軒會編：《益軒全集》第三卷，東京：益軒全集刊行會，1910 年。

京都史蹟会編：《林羅山文集》，東京：ペリカン社，1979 年。

国民精神文化研究所編：《藤原惺窩集》，京都：思文閣出版，1978 年。

板倉勝明：〈剛齋佐藤先生傳〉，收入《蘊藏錄》，板倉勝明編：《甘雨亭叢書》，安中：板倉氏，1845 年。

林羅山：《三德抄》，收入石田一良、金谷治校注：《藤原惺窩・林羅山》，《日本思想大系》第二十八卷，東京：岩波書店，1975 年。

雨森芳洲：《橘窓茶話》，收入井上哲次郎、蟹江義丸編：《日本倫理彙編七　朱子學派之部上》，東京：臨川書店，1970 年。

室鳩巢：《駿臺雜話》，收入《日本倫理彙編七　朱子學派之部上》，東京：臨川書店，1970 年。

皆川淇園：《名疇》，京都：京都書肆，1788 年。

皆川淇園：《周易繹解》，據公益財団法人禅文化研究所所藏抄本，未著抄手及年代。

皆川淇園：《周易繹解》，據京都大學附屬圖書館所藏抄本，未著抄手及年代。

皆川淇園：《易原》，據京都大學附屬圖書館所藏刊本，未著刊行者及年代。

皆川淇園：《易學開物》，據京都大學附屬圖書館所藏抄本，未著抄手及年代。

相良亨編：《絅齋先生文集》，《近世儒家文集集成》第二卷，東京：ペリカン社，1987 年。

原念齋：《先哲叢談》，東京：有朋堂書店，1929 年。

高志泉溟：《時學鍼焫》，《日本儒林叢書》第四冊，東京：鳳出版，1978
　　年。

淺見絅齋：《敬義內外說》，收入關儀一郎編：《日本儒林叢書》第六冊，東
　　京：鳳出版，1978 年。

淺見絅齋：《箚錄》，收入西順藏、阿部隆一、丸山真男校註：《山崎闇齋學
　　派》，《日本思想大系》第三十一卷，東京：岩波書店，1980 年。

荻生徂徠：〈復谷元淡書〉，《徂徠學則附錄問答》，《日本儒林叢書》第四
　　冊，東京：鳳出版，1978 年。

荻生徂徠：《論語徵》，收入今中寬司、奈良本辰也編：《荻生徂徠全集》第
　　二卷，東京：河出書房新社，1977 年。

荻生徂徠：《學則附錄》，《日本儒林叢書》第四冊，東京：鳳出版，1978
　　年。

荻生徂徠：《辨名》，收入吉川幸次郎、丸山真男、西田太一郎、辻達也校
　　注：《荻生徂徠》，《日本思想大系》第三十六卷，東京：岩波書店，
　　1973 年。

荻生徂徠：《辨道》，收入吉川幸次郎、丸山真男、西田太一郎、辻達也校
　　注：《荻生徂徠》，《日本思想大系》第三十六卷，東京：岩波書店，
　　1973 年。

荻生徂徠：《譯文筌蹄》，收入今中寬司、奈良本辰也編：《荻生徂徠全集》
　　第五卷，東京：河出書房新社，1977 年。

森東郭：《非辨道辨名》，《日本儒林叢書》第八冊，東京：鳳出版，1978
　　年。

熊澤蕃山：《孝經小解》，收入早稻田大學編輯部編：《漢籍國字解全書》第
　　一冊，東京：早稻田大學出版部，1910 年。

熊澤蕃山：《集義和書》，收入後藤陽一、友枝龍太郎校注：《熊澤蕃山》，
　　《日本思想大系》第三十卷，東京：岩波書店，1971 年。

廣瀨淡窗：《儒林評》，收入關儀一郎編：《日本儒林叢書》第三冊，東京：
　　鳳出版，1978 年。

龜井昭陽：《讀辨道》，《日本儒林叢書》第四冊，東京：鳳出版，1978
　　年。

藤樹書院編：《藤樹先生全集》，東京：岩波書店，1940 年。

蟹養齋：《辯復古》，收入關儀一郎編：《日本儒林叢書》第八冊，東京：鳳
　　出版，1978 年。

參、近人論著

一、專書

（一）中文

木宮泰彥著，胡錫年譯：《日中文化交流史》，北京：商務印書館，1980
　　年。

王家驊：《儒家思想與日本文化》，臺北：淑馨出版社，1994 年。

田浩（Hoyt Cleveland Tillman）：《朱熹的思維世界》，臺北：允晨文化實業
　　股份有限公司，2008 年。

朱伯崑：《易學哲學史》，臺北：藍燈文化事業股份有限公司，1991 年。

朱謙之：《日本的古學及陽明學》，北京：人民出版社，2000 年。

牟宗三：《心體與性體》第一冊，據聯合報系文化基金會編：《牟宗三先生
　　全集》第五冊，臺北：聯經出版事業股份有限公司，2003 年。

牟宗三：《現象與物自身》，據聯合報系文化基金會編：《牟宗三先生全集》
　　第二十一冊，臺北：聯經出版事業股份有限公司，2003 年。

辻本雅史著，張崑將、田世民譯：《日本德川時代的教育思想與媒體》，臺
　　北：國立臺灣大學出版中心，2005 年。

何群雄：《漢字在日本》，香港：商務印書館，2001 年。

吳偉明：《易學對德川日本的影響》，香港：中文大學出版社，2009 年。

屈萬里：《先秦漢魏易例述評》，收入《屈萬里先生全集》第八冊，臺北：
　　聯經出版事業公司，1984 年。

唐君毅：《中西哲學思想之比較論文集》，唐君毅全集編著委員會編：《唐君
　　毅全集》第十一冊，臺北：臺灣學生書局，1991 年。

孫歌：《把握進入歷史的瞬間》，臺北：人間出版社，2010 年。

荒木見悟著，廖肇亨譯：《佛教與儒教》，臺北：聯經出版事業股份有限公
　　司，2008 年。

張君勱：《比較中日陽明學》，臺北：臺灣商務印書館，1970 年。

張崑將：《德川日本「忠」「孝」概念的形成與發展——以兵學與陽明學為中心》，臺北：國立臺灣大學出版中心，2004 年。

張崑將：《德川日本儒學思想的特質：神道、徂徠學與陽明學》，臺北：國立臺灣大學出版中心，2007 年。

張寶三、徐興慶編：《德川時代日本儒學史論集》，臺北：國立臺灣大學出版中心，2004 年。

陳逢源：《朱熹與四書章句集注》，臺北：里仁書局，2006 年。

陳新雄：《等韻述要》，臺北：藝文印書館，1974 年。

陳榮捷：《王陽明傳習錄詳註集評》，臺北：臺灣學生書局，1983 年。

湯用彤：《魏晉玄學論稿》，據里仁書局編：《魏晉思想乙編三種》，臺北：里仁書局，1995 年。

黃沛榮：《易學乾坤》，臺北：大安出版社，1998 年。

楊宏聲：《本土與域外——超越的周易文化》，上海：上海社會科學院出版社，1995 年。

楊儒賓：《異議的意義——近世東亞的反理學思潮》，臺北：國立臺灣大學出版中心，2012 年。

楊儒賓：《從五經到新五經》，臺北：國立臺灣大學出版中心，2013 年。

楊儒賓、祝平次編：《儒學的氣論與工夫論》，臺北：國立臺灣大學出版中心，2005 年。

鄭吉雄：《易圖象與易詮釋》，臺北：國立臺灣大學出版中心，2004 年。

鄭吉雄、林永勝編：《易詮釋中的儒道互動》，臺北：國立臺灣大學出版中心，2012 年。

戴瑞坤：《陽明學說對日本之影響》，臺北：中國文化大學出版部，1981 年。

（二）日文

アンヌ・チャン（程艾藍，Anne Cheng）著，志野好伸、中島隆博、廣瀨玲子譯：《中国思想史》，東京：知泉書館，2010 年。

丸山真男：《日本政治思想史研究》，東京：東京大學出版会，1983 年。

久須本文雄：《日本中世禅林の儒学》，東京：山喜房佛書林，1992 年。

子安宣邦：《鬼神論─神と祭祀のディスクール》，東京：白澤社，2002 年。

子安宣邦：《江戶思想史講義》，東京：岩波書店，2010 年。

小島康敬：《徂徠学と反徂徠》，東京：ペリカン社，1994 年。

川上正光譯：《言志四録全訳注》，東京：講談社，1978 年。

中村春作、櫻井進、岸田知子、滝野邦雄、塩出雅、加地伸行：《皆川淇
　　園・大田錦城》，《叢書・日本の思想家》第二十六冊，東京：明德出
　　版社，1986 年。

井上哲次郎：《日本古學派之哲學》，東京：富山房，1913 年。

井上哲次郎：《日本朱子學派之哲學》，東京：富山房，1915 年。

今井淳、小澤富夫編：《日本思想論争史》，東京：ペリカン社，2006 年。

內山克巳、熊谷忠泰、增田史郎亮：《近世日本教育文化史》，東京：学芸
　　図書株式会社，1982 年。

文部省總務局編：《日本教育史資料》，東京：文部省總務局，1890-1892
　　年。

日野龍夫：《江戶の儒学》，《日野龍夫著作集第一巻》，東京：ペリカン
　　社，2005 年。

加地伸行編：《易の世界》，東京：中央公論社，1994 年。

加藤徹：《漢文の素養—誰が日本文化をつくったのか？》，東京：光文
　　社，2006 年。

古田東朔、築島裕：《国語学史》，東京：東京大学出版会，1972 年。

史跡足利学校事務所、足利市立美術館編：《足利学校》，足利：足利市教
　　育委員会，2004 年。

市川本太郎：《日本儒教史》，東京：東亜学術研究会，1989-1995 年。

平重道：《近世日本思想史研究》，東京：吉川弘文館，1969 年。

田尻祐一郎：《山崎闇斎の世界》，東京：ペリカン社，2006 年。

田尻祐一郎：《江戶の思想史》，東京：中央公論新社，2011 年。

石川謙：《日本庶民教育史》，東京：玉川大学出版部，1998 年。

吉田健舟、海老田輝巳：《佐藤直方・三宅尚齋》，《叢書・日本の思想家》
　　第十二冊，東京：明德出版社，1990 年。

安井小太郎：《日本儒學史》，東京：富山房，1939 年。

西村天囚：《日本宋學史》，大阪：杉本梁江堂，1909 年。

佐藤弘夫編：《概說日本思想史》，京都：ミネルヴァ書房，2010 年。

足利衍述：《鎌倉室町時代之儒教》，東京：日本古典全集刊行會，1932

　　年。

和島芳男：《中世の儒学》，東京：吉川弘文館，1996 年。

岡田武彦：《江戶期の儒学》，東京：木耳社，1982 年。

松本三之介：《明治精神の構造》，東京：岩波書店，2012 年。

武內義雄：《易と中庸の研究》，東京：岩波書店，1944 年。

武田勘治：《近世日本学習方法の研究》，東京：講談社，1969 年。

芳賀幸四郎：《中世禪林の学問および文学に関する研究》，東京：日本学
　　術振興会，1956 年。

近藤啟吾：《山崎闇斎の研究》，京都：神道史学会，1986 年。

金谷治：《易の話》，東京：株式会社講談社，2008 年。

津田左右吉：《シナ思想と日本》，《津田左右吉全集》第二十巻，東京：岩
　　波書店，1965 年。

高島元洋：《山崎闇斎　日本朱子学と垂加神道》，東京：ペリカン社，
　　1992 年。

笠井助治：《近世藩校の綜合的研究》，東京：吉川弘文館，1982 年。

笠井助治：《近世藩校に於ける学統学派の研究》，東京：吉川弘文館，
　　1994 年。

野口武彥：《江戶思想史の地形》，東京：ペリカン社，1993 年。

陶德民：《懷德堂朱子学の研究》，吹田：大阪大学出版会，1994 年。

渡邊浩：《近世日本社会と宋学》，東京：東京大学出版会，2010 年。

湯淺邦弘編：《概説中国思想史》，京都：ミネルヴァ書房，2010 年。

閑谷学校史編さん委員会編：《閑谷学校史》，岡山：閑谷学校史刊行会，
　　1971 年。

黒住真：《近世日本社会と儒教》，東京：ペリカン社，2003 年。

源了圓編：《江戶の儒学—《大学》受容の歴史》，京都：思文閣出版，
　　1988 年。

鈴木博雄：《近世藩校に関する研究》，東京：振学出版，1995 年。

懷德堂記念會編：《懷德堂知識人の学問と生—生きることと知ること》，
　　大阪：和泉書院，2004 年。

二、單篇論文

（一）中文

子安宣邦著，陳瑋芬譯：〈日本祭政一致的國家理念與其成立過程——以《易‧觀‧彖辭》「聖人以神道設教」為主的討論〉，《清華學報》第 33 卷第 2 期，2003 年 12 月，頁 365-376。

土田健次郎：〈伊藤仁齋的易學〉，鄭萬耕編：《中國傳統哲學新論——朱伯崑教授七十五壽辰紀念文集》，北京：九州圖書出版社，1999 年。

杜保瑞：〈朱熹形上思想的創造意義與當代爭議的消解〉，《臺大哲學論評》第三十三期，2007 年 3 月，頁 15-89。

林永勝：〈二重的道論：以南朝重玄學派的道論為線索〉，《清華學報》新 42 卷第 2 期，2012 年 6 月，頁 233-260。

金谷治著，連清吉譯：〈日本考證學派的成立——以大田錦城為中心〉，《中國文哲研究通訊》第十二卷第一期，2002 年 3 月，頁 15-52。

周芳敏：〈王弼「體用」義詮定〉，《臺灣東亞文明研究學刊》第六卷第一期，2009 年 6 月，頁 161-201。

陳威瑨：〈佐藤一齋《言志四錄》的「天」思想及其意義〉，《中國學術年刊》第三十三期秋季號，2011 年 9 月，頁 67-100。

陳麗桂：〈先秦儒學的聖、智之德——從孔子到子思學派〉，《漢學研究》第三十卷第一期，2012 年 3 月，頁 1-25。

賀廣如：〈心學《易》流別之始——《童溪易傳》定位商榷〉，《漢學研究》第二十九卷第三期，2011 年 9 月，頁 267-302。

賀廣如：〈心學《易》中的陰陽與卜筮——以季本為核心〉，《臺大文史哲學報》第七十六期，2012 年 5 月，頁 29-66。

楊祖漢：〈牟宗三先生的朱子學詮釋之反省〉，《鵝湖學誌》第四十九期，2012 年 12 月，頁 185-209。

楊儒賓：〈悟與理學的動靜難題〉，《國文學報》第五十二期，2012 年 12 月，頁 1-32。

潘光哲：〈吳汝綸訪日考察與日本知識人的往來互動——以根本通明為中心〉，中央研究院中國文哲研究所主辦，「四海斯文自一家：東亞使節文化書寫」國際學術研討會，2009 年 9 月 4 日。

劉述先：〈朱熹的思想究竟是一元論或是二元論？〉，《中國文哲研究集刊》

創刊號，1991 年 3 月，頁 181-198。

藤井倫明：〈「誠」在日本的變貌——由朱子之「誠」與山鹿素行之「誠」談起〉，《臺灣東亞文明研究學刊》第 5 卷第 2 期，2008 年 12 月，頁 13-34。

藤井倫明：〈從格物到覺知——德川日本崎門朱子學者三宅尚齋「格物致知」論探析〉，《漢學研究》第三十一卷第三期，2013 年 9 月，頁 169-192。

藍弘岳：〈「武國」的儒學——「文」在江戶前期的形象變化與其發展〉，《漢學研究》第三十卷第一期，2012 年 3 月，頁 239-269。

（二）日文

大塚光信：〈史記抄について〉，收入岡見正雄、大塚光信編：《抄物資料集成》，大阪：清文堂，1976 年。

山下龍二：〈中国思想と藤樹〉，收入山井湧、山下龍二、加地伸行、尾藤正英校注：《中江藤樹》，《日本思想大系》第二十九卷，東京：岩波書店，1974 年。

牛尾春夫：〈知の性格について─蕃山学の場合─〉，《広島大学教育学部紀要》第二部第二十三期，1974 年 12 月，頁 13-23。

加地伸行：〈《孝経啟蒙》の諸問題〉，收入山井湧、山下龍二、加地伸行、尾藤正英校注：《中江藤樹》，《日本思想大系》第二十九卷，東京：岩波書店，1974 年。

田中佩刀：〈一斎学の系譜〉，《陽明学》第三號，1991 年 3 月，頁 82-99。

田中佩刀：〈《周易》四德に関する佐藤一斎の解釈〉，《大倉山論集》第 33、36 集，1993 年 3 月、1994 年 12 月，頁 1-25、47-70。

田中佩刀：〈解說〉，岡田武彥監修：《佐藤一齋全集》第九卷，東京：明德出版社，2002 年。

石田一良：〈前期幕藩体制のイデオロギーと朱子学派の思想〉，收入《藤原惺窩・林羅山》，石田一良、金谷治校注：《日本思想大系》第二十八卷，東京：岩波書店，1975 年。

伊東倫厚：〈伊藤東涯の《周易》十翼批判〉，《日本中國學會報》第 55 集，2003 年，頁 276-287。

佐田智明：〈皆川淇園の九籌說について〉，《熊本大学教育学部紀要・人文

科学》第 38 號，1989 年 9 月，頁 314-324。

佐田智明：〈皆川淇園の語分析の方法―「易学開物」を中心に―〉，《福岡大学人文論叢》第 24 巻第 2 號，1992 年 10 月，頁 409-461。

村上雅孝：〈近世易学受容史における鷲峰点易經本義の意義〉，《文芸研究》第 100 集，1982 年 5 月，頁 79-88。

肱岡泰典：〈皆川淇園の開物学〉，大阪大學中國哲學研究室編：《中国研究集刊》寒 18，1996 年 5 月，頁 1538-1572。

花崎隆一郎〈東涯「卦變考」箚記―その「通解」との比較において〉，大阪大學中國哲學研究室編：《中国研究集刊》來 19，1997 年 1 月，頁 1662-1685。

近藤正則：〈佐藤一斎学の基調「心之霊光」をめぐって〉，《岐阜女子大学紀要》第 37 號，2008 年 3 月，頁 103-112。

金谷治：〈藤原惺窩の儒学思想〉，收入石田一良、金谷治校注：《藤原惺窩・林羅山》，《日本思想大系》第二十八卷，東京：岩波書店，1975 年。

前田勉：〈仁斎学の継承―伊藤東涯の「易」解釈〉，《文芸研究》第 108 集，1985 年 1 月，頁 28-38。

荒木見悟：〈貝原益軒の思想〉，收入荒木見悟、井上忠校注：《貝原益軒・室鳩巣》，《日本思想大系》第三十四卷，東京：岩波書店，1970 年。

濱久雄：〈伊藤東涯の易学〉，《東洋研究》第 90 集，1989 年 1 月，頁 1-31。

濱久雄：〈荻生徂徠の易学思想〉，《東洋研究》第 161 集，2006 年 11 月，頁 53-79。

濱久雄：〈太宰春台の易学思想〉，《東洋研究》第 175 集，2010 年 1 月，頁 1-22。

濱田秀：〈皆川淇園論―「九籌」概念を中心に―〉，《山辺道》第 44、46 集，2000 年 3 月、2002 年 3 月，頁 1-15、25-51。

藤塚鄰：〈物徂徠の論語徵と清朝の經師〉，收入斯文會編：《支那學研究》第四編，東京：斯文會，1935 年。

三、學位論文

王奕然：《朱熹門人考述及其思想研究——以黃榦、陳淳及蔡氏父子為論述
　　核心》，臺北：國立臺灣師範大學國文學系博士論文，2012 年。
王鑫：《日本近世易學研究》，吹田：關西大學文化交涉學教育研究中心博
　　士論文，2012 年。

肆、網路資料

信夫恕軒：《恕軒漫筆》，據日本國立國會圖書館線上資料庫「近代デジ
　　タルライブラリー」，該書網址：http://kindai.ndl.go.jp/info:ndljp/
　　pid/898512
日本國立國會圖書館網站：http://opac.ndl.go.jp/